ESPIRITUALIDADE CRISTÃ
NA HISTÓRIA

Coleção Cristianismo e História

Espiritualidade cristã na história
Ronaldo Cavalcante

Leigos em quê?
Antônio José de Almeida

Ronaldo Cavalcante

ESPIRITUALIDADE CRISTÃ NA HISTÓRIA

Das origens até santo Agostinho

Ronaldo Cavalcante

ESPIRITUALIDADE CRISTÃ
NA HISTÓRIA

Das origens até santo Agostinho

Agradeço aos amigos
Carrijo
Osvaldo
Billy
Edmo
Ernei
Marcus
Joe
pelos bucólicos espaços seus que foram meus.
Recônditos sagrados de Deus — altares por nós habitados!

Dados Internacionais de Catalogação na Publicação (CIP)
(Câmara Brasileira do Livro, SP, Brasil)

Cavalcante, Ronaldo
Espiritualidade cristã na história : das origens até Santo Agostinho /
Ronaldo Cavalcante. – São Paulo : Paulinas, 2007. – (Coleção cristianismo e história)

Bibliografia
ISBN 978-85-356-1964-5

1. Agostinho, Santo, Bispo de Hipona, 354-430   2. Vida espiritual
– Cristianismo – Histórias da doutrina   I. Título.   II. Série.

07-1058   CDD-248

Índice para catálogo sistemático:
1. Espiritualidade na história : Cristianismo   248

2ª edição – 2007

Direção-geral: *Flávia Reginatto*
Editores responsáveis: *Luzia Sena*
e Afonso Maria Ligório Soares
Copidesque: *Anoar Jarbas Provenzi*
Coordenação de revisão: *Marina Mendonça*
Revisão: *Ana Cecilia Mari*
Direção de arte: *Irma Cipriani*
Gerente de produção: *Felício Calegaro Neto*
Capa e editoração eletrônica: *Renata Meira Santos*

Nenhuma parte desta obra poderá ser reproduzida ou transmitida
por qualquer forma e/ou quaisquer meios (eletrônico ou mecânico,
incluindo fotocópia e gravação) ou arquivada em qualquer sistema ou
banco de dados sem permissão escrita da Editora. Direitos reservados.

Paulinas
Rua Pedro de Toledo, 164
04039-000 – São Paulo – SP (Brasil)
Tel.: (11) 2125-3549 – Fax: (11) 2125-3548
http://www.paulinas.org.br – editora@paulinas.com.br
Telemarketing e SAC: 0800-7010081
© Pia Sociedade Filhas de São Paulo – São Paulo, 2007

Dedico a *Mirian*,
companheira de todos os caminhos e de cada um deles;
andarilha comigo, nas escarpas, vales e planícies;
presente nas tensões do desconhecido
e na monotonia da rotina.

APRESENTAÇÃO

*E*ntre outras coisas, a cultura pós-moderna distingue-se pelo rompimento com vários paradigmas que, durante séculos, determinaram os valores, as verdades e o comportamento da sociedade. Esse rompimento tem em sua base o pouco ou nenhum valor dado à história. Vivemos hoje, segundo o sociólogo francês Gilles Lipovetsky, a "era do vazio", que ele caracteriza como "o enfraquecimento da sociedade, dos costumes, do indivíduo contemporâneo da era do consumo de massa, a emergência de um modo de socialização e de individualização inédito, numa ruptura com o que foi instituído a partir dos séculos XVII e XVIII".[1]

No campo religioso, o cristianismo, pela sua forte presença no mundo ocidental secularizado, foi quem mais sofreu com as mudanças de paradigma. A identidade cristã, seja ela católica romana ou protestante, está hoje bastante confusa e complexa. De certa forma, essa crise de identidade existe porque não professamos mais a fé de nossos pais apostólicos e negligenciamos a longa tradição da Igreja.

A espiritualidade cristã é histórica, acontece dentro da história do Antigo e Novo Testamento, na encarnação do Filho de Deus, no testemunho dos apóstolos e na longa e rica tradição cristã em que as verdades

---

[1] LIPOVETSKY, G. *A era do vazio,* ensaios sobre o individualismo contemporâneo. Barueri, Manole, 2005. p. XV.

♦ 9 ♦

evangélicas foram reconhecidas e afirmadas, muitas vezes, pelo sangue dos mártires. É dessa história que este livro trata. Apesar das diferentes tradições e contextos políticos, sociais e econômicos, o leitor encontrará um testemunho comum do povo de Deus em sua busca do conhecimento de Deus e na resposta da Igreja ao propósito divino. É um testemunho rico em sua diversidade, mas marcado pela unidade da ação do Espírito Santo.

Lamentavelmente, assistimos hoje ao esquecimento e até mesmo à rejeição dessa extraordinária herança. Mas a espiritualidade do futuro precisa ser apoiada e alicerçada na espiritualidade do passado. Este livro propõe voltar o olhar para a história dos mais diversos movimentos e fases do cristianismo, e oferece-nos uma preciosa ferramenta para nos ajudar a entender quem somos e como foi construída nossa história espiritual. É uma obra que se reveste de grande valor, sobretudo no atual momento da história, em que as Escrituras vêm perdendo seu valor, e nomes como Ireneu, Orígenes, Tertuliano, Ambrósio ou até mesmo Agostinho soam cada vez estranhos aos ouvidos pós-modernos.

Ronaldo Cavalcante reúne dois atributos fundamentais para escrever este texto: é pastor e historiador. Ronaldo começou sua carreira teológica como pastor cuidando de um rebanho confiado a ele por Deus. Foi assim que procurou conduzir suas ovelhas à experiência espiritual da oração, meditação, obediência e prática das virtudes cristãs. Como pastor, desenvolveu uma teologia que necessita ser espiritual, que promove o encontro de Deus com o ser humano, que apresenta o caminho da redenção e da reconciliação em Cristo, da comunhão do crente com Deus e com seu próximo, que oferece o perdão e a misericórdia e que leva o cristão a responder a tudo isso em louvor, adoração, serviço e missão.

Como historiador, tem se dedicado a pesquisar o pensamento e os movimentos na história da Igreja, a garimpar sua beleza, a resgatar sua relevância e a integrá-los à espiritualidade contemporânea. É com essa parceria que este livro chega a nós. Trata-se não apenas de uma obra acadêmica e científica mas também de uma obra pastoral.

APRESENTAÇÃO

Meu desejo e esperança é que o resgate da história da espiritualidade cristã proposto aqui nos ajude a sermos cada vez mais povo de Deus e Igreja de Jesus Cristo no tempo presente, a olharmos para o futuro com maior clareza e discernimento, a resistirmos ao processo de secularização e a fortalecermos a fé e a unidade da Igreja num tempo marcado por uma religião cada vez mais subjetiva, abstrata, confusa e dividida.

*Ricardo Barbosa**

---

* Ricardo Barbosa é pastor presbiteriano em Brasília e um dos principais representantes do movimento de volta às fontes espirituais cristãs atualmente em marcha no protestantismo brasileiro.

PREFÁCIO

*D*os diversos ramos do cristianismo, o protestantismo parece ter sido o que mais sofreu o impacto constante das mudanças históricas e das correntes filosóficas. Ele mesmo é o resultado religioso do deslocamento repentino do vetor que deixou de apontar quase que exclusivamente para o céu e passou a indigitar mais a terra, valorizando o homem e suas obras, e inserindo-se no vasto e maravilhoso movimento humanista. Contudo, essa é simultaneamente sua "cruz e delícia". Enquanto o Renascimento Humanista reconduzia o homem às belezas das artes clássicas, a Reforma Religiosa o colocava trêmulo e solitário diante de um Deus implacável. Livre então de todas as intermediações, só lhe restava a culpa em conflito com o esforço da fé e a insegurança da graça. A liberdade como delícia e o peso da culpa como cruz.

A vida como um todo — seus mistérios e belezas ocultas, seus mitos e ritos — foi banida em favor de um essencial radical, de um truncamento dos elementos propriamente religiosos. Ao se referir à relação do homem com Deus (ou Absoluto), Kierkegaard afirma que a passagem do estético para o ético constitui um salto violento. A experiência protestante do filósofo levou-o a criticar o cristianismo de seu tempo, pois, conforme constatava ele, os cristãos buscam conciliar a religião com a cultura moderna e laica, quando na realidade o verdadeiro cristianismo pede completa entrega a Deus, inteira separação do mundo a exemplo dos cristãos primitivos. A fatalidade do pecado leva à consciência da culpa, e esta ao salto irracional para a fé.

13

Dos paradoxos que Kierkegaard acusou o cristianismo, talvez seja o protestantismo o maior exemplo: enquanto combate o pecado, firma-se exclusivamente sobre ele e tenta superar a culpa pela vida ética. Indo além de Kierkegaard, podemos pensar o protestantismo como uma religião ética em que a consciência de culpa é aplacada pela obediência a normas de conduta. Se isso vale para o indivíduo, para a comunidade de cristãos o fundamento é a aceitação racional da doutrina expressa em símbolos de fé ou, melhor dizendo, na teologia oficial. Fidelidade doutrinária e normas rígidas de conduta constituem, por natureza, um discurso avesso à espiritualidade.

Ao introduzirmos aqui a palavra espiritualidade, embora desde logo seu sentido se apresente como algo intermediário entre o anseio pela superação da culpa e o gozo da contemplação divina diante da racionalidade da prática religiosa, não há como negar que estamos diante de um conceito difícil, tanto pela sua ambigüidade como pela sua extensão. Temos de evitar uma definição pura e simples de espiritualidade a fim de delineá-la acompanhando seu desenvolvimento na própria história do cristianismo. Para isso, seria necessário voltar ao estudo da mística e dos grandes místicos. Embora ocupe significativo espaço no catolicismo, o estudo da mística é consideravelmente negligenciado pelo protestantismo. Mesmo a mística protestante alemã, exemplo quase único na história dos desdobramentos da Reforma, é pouco conhecida e reconhecida nos setores de influência da tradição calvinista.

Com algum esforço, podemos sublinhar no percurso histórico da Reforma, tanto a luterana como a calvinista em seus vários desdobramentos, momentos de certa intensidade espiritual. A absoluta centralidade da Bíblia, ao mesmo tempo que acentuou a necessidade de sua compreensão, foi marcada também pela devoção a seu texto como revelação direta de Deus. Devoção e emoção passaram a caminhar juntamente com a compreensão na simplicidade dos cultos comunitários, assim como na leitura solitária, principalmente nesta. Sem dúvida, o pietismo alemão é o melhor exemplo da espiritualidade protestante, sendo a vasta coleção de hinos produzida no tempo e no espaço desse movimento religioso sua mais viva expressão.

PREFÁCIO

Muitos desses hinos foram traduzidos para o inglês e, juntamente com outros de escritores e compositores ingleses, vieram a constituir o núcleo da espiritualidade do grande movimento religioso protestante conhecido por Grande Despertamento, movimento esse que, surgido na Inglaterra em meados do século XVIII, prolongou-se na América do Norte no período das grandes missões. O protestantismo brasileiro valeu-se de boa parte desse hinário até recentemente, quando ele entrou em declínio com a invasão do *gospel.* A espiritualidade protestante tem sido historicamente sustentada pelos seus dois pólos principais: a leitura piedosa da Bíblia e o cântico de seus hinos tradicionais.

Foram vários os obstáculos históricos que dificultaram o desenvolvimento da espiritualidade protestante. A obediência à vontade de Deus através da ética da ascese mundana foi o ponto de partida para uma religiosidade secular. A racionalidade, em lugar da espiritualidade, constituiu o caminho certo e mais importante para a salvação. Numa religião fortemente racional e ética, há pouco espaço para a espiritualidade, pois o traçado que estabelece o limite entre o profano (secular) e o sagrado se torna pouco nítido.

O fato de o protestantismo, dentro do seu princípio de liberdade, não ter privilegiado nenhuma estrutura filosófica de pensamento trouxe vantagens e ônus. Basta lembrarmos alguns momentos do extenso movimento de idéias conhecido por Iluminismo ou Ilustração. Um deles foi o deísmo, que, embora admitindo a existência de um Deus pessoal e criador do mundo, negava a Providência. Ao lado do deísmo surgiu a filosofia do sentido moral, pregando a felicidade humana como resultado da obediência às normas da moralidade independentemente de qualquer forma de religião. Além disso, o peso do Iluminismo ajudou a desenvolver a idéia muito generalizada de um cristianismo racional. Ora, o deísmo, ao tornar Deus desnecessário, fez conseqüentemente o mesmo com a oração. A filosofia do sentido moral colocou a religião em segundo plano. Por fim, o cristianismo racional pôs sob suspeita a intervenção divina nas esferas da vida. A era vitoriana, em sua cruzada contra o mistério e o absurdo, forneceu o ambiente filosófico e moral em que se desenvolveu a chamada "era protestante" e sua obra missionária.

◆ 15 ◆

O Brasil recebeu, no século XIX, dois tipos de protestantismo. Um deles, o alemão, étnico e fechado em si mesmo, embora pudesse contribuir com seu traço de espiritualidade piedosa, não o fez por causa de suas próprias condições. O outro, principalmente norte-americano, fruto momentâneo do Grande Despertamento, firmou sua mensagem religiosa no tripé conversão, nova conduta e esperança do milênio. Mesmo que a conversão fosse ligada a alguma forma de emoção ou espiritualidade, ela se metamorfoseava logo em regras de conduta racional com vistas à vida eterna, pois o mundo protestante é um mundo mais de verdades que de belezas e emoções do mistério.

O problema não passou despercebido por alguns dos estudiosos do protestantismo no Brasil como Erasmo Braga e Kenneth Grubb, Epaminondas Melo do Amaral, Émile G. Leonard e, principalmente, o lúcido Carl J. Hahn. Este último afirma, em seu livro *História do culto protestante no Brasil*,[2] que o culto protestante padece de um desvio histórico: nunca é a jubilosa resposta do homem ao amor de Deus, mas , antes, o cumprimento de um dever acrescido de elementos didáticos. Em outras palavras, como disse Leonard, em lugar de um culto-adoração, um culto-trabalho.

Ao lado da crítica, surgiram propostas de renovação e encaminhamento do culto no sentido da espiritualidade. Um dos primeiros manuais de culto foi o compilado pelo presbiteriano Miguel Perestrelo Carvalhosa. Outro que surgiu logo depois foi o do missionário metodista J. J. Ramson. Esses manuais traziam a ordenação do culto evitando e recomendando cuidados com banalizações e desvios desnecessários. Mais tarde, a Confederação Evangélica publicou o *Hinário evangélico* com a organização dos cânticos no sentido de favorecer cada momento do culto acompanhado de antífonas apropriadas. Publicou também uma brochura intitulada *Liturgia; manual para o culto público*. A história e a experiência nos mostram que tanto a crítica como os esforços contributivos passaram em branco.

---

[2] HAHN, C. J. *História do culto protestante no Brasil*. São Paulo, Aste, 1989.

Herdeiro do originário europeu via América do Norte, o protestantismo missionário de conversão já chegou ao Brasil com razoável perda de substância espiritual. Municiado ideologicamente pelo ideal de evangelizar para civilizar, não brandiu outra arma a não ser a da tentativa de impor verdades em matéria de religião. A arte de pregar o Evangelho puro e simples veio a ser, entre nós, a lógica da polêmica e do discurso. Para isso foram, desde o início, preparados os pastores. Os primeiros currículos de ensino teológico já apresentavam o esquecimento da espiritualidade contida não só nas obras dos Pais mas na própria Escritura. Talvez isso explique, ao menos em parte, a perda que o protestantismo tradicional sofre na atualidade diante da exaltação do Espírito por parte da religiosidade pós-moderna.

Este livro tem a intenção de cumprir a tarefa negligenciada de oferecer à comunidade teológica acadêmica as bases, como diz o próprio Autor, de uma teologia espiritual "que na história de nossas origens jamais esteve divorciada de outras disciplinas teológicas". Diante das variações que sofre o sentido de espiritualidade entre os grupos religiosos, nada melhor do que ir às raízes, e é isto que o Autor faz ao acompanhar o seu desenvolvimento na história.

Não se pense, contudo, que a obra de extensa erudição que o leitor tem em mãos deva permanecer exclusivamente nos espaços acadêmicos. Esses espaços devem constituir, de fato, o ponto de partida de um movimento mais amplo em favor de uma verdadeira espiritualidade cristã que envolva de maneira sutil, mas vigorosa, não somente o às vezes frio rigor da argumentação discursiva da pregação, mas da mesma forma a racionalidade pedagógica do culto. É o que se espera.

Antonio Gouvêa Mendonça[*]
Brotas-SP, outono de 2006

---

[*] Antonio Gouvêa Mendonça é doutor em Ciências Sociais e professor titular no programa de mestrado em Ciências da Religião da Universidade Presbiteriana Mackenzie.

ABREVIAÇÕES

BAC   Biblioteca de autores cristianos

CPG   Clavis Patrum Graecorum

CPL   Clavis Patrum Latinorum

CSEL   Corpus Scriptorum Christianorum Latinorum

DBDC   Dicionário bíblico Deus cristão

DCFT   Dicionário de conceitos fundamentais de teologia (EICHER, P. [org.]. São Paulo, Paulus, 1993.)

DE   Dicionário de espiritualidade (DE FIORES, S. & GOFFI, T. [orgs.]. São Paulo, Paulus, 1993.)

DITNT   Dicionário internacional de teologia do Novo Testamento (BROWN, C. [ed.]. São Paulo, Vida Nova, 1982.)

DM   Dicionário de mística (BORRIELLO, L.; CARUANA, E.; DEL GENIO, M. R.; SUFFI, N. [dirs.]. São Paulo, Loyola/Paulus, 2003.)

DP   Dicionário de patrística (MANZANARES, C. V. Aparecida, Santuário, 1995.)

DPAC   Dicionário patrístico e de antiguidades cristãs (DI BERARDINO, A. [org.]. Petrópolis/São Paulo, Vozes/Paulus, 2002.)

Dsp   Dictionnaire de spiritualité

EHTIC   Enciclopédia histórico-teológica da Igreja cristã (São Paulo, Vida Nova, 1988-1990.)

PG   Patristica Graeca

PL   Patristica Latina

SM   Sacramentum Mundi (Barcelona, Herder, 1982-1986.)

VB   Vocabulário bíblico (VON ALLMEN, J. J. [org.]. São Paulo, Aste, 1972.)

VTB   Vocabulário de teologia bíblica (LÉON-DUFOUR, X. [dir.]. Petrópolis, Vozes, 1992.)

INTRODUÇÃO

$\mathscr{E}$screver a respeito de "espiritualidade" em perspectiva "histórica" é no mínimo uma tarefa arriscada. O risco do primeiro vocábulo está em que, sendo o cristianismo hoje um composto de inúmeras tradições, o que para determinada Igreja constitui legítima postura de espiritualidade, para outra pode não o ser. Portanto, nesse primeiro risco estaria em jogo uma definição mínima de espiritualidade e a discussão tanto do caráter subjetivo ou objetivo das muitas experiências espirituais vivenciadas em nome do cristianismo, quanto da forma como tais fenômenos têm se manifestado no decorrer dos séculos.

O risco do segundo vocábulo diz respeito ao já clássico problema de conseguirmos traçar com fidedignidade um perfil histórico de movimentos e personalidades tão distantes de nós baseando-nos apenas na leitura de documentos primários ou não. É certo que podemos conhecer muito de uma pessoa por aquilo que ela escreveu, mas boa parte dos ingredientes que produziram aquele texto escapa-nos. A "fusão de horizontes" (Dilthey/Gadamer) entre escritor e leitor continua sendo uma conquista mais desejada que lograda em toda a sua plenitude.

Diante dessas limitações naturais, seguimos o sábio conselho do salmista: "Não ando à procura de grandes coisas, de coisas maravilhosas demais para mim" (Sl 131,1). Nosso objetivo com esta obra é simples: ao indicar o *status* acadêmico de uma teologia espiritual que na história de nossas origens cristãs jamais esteve divorciada das outras disciplinas teológicas, ao popularizar as "fontes" formadoras da grande *parádosis* (tradição) cristã, almejamos proporcionar uma breve e suficientemente documentada visão panorâmica da espiritualidade na história do cristianismo. Pois conhecer o passado de onde viemos sedimenta nossa identidade; conhecer nossas fontes espirituais alimenta a nossa fé e torna-nos mais sábios para viver nossos dias.

Com esses pressupostos em mente, procuramos identificar e destacar os "lugares" espirituais do cristianismo, tanto nas Escrituras quanto na história da Igreja antiga, rastreando, assim, o essencial da espiritualidade dos autores bíblicos e patrísticos em sua riqueza e variedade, impossíveis de serem abarcadas no seu todo. Para tanto, utilizamos uma metodologia temática identificando os autores que contribuíram para a construção dos diversos temas espirituais que compõem a totalidade da espiritualidade cristã. Em linhas gerais, procuramos encaixar a temática dentro de uma cronologia natural, muito embora em vários momentos tal cronologia tenha sido posta em segundo plano.

Minha esperança é que estas páginas possam ajudar a preencher parte do imenso espaço vazio de espiritualidade que se foi formando no *ethos* protestante acadêmico brasileiro, e simultaneamente auxiliar o protestantismo popular em sua pujante piedade, que, por não estar devidamente informada e formada, padece de extremismos (polarizações que nos afastam *a priori* do outro e fazem-nos considerar a alteridade como ameaça, matando o diálogo e anulando a possibilidade de comunhão fraterna com tradições diferentes). Nosso objetivo é oferecer aqui uma amostragem da rica e plural espiritualidade cristã, e redescobrir nossos lugares espirituais (*loci espiritualis*), para que neles e com base neles achemos novamente a nossa casa.

PRIMEIRA PARTE

A ESCRITURA COMO FUNDAMENTO E PARADIGMA DO "CAMINHO ESPIRITUAL"

Enquanto a vida espiritual é apropriação pessoal do ministério de fé, a Sagrada Escritura manifesta-se para ela como luz e alimento.

Charles André Bernard

PRIMEIRA PARTE

CAPÍTULO 1

O *locus* primordial: Antigo Testamento[1]

BIBLIOGRAFIA BÁSICA: ARCHER, G. L. Aliança. In: *EHTIC*, v. 1; ASURMENDI, J. *O profetismo*; das origens à época moderna. São Paulo, Paulinas, 1988; BENZ, E. *Descrição do cristianismo*. Petrópolis, Vozes, 1995; BRIGHT, J. *História de Israel*. São Paulo, Paulus, 1980; BRUEGGEMANN, W. *A terra na Bíblia*; dom, promessa e dasafio. São Paulo, Paulinas, 1986; EICHRODT, W. *Theologie des Alten Testaments*. Stuttgart, Klotz, 1959; FESTORAZZI, F. Experiência espiritual bíblica; Antigo Testamento. In: GOFFI, T. & SECONDIN, B. (orgs.). *Problemas e perspectivas de espiritualidade*. São Paulo, Loyola, 1992; SELLIN, E. & FOHRER, G. *Introdução à teologia do Antigo Testamento*. São Paulo, Paulinas, 1978 (v. 1) e 1984 (v. 2); GERSTENBERGER, E. (org.). *Deus no Antigo Testamento*. São Paulo, Aste, 1978; GOFFI, T. *La experiencia espiritual, hoy*.

---

[1] O objetivo geral não é dar uma visão técnica da teologia do Antigo Testamento (muito embora façamos isso, à guisa de aproximação, nos pontos *infra* 1.1, p. 26 e 1.2, p. 32), mas sim destacar os traços fundamentais gestores da espiritualidade em tal teologia. A abordagem se dará de maneira histórico-cronológica.

Salamanca, Sígueme, 1987; HASEL, G. F. *Teologia do Antigo Testamento*. Rio de Janeiro, Juerp, 1987; HAUGHT, J. F. *Mistério e promessa*. São Paulo, Paulus, 1998; HERRMANN, S. *Historia de Israel*. Salamanca, Sígueme, 1996; JACOB, E. Revelação. In: *VB*, pp. 368-371; KÖHLER, L. *Old Testament Theology*. London, s.n., 1957; LATOURELLE, R. *Teologia da revelação*. São Paulo, Paulinas, 1985; LOPÉZ, F. G. (org.). *O Pentateuco*. São Paulo, Paulinas, 1998; METZGER, M. *História de Israel*. São Leopoldo, Sinodal, 1984; MURRAY, J. *El pacto de gracia*. Barcelona, Felire, 1996; OSTERHAVEN, M. E. Teologia das Alianças. In: *EHTIC*, v. 3. São Paulo, Vida Nova, 1990; PABLO MAROTO, D. *El camino cristiano*; manual de teología espiritual. Salamanca, UPS, 1996; PACKER, J. I. Aliança. In: *Teologia concisa*. São Paulo, Cultura Cristã, 1999; RENDTORFF, R. Las concepciones da la revelación en el antigo Israel. In: *La revelación como historia*. Salamanca, Sígueme, 1977. pp. 29-54; ROBINSON, H. W. *Inspiration and revelation in the Old Testament*. Oxford, s.n., 1946; SCHMIDT, W. H. *Introdução ao Antigo Testamento*. São Leopoldo, Sinodal, 1994; VON RAD, G. *Teologia do Antigo Testamento*. São Paulo, Aste, 1973. 2 v.; WESTERMANN, C. *Teologia do Antigo Testamento*. São Paulo, Paulinas, 1987; WIEDENHOFER, S. Revelação. In: *DCFT*, pp. 792-800; WRIGHT, W. E. *O Deus que age*. São Paulo, Aste, 1967; ZENGER, E. *O Deus da Bíblia*. São Paulo, Paulinas, 1989; ZIMMERLI, W. *La ley y los profetas*. Salamanca, Sígueme, 1980.

1.1 Um Deus que se revela: o Deus dos pais e da libertação

Não obstante constatarmos a ausência, no Antigo Testamento, de uma noção clara de "revelação", ou seja, de uma conceituação unívoca e definida, é-nos possível (mas não o nosso objetivo aqui) efetuar uma investigação a partir da rica terminologia equivalente. Especialistas como Eichrodt, Procksch, Rendtorff, Vos, Köhler, Jacob, entre muitos outros, concordam que a revelação é o ponto central da elaboração da teologia do Antigo Testamento. De início é fundamental que entendamos, como premissa hermenêutica, a revelação como automanifestação de Iahweh na história de Israel e do mundo. O ponto de partida de toda a fé e de toda a teologia.[2] Assim, para uma correta abordagem da teologia do Antigo Testamento, necessário se faz partir sempre da compreensão israelita da história e de suas transformações.[3]

Com essa premissa posta, inquire-se então acerca da origem da experiência espiritual de Israel. De onde procede sua relação com o Sagrado? A resposta deve ser buscada na consideração e à luz de seu *habitat*, ou seja, o "ambiente circundante" no qual está inserido. Israel exprime e define o tipo de relacionamento existente entre os pais e o Deus dos pais. Sendo assim, o cosmo é interpretado como expressão da ordem salvífica.[4] Tal concepção pode ser extraída das narrativas patriarcais e igualmente das descrições que temos das antigas festas religiosas de Israel. Ambas nascem de um âmbito litúrgico, originado nos grandes santuários de Israel.[5] Dessa forma, tanto nos ciclos patriarcais, apesar das modificações posteriores ocorridas na formação das "tradições de fé de Israel", quanto no conteúdo descrito das festas israelitas, observa-se uma dependência de práticas já existentes, não obstante a constante pugna contra a assimilação de "costumes estranhos". A espiritualidade que se forma nessa pré-história de Israel, na relação com o "circundante", possui um caráter mítico, nascido de um ambiente agrícola como o de Canaã (assim se explicam as festas dos ázimos, das semanas e das tendas) e em parte nômade (talvez a esse ambiente remonte a festa pascal ou do cordeiro).[6] No entanto, o "temor" da assimilação na verdade reduzia-

---

[2] Cf. RENDTORFF, R. Las concepciones de la revelación en el Antigo Israel. In: *La revelación como historia*. Salamanca, Sígueme, 1977. p. 54. Questões terminológicas nas pp. 31-54.

[3] Cf. idem, ibidem.

[4] Cf. FESTORAZZI, F. Experiência espiritual bíblica (AT). In: GOFFI, T. & SECONDIN, B. (orgs.). *Problemas e perspectivas de espiritualidade*. São Paulo, Loyola, 1992. p. 28.

[5] Cf. idem, ibidem, p. 29.

[6] Cf. idem, ibidem.

se à idolatria, uma vez que em outros aspectos, como na questão cultural dos costumes sapienciais, o que aconteceu foi um verdadeiro "encontro" étnico. De qualquer forma, em se tratando da experiência espiritual em si, deve ser ressaltado o caráter diferenciado das relações com a divindade, pois, embora haja preservação e uso de determinadas práticas por parte do Antigo Testamento, há também uma clara purificação de suas aderências politeísticas ou mágicas (cf. Lv 19,26; Dt 18,10s; 1Sm 15,23; 28,3).[7] A "acomodação" foi, portanto, selecionadora e restritiva.

A experiência espiritual de Israel com seu Deus tem sua gênese, pois, em meio ao "cosmo-salvífico", mas que exprime uma presença supratemporal do Deus salvador, tão presente na origem da concepção do memorial hebraico.[8] Com isso, prepara-se o caminho para a formação propriamente dita da consciência de Israel como "povo de Deus", consciência que se formará na relação com um Deus salvador. A divindade, distante e desconhecida, efetivamente se dá a conhecer. Surge assim a experiência da salvação na história, que se constitui na etapa decisiva daquilo que chamamos revelação. Uma revelação que, como veremos, estará necessariamente vinculada à história e como tal e somente com base nela poderá ser conceituada. Isso quer dizer que uma teologia histórica da revelação só ganha *status* quando completada retroativamente, após os fatos acontecidos. Com isso, o desfecho histórico ilumina e colore de significado toda a experiência do povo de Israel.

Diante disso e depois da fase mais primitiva da "revelação" de Deus, na qual se podem verificar não mais que atos teofânicos particulares com uma

---

[7] Cf. Latourelle, R. *Teologia da revelação*. São Paulo, Paulinas, 1985. p. 16. "Enquanto entre seus vizinhos semitas ou egípcios o adivinho procura coagir os deuses mediante ritos considerados infalivelmente eficazes, Israel espera uma resposta que depende do bel-prazer de Javé" (idem, ibidem). Metzger destaca que "a peculiaridade dessas divindades patriarcais consiste no fato de não serem caracterizadas, como, por exemplo, as divindades cananéias, pelo local do culto onde foram veneradas [...], mas pela pessoa à qual se revelam pela primeira vez e que fundou o culto ao referido deus. Assim, a designação 'Deus de Abraão', por exemplo, quer dizer que este 'Deus apareceu pela primeira vez a Abraão e que Abraão foi o primeiro a lhe dar culto'" (Metzger, M. *História de Israel*. São Leopoldo, Sinodal, 1984. p. 21).

[8] Cf. Festorazzi, Experiência espiritual bíblica (AT), cit., p. 30.

concentração oracular quase que absoluta, podem-se perceber as manifestações antropomorfizadas, como a Abraão em Mambré (cf. Gn 18,1ss), a ocasião em que lhe muda o nome (cf. Gn 17,1ss) e ainda manifestações semelhantes a Isaac e Jacó (cf. Gn 26,2; 32,25-31; 35,9). Impossível, contudo, determinar a natureza exata dessas manifestações, que poderiam ter sido visões sensíveis, afetando os sentidos exteriores, ou apenas visões interiores, apresentadas de formas antropomórficas aptas a indicar o caráter intenso e direto da experiência interior;[9] podemos constatar a incidência de uma "teologia da história" no Antigo Testamento, dando forma à própria confissão de fé ali encontrada e interpretando os próprios fatos históricos como procedentes da ação divina. Dessa maneira, parece que o caráter de revelação da fé bíblica é uma conseqüência de seu vínculo com a história.[10] Tal característica é talvez o fator distintivo mais poderoso quando comparado com outras religiões.

A centralidade da história na própria coerência da religião judaico-cristã tem sido destacada sobejamente na história da teologia. E. Benz faz coro com vários outros, quando ressalta como traço característico o valor da história:

> Deus é o senhor da história. Esse é o traço fundamental da compreensão de Deus no Antigo Testamento: Deus escolhe para si um povo particular com quem estabelece uma aliança particular. Liga a si o povo de Deus por sua lei; determina para ele uma meta de salvação, que consiste em estabelecer a sua soberania; e quando o povo torna-se infiel à sua aliança e à sua promessa, adverte-os pelos profetas, anunciando-lhes a salvação e o castigo.[11]

---

[9] Cf. LATOURELLE, *Teologia da revelação*, cit., p. 15.

[10] Cf. FOHRER, G. *Estruturas teológicas fundamentais do Antigo Testamento*. São Paulo, Paulinas, 1982. p. 64.

[11] BENZ, E. *Descrição do cristianismo*. Petrópolis, Vozes, 1995. p. 134. Os conceitos de aliança, povo, promessa, eleição etc. serão oportunamente tratados neste capítulo.

Portanto, a história de Israel é história da salvação (*Heilsgeschichte*) de Israel. Isso quer dizer que a história peculiar de Israel foi inaugurada por uma ação salvadora de Deus, e a fé no Deus redentor caracteriza a religião israelita.[12] Assim, no Antigo Testamento, a revelação propriamente dita é sempre epifânica, pois depende da ação de Deus. Revelação é algo que aconteceu. O falar e o agir de Deus são processos diferentes, com nomes diferentes. Deus age na epifania, Deus fala na teofania.[13] Não obstante a importância do conteúdo revelacional do Antigo Testamento, segundo W. Pannenberg não convém falar em revelação exclusivamente mediante a história, e segundo Fohrer nem mediante a palavra.[14] Há, portanto, uma limitação da história em veicular a ação de Deus, pois os próprios milagres não passam de sinais e pistas de uma soberania de Deus muito mais extensa e grandiosa. A história contém em si, após a queda, um princípio inerente de transitoriedade e por isso redutor de significados transcendentes.

No entanto, a importância em si do milagre não pode ser esvaziada, uma vez que por meio dele é que se constata o controle supratemporal e incondicional de Deus na história, tanto de Israel como do cosmo em geral. Nesse particular, recebe primazia e centralidade o acontecimento do êxodo. A narrativa da saída do Egito é o cerne de todo o Pentateuco.[15] E, por conseguinte, afirmar-se-á como o fundamento primordial de sua esperança no futuro. A libertação do Egito, fato experimentado provavelmente por um reduzido grupo de hebreus que então estavam na condição de escravos naquele país, será reinterpretada como a principal epifania de Deus na salvação e libertação do seu povo, ao mesmo tempo que resgata o conteúdo central da aliança feita muito tempo antes com Abraão e sua descendência.

---

[12] Cf. WESTERMANN, C. *Teologia do Antigo Testamento*. São Paulo, Paulinas, 1987. p. 13.

[13] Cf. idem, ibidem, p. 22.

[14] Cf. idem, ibidem, p. 23.

[15] Cf. NOTH, M. *Die Überlieferungsgeschichte des Pentateuch* (1948), citado por WESTERMANN, *Teologia do Antigo Testamento*, cit., p. 32. Com o êxodo, há o início de um relacionamento entre Deus e Israel, relacionamento que segundo Haught continuará "com o Deus da liberdade e da esperança" (HAUGHT, J. F. *Mistério e promessa*. São Paulo, Paulus, 1998. p. 131).

Dessa forma, com o olhar posto na libertação do Egito tornando realidade o sonho abraâmico, aposta-se com razão na segurança do futuro. Estabelece-se, assim, uma ligação histórico-espiritual entre o mundo patriarcal e a nação que se forma. A palavra de José do Egito nesse particular é fundamental: "Eu vou morrer, mas Deus vos visitará e vos fará subir deste país para a terra que ele prometeu, com juramento, a Abraão, Isaac e Jacó" (Gn 50,24). A memória de tal acontecimento será fator preponderante na formação da identidade da nação de Israel e estará presente em todas as etapas históricas da religião javista, tanto na fixação e unificação das tribos em Canaã, quanto no término da história política. Essa mesma história nacional fornecerá ao Dêutero-Isaías os elementos dos vaticínios sobre a libertação dos exilados na Babilônia.[16] As várias tradições do Pentateuco (JEDP)[17] dedicaram-se a reconstruir essa história; embora cada uma delas tenha uma perspectiva teológica própria, estão concordes em afirmar o valor salvífico desta história.[18]

A saída do Egito se tornou a confissão de fé central de Israel (cf. Ex 20,2; Os 13,4; Ez 20,5; Sl 81,11 etc.); confissão que deveria ser preservada e atualizada pelas gerações subseqüentes, pois se impõe como cumprimento da promessa (cf. Ex 3,1s; 6,2). Tanto a versão tradicional em forma de hino (cf. Ex 15) quanto a versão em prosa (cf. Ex 14) antecipam dois traços básicos da fé veterotestamentária, que — ao lado da adoração exclusiva a Iahweh e da proibição de imagens (cf. Ex 20,2ss e outras) — a marcam até época tardia: a fé se reporta a feitos de Deus na história e professa o Deus que liberta da aflição.[19] Assim, a interpretação teológica, tão presente nas tradições, depende de fatos históricos.

---

[16] Cf. WESTERMANN, *Teologia do Antigo Testamento*, cit., p. 32.

[17] Conhecidas pela Teoria Documental, a partir dos estudos de Julius Welhausen e outros acerca da formação do Antigo Testamento, e popularizadas pela sigla JEDP; respectivamente: javista, eloísta, deuteronômica e sacerdotal.

[18] Cf. FESTORAZZI, Experiência espiritual bíblica (AT), cit., p. 31, e também, VON RAD, cit. *Teologia do Antigo Testamento*.

[19] Cf. SCHMIDT, W. H. *Introdução ao Antigo Testamento*. São Leopoldo, Sinodal, 1994. p. 21. Segundo este autor e outros, a lembrança desse acontecimento, seja na perspectiva da opressão ou da libertação, "foi pintada com cores sempre mais fortes no decorrer do tempo. Os milagres das pragas e da noite da Páscoa, que obrigam o faraó a 'deixar ir' Israel, em última análise são simbólicos: filhos e netos, sim, todo o mundo deve saber o que Javé fez (Ex 9,16; 10,2)" (idem, ibidem).

Em síntese, podemos dizer que a transmissão dessa consciência histórica da salvação pode ser entendida na relação com o primeiro estágio revelacional de caráter mais mítico e cíclico, ou seja, a salvação acontece nos eventos da história, nos quais se pode encontrar o Deus vivo, cujo nome é Iahweh. Um Deus que executa seu plano dentro da história, cuja base é o êxodo, que é projetado para trás como fator normativo e referencial para a própria era patriarcal (cf. Gn 12–50) e também para a pré-história primordial — arameu errante (Noth[20], Metzger[21]). Esse momento se renova continuamente em Israel como presença eficaz de Deus, que ao mesmo tempo julga e salva[22] (Schmidt). Dessa maneira, a história toda de Israel se mistura à ação de Iahweh, de tal forma que a própria existência de Israel se verifica no testemunho da nação eleita.

1.2 A aliança no Sinai:[23] identidade de povo e consciência de eleição

Do mesmo modo que há uma intenção estratégica de Deus na teofania ocorrida apenas a Moisés (cf. Ex 3), teofania esta que o prepara para a missão de libertar o povo da escravidão no Egito, há também após a libertação um encontro teofânico (cf. Ex 19; 20; 24), mas agora com o povo, cuja intenção pode-se claramente perceber na descrição do fenômeno. O que se deve discernir logo de início é que no Sinai temos uma verdadeira

---

[20] NOTH, M. *The Old Testament World*. London, Fortress Press, 1966.

[21] METZGER, M. *História de Israel*. São Leopoldo, Sinodal, 1984.

[22] SCHMIDT, op. cit.

[23] Cuja localização exata é ainda uma incógnita. Segundo Metzger, "a tradição que localiza o Sinai na parte sul da atual 'península do Sinai' pode ser constatada somente no período bizantino (século IV d.C.). Como a descrição de Ex 19,18 faz pensar em um vulcão, deduziu-se que se deveria procurar o Sinai a leste do golfo de Ácaba, onde realmente existem vulcões em atividade, em contraposição à tradicional península do Sinai. Finalmente, cogita-se que Dt 33,2 e Jz 5,4s situam o Sinai em posição paralela ao Seir, com o que se designava a região montanhosa a leste do Wadi el-árabe, entre o mar Morto e o golfo de Ácaba".

"aliança", um momento decisivo na história da revelação.[24] No Sinai dá-se uma nova experiência transcendental de revelação, ou seja, uma experiência fundamental, cujo conteúdo passou a possibilitar a Israel um novo contexto de experiência, uma nova maneira de auto-identificação, de modo que Israel tornou-se cada vez mais capacitado em sua história a experimentar, na multiplicidade dos fenômenos empíricos de revelação, a revelação do Deus único: Iahweh.[25] Em outras palavras, a narrativa, da forma como foi apresentada, tem o propósito de identificar nesse Deus do Sinai o mesmo Deus que já demonstrara a Israel seu poder e fidelidade, livrando-o do domínio egípcio, e que, pela aliança, fez desse povo sua propriedade e nação, liderando-o como chefe.[26] Há uma ação contínua de Iahweh em favor de Israel, ação essa que posteriormente dará a este último a consciência de ser povo eleito por Deus.

No episódio do Sinai e no contexto da aliança que se estabelece, destaca-se o fato de que, ao mesmo tempo que há revelação, há também identificação: a revelação é revelação do nome de Deus. Nesse acontecimento estão postas as raízes da fé do povo hebreu em Iahweh. Assim, toda a relação existente entre Israel e Iahweh depende desse fato fundante.

Com isso, os elementos básicos mais antigos da tradição do Sinai são: teofania (aparição de Deus), revelação do nome de Iahweh, legislação.[27] Em Ex 19,18, temos os impressionantes fenômenos externos da "teofania", mas que perdem seu brilho quando comparados com a revelação do "nome de Deus": Iahweh; como se o nome de Iahweh aplacasse o temor diante da montanha fumegante. O centro, portanto, da teofania é a palavra, a qual assume características de continuidade e de permanência, instalando-se como o núcleo mesmo da aliança. Assim, a "legislação" impõe-se como

---

[24] Cf. LATOURELLE, *Teologia da revelação*, cit., p. 16.

[25] Cf. WIEDENHOFER, S. Revelação. In: *DCFT*, p. 795.

[26] Cf. LATOURELLE, *Teologia da revelação*, cit., p. 17.

[27] Cf. METZGER, *História de Israel*, cit., p. 22.

protetora das relações misericordiosas, da eleição e da revelação do nome de Deus. Exclusividade e ausência de imagens na veneração e adoração fazem parte das exigências fundamentais da fé em Iahweh. Trata-se de um traço sem paralelo em toda a história das religiões do Antigo Oriente. Uma vez que Iahweh se dedica totalmente aos seus eleitos, ele exige veneração.[28] Há, pois, a exigência de confiar somente em Iahweh para que a promessa de uma terra se concretize; uma confiança que inclui o afastamento dos ídolos e deuses vãos, bem como a dedicação exclusiva ao Deus que os libertou da escravidão.

De forma gradativa, a tradição de que Iahweh é o Deus do Sinai, que "vem do Sinai", cristalizar-se-á na religiosidade de Israel. São três os hinos que dão testemunho desse arcaísmo: o canto de vitória de Débora, registrado em Jz 5; parte do Sl 68; e a bênção atribuída a Moisés em Dt 33. O canto de Débora registra o seguinte:

> Iahweh! Quando saíste de Seir,
> quando avançaste nas planícies de Edom,
> a terra tremeu,
> troaram os céus, as nuvens desfizeram-se em água.
> Os montes deslizaram na presença de Iahweh, o do Sinai,
> diante de Iahweh, o Deus de Israel (Jz 5,4s).

De acordo com Zenger, destacam-se aqui três imagens bem nítidas: (a) a vinda de Iahweh faz as montanhas tremerem, isto é, provoca medo e sacode as situações comuns da vida e do mundo; (b) a vinda de Iahweh faz os céus pingarem, escorrerem, ou seja, provoca uma fertilidade misteriosa e a plenitude da vida; e (c) Iahweh do Sinai não é um deus localmente limitado, mas sim um deus que pode sair de sua pátria para se revelar.[29]

---

[28] Cf. idem, ibidem, p. 23.
[29] Cf. ZENGER, E. *O Deus da Bíblia*. São Paulo, Paulinas, 1989. p. 54.

É consenso que nesse hino podem-se ver tanto o fundamento quanto os limites da anfictionia, tese defendida por vários autores, especialmente por Noth, e que destaca as intervenções de Iahweh contribuindo para a autoconsciência da nação.

O Sl 68,8-11 é uma ressonância do que vimos antes.

Já o terceiro hino (cf. Dt 33), de suposta autoria mosaica, registra:

> Iahweh veio do Sinai,
> alvoreceu para eles de Seir,
> resplandeceu do monte Farã (Dt 33,2).

Também aqui se nota o dinamismo de Iahweh, ao rememorar a condução do povo sob sua direção. Iahweh se apresenta vindo do Sinai e raiando como o sol sobre Israel desde Seir, brilhando desde o monte Farã.[30] Há uma forte convicção da presença de Iahweh!

O que se depreende dessas canções são informações incompletas quanto à geografia do *habitat* de Iahweh; no entanto, pode-se aceitar que sua proveniência circunscreve-se a uma região montanhosa e deserta situada entre o mar Morto e o mar Vermelho,[31] ou como disse L. Perlitt, "do deserto, de tudo o que não é terra cultivada".[32] Por isso a ênfase está na dinâmica do movimento divino.

O tema da "legislação", já mencionado, lança-nos diretamente ao coração da "aliança", uma vez que todas as tradições estabelecem uma íntima relação entre ela e as leis postas como condições e imposições ao povo de Israel. Assim, a "aliança" possui um núcleo concreto e material. Como disse Latourelle,

---

[30] Cf. THOMPSON, J. *Deuteronômio*; introdução e comentário. São Paulo, Vida Nova, 1982. p. 293.

[31] Cf. ZENGER, *O Deus da Bíblia*, cit., p. 53.

[32] Idem, ibidem.

as palavras da aliança são a revelação da vontade divina, que respeitada ou transgredida trará a bênção ou a maldição; exprimem o exclusivismo do Deus de Israel e suas exigências morais. A aliança transformou em comunidade as tribos saídas do Egito, dando-lhes uma lei, um culto, um Deus, uma consciência religiosa. Torna-se Israel um povo governado por Iahweh.[33]

O nosso interesse volta-se para o nosso tema geral em questão, intuindo como início do "caminho espiritual" do povo de Deus, na formação de sua identidade, a revelação de Iahweh por meio de sua "aliança". O conceito de aliança está nos próprios alicerces da religiosidade bíblica como fator que a diferencia das religiões dos povos vizinhos. O que se conclui é que no Sinai o povo libertado fez aliança com Iahweh e foi assim que o culto de Iahweh se tornou a sua religião nacional. A aliança em questão não é, evidentemente, um pacto entre iguais; é análoga aos tratados de vassalagem: Iahweh resolve com soberana liberdade outorgar sua aliança a Israel e dita as condições.[34]

Na realidade, como afirmamos, desde a teofania da sarça ardente foram revelados a Moisés não apenas o nome de Deus mas também o plano de libertação de Israel da escravidão no Egito e a instalação na terra de Canaã (cf. Ex 3,7-10.16s), a justificava de tal propósito é que Israel é "seu povo" (cf. 3,10), e Iahweh quer dar a terra prometida a seus pais (cf. Gn 12,7; 13,15).[35] Está suposto nesse "querer" intencional de Iahweh que Israel é objeto de uma eleição e depositário de uma promessa.[36] A gratuidade da eleição fica evidente na própria explicitação da aliança, bem como no fato de a escolha não estar condicionada aos méritos de Israel

---

[33] Latourelle, *Teologia da revelação*, cit., p. 17.

[34] Cf. Giblet, J. & Grelot, P. Aliança. In: *VTB*, p. 26.

[35] Cf. idem, ibidem. Uma doação que não se detém no fato de que a terra já possui donos históricos.

[36] Cf. idem, ibidem, p. 27. A promessa concretiza e historifica escatologicamente a eleição de Israel.

(cf. Dt 9,4ss); a eleição depende antes do amor de Iahweh, que mantém o juramento feito aos Pais:

> Pois tu és um povo consagrado a Iahweh teu Deus; foi a ti que Iahweh teu Deus escolheu para que pertenças a ele como seu povo próprio, dentre todos os povos que existem sobre a face da terra [...]; por amor a vós e para manter a promessa que ele jurou a vossos pais; por isso Iahweh vos fez sair com mão forte e vos resgatou da casa da servidão, da mão de Faraó, rei do Egito (Dt 7,6.8).

Vemos aqui, novamente, a identificação proposital do "Deus dos pais" com o "Deus do Sinai e do êxodo", da "promessa aos Pais" e a "concretização da promessa" nos entornos do Sinai. Desse modo, os hagiógrafos, no contexto de uma construção teológica, consideram a história de seu povo à luz das promessas divinas e de seus desígnios de salvação. Com isso, tais cronistas não só nos narram os "fatos", senão que nos dão a "interpretação teológica" dos mesmos, dentro do panorama geral daquilo que chamamos "história da salvação". Deve-se ressaltar que a ação demolidora da crítica literária,[37] a partir de K. Graf e J. Wellhausen, leva tais constatações a suas últimas conseqüências, desacreditando a própria historicidade das personagens e dos acontecimentos.

---

[37] Parte integrante da crítica bíblica; busca compreender a composição literária de cada um dos livros que formam a Bíblia. A partir da constatação das "discrepâncias internas", conclui-se que os livros foram feitos com base em diferentes textos que antes existiam separadamente. Assim, o estudo das formas literárias tenta identificar a natureza, intenção, aplicação e significação das unidades literárias fundamentais, e descobrir seu lugar na vida do povo antes de sua fixação em escritura. O pioneiro nessa tarefa foi H. Gunkel, com seu "método de história das religiões", posteriormente utilizado por H. Gressmann, J. Hempel, A. Alt; chegando à sua plenitude com o "método histórico da tradição", de M. Noth, que trata de penetrar na história pré-literária de tais unidades fundamentais, para estudar exatamente seu nascimento, significado e fim na fase da tradição oral. Ademais, com W. Eichrodt, há uma concentração e esforço por encontrar um "centro" que dê coerência aos vários matizes teológicos. G. von Rad insiste no caráter diacrônico do Antigo Testamento; com isso ganha espaço a "intenção querigmática de cada tradição e documento, como descrições da ação divina, chave de leitura histórica" (VILANOVA, E. *Historia de la teología cristiana*. Barcelona, Herder, 1987. v. 1, p. 57).

Por outro lado, perante essa tendência, cedo se levantou uma competente reação "ortodoxa".[38] G. von Rad, por exemplo, supõe que a fé de Israel se baseia em "fatos de história" nos quais se vê a mão de Deus, mas esses fatos estão interpretados à luz de umas *idéias teológicas*; portanto, não representam os acontecimentos como sucederam, segundo as exigências da crítica historiográfica moderna. O que interessa é a *Heilsgeschichte*, a "história da salvação", refletida nesses supostos fatos.[39]

Podemos, agora, concluir reconhecendo que a história descrita na Bíblia é certamente uma "história teológica dos fatos", e esses fatos são o fundamento da fé, nas distintas épocas, pois a fé dos israelitas não se nutre de abstrações, senão de intervenções de Deus na história com ações salvadoras.[40] Nasce, assim, uma teologia da história!

Dentro da tese da historicidade, convém ainda fazer referência aos estudos de A. Alt, nos quais fica evidente a ligação (cf. *supra* 1.1, p. 26) do "Deus dos pais" (deuses patriarcais) com a religião israelita, insistindo na autenticidade da vocação dos patriarcas. Ele entende que o tipo de religião dos deuses paternos pertenceu ao patrimônio característico das tribos de Israel antes de sua unificação em torno de Iahweh. São reconhecíveis

---

[38] Cf. R. Kittel, em *Geschichte des Volks Israels* (s.l., s.n., 1982), no caso específico da era patriarcal, havia afirmado paladinamente que os patriarcas eram *Geschichtliche Personen* ("pessoas históricas") ligadas a grupos que transmitiram tradições. Portanto, seus nomes respondem a pessoas concretas e não a divindades nem a figuras populares de origem folclórica. Mesmo diante da competente crítica "liberal" de Noth, para quem a história de Israel começa com a "anfictionia" das tribos já estabelecidas em Canaã e que por conseguinte o caráter histórico perde seu valor diante das exigências teológicas de legitimação por parte dos hagiógrafos, podemos afirmar com segurança que os autores bíblicos nos dão uma versão teológica da história de seu povo, pois consideram os fatos desde as exigências da "história da salvação", quer dizer, das ações salvadoras de Iahweh, que guiou as tribos de Israel para uma unidade teocrática. Outros autores nessa mesma linha são: W. W. Albright; J. Bright; S. W. Baron; R. de Vaux; E. Dhorme; G. von Rad e também A. Weiser, de alguma maneira, além de vários outros.

[39] Cf. von Rad, G. *Theologie des Alten Testaments*. Munich, s.n., 1957. v. 1, pp. 112-113, citado por Cordero, M. G. *Biblia y legado del Antiguo Oriente*. Madrid, BAC, 1977. p. 89.

[40] Cf. Cordero, *Biblia y legado del Antiguo Oriente*, cit., p. 89.

as linhas que vão de seus deuses ao Deus de Israel.[41] Vale a pena, pois, reafirmar que a vontade soberana de Deus é fazer valer o sentido de seu nome ("Deus presente"), e assim se unir aos homens, fazendo deles uma comunidade cúltica voltada ao seu serviço e governada por sua lei. Isso nos obriga a reconhecer as limitações da aliança sinaítica quando vista dentro da perspectiva do plano maior da salvação de Iahweh. Nesse sentido, toda a história de Israel exerce um fator condicionante na aplicação desse plano (dom e graça de Deus), reduzindo, pois, aquilo que é essencialmente universal a uma relação com apenas uma nação. De qualquer maneira, a idéia básica da aliança (a amizade de Deus com os homens), que em Israel não alcança sua plenitude, realizar-se-á plenamente no Novo Testamento. Essa idéia está no centro da reflexão profética e se tornará a grande mensagem de esperança (cf. *infra* 1.4, p. 48).

Portanto, é razoável aceitar que o núcleo factual desse período primitivo da história de Israel permite-nos considerar que as tribos até então escravizadas no Egito possuem agora consciência de terem sido escolhidas por Iahweh, havendo, pois, uma aliança de exclusividade. Obviamente que tal monoteísmo distinguiria Israel dos outros povos.

1.3 O deserto e a terra: peregrinação da fé e concretização da promessa[42]

Após termos visto a fundamental identificação, elaborada pelas tradições de fé, do Deus dos pais com o Deus que se revela nas epifanias e teofanias e, em decorrência, a identidade nacional com base na consciência

---

[41] Cf. ALT, A. O Deus paterno. In: GESRSTENBERG, E. (org.). *Deus no antigo Testamento*. São Paulo, Aste, 1981. pp. 65-66.

[42] A partir de Abraão a *ordo salutis* ("ordem da salvação"), tanto na religião javista quanto no próprio cristianismo, contempla uma valorização acentuada do "futuro" como momento definitivo e pleno da salvação. Há sempre um forte desenvolvimento escatológico vinculado à categoria "esperança" e que se move com base nas promessas de Deus (confira especialmente Moltmann, Alves, Haught e outros).

da eleição, o produto final que podemos contemplar e descrever agora se concretiza na forma histórica de um povo liberto de um *status* social (espiritual) indigno (escravidão no Egito), lançando-se, a partir da promessa, na busca da terra. Essa busca transforma-se em aventura de peregrinação, uma vez que acontece no deserto, mas torna-se uma espécie paradoxal de ideal transitório, pois Deus continua revelando-se e nessas "presenças" divinas o poder da nacionalização plena vai se formando gradativamente. Além do mais, nesses dois *loci* da fé (deserto e terra), com suas pertinentes significações, fica evidente o caráter dúbio do compromisso assumido pelo povo: fidelidade e apostasia se pendularão em um movimento dialético de "sim" e "não" ao apelo dirigido por Iahweh à santidade, fidelidade e exclusividade.

O processo redacional que descreve a "experiência do deserto" foi composto tardiamente sob os auspícios de condicionantes ideológicos e pressupostos teológicos, portanto com uma forte tendência à idealização. Não obstante, podemos entender, até como preparação a nosso tema, que o deserto, no seu sentido espiritual, que aqui nos interessa, possui significações diversas, conforme se pense em um lugar geográfico ou em uma época privilegiada da história da salvação.[43] No primeiro sentido, o *geográfico*, o deserto impõe-se como uma espécie de "desolação", lugar esquecido de Deus, terra estéril onde habitam demônios (cf. Lv 16,10; Lc 8,29; 11,24). Dentro dessa perspectiva fenomenológica, o deserto serve como medida disciplinar transitória. Dessa maneira, Deus mesmo desejou que seu povo passasse pelo deserto: "Partimos do Horeb e caminhamos através de todo aquele grande e terrível deserto" (Dt 1,19). Assim, o deserto evoca antes de tudo uma época da história sagrada: o nascimento do povo de Deus.[44]

Tal entendimento mais positivo predominará nas narrativas da "caminhada" até para justificar tamanha aventura. De qualquer modo, deve-se considerar que o deserto foi um lugar tanto de provação quanto de apostasia,

---

[43] Cf. THOMAS, C. & LÉON-DUFOUR, X. Deserto. In: *VTB*, p. 215.

[44] Cf. idem, ibidem.

mas sempre um tempo de glória para o Senhor.[45] A fé de Israel sai robustecida da experiência do deserto. Mas o caráter ambíguo e paradoxal sobressai, pois aquela peregrinação foi marcada por adoração e blasfêmia, rebeldia e submissão, fidelidade e deserção, aclamação e protesto.[46] Tais acontecimentos, de encontros e desencontros, venturas e desventuras, servem-nos hoje de modelo e referencial de fé: "Ora, tudo o que se escreveu no passado é para nosso ensinamento que foi descrito, a fim de que, pela perseverança e pela consolação que nos proporcionam as Escrituras, tenhamos a esperança" (Rm 15,4).

O próprio apóstolo Paulo é ainda mais preciso quando, ao referir-se a esse período, afirma: "Ora, esses fatos aconteceram para nos servir de exemplo, a fim de que não cobicemos coisas más, como eles cobiçaram" (1Cor 10,6). Utilizando aqui o vocábulo "tipos" — "[...] servir como tipos" —,[47] estabelece de vez a ligação da caminhada de Israel com a caminhada da Igreja.[48] Nesse ponto de vista temos o segundo sentido, o *temporal*, pois, pode-se considerar o tempo do deserto sob três aspectos: (a) está dentro do plano de Deus, (b) descreve a infidelidade do povo e (c) mostra o triunfo da misericórdia divina.

O plano divino está expresso no fato de que Deus mesmo escolhe o caminho por onde irá o povo, embora não seja o mais curto (cf. Ex 3,17), porque Deus quer ser o guia do seu povo (cf. 13,21). Também é no deserto

---

[45] Cf. idem, ibidem, p. 216.

[46] Cf. LARRAÑAGA, I. *Mostra-me teu rosto*. São Paulo, Paulinas, 1975. p. 40.

[47] "Tipos que Deus suscitou para figurar de antemão as realidades espirituais da era messiânica ('antítipos', 1Pd 3,21, mas cf. Hb 9,24). Embora os autores sagrados não tivessem nítida consciência desse sentido 'típico' (ou 'alegórico', Gl 4,24) dos livros santos, tal sentido é realmente bíblico, porque intencionado por Deus, autor de toda a Escritura. Destinado à instrução dos cristãos, o sentido típico foi muitas vezes apontado pelos autores do NT. Paulo o incute repetidamente (1Cor 9,9-10; 10,11; Rm 4,23s; 5,14; 15,4; cf. 2Tm 3,16). Estão fundados sobre a tipologia do AT escritos inteiros como o Quarto Evangelho e a epístola aos Hebreus" (*Bíblia de Jerusalém*. 9. impr. São Paulo, Paulus, 2000. 1 Coríntios 10,6, nota z, p. 2.160).

[48] O tema do "caminho espiritual" da Igreja será abordado no segundo capítulo (2.2, p. 71; 2.3, p. 79; 2.4, p. 88), como parte da espiritualidade do Novo Testamento.

que eles devem adorar a Iahweh, pois ali recebem a lei e concluem a aliança que faz desses homens errantes um verdadeiro povo. Deus, portanto, quer que seu povo nasça no deserto. Contudo, promete-lhe uma terra, fazendo da peregrinação no deserto um período privilegiado mas provisório,[49] em que se destaca o *Deus pedagogo*, que ensina. O deserto se tornará, assim, o lugar onde Iahweh prova a fidelidade do povo, onde este último poderá não só experimentar a continuidade das ações salvíficas de Deus, senão também alimentar e solidificar a esperança de uma terra definitiva.

O deserto é um puro caminho de fé naquele que com mão poderosa tirou o povo do Egito. Em contraste com a falsa segurança do Egito, o povo experimenta agora a total instabilidade e, por isso, em várias ocasiões sucumbe em murmurações (cf. Ex 14,11; 16,2s; 17,2s; Nm 14,2ss; 16,13s; 20,4s; 21,5), com sentimento de nostalgia da vida ordinária; por mais penosa que ela fosse no Egito, era preferível a essa vida de exclusiva entrega a Deus.[50] Ainda que numa condição social indigna, a da escravidão, têm mais sabor as "panelas" do Egito (cf. Nm 11,5) que o insosso maná. O deserto faz brotar as intenções do coração no momento da provação e conhecer o que há no coração (cf. Dt 8,2).

No entanto, a inconstância do povo não invalida e anula a aliança nem o plano de Deus. Por isso, quando o olhar é retroativo, a partir da figura de Josué e da entrada na terra, percebe-se o triunfo da glória e da santidade de Deus (cf. Nm 20,13). Dessa forma, o deserto é visto como um lugar e um tempo em que se manifestam a misericórdia de Deus e sua fidelidade no trato com o povo, fazendo cumprir seu plano perfeito.

Dessa experiência intensa, esse povo obstinado e hesitante, como nenhum outro, aprende e amadurece. Por causa desse povo é que podemos ter uma noção tão clara da realidade concreta de Deus. Assim devemos proceder, porque Deus, com suas palavras e realizações, entrou no mundo

---

[49] Cf. THOMAS, C. & LÉON-DUFOUR, X. Deserto, cit., p. 216.

[50] Cf. idem, ibidem.

dos homens. Por isso, Israel sabia a respeito da presença de Deus. E sua certeza não podia ser abalada, mesmo quando a imagem de Deus se desfigurava ou quando adotava feições terríveis e incompreensíveis.[51] O deserto é, pois, lugar de caminhada, de transição, e aponta para uma realidade mais duradoura. Depois que o povo fixa-se na terra, o deserto e a presença do povo nele passam a ser idealizados como o modelo de experiência divina. A instalação na terra de Canaã trará prosperidade, porém a "sombra" e o "fantasma" da idolatria cobrirão a nação de Israel como um manto. O aviso de Dt 8,11-17[52] soa como uma profecia se cumprindo: Israel se esqueceu de Iahweh. Por isso, o tempo do deserto será rememorado com solenidade e nostalgia na tentativa de atualizar os maravilhosos momentos em que, no meio da provação, Deus visitava seu povo em teofanias primitivas que contestavam o formalismo das desobediências; é um apelo à conversão e a confiar só em Deus.[53] O deserto, nesse novo ambiente, longe de ser um local ou período de castigo, torna-se um tempo idílico do passado por oposição ao tempo presente de Canaã.[54]

Com semelhante leitura, estabelecer-se-á com força singular a utopia de um deserto ideal e a tentativa de prolongá-lo *ad perpetuam*. Nesse sentido os recabitas viviam sob a tenda, a fim de manifestar sua reprovação da civilização canaanita (cf. Jr 35), e os monges de Qumrã romperam com o sacerdócio oficial de Jerusalém. Essa mística da fuga para o deserto tem sua grandeza; ela pode até dar sentido a uma situação de perseguição.[55] No entanto, a própria posição radical dos iluminados em não aceitar o *status quo* idolátrico do ambiente canaanita corre o risco de, em sua piedade circunscrita

---

[51] Cf. von Rad, G. A realidade de Deus. In: Gerstenberger, E. (org.). *Deus no Antigo Testamento*. São Paulo, Aste, 1981. p. 413.

[52] Que, segundo vários autores (von Rad, Alt, Latourelle), é fruto da pregação profética originária dos ambientes do norte (cf. *infra* 1.4, p. 48).

[53] Cf. Thomas & León-Dufour, Deserto, cit., p. 217.

[54] Cf. idem, ibidem.

[55] Cf. idem, ibidem.

e hermética, reduzir Deus a sua "interioridade ou a outras imagens".[56] Na verdade, a crítica ao deserto como modelo absoluto de espiritualidade cristã é sonora em várias confissões cristãs, especialmente em ambientes reformados.[57]

Com essas considerações estamos já na terra. O sonho concretiza-se, depois de tanto tempo transcorrido desde a epifania a Abraão (cf. Gn 12). Vale a pena uma síntese da entrada na terra. Com efeito, depois de organizar-se em uma sociedade teocrática em ambiente sinaítico, região bem conhecida de Moisés, o povo se dirige a noroeste rumo a Canaã. Esse caminho é desconhecido a Moisés; por isso ele pede a Deus que seja o guia direto da caravana (cf. Ex 33,4-12). A partir daí vão em direção a Cades Barnéia, a 80 km a sudeste de Berseba na rota de Canaã. Primeiro, vão ao norte pelo deserto de Farã (deserto da Solidão), cuja parte setentrional chama-se deserto de Zin; logo voltam para o golfo de Ácaba depois de algumas estâncias intermediárias. Seguem depois, pelo norte, para Cades Barnéia, zona de oásis. Ficam aí por longo tempo antes de tentar a entrada em Canaã. Desse lugar Moisés envia exploradores ao país dos cananeus para ver sua situação com intenção de reconhecimento (cf. Nm 13,24). Diante de tais notícias, o povo se amotina contra Moisés e quer voltar ao Egito com outro líder.

Iahweh condena essa geração a morrer no deserto, sem entrar na terra prometida. Assim, permanecem vagando por aquelas paragens em torno ao oásis de Cades por cerca de trinta e oito anos (cf. Nm 33,36; Dt 1,46; 2,8; Nm 13,27). Após essa reação de abatimento surge a presunção; muitos, por conta própria, tentam entrar em Canaã, mas são derrotados em Sefat-Horma,

---

[56] Cf. VON RAD, A realidade de Deus. In: GERSTENBERGER, E. (org.). *Deus no Antigo Testamento.* São Paulo, Aste, 1981. p. 413

[57] Deus chamou Israel não para viver no deserto, mas sim para atravessar o deserto a fim de viver na terra prometida. De resto, o deserto conserva seu valor figurativo (cf. THOMAS & LEÓN-DUFOUR, Deserto, cit.). Isso nos estimula a conhecer a riqueza espiritual dos "monges do deserto" em ambientes cristãos (cf. *infra* capítulo 3, p. 103 e capítulo 4, p. 205).

entre Cades e Berseba, e dali voltam a Cades, onde permaneceram Moisés e seus fiéis, sem tomar parte na insensata tentativa. Os textos são confusos, pois dão a entender que os hebreus descem para o sul, para o golfo de Ácaba, e voltam ao oásis de Cades (cf. Nm 20,14.22). Durante essa época se consolida a organização teocrática, com as prerrogativas de Aarão, irmão de Moisés, contra alguns revoltosos, que não estão contentes com o governo absorvente e unitário de Moisés.[58] Nessa época situa-se também o novo milagre da água tirada da rocha com dúvidas do próprio Moisés (cf. Nm 20,1-13). Depois de uma longa estância nessa zona, Moisés decide entrar em Canaã, porém margeando o mar Morto pelo lado leste; para isso necessitam da permissão dos habitantes locais, os edomitas, parentes dos israelitas segundo o relato bíblico (procedem de Esaú, irmão de Jacó; cf. Gn 25,19-34); porém os edomitas negam a permissão às hostes de Moisés (cf. Nm 20,14-21). Este se vê obrigado a descer até o golfo de Ácaba e empreender marcha pela zona de estepes ao leste de Edom, caminho do altiplano de Moab. Assim, pois, descendo por Arabá (depressão desértica ao sul do mar Morto), chegam ao monte Hor, onde morre Aarão, apresentado pelos textos bíblicos como o primeiro sumo sacerdote de Israel.[59] Em seguida, a caminho do golfo de Ácaba, são mordidos por serpentes, o que o autor bíblico interpreta como castigo de Iahweh por suas murmurações constantes contra Moisés. Para resolver o problema, este último levanta uma serpente de bronze (cf. Nm 21,4-9). Após esse acontecimento, Moisés e os seus chegam a zonas habitadas. A penetração começa à mão armada. A primeira luta frontal foi contra os amorreus, população que o redator bíblico situa ao norte de Moab.

Dessa maneira, surgiram quatro áreas de ocupação israelita que estavam interligadas apenas parcialmente: Palestina no centro, Judá no sul, Galiléia no norte e Transjordânia no leste (os dois últimos territórios mais

---

[58] Cf. CORDERO, *Biblia y legado del Antiguo Oriente*, cit., p. 385.

[59] Cf. idem, ibidem.

periféricos).[60] À tomada da terra, concluída por volta do século XII a.C., seguiu-se a progressiva expansão e consolidação da posse da terra. Parece que somente este período, em que "Israel se tornou mais forte" (Jz 1,28), é marcado em medida maior por conflitos bélicos com as cidades-Estado cananéias. Os cananeus foram submetidos a trabalhos forçados (cf. Jz 1,28ss; Js 9) e assim paulatinamente integrados, de modo que Israel pôde assimilar concepções religiosas da população autóctone.[61] Os riscos de uma aculturação são inerentes a qualquer processo de instalação em regiões já habitadas. Além disso, Israel trazia consigo um vazio de tradições que acabou possibilitando seu enriquecimento cultural.

No entanto, é importante lembrar que num processo de mutualidade cultural, de trocas culturais, tanto se recebe quanto se dá. O pouco que Israel tinha (a confiança em um Deus libertador e fiel em suas promessas) será de grande valia para sua fixação em Canaã. Os reais perigos ficam por conta de que na assimilação da cultura local e autóctone estejam subjacentes crenças e práticas que possam macular a aliança com Iahweh.

O povo hebreu, dessa forma, toma posse da terra; sob a liderança de Moisés, está consciente das promessas feitas aos patriarcas. Para esse povo, a própria existência de Israel como nação tem a ver diretamente com a promessa de Deus.

As diversas tradições presentes no Pentateuco, particularmente no Gênesis, evidenciam a importância das promessas. Elas incluem sempre um herdeiro e uma herança, uma descendência numerosa e gloriosa, uma terra fértil (cf. Gn 15,4-7; 17,16; 26,24; 28,13ss; 35,12).[62] De fato, essa terra foi prometida a Abraão (cf. Gn 17,8). Nessa terra, mais do que seus benefícios naturais, encontrarão o lugar em que se lhes manifesta o Deus vivo. Vários lugares-altares são testemunhos e lembranças de tais manifestações.

---

[60] Cf. SCHMIDT, *Introdução ao Antigo Testamento*, cit., p. 24.

[61] Cf. idem, ibidem.

[62] Cf. RAMLOT, M. L. & GUILET, J. Promessas. In: *VTB*, p. 834.

Com a gruta de Macpela (cf. Gn 23), Abraão inaugura a posse jurídica de uma parcela dessa terra prometida; Isaac, Jacó e José quererão nela repousar, fazendo assim de Canaã sua pátria.[63] Desde os patriarcas, Canaã se configura como herança de Deus.

A entrada na terra esteve condicionada pela passagem no deserto, conforme já vimos. O deserto se interpõe no caminho do povo escolhido, "dentre todos os povos que existem sobre a face da terra" (Dt 7,6), pois Israel não deve ter nenhuma possessão a não ser o próprio Deus. O deserto é, portanto, o tempo de purificação e provação. Após o deserto, Iahweh intervém nessa conquista; ela é um presente, uma graça.[64] A partir de então essa terra e seus bens passam a ser um permanente lembrete do amor e da fidelidade de Deus à sua aliança. Quem possui a terra possui Deus; pois Iahweh não é só o Deus do deserto: Canaã se torna sua residência.[65] Viver em Canaã é habitar a casa de Deus, sua possessão.

De todo o drama da ocupação da terra, Israel tem a responsabilidade do cumprimento de várias obrigações prescritas no conjunto de leis, ao mesmo tempo que deve expressar sua gratidão, seu louvor e sua dependência em relação ao verdadeiro dono da terra. Esse é o sentido das festas agrárias, associando sua vida cultual com os próprios ritmos da natureza: ázimos, ceifa, colheita, primícias (cf. Ex 23,16). Essa lei da terra, religiosa e ao mesmo tempo social, assinala a autoridade de Deus, a quem o solo pertence por direito. Paralelamente, Israel deve estar sempre de sobreaviso quanto às importantes advertências relativas ao "esquecimento de Iahweh" (Dt 6,12; 8,11; 11,16), pois em várias ocasiões Israel de fato esqueceu-se de seu Deus. Junto com tais advertências estão as ameaças de maldição, inclusive a de "arrancar da terra" (Dt 28,63), terrível prognóstico que efetivamente acontecerá na época da monarquia.

---

[63] Cf. BECQUET, G. Terra. In: *VTB*, p. 120.

[64] Cf. idem, ibidem.

[65] Cf. idem, ibidem.

Mesmo após a fixação em Canaã, o caminho espiritual de Israel não termina, pois a própria terra torna-se símbolo de uma realidade bem maior, uma vez que essa terra santa aponta para a terra inteira sob o controle de Iahweh, tendo Jerusalém como capital. Dessa maneira, a posse da terra assume um sentido escatológico. Ela designa então, simultaneamente, aquela que foi prometida a Abraão e à sua descendência, e uma outra realidade mais elevada, mas ainda imprecisa; esta será a sorte do homem justo que põe toda a sua fé em Deus. Essa dimensão, tão presente em Moisés e seus seguidores, será determinante tanto para Israel quanto para a religião cristã. Há uma ascendente valorização escatológica em não deixar morrer a esperança de libertação futura; uma certeza que, não obstante as duras evidências do hoje, tem um sentido a mais, transcendente.

1.4 Estabilidade monárquica e desafio profético: denúncia e anúncio

O surgimento da instituição monárquica, já no Israel sedentarizado, está intimamente ligado ao conceito de *malkut Iahweh* ("Reino de Deus"), como acontecimento e realidade soteriológica. Dentro dessa perspectiva, brotará com ímpeto a "esperança messiânica". A partir de uma apologia da necessidade tanto de um líder como da ascensão de uma dinastia real, processar-se-á uma identificação do monarca com a figura do Messias. No entanto, foi necessário, antes disso, fazer sobressairem os aspectos positivos do sistema monárquico. Tal tarefa parece ter sido realizada pela tradição javista (J), provavelmente a mais antiga em Israel, remontando à época patriarcal (cf. Gn 49,8-12: bênção de Jacó para Judá).[66] É desnecessário, aqui, detalharmos a situação política emergente, e de risco para Israel, da quase dominação filistéia praticamente em toda a Palestina (cf. 1Sm 13).

---

[66] Cf. FESTORAZZI, Experiência espiritual bíblica (AT), cit., p. 32. Muito provavelmente a monarquia deveu-se a uma crise interna da anfictionia (Noth). "Além disso, após a derrota de Ebenézer a anfictionia não possuía mais seu santuário central, a arca do pacto, nem seu local central de culto" (cf. METZGER, *História de Israel*, cit., p. 58).

◆ 48 ◆

Basta tão-somente ressaltar que ela produziu na nação israelita o desejo de um reinado, uma monarquia: "[...] Por isso, constitui sobre nós um rei, o qual exerça a justiça entre nós, como acontece em todas as nações" (1Sm 8,5).

A esperança do Reino de Deus será continuamente reavivada pela "instituição" profética.[67] Assim, os profetas assumem a função de orientadores (guias) espirituais da nação de Israel, tanto do rei como do povo. O texto de 1Sm 3,1-21 parece indicar que, a partir de Samuel, o profetismo impôs-se como norma ético-doutrinária em Israel. Para Latourelle, tanto o eloísta como o javista, quando narram a história das origens da nação, tomam um ponto de vista profético.[68] Segundo ele, Moisés é considerado protótipo dos profetas (cf. Dt 34,10-12; 18,15.18).[69] Assim, o profetismo conquista seu espaço.

A idéia da esperança como realização do Reino de Deus toma forma concreta na função profética, quando o profeta, com o gesto da unção ou simplesmente com sua presença, coloca-se ao lado do novo rei e anuncia-o como o Messias, o ungido de Deus.[70] Dentro dos aspectos funcionais do profetismo, está a identificação dos critérios segundo os quais o monarca permanecerá no poder: a fé em Deus e a presença do Espírito de Deus. Típico exemplo disso é a rejeição de Saul e a escolha de Davi por Samuel. A figura, pois, do rei legitimado pela presença do profeta é central. Por força das circunstâncias, destaca-se também a atividade profética, muito embora de um modo não institucional mas sim carismático. Aqui está a gênese dos conflitos entre profetismo e monarquia, de forma particular antes do exílio, tempo em que aparecem Isaías, Oséias, Miquéias e

---

[67] Cf. B. LANG, que esclarece que "encontramos três diferentes tipos de profetas: grupos de profetas, profetas do templo, profetas independentes" (Profecia. In: *DCFT*, p. 723).

[68] Cf. LATOURELLE, *Teologia da revelação*, cit., p. 18.

[69] Cf. idem, ibidem. Segundo R. WILSON, "os profetas podiam regular mudanças social, política e religiosa, preservando assim a estabilidade social. Até a mudança maior da autonomia tribal para o governo monárquico foi realizada de forma mais ou menos suave porque um profeta mosaico legitimou a indicação do rei" (*Profecia e sociedade*. São Paulo, Paulinas, 1993. p. 272).

[70] Cf. FESTORAZZI, Experiência espiritual bíblica (AT), cit.

Amós, que se portam como os defensores e depositários da moral social e religiosa. Não obstante suas diferenças, "todos falam em nome do mesmo Deus e da mesma fé".[71]

Conforme vários autores destacam,[72] em religiões circunvizinhas a Israel era comum a prática do profetismo. No entanto, apenas em Israel se pode notar a profecia sendo veiculada contra o pecado institucional da monarquia ou especialmente contra o próprio povo. Nesse caso a profecia significa o juízo de Deus. Esse tipo de oráculo forma o fenômeno religioso mais em evidência na fase histórica que coincide com a monarquia e com a literatura da época.[73] Assim, além do já mencionado antes, temos o caso emblemático e paradoxal na pessoa e na atividade de Natã, uma vez que, como profeta da corte, legitima a dinastia real messiânica e, como "voz de Iahweh", denuncia e critica duramente a iniqüidade real. Conforme esclarece Westermann, antes da própria monarquia, o profetismo achava-se ligado aos líderes carismáticos (Débora).[74] Portanto, desde a época sinaítica, a partir da aliança mosaica, e de Moisés mesmo como modelo, temos a tradição profética que a seu tempo denuncia e anuncia, alerta e conclama à conversão "o meu povo de Israel" (cf. Os 8,7-14; 13,15; Am 4,1-5; 7,10-11; Is 1,10-20; 16,13; 28,13-14; 30,12-14; 37,22; 39,5-8; Mq 6–7). Tal desagravo contra o ambiente régio é algo que, com a monarquia davídica, faz que a função profética torne-se uma referência social e espiritual na corte em Jerusalém. Por essa época, destaca-se, como já foi dito, o profeta Natã (cf. 1Sm 7), legitimando a perpétua eleição da linhagem davídica e da cidade de Jerusalém, ao passo que o profeta Gad legitima a futura localização

---

[71] ASURMENDI, J. O profetismo; das origens à época moderna. São Paulo, Paulinas, 1988. p. 53.

[72] G. VON RAD, C. WESTERMANN, R. LATOURELLE, F. FESTORAZZI, R. WILSON, R. MARTIN-ACHARD, P. BEAUCHAMP, S. SEUBERT, entre outros, concordam que em todo o Antigo Oriente, nos seus respectivos povos, existiram homens com capacidade de prognóstico por meio de magia e adivinhação e, portanto, "julgados capazes de receber uma mensagem da divindade".

[73] Cf. WESTERMANN, Teologia do Antigo Testamento, cit., p. 108.

[74] Cf. idem, ibidem, p. 109.

do templo (cf. 2Sm 24,18).[75] No caso de Davi, cuja dinastia permaneceu (cf. 1Sm 7) no poder durante séculos, e cujos pecados jamais foram encobertos, formou-se um consenso, por meio da tradição de Israel, segundo o qual a dinastia teve êxito porque, "em todas as suas expedições, Davi se saía muito bem e Iahweh estava com ele" (1Sm 18,14). Por isso Saul o temia, "mas todos em Israel e em Judá amavam Davi" (1Sm 18,16). É da predição de Natã, que assegura cada sucessor no trono de Davi (cf. Sl 2 e 132), que se originam as expectativas messiânicas ligadas à dinastia davídica (cf. Is 9,1-7; 11,1-10; Mq 5,2). Assim, a figura de Davi torna-se o exemplo, o protótipo dos reis de Judá e, afinal, do rei messiânico dos últimos tempos (cf. Jr 30,9; Ez 34,23ss; 37,24).[76]

Antes de entrar, seguindo esta pista, na piedade profética em ambiente monárquico, cumpre-nos rastrear os fatos históricos da divisão de Israel em dois reinos e suas implicações para a espiritualidade de Israel. Vale ressaltar de início que se pode perceber uma experiência espiritual intensa e verdadeira, primeiramente no norte e posteriormente, após a queda deste em mãos da Assíria, no reino do sul, em Judá. No norte, a vida espiritual será substanciada, de um lado, pela presença de importantes profetas (Elias, Eliseu, Oséias, Amós) e, do outro, através da confecção de importantes obras literárias (a eloísta e a deuteronomista). Assim, a atenção profética concentra-se, então, no reino de Israel e, como uma adaptação à história, tal esperança messiânica é depositada em uma monarquia não dinástica: o rei-messias é tido como salvador (cf. 2Rs 13,5; 14,27).[77] O Deuteronômio, fruto da atividade profética no norte, é especialmente rico em tal aspecto, uma vez que, através de influências sacerdotais e proféticas, dará ênfase à teologia da lei relacionando-a assim, cada vez mais, com o tema da aliança. O passado, devidamente interpretado, torna-se normativo para o presente. A história de Israel, com suas desgraças, aparece como a conseqüência lógica de uma infidelidade constante

---

[75] Cf. Wilson, *Profecia e sociedade*, cit., p. 273.

[76] Cf. Metzger, *História de Israel*, cit., p. 68.

[77] Cf. Festorazzi, Experiência espiritual bíblica (AT), cit., p. 34.

◆ 51 ◆

e renovada. Iahweh, revelando sua vontade, prometera sua bênção à obediência: o castigo de Israel é o julgamento sobre a desobediência de seu povo.[78] O Deuteronômio, com um discurso bem objetivo e competente da aliança e eleição de Israel, estabelece a centralidade do elemento condicional nas relações com Iahweh, ou seja, Israel deve permanecer fiel à lei de seu Deus, bem como ao culto legítimo. Ademais, gradativamente desaparecerão as correntes javista, eloísta e mesmo a sacerdotal, dando lugar à deuteronômica.[79] Portanto, o que podemos saber, com uma certa segurança, é que após a destruição da Samaria (capital do norte) alguns sacerdotes e levitas teriam levado para o templo de Jerusalém o produto final de suas interpretações do passado, quer dizer, o documento que hoje conhecemos como Deuteronômio, mas nele estariam presentes, como é natural acontecer, os costumes do reino do norte.[80] Posteriormente, no reinado de Josias, tal documento foi encontrado e serviu como núcleo da reforma. Pode ser que uma nova edição tenha sido publicada no começo do exílio.[81] A teologia deuteronomista será encampada e preservada pelo profeta Jeremias, uma vez que sua atividade profética dá-se durante o reinado de Josias. Por sua sensibilidade e prevendo a catástrofe de Judá, reflete sobre a aliança mais além dessa teologia; para ele, o futuro de Deus para o homem consiste então na nova aliança escrita no coração (cf. Jr 31,33-34), aliança essa eterna e incondicional (cf. Jr 31,35-37; 32,33ss).[82] Um concerto inviolável e eterno.

---

[78] Cf. VON RAD, G. *Studies in Deuteronomy*. London, s.n., 1956. p. 77, citado por LATOURELLE, *Teologia da revelação*, cit., p. 19.

[79] O Deuteronômio (D) se caracteriza por um estilo muito particular, amplo e oratório, no qual voltam sempre as mesmas fórmulas bem construídas, e por uma doutrina constantemente afirmada: dentre todos os povos, Deus, por seu puro beneplácito, escolheu Israel como seu povo. "O mandamento mais importante depois do grande mandamento de cultuar somente a Javé é o de cultuá-lo num só lugar, que ele escolhe como a morada de seu nome" (BENTZEN, A. *Introdução ao Antigo Testamento*. São Paulo, Aste, 1968. v. 2, p. 53).

[80] São muito elucidativos os esclarecimentos de R. WILSON acerca dessa influência do norte na corte real em Jerusalém; no entanto, é uma pena que o autor esteja voltado apenas para o tema das transformações sociais (cf. *Profecia e sociedade*, cit., pp. 273-276).

[81] Cf. DE VAUX, R. Introdução ao Pentateuco. In: *Bíblia de Jerusalém*, cit.

[82] Cf. FESTORAZZI, Experiência espiritual bíblica (AT), cit., p. 36.

A destruição do reino do norte é interpretada pelo deuteronomista como sendo causada pela infidelidade de seus reis, que ignoram a palavra de Iahweh transmitida por meio de seus profetas (cf. 2Rs 17,13-14), palavra que também será aplicada, a seu tempo, a Judá. Fica claro também que outros profetas, aqueles mais comprometidos com a teologia oficial, tanto no norte como no sul após sua derrocada, não interpretarão assim os fatos e por isso não se tornarão confiáveis. Portanto, a interpretação deuteronomista se tornará majoritária e mais popular.

Após a queda do reino do norte, renasce o reino do sul, onde está Jerusalém e o templo. Isso acontece por meio do aparecimento de importantes profetas, como, por exemplo, Isaías, Jeremias e outros, além do patrimônio espiritual (eloísta e deuteronomista) do norte transposto ao sul.

Podemos agora identificar os veios espirituais que compõem a mensagem profética em meio à monarquia. Algumas categorias bíblicas estão bem salientadas no Antigo Testamento particularmente nessa época: A "santidade de Deus", a "fé", a "eleição" e a "aliança". Todas elas compõem o mosaico maior da relação de Israel com o seu Deus-Iahweh. O profetismo não é, pois, uma atividade ligada a acontecimentos particulares, senão que faz parte de uma história, a história do povo de Deus. Seu resultado é a produção de uma literatura "épico-sacral",[83] não apenas na época monárquica, mas desde as sagas patriarcais e sinaíticas. O profetismo tem como pressuposto a aliança estabelecida por Iahweh, por isso sua missão é confirmar a validade desse pacto e lembrar suas implicações.[84] A profecia não é um elemento novo, uma novidade que se instaura contra o *establishment*, mas a Palavra de Deus que se atualiza a partir de uma atividade reformadora. A profecia intervém de fato nas horas críticas da história sagrada, quando Israel decididamente se desvia de Iahweh e sucumbe a todas as tentações oferecidas pelo mundo. A profecia retifica e corrige o povo de Deus;

---

[83] Cf. Cordero, *Biblia y legado del Antiguo Oriente*, cit., pp. 385-387.
[84] Cf. Martin-Achard, R. Profecia. In: *VB*, p. 339. Doravante *VB*.

◆ 53 ◆

recoloca-o diante da Palavra divina, sem a qual ele nada seria; chama-o à fé, exigindo que tome decisões imediatas que condicionarão seu futuro;[85] enfim, confronta-o de modo urgente.

Por seu carisma, o profeta toca naquele ponto mais secreto onde acontece a escolha ou a rejeição ao conselho de Iahweh. Nesse sentido, todo o povo é conclamado ao arrependimento (cf. Os 4,9; Jr 6,28; Is 9,16); mas os sacerdotes são o objetivo especial do clamor profético, uma vez que eles são os portadores do conhecimento sagrado (cf. por ex. Os 5,1; Is 10,1), e falseando assim a situação espiritual, as armas da lei não poderiam ser utilizadas. Na perversão dos sinais o único recurso é o discernimento entre dois espíritos, o do mal e o de Deus. É a situação em que se defronta profeta contra profeta (cf. Jr 28).[86] Nesse caso específico, Hananias foi desmascarado pelo profeta Jeremias, que ademais, pela gravidade da situação, profetizou a sua morte: "E o profeta Hananias morreu neste mesmo ano, no sétimo mês" (Jr 28,17).

Os profetas estão muito bem inteirados da nova situação (monarquia) em que estão inseridos e de suas implicações, ao mesmo tempo que não buscam uma situação anterior, como sentimento nostálgico e idealizado. Sua função é bem outra: eles se opõem a uma falsa segurança daqueles que dizem: "Não está Iahweh em nosso meio?" (Mq 3,11). Estes se sentem identificados com a mensagem tranqüilizadora dos falsos profetas (cf. Jr 23,17),[87] e, portanto, são advertidos acerca do perigo de uma religião nominal dominada pela liturgia e pela formalidade, desconsiderando a história passada das intensas relações de Israel com Iahweh.

Com isso, queremos dizer que o profeta tem por objeto restabelecer a comunhão do povo e do próprio sacerdote com Deus. Não anuncia algumas verdades, mas dá testemunho da Verdade. Coloca Israel diante de alguém,

---

[85] Cf. idem, ibidem.
[86] Cf. BEAUCHAMP, P. Profecia. In: *VTB*, p. 828.
[87] Cf. idem, ibidem.

e não diante de alguma coisa. Mostra ao povo eleito quem está à sua frente: o Deus presente, o Deus vivo vindo ao encontro dos seus e intervindo nos negócios do mundo.[88] Assim, o profeta resgata não só a aliança mas também o clima em que ela foi feita: *hesed*, o Deus misericordioso. Por isso a adesão à Torá possui, para o profeta, um significado de gratidão. Além disso, havia uma certeza de que ao observar as normas da aliança ocorria uma comunhão pessoal com Deus, uma vez que a lei, substância material da aliança, era "uma prescrição pessoal de Deus".[89] Internar-se na aliança é manter comunhão pessoal com Deus e familiarizar-se com ele.

A palavra de ordem do profeta é o apelo à conversão, não é só uma denúncia, mas também uma convocação a retornar à intimidade com Deus (cf. Jr 24,7; 31,31-34), a mesma intimidade experimentada no Sinai.

Diante da realidade dos juízos de Deus anunciados pelos profetas não só ao rei ou ao sacerdote mas também ao povo, especialmente depois das atividades de Amós, temos uma mudança fundamental alterando a política, pois a monarquia deixa de ter sua imunidade sacra. Assim, o profetismo ergue-se solitário como a reserva moral e espiritual da nação, mesmo que à custa do sacrifício pessoal do profeta. Os profetas censuram todas as áreas da vida do povo, mas principalmente as violações dos mandamentos capazes de trazer riscos à existência da nação. Os casos concretos variam de profeta para profeta, de situação para situação.[90] Isaías, por exemplo, é bem específico quando denuncia o *status* político doente, identifica a *hybris* (soberba, arrogância, irreverência) que lesa a majestade de Deus (cf. Is 2) e repreende a confiança nas alianças políticas (cf. 31,1ss).[91]

Da mesma forma, Jeremias faz coro com Isaías no sentido de censurar o isolamento político auto-suficiente que não busca a orientação de Deus.

---

[88] Cf. MARTIN-ACHARD, Profecia, cit., p. 339.

[89] GOFFI, T. *La experiencia espiritual, hoy*. Salamanca, Sígueme, 1987. p. 13.

[90] Cf. WESTERMANN, *Teologia do Antigo Testamento*, cit., p. 11.

[91] Cf. idem, ibidem.

Com isso, pode-se perceber que aumenta e toma forma a crítica proféti-ca aos dirigentes políticos e religiosos. Israel experimenta um processo de demitização em seus governantes "intocáveis". Por seu posicionamento po-lítico e diplomático, atrelado a grupos de influência manietados por ques-tões ideológicas e econômicas, o rei torna-se passível de acusação por parte do profeta. Em repetidas ocasiões, profetas como Natã, Elias, Jeremias e Oséias denunciam a indiferença pecaminosa do rei omisso diante da idola-tria e mesmo menosprezando o oráculo divino a ele dirigido.

A sorte pessoal do profeta está em jogo. O profeta Urias é um caso típi-co. Tal situação não significa que motins ou levantamento são organizados ou encabeçados pelos profetas. Na verdade, em linhas gerais, reinam tem-poradas de boas relações entre soberano e profeta (Isaías, Jeremias), quando não se oferece ensejo de increpação. Não raramente, o rei curva-se e recua ante a reprimenda de profeta (cf. 2Sm 12).[92]

A reflexão sobre os "juízos de Deus" leva-nos diretamente ao tema cen-tral para a espiritualidade de Israel: o exílio. Esse fato está repleto de sig-nificados para a teologia mística que se formará posteriormente. De igual modo, o exílio deve ser lido à luz do profetismo. A experiência espiritual de Israel antes do exílio esteve dominada pela idéia de um reino terreno, ape-sar das alocuções dos profetas em direção a uma esperança mais nobre. Por isso mesmo o exílio impõe-se como a mais dura tentação para a fé de todo o povo e, particularmente, para os espíritos mais próximos de Deus (pense-mos nas perguntas de Habacuc e nas confissões de Jeremias, por exemplo). Foi um verdadeiro escândalo: toda a experiência espiritual anterior pare-ce ter sido desmontada, anulada; a fé parece perder o seu fundamento (o Deus fiel); e a esperança é aniquilada.[93] No entanto, Deus levantará profe-tas que defenderão sua fidelidade. Muito importante aqui serão os escritos da tradição sacerdotal (P), bem como a poderosa profecia de Ezequiel e do

---

[92] Cf. idem, ibidem, p. 112.

[93] Cf. FESTORAZZI, Experiência espiritual bíblica (AT), cit., p. 37.

Dêutero-Isaías (cf. Is 40–55). Basicamente, a tradição sacerdotal enfatiza o poder salvífico e a fidelidade de Deus, tanto quanto a resposta de Israel no sentido de uma adesão espontânea à lei, que circunscreve toda a vida espiritual, social e política de Israel.

No caso de Ezequiel, chama a atenção que o *dabar* é não apenas uma mensagem mas também uma ordem formal e veemente, um poder que opera efeitos físicos. Uma segunda característica é o tom pastoral da palavra de Ezequiel. Assim, após a queda de Jerusalém (cf. Ez 33,1-21), já não existe Israel como nação. A palavra de Iahweh torna-se então uma palavra de conforto e esperança para os exilados abatidos. Ezequiel começa a formar o novo Israel, como o faria um diretor espiritual (cf. Ez 33,1-9).[94] Já o Dêutero-Isaías nos ajuda a compreender o ambiente do exílio e a grave crise de fé em que se encontram os exilados.[95] Cabe destacar aqui a ênfase que o profeta dá à absoluta vontade salvífica.

A grande novidade do profeta é a mensagem de esperança. Textos como Is 43,18ss fazem o povo enxergar um novo horizonte pela frente. Claramente se impõem a mensagem de libertação do exílio e a volta a Jerusalém. Há um ambiente festivo e ufanista, muito semelhante ao que descreve a nova aliança (cf. Jr 31). Iahweh domina não só o cosmo mas também a história, e de antemão lhe revela o curso (cf. Is 45,19; 48,16).[96] A Palavra de Deus está no início e no termo dos acontecimentos: ela que os prediz, suscita, realiza.[97] Nas mãos de Deus estão os pólos extremos da história (cf. Is 41,4; 48,12).[98] E a reação do povo é de celebração, em atmosfera de vitória, otimismo e segurança.

---

[94] Cf. Latourelle, *Teologia da revelação*, cit., p. 21.
[95] Cf. Festorazzi, Experiência espiritual bíblica (AT), cit., p. 40.
[96] Cf. Latourelle, *Teologia da revelação*, cit., p. 22.
[97] Cf. idem, ibidem.
[98] Cf. idem, ibidem.

A mensagem esperançosa na verdade já estava presente desde a época de Amós. Há uma consciência de que Deus não é apenas Deus de juízo e castigo. Jeremias, num texto lapidar, resume essas duas facetas do caráter de Deus: "[...] para arrancar e para derrubar, para exterminar e para demolir, para construir e para plantar" (Jr 1,10). Israel rompeu a aliança, mas com isso não está dito tudo. O profeta discerne, em meio aos escombros, a vontade soberana de Deus, perdoando, sem estar obrigado a isso (cf. Ez 16,61), meramente para sua glória (cf. Is 48,11).[99] Essa perspectiva será mais bem compreendida à luz da doutrina da nova aliança, dramaticamente vivenciada no casamento do profeta Oséias com Gomer. O casamento continua sendo um contrato, mas só tem sentido pelo amor; ora, o amor torna impossível o cálculo e concebível o perdão.[100] Na interpretação profética, Israel novamente encontra seu redentor, como no Sinai. Não qualquer redentor, mas aquele que é também o Criador que nunca parou de operar, que "não se cansa nem se fadiga" (Is 40,28), o Criador que é também o Senhor da história, ante o qual as nações "não passam de gota que cai do balde".[101] Percebe-se um amadurecimento nas relações de Israel com Iahweh em que os próprios ambientes teofânicos perdem sua característica de "temor" e estranheza e ganham em cordialidade e intimidade. Há uma flagrante semelhança com ambientes pós-exílicos e em muitos salmos a visão que Israel tem de Deus sofre brusca mudança e Iahweh deixa de ser o "detetive policial" e o "invasor" da privacidade do rei, do levita, do sacerdote e do povo, e, portanto, de toda a nação, para ser o pastor que guia, o Deus que sustenta, protege e abriga. Cada vez mais, Israel sabe-se povo eleito, da predileção de Deus, "a menina dos seus olhos" (Dt 32,10; Sl 17,8; Zc 2,8 etc.). Assim, simultaneamente à palavra dura de repreensão e de apelo à conversão, desenvolve-se, a partir dos profetas, um relacionamento pautado não mais pela cobrança simplesmente mas também pela graça,

---

[99] Cf. BEAUCHAMP, Profecia, cit., p. 829.

[100] Cf. idem, ibidem.

[101] WESTERMANN, *Teologia do Antigo Testamento*, cit., p. 125.

pelo perdão e pelo amor, prevalecendo quase sempre as metáforas do "noivo" e da "noiva", do "esposo" e da "esposa".

1.5 Síntese da espiritualidade do Antigo Testamento: pecado e lei

A vida espiritual descrita no Antigo Testamento, como vimos, está composta de elementos-chave e fundantes que formam um grande mosaico, um retrato detalhado tanto da revelação de Deus quanto da resposta de fé de um povo. Sem dúvida, dentro desse quadro há espaço para narrar as experiências amargas de derrota, de idolatria, de expectativas frustradas.

O Antigo Testamento é, pois, a história de uma relação com dois protagonistas: Deus e o povo. Nessa convivência estão presentes os ingredientes comuns de um caso de amor: alegria, pranto, tristeza, emoção, ira, compaixão, temor, disciplina, abandono, reconciliação. Ou seja, é uma história de encontros, desencontros e reencontros.

Por um lado, percebe-se a insistência de Iahweh em revelar-se, dar-se a conhecer, estendendo a comunhão e acolhendo, ao mesmo tempo que estipula condições e estabelece exigências; por outro, constata-se a luta titânica de um povo que testemunha os favores divinos, mas que, seguindo seus instintos próprios de independência e individualismo, de aculturação e assimilação de influências, quase sempre se encontra distante, em processo de evasão, e, portanto, de transgressão, elegendo seus próprios referenciais. É a história de um povo maravilhado com seu Deus, mas ao mesmo tempo tentado a retê-lo só para si, em tentativa insana de possuir e monopolizar, de maneira exclusiva o Sagrado. Além disso, a própria "domesticação" de Deus se torna, para a nação, uma atitude paradoxal e contraditória, uma vez que a relação de Israel com Iahweh foi "ambígua", convivendo quase sempre com a apostasia. Dessa forma, dois conceitos fundamentais brotam e destacam-se na história do povo de Deus no Antigo Testamento: "pecado" e "lei".

A moral judaico-cristã clássica diz que pecar é cometer uma falta a alguém. No Antigo Testamento, falta-se contra Iahweh quando se transgride sua lei. Nesse sentido, pecar é rejeitar Iahweh como o Senhor da aliança, e o clímax dessa rejeição é exatamente a idolatria. Assim, o pecado é um ato de ofensa e de rejeição a Iahweh, e tem o caráter de uma ruptura da aliança e do sentido forte da prática do adultério em relação a ele. Ademais, a partir dessa matriz conceitual, o próprio decálogo expande a significação de pecado, enriquecendo-a com o sentido de "pecado social". Ou seja, o pecado também alcança o próximo. Por isso mesmo, o profetismo travará uma luta milenar contra não só o culto idolátrico mas também a injustiça infligida contra os desvalidos e necessitados.

No entanto, há perigo de simplismo teológico quando definimos dogmaticamente o pecado como uma transgressão voluntária da lei de Deus e nada mais. Faz-se necessário desvincular o pecado daquela imagem de Deus análoga a um legislador civil ou eclesiástico e da lei de Deus análoga a uma lei política, entendida como uma imposição extrínseca e contingencial. A lei de Deus identifica-se com os imperativos que nos formulam sua criação e sua obra salvífica. Muito embora o conjunto de leis de Israel pareçam por demais severas, na realidade são uma graça, pois visam fazer de Israel o povo sábio por excelência (cf. Dt 4,5-8) e pô-lo em comunhão com a vontade de Deus.[102]

Disso resulta, sobretudo, que o pecado está dirigido também, como dissemos, contra o homem. O pecador atenta contra o próximo e contra seu próprio ser.[103] Por isso, o Antigo Testamento notifica ao homem "religioso" que seu pecado não é apenas transgressão da lei ou postura idolátrica, mas, precisamente, dureza de coração e promoção e convivência com a injustiça contra o próximo.

---

[102] Cf. GRELOT, P. Lei. In: *VTB*, p. 515. Grelot entende que, "transformado num legalismo minucioso e entregue às subtilidades dos casuístas, o culto da lei onera os homens com um jugo insuportável" (idem, ibidem, p. 518).

[103] Cf. SCHOONENBERG, P. Pecado e culpa. In: *SM*, v. 5, p. 350.

CAPÍTULO 2

O *locus* fundamental: Novo Testamento[1]

BIBLIOGRAFIA BÁSICA: BARRET, C. K. *El Espíritu Santo en la tradición sinóptica*. Salamanca, Secretariado Trinitario, 1978; BROWN, R. E. *A comunidade do Discípulo Amado*. São Paulo, Paulus, 1984; BRUNNER, F. D. *Teologia do Espírito Santo*. São Paulo, Vida Nova, 1983; BULTMANN, R. *Teología del Nuevo Testamento*. Salamanca, Sígueme, 1987; CALLE, F. de L. *La pneumatología paulina*. Salamanca, Secretariado Trinitario, 1975; CULLMANN, O. *Cristología del Nuevo Testamento*. Salamanca, Sígueme, 1998; DODD, C. H. *A interpretação do Quarto Evangelho*. São Paulo, Paulus, 1977; DUNN, J. D. G. *Jesus y el Espíritu*. Salamanca, Secretariado Trinitario, 1981; _____. Espírito, Espírito Santo (NT). In: *DITNT*, v. 2; _____. *A teologia do apóstolo Paulo*. São Paulo, Paulus, 2003; GOFFI, T. *La experiencia espiritual*. Salamanca, Sígueme, 1987; GOODSPEED, E. J. *Introducción al*

---

[1] Como no capítulo precedente, nossa preocupação não é excessivamente técnica em relação à teologia do Novo Testamento como um todo. Aqui, preocupar-nos-emos em identificar as matrizes de espiritualidade nos diversos blocos de material neotestamentário.

Nuevo Testamento. Buenos Aires, La Aurora, 1948; Grech, P. Ex periência espiritual bíblica (NT). Goffi, T. & Secondin, B. (orgs.). *Problemas e perspectivas de espiritualidade*. São Paulo, Loyola, 1992; Houston, J. *Orar com Deus*. São Paulo, Abba Press, 1995; Jeremias, J. *A mensagem central do Novo Testamento*. São Paulo, Paulus, 1977; ____. *Teologia do Novo Testamento.*São Paulo, Paulus, 1977; Käsemann, E. *Perspectivas paulinas* São Paulo, Paulinas, 1980; Kümmel, W. G. *Introdução ao Novo Testamento*. São Paulo, Paulus, 1982; Ladd, G. E. *Teologia do Novo Testamento*. São Paulo, Exodus, 1997; Lohse, E. *Introducción al Nuevo Testamento*. Madrid, Cristiandad, 1986; Manson, T. W. *O ensino de Jesus*. São Paulo, Aste, 1965; O'Connor, J. M. *Paulo*; biografia crítica. São Paulo, Loyola, 2000; Pablo Maroto, D. *El camino cristiano*; manual de teología espiritual. Salamanca, UPS, 1996; Packer, J. I. *Na dinâmica do espírito*. São Paulo, Fiel, 1991; Ramsey, M. *El Espíritu Santo*. Salamanca, Secretariado Trinitario, 1979; Richardson, A. *Introdução à teologia do Novo Testamento*. São Paulo, Aste, 1966; Schweitzer, A. *The mysticism of Paul the apostle*. Baltimore, Johns Hopkins, 1998 [ed. bras.: *O misticismo do apóstolo Paulo*. São Paulo, Novo Século, 2003]; Sudbrack, J. Espiritualidad. In: *SM*, v. 2, pp. 830-849; Vos, G. *Biblical theology*. Grand Rapids, Eerdmans, 1973; Whitney, D. S. *Spiritual disciplines for the christian life*. Colorado, Navpress, 1991.

2.1 Aproximação ao tema: Jesus e o Espírito; o Espírito e a Igreja

A revelação do Antigo Testamento (cf. *supra* capítulo 1, pp. 25ss) limita-se às teofanias e epifanias próprias de Iahweh em sua condição mais primitiva, ao mesmo tempo condicionada pela evolução histórica da nação de Israel em suas particularidades culturais e religiosas. Já no Novo Testamento, pelo contrário, percebemos algo novíssimo, inusitado: a manifestação do Sagrado e a relação com ele de maneira não domesticada, não calculada ou limitada a lugares ou formas previsíveis, pois ela se instaura e efetiva pela presença do "Espírito, que isso tudo realiza [...] conforme lhe apraz" (1Cor 12,11b). Na metáfora do "vento [que] sopra onde quer e ouves o seu ruído, mas não sabes de onde vem nem para onde vai" (Jo 3,8) é que se consegue perceber a singularidade da revelação da "nova aliança". Por isso há uma preocupação quase constante da identificação "desse Espírito". Que espírito age no Novo Testamento? O mesmo que o pensamento judaico precedente chamava de *pneuma*, que significa aquele poder que o homem experimenta, colocando-o em relacionamento com o plano espiritual, o plano da realidade que fica além da observação comum e do controle humano. Dentro dessa definição básica, *pneuma* tem uma gama de sentidos bastante larga. O emprego mais freqüente, porém, no Novo Testamento (e isso de longe — mais de 250 vezes) é com referência ao Espírito Santo, aquele poder que é mais imediatamente de Deus, quanto à sua origem e natureza.[2] Com essa definição fundamental, o conteúdo teológico neotestamentário articula a atuação soberana do Espírito na pessoa e obra de Jesus e como continuação, na realidade eclesial. A íntima conexão entre a atuação do Espírito e a pessoa de Jesus ocupará a atenção de vários escritores do Novo Testamento.

Particularmente os evangelistas (cf. *infra* 2.2, p. 71 e 2.3, p. 79) estabelecem a necessária e relevante distinção entre os profetas, inclusive João Batista, e Jesus, ao afirmarem que este último goza da plenitude do Espírito.[3] João é bem enfático em registrar que, além do Espírito permanecer sobre Jesus (cf. 1,32s), Deus "dá o Espírito sem medida" (Jo 3,34).[4]

Na verdade, os evangelistas são unânimes em considerar a ação do Espírito sobre Jesus a partir não apenas de seu ministério mas também de sua própria concepção (cf. Mt 1,18-25; Lc 1,26-38), acontecimento que

---

[2] Cf. DUNN, J. D. G. Espírito, Espírito Santo (NT). In: *DITNT*, v. 2, p. 127.

[3] Deve-se destacar que todos os quatro evangelistas afirmam a descida do Espírito sobre Jesus por ocasião do batismo (cf. Mt 3,11; Mc 1,8; Lc 3,16; Jo 3,34).

[4] Cf. MENOUD, Ph.-H. Espírito Santo. *VB*, p. 131.

dispensou a participação de José, naquele então "desposado com Maria". Ao registrar com detalhes tal fato, Mateus e Lucas buscam o respaldo da profecia veterotestamentária (cf. Is 7,14). Sem dúvida, esse é o primeiro sinal de que Jesus é o Messias, o Filho de Deus.[5] Não obstante tal realidade, é a partir do batismo que o Espírito estará plenamente presente e atuante na pessoa de Jesus. É tão evidente a ligação entre os dois que, na visão joanina, a ação do Espírito no evangelho depende essencialmente da presença corporal e taumaturga de Jesus de Nazaré. Inclusive está explícito nesse evangelho que a própria "era do Espírito" depende da "ausência" de Jesus para que irrompa efusivamente.

Pensando particularmente em seu ministério, a partir do seu batismo, quando recebe a unção do Espírito, bem como a aprovação do Pai indicando sua filiação divina, somos levados a crer que, intencionalmente, os evangelistas afirmam que sua messianidade entrelaça-se com sua consciência filial, fruto da revelação que tivera no batismo. Com isso, quer-se afirmar que Jesus é o Messias, o "ungido do Senhor", sobretudo porque ele se acha pleno do Espírito Santo. Doravante Jesus está inteiramente sob o impulso do *pneuma* divino, que o leva ao deserto (cf. Mc 1,12; Mt 4,1; Lc 4,1) e determina todo o agir de Jesus. Se há um "tempo do Espírito", esse *kairós*, que significa uma abertura para o relacionamento com Deus, nunca antes acontecido, tem efetivamente seu início com a história de Jesus de Nazaré. A pessoa e a história de Jesus, que se dão em íntima e absoluta correlação, são o evento de cumprimento escatológico, no qual também o Espírito de Deus irrompe em plenitude no mundo.[6] O consenso dos evangelistas de que Deus irrompe na pessoa e atividade de Jesus pode ser exemplificado pelo texto de Mc 1,22: "Estavam espantados com o seu ensinamento, pois ele os ensinava como quem tem autoridade e não como os escribas". Isso expressa a autoridade de Jesus operada pelo Espírito, não se tratando de mera "legitimação", mas sim de sua competência de fato e de sua irradiação,

---

[5] Cf. Dunn, Espírito, Espírito Santo (NT), cit., p. 130.

[6] Cf. Blank, J. Espírito Santo/Pneumalogia. In: *DCFT*, p. 246.

conforme aparece precisamente nos milagres de Jesus, sobretudo nas expulsões de demônios.[7]

Lucas, na síntese que faz do ministério de Jesus em At 10,38, descreve plasticamente a intimidade de Jesus com Deus pelo Espírito nas ações consoladoras, taumaturgas e libertadoras que fazia em favor do povo. Nesse sentido, recordamos especialmente Mt 12,28, em que se afirma claramente que é pelo Espírito de Deus que Jesus expulsa os demônios. E, nesse contexto, negar o poder do Espírito no ministério de Jesus e atribuí-lo ao diabo é negar a irrupção do Reino de Deus.[8]

Portanto, no âmbito dessa "autoridade", salienta-se tanto a presença do Espírito nos profetas inspirados de Israel quanto seu caráter transitório e ocasional, em flagrante distinção qualitativa com a experiência pneumática de Jesus. Nele, as manifestações do Espírito possuem um *status* de permanência e estabilidade. Ele não recebe a Palavra de Deus; diga o que disser, ele a exprime; ele não espera o momento de fazer um milagre; dela nasce o milagre, como nasce de nós o gesto mais simples; ele não recebe as confidências divina; vive sempre diante de Deus numa transparência total.[9] Dessa maneira, resguarda-se também sua liberdade no interior desse relacionamento, quer dizer, seu "estado espiritual" não é produto de um constrangimento, do preço que tem de ser pago, perdendo sua identidade no processo imperativo. Não há em Jesus uma busca do Espírito marcada por ansiedade e expectação. A ausência, em Jesus, das habituais repercussões do Espírito é um sinal da sua divindade. Ele não sente o Espírito como uma força que o invade de fora: está "em casa" no Espírito, está à vontade no Espírito; o Espírito é dele, é o seu próprio espírito (cf. Jo 16,14s).[10] O que há de novo e único em Jesus é que o Espírito nele encontra uma natureza

---

[7] Cf. idem, ibidem.

[8] Cf. Dunn, Espírito, Espírito Santo (NT), cit., p. 131.

[9] Cf. Guillet, J. Espírito de Deus. In: *VTB*, p. 301.

[10] Cf. idem, ibidem.

na qual nada lhe põe obstáculo. Esse é precisamente o sentido último da afirmação evangélica de que, desde o batismo, Jesus e o Espírito são uma pessoa e um poder, que vivem em unidade perfeita de vontade.[11]

Importante ainda notar, especialmente quanto ao relato do batismo, que não nos parece ser uma espécie de "visão de vocação", como se se tratasse de mais uma experiência vocacional de um "profeta iluminado" recebendo um poder sobrenatural para uma missão de extrema dificuldade. Como nos esclarece Barret, essencialmente se trata da designação do Messias para seu ministério, da entronização do Filho de Deus, e encontra-se na tradição evangélica como uma indicação de como há que se entender esse ministério, segundo a forma que lhe deu a mesma tradição.[12] Isso nos leva a concluir que os evangelistas e outros escritores do Novo Testamento preocupam-se mais com os aspectos divinos da natureza de Jesus, bem como com uma cristologia de grande magnitude, do que com elementos "pneumáticos" e fenômenos espirituais, uma vez que isso tiraria o "brilho" do personagem, que segundo eles é o Messias esperado do judaísmo. Como vimos, são muitos os testemunhos que testificam sua messianidade. Não um *Messias designatus* ou um Messias futurista.[13] Assim, os evangelistas utilizam os dados acerca dos "pneumáticos" direcionando-os à messianidade de Jesus e nisso está o único valor de tais dados; possuem um valor secundário que aponta para uma realidade maior e mais importante.

O que podemos, por conseguinte, concluir é que, na visão dos evangelhos, Jesus era um homem cheio do Espírito, trazendo para si todas as implicações de ser o Messias. No entanto, não se pode esquecer que, muito

---

[11] Cf. MENOUD, Espírito Santo, cit.

[12] Cf. BARRET, C. K. *El Espíritu Santo en la tradición sinóptica*. Salamanca, Secretariado Trinitario, 1978. p. 189.

[13] Cf. MICHAELIS (*Reich Gottes und Geist Gottes*) e A. SCHWEITZER (*Mystery of the Kingdom of God*), que afirma: "Todavia não era o Messias" (p. 185). "Em meio à expectação messiânica de seu povo estava Jesus como o que ia ser o Messias [...]. Essa consciência futurística da messianidade" (HÉRING, C. F. *Le Royaume de Dieu et sa Venu*, p. 189, citado por BARRET, *El Espíritu Santo en la tradición sinóptica*, cit., p. 193, notas 7 e 9).

embora prometesse que o mesmo Espírito estaria na Igreja, isso não deve significar a mesma experiência qualitativa. Como disse Guthrie, isso não significa, porém, que a experiência de Jesus seja um protótipo da experiência cristã, visto que isso obscureceria sua singularidade.[14] Diante do exposto e pensando a partir da figura escatológica do Messias inaugurando uma "nova era", devemos entender que a própria pneumatologia deve ser vista sob a ótica da escatologia cristológica, lugar de proeminência. Nessa perspectiva, o calvário deixa de ser desfecho histórico e passa a ser início e fundamento do novo tempo, pois quem morreu ali é aquele dotado do Espírito, o Messias. A fórmula de K. Berger é particularmente feliz: "Surgimento de Jesus pelo Espírito". Ou seja, o agir escatológico de Deus pelo Espírito começou com o devir humano de Jesus.[15] O advento messiânico-cristológico é essencialmente escatológico.

Os evangelhos parecem estar de acordo em que, na situação pré-pascal, a atuação do Espírito é pendente da atividade ministerial de Jesus em caráter de exclusividade. Particularmente, Lucas e João compartilham a concepção diferenciada do "tempo de Jesus" e do "tempo da Igreja". O primeiro, segundo Lucas, termina com a ascensão (cf. At 1,6-11). O segundo é sublinhado por João em forma de profecia e promessa posta na boca de Jesus, os chamados "ditos do Paracleto" (cf. Jo 14,15-17.25-26; 15,26-27; 16,4b-11.12-15). A "assistência do Paracleto/Espírito" aparece após a partida de Jesus como o "representante terreno de Jesus".[16] Esse "tempo de espírito", na simultaneidade da *ordo salutis*, configurará, na descrição dos escritores do Novo Testamento, a nova realidade: a Igreja, "corpo místico de Cristo". Onde está o "embrião" da Igreja, o novo povo de Deus? Rememorando textos como Jo 19,30, pode-se entender o "último suspiro como prelúdio da

---

[14] Cf. GUTHRIE, D. *New Testament theology.* p. 520, citado por DUNN, Espírito, Espírito Santo (NT), cit., p. 132.

[15] Cf. BLANK, Espírito Santo/Pneumalogia, cit.

[16] Idem, ibidem, p. 247.

efusão do Espírito".[17] Assim, após sua morte, ascensão e exaltação à "direita do Pai", Jesus "pode" derramar o Espírito (cf. At 2,33 e outros). O Jesus ressurreto envia aos apóstolos o Espírito que ele mesmo havia prometido (cf. Jo 14,16). Doravante o Espírito está presente no mundo como o poder de vida que tirou Jesus da sepultura. Ele está agindo na Igreja e, por meio dela, faz dos crentes novas criaturas, desarraigadas deste mundo passageiro e dirigidas para o Reino de Deus que vem.[18] No entanto, para sabermos sobre o Espírito e a Igreja, faz-se necessário voltar ao Evangelho, à pregação de João Batista acerca de um "batismo mais poderoso que o dele". O batismo com "Espírito Santo e com fogo" (Mt 3,11; Lc 3,16).[19] De qualquer modo, sendo um batismo de julgamento ou de purificação/santificação, como pode ser entendido, ressalta-se o papel central do Espírito no aparecimento da Igreja. Lucas coloca seu Atos dos Apóstolos como uma continuação da obra que Jesus "começou a fazer e ensinar" e que agora continuará fazendo. Lucas outorga um papel fundamental ao Espírito em Atos dos Apóstolos; no entanto, para ele o Espírito é o Espírito de Jesus (cf. At 16,7).

O Espírito faz nascer a Igreja, pois todo o que é nascido do Espírito é de Deus. Através dessa Igreja, Jesus opera seus atos poderosos. Por um lado, temos a incidência de sinais e prodígios excepcionais (cf. At 2,4.6.11; 3,7; 5,12.15). Por outro, essas maravilhas, sinais da salvação definitiva, atestam que a conversão é possível, que os pecados são perdoados, que chegou a hora em que, na Igreja, Deus infunde o seu Espírito (cf. 2,38; 3,26; 4,12; 5,32; 10,43).[20] Há, pois, uma repetição do ambiente do evangelho, preservando-o e atualizando-o nos Atos. A mesma atmosfera é reproduzida, pois a mesma força está na natureza e origem dos fenômenos e das conversões: o Espírito de Cristo.

---

[17] Nota "b" da *Bíblia de Jerusalém* (cf. também 1,33; 20,22).

[18] Cf. MENOUD, Espírito Santo, cit., p. 131.

[19] DUNN oferece uma bela síntese sobre o tema, apontando cinco interpretações fundamentais com respectiva referência bibliográfica (cf. Espírito, Espírito Santo (NT), cit., p. 132).

[20] Cf. GUILLET, Espírito de Deus, cit., p. 302.

A Igreja de Atos é assim o cumprimento de uma promessa feita pelo próprio Jesus quando assegurou aos seus discípulos a presença do Espírito para o tempo de sua ausência. No poder desse Espírito eles deveriam ser testemunhas (cf. At 1,8). De acordo com essa promessa e com a narrativa que lhe dará Lucas, a manifestação soberana do Espírito se deu por ocasião da festa de Pentecostes àqueles que, em oração, a estavam esperando. Dessa forma, a Igreja sem o Espírito seria corpo sem princípio de vida. Mas o Espírito e a Igreja, no Novo Testamento, são inseparáveis um do outro.[21] Seguindo a maneira como Lucas dispõe os acontecimentos, pode-se perceber que o relato descreve o final de uma espera, uma expectativa alcançada. O Espírito Santo chega "do céu" a todos os reunidos, afetando profundamente sua vida subseqüente como comunidade: palavra profética, alegria, confraternização, conversões. Tudo se sucede à vinda do Espírito sobre eles.[22] Lucas nos dá uma visão em At 2,1-13 destacando o alcance universal da missão da Igreja, coisa que já havia feito quando narrara a visita que faz Jesus à sinagoga de Nazaré (cf. Lc 4,14-30). Lucas nos faz entender que todos os que participaram da experiência naquele dia ficaram persuadidos de que, definitivamente, a salvação havia chegado.

Pedro interpreta esse acontecimento como o cumprimento das promessas veterotestamentárias. A efusão do Espírito em Pentecostes é o princípio de uma comunicação dele mesmo que prossegue através de todos os tempos. O Espírito guia e conduz a Igreja para a frente.[23] O Espírito cuida, com freqüência contra intenções e planos humanos, de todos os processos decisivos dentro da comunidade de Jesus, a Igreja. Aí Jesus comporta-se como permanente Senhor da sua Igreja; pelo Espírito ele exerce seu governo.[24] Pela ação do seu Espírito, Jesus é a "Cabeça da Igreja, que é o

---

[21] Cf. MENOUD, Espírito Santo, cit., p. 132.

[22] Cf. RAMSEY, M. *El Espíritu Santo*. Salamanca, Secretariado Trinitario, 1979. p. 43.

[23] Cf. SCHMAUS, M. Espíritu Santo. In: *SM*, v. 2, p. 816 (com abundante bibliografia majoritariamente em língua alemã).

[24] Cf. BLANK, Espírito Santo/Pneumalogia, cit., p. 247.

seu Corpo" (Ef 1,22-23). Em síntese, podemos dizer que toda a existência do cristianismo depende de ter ocorrido o derramamento do Espírito em Pentecostes. A experiência que a comunidade cristã teve do Espírito provou a chegada da era messiânica e o cumprimento das profecias das Escrituras em Jesus Cristo.[25] A participação na Igreja é comunhão com Cristo pelo seu Espírito. Essa realidade desencadeou um espírito de unidade, que de maneira poderosa transformou a comunidade em uma grande família (cf. At 2,42-47), e "a multidão dos que haviam crido era um só coração e uma alma" (4,32). Os fiéis constituem um só corpo, porque há só um Espírito (cf. Ef 4,3s); os cristãos individuais bebem do mesmo Espírito (cf. 1Cor 12,13; Ef 2,18).[26] Há na Igreja apostólica uma abertura plena para a ação do Espírito que se manifesta na outorga dos dons (cf. 1Cor 12,12-31), para a realização dos vários ministérios; cada membro do corpo tem sua função específica (cf. 1Cor 12,4-11). Não obstante essa diversidade, todos os membros possuem o mesmo Espírito, e isso não é considerado privilégio de alguns poucos. Com Pentecostes, a vida cristã torna-se uma constante apreensão do poder sobrenatural do Espírito; pode ser descrita como caminhar, ser levado ou viver pelo Espírito (cf. Gl 5,16.18.25; Rm 8,4.14 etc.),[27] conforme também Stanley Jones o faz, de forma emocionante, em *O Cristo de todos os caminhos*.

Podemos finalizar essa "aproximação" deixando claro que para o correto *intellectus fidei* das duas concepções novíssimas que compõem o *kairós* de Deus — a pessoa e a obra de Jesus por um lado e o nascimento da Igreja em Pentecostes por outro — é necessária a "chave hermenêutica" do agir do Espírito. Pois esses dois momentos desse novo tempo articulam-se com uma base pneumatológica. A partir do acontecido em Cristo surge uma nova concepção do Espírito. Como vimos, Jesus, de forma única e absoluta, inaugura uma nova maneira de relacionamento com Deus pelo Espírito.

---

[25] Cf. RICHARDSON, A. *Introdução à teologia do Novo Testamento*. São Paulo, Aste, 1966. p. 111.

[26] Cf. idem, ibidem.

[27] Cf. idem, ibidem.

Marcos e Mateus pressentem isso, mas não ousam relacionar devidamente o caráter singular de Jesus com a ampla experiência do Espírito na comunidade posterior à Páscoa.[28] Os méritos de tal empreendimento caberão a Lucas. Segundo este, a partir da Páscoa se tornará pouco a pouco lugar-comum o reconhecimento, pela comunidade pós-pascal, da superioridade do Senhor Jesus, inclusive com autoridade suficiente para outorgar o Espírito. É graças à presença de Cristo, e só por meio dessa presença, que nasce a Igreja, o novo povo de Deus, que, movida pelo dom que recebeu, possui antes de tudo um caráter missionário. Essa é a natureza da Igreja, sua vocação nata. Sua natureza está no *pneuma*.

2.2 A espiritualidade dos sinóticos: a presença do Reino[29]

Chama-nos a atenção o número elevado em que a expressão "Reino" (*basileia*) aparece nos evangelhos e especialmente nos lábios de Jesus. J. Jeremias[30] nos dá a quantidade final, distribuída da seguinte maneira: em Marcos, treze vezes; nos *logia* de Mateus e Lucas, nove vezes. Diante desses números, especialmente nos sinóticos, que nos interessam mais, os especialistas são unânimes em afirmar que o "Reino de Deus" é a mensa-

---

[28] Cf. SUDBRACK, J. Espiritualidade. In: *SM*, v. 2, p. 830.

[29] A literatura sobre "Reino de Deus" é bem vasta. Menciono aqui apenas a mais essencial dentro do nosso tema: JEREMIAS, J. *Teologia do Novo Testamento*. São Paulo, Paulus, 1977. pp. 54-58 e 150-168; LADD, G. E. *Teologia do Novo Testamento*. São Paulo, Exodus, 1997. pp. 43-76; BULTMANN, R. *Teología del Nuevo Testamento*. Salamanca, Sígueme, 1987. pp. 42-49; ROUX, H. Reino. In: *VB*, pp. 356-360; RICHARDSON, A. *Introdução à teologia do Novo Testamento*. São Paulo, Aste, 1966. pp. 87-90; WACKER, M.-T. Reino de Deus. In: *DCFT*, pp. 765-769; GRECH, P. Experiência espiritual bíblica (NT). In: GOFFI, T. & SECONDIN, B. (orgs.). *Problemas e perspectivas de espiritualidade*. São Paulo, Loyola, 1992. pp. 52-56. Ademais, devemos mencionar alguns tratados clássicos e notáveis sobre o assunto: MANSON, T. W. *O ensino de Jesus*. São Paulo, Aste, 1965; DODD, C. H. *The parables of the Kingdom*. s.l., s.n., 1936; HIDDERBOS, H. N. *The coming of the Kingdom*. s.l., s.n., 1963.

[30] Cf. JEREMIAS, *Teologia do Novo Testamento*, cit., p. 54, notas 8-15. Com pertinente citação e avaliação.

gem central do ensino de Jesus. Todos os três sinóticos introduzem seus respectivos evangelhos com a notícia da irrupção do Reino de Deus (*basileia tou Theou*) (cf. Mc 1,14-15; Mt 4,23; Lc 4,21).

Ladd,[31] de maneira esclarecedora, nos oferece as várias interpretações de que foi objeto o Reino de Deus, desde as abordagens iniciais de Agostinho até os reformadores, nos quais o Reino era identificado com a Igreja. Hoje em dia o consenso é de que a Igreja é o povo do Reino, passando às interpretações liberais com A. V. Harnack à cabeça e chegando nas perspectivas futurísticas e escatológicas de J. Weiss e A. Schweitzer, influenciados sem dúvida pelas noções judaicas de Reino. R. Bultmann concorda com a visão escatológica do Reino, porém o interpreta de maneira existencial, vinculando-o à sua proximidade e exigência de Deus.

A partir da Inglaterra, Dodd popularizou a chamada "escatologia realizada" basicamente com uma abordagem minimizadora do aspecto futurístico do Reino. Segundo Ladd, para Dodd o Reino de Deus, que é descrito na linguagem apocalíptica, é na realidade a ordem transcendente do tempo e espaço que irrompeu na história na missão de Jesus. Esse "totalmente outro", transcendental, é mais platônico que bíblico. Nesse evento tudo aquilo que os profetas haviam longamente esperado teria agora sido realizado na história.[32] Kümmel aparece em seguida considerando o Reino tanto presente como futuro. Prioritariamente o Reino é escatológico, à moda judaica, mas ele se faz presente através da pessoa de Jesus. O futuro escatológico do Reino já teve seu início na missão de Jesus.[33] A interpretação que Jeremias propõe é de que a escatologia está em processo de realização. J. Jeremias interpreta o ministério de Jesus como um todo, como sendo um evento no qual o Reino é realizado. Com a mensagem do Reino e as ações poderosas de Jesus, o Reino irrompeu na história. Entretanto, Jesus aguardava uma consumação escatológica iminente do Reino, a qual envolveria sua própria ressurreição

---

[31] Cf. LADD, *Teologia do Novo Testamento*, cit., pp. 55-58.

[32] Cf. idem, ibidem, p. 56.

[33] Cf. idem, ibidem, p. 57.

e *parousia*.[34] Dessa forma, Jeremias se aproxima em demasia de Dodd e da "escatologia realizada". Além dessas já clássicas interpretações, podemos citar ainda a abordagem dispensacionalista, que diferencia Reino de Deus de Reino dos Céus: o segundo é apenas para Israel, o primeiro diz respeito ao novo povo formado a partir da recusa do Reino por Israel. Finalmente, poderíamos dizer que o Reino de Deus é o governo/reinado/domínio de Deus, em primeiro lugar por meio do ministério de Jesus cumprindo toda a expectativa do Antigo Testamento e em segundo lugar como uma consumação final, inaugurando os "novos céus e a nova terra".

Após a "aproximação" ao tema da "espiritualidade" pela via da relação entre Jesus e o Espírito e o Espírito e a Igreja (cf. 2.1, p. 62), e a visão tanto da fundamental incidência do "termo" e da "idéia" do Reino de Deus nos sinóticos quanto das variadas interpretações em busca da real significação, cumpre-nos, agora, identificar e abordar a espiritualidade inerente ao tema do Reino de Deus. Com o advento do Reino, realiza-se a vontade salvífica de Deus. Ao convite-desafio de Jesus, deve o discípulo responder. Sua resposta, dentro do que contempla o Novo Testamento, configurará aquilo que chamamos "espiritualidade cristã"; nesse caso particular, uma espiritualidade evangélica. Como podemos claramente discernir que a pregação de Jesus dá uma ênfase especial à realidade do pecado (cf. Mt 6,12-15; 9,2-6; 18,21-35; 26,28), não seria errôneo chamar o Reino de a grande oferta de perdão por parte de Deus. O sacramento desse perdão é o próprio Jesus, sobre quem o Pai derramou todo o seu amor (cf. Mc 1,11; 9,7; 12,6).[35] Assim, deve-se sublinhar logo de início que o Reino não se instaura como conseqüência de um discurso. A função do discurso, do *kerigma*, tão-somente anuncia, avisa da iminência do Reino; no entanto, a sua irrupção depende das obras singulares de Jesus, mormente de sua morte e ressurreição. Há aqui, pois, uma distinção "ontológica" entre o anúncio do Batista e o "anúncio" de Jesus; neste, vemos a realeza de Deus.

---

[34] Cf. idem, ibidem.

[35] Cf. Grech, Experiência espiritual bíblica (NT), cit., p. 52.

Diante disso, surge como condição *sine qua non* a necessidade imperiosa e urgente de uma experiência de "conversão", que é não apenas um novo tipo de comportamento mas também um assentimento de fé na boa-nova de que finalmente o Reino de Deus foi inaugurado por meio da encarnação do Filho de Deus. Por isso, diante da auto-revelação de Deus em Cristo, o homem pode verdadeiramente se conhecer como necessitado do perdão de forma gratuita.

Nessa perspectiva, o Reino não pode ser visto como um ideal a ser alcançado, um estado conseguido pelo esforço próprio[36] ou mesmo como um lugar privilegiado. Nesse sentido, ele questiona a própria existência do templo como "lugar de salvação" (cf. Mc 14,58), e também coloca em xeque o sistema sacrifical como instrumento de justificação patrocinado pela hierarquia sacerdotal, que por sua vez igualmente é desacreditada. Portando-se de maneira coerente com seu discurso, opta "preferencialmente" pelos marginalizados sociais, cumprindo o que lera de Is 61 na sinagoga de Nazaré (cf. Lc 4):[37] publicanos (cf. Mt 9,10), prostitutas (cf. Lc 7,37ss), pecadores públicos (cf. Mt 21,31), pobres e doentes (cf. Lc 6,20ss). Um Reino de Deus que irrompe neste mundo não pode ser mais do que crise de tudo o que vigora nele.[38] Assim, como disse Roux, é o Reino que vem em direção ao homem e por isso mesmo questiona se lhe pertence ou não, se está pronto para recebê-lo e nele entrar, para suportar sua vinda ou discernir seu mistério.[39]

---

[36] R. BULTMANN esclarece que "o homem não pode forçar o curso dos acontecimentos marcado por Deus nem — como os fariseus pensavam — mediante a estrita observância dos mandamentos nem por meio de penitências, nem — como pensavam os zelotas — expulsando os romanos mediante a força das armas". "Pois o Reino dos Céus é semelhante a [...]" (Mc 4,26-29). Ele explica que nessa e noutras parábolas não devemos entender o Reino de Deus como uma magnitude que cresce no tempo, como se fosse um processo. Pelo contrário, "se pressupõe que sua vinda é um milagre totalmente independente da atuação humana. Assim, tais parábolas querem ensinar que tanto o começo como a consumação do Reino de Deus são milagrosos e milagroso é o acontecimento que introduz a consumação" (*Teología del Nuevo Testamento*, cit., pp. 45.46).

[37] J. JEREMIAS comenta que, "diante da leitura do profeta Isaías, Jesus teria dito que 'o texto da Escritura está se cumprindo diante de vossos ouvidos', isto é, vós sois testemunhas oculares de que a promessa está se cumprindo, que o tempo da graça de Deus está se irrompendo hoje" (*Teologia do Novo Testamento*, cit., p. 164).

[38] Cf. WACKER, Reino de Deus, cit., p. 768.

[39] Cf. ROUX, Reino, cit., p. 357.

Diante do anúncio do Reino de Deus, como dissemos, a resposta deve ser imediata, uma decisão existencial que arrisca tudo, que vende tudo o que tem para comprar a pérola, o tesouro encoberto (cf. Mt 13,35ss), que não espera nem mesmo o enterro do próprio pai (cf. Lc 9,59s).[40] Dessa maneira, tudo aquilo que compromete a eficiência de nossa resposta deve ser relativizado em detrimento do absoluto da chamada.

Certamente, a resposta, em seu aspecto qualitativo, possui imensas aplicações éticas e pragmáticas. Nesse contexto impõe-se a síntese que Jesus faz da lei: "[...] Amarás o Senhor teu Deus de todo o teu coração, de toda a tua alma, de todo o teu entendimento, e com toda a tua força [...]. Amarás o teu próximo como a ti mesmo" (Mc 12,30.31). A originalidade consiste no fato de que a relação com Deus está pautada doravante não pelo temor mas pelo amor que se reflete também ao próximo. A qualidade da resposta do discípulo, portanto, dependerá de sua fidelidade, nas relações com o próximo, ao exercício da mesma gratuidade e do mesmo amor que se revelam na pregação do grande perdão, o qual é o cume da história da salvação.[41] Dentro dessa perspectiva ética e a partir do modelo da generosidade de Deus para o amor ao próximo, a mensagem do Reino de Deus fecha a questão na pugna contra as riquezas. Estão entre as palavras mais duras de Jesus nos sinóticos as críticas que faz àqueles que depositam nelas sua confiança. Isso quer dizer que Deus e *Mamom* são dois valores inconciliáveis. A própria riqueza como tal, de maneira geral é claro, está qualificada como iníqua, fruto da injustiça (cf. Lc 16,9-12); ela afasta o coração de Deus, colocando a razão da existência inteiramente neste mundo (cf. Mt 6,19-21).[42] Por isso, um rico só entrará no Reino por um milagre (extremamente difícil; cf. Mc 10,25), o milagre da conversão, como no caso de Zaqueu (cf. Lc 19,1-10).

---

[40] Cf. GRECH, Experiência espiritual bíblica (NT), cit., p. 57.

[41] Cf. idem, ibidem, p. 53. É evidente que dentro da "categoria" próximo estão incluídos o estrangeiro (cf. Lc 10,25-37), o inimigo e o perseguidor (cf. Mt 5,43-48), o marginalizado (cf. Lc 14,12-14), os pecadores (cf. Lc 17,3s).

[42] Cf. idem, ibidem.

Conversão é, pois, a condição inicial requerida para receber a salvação: "[...] Em verdade vos digo que, se não vos converterdes e não vos tornardes como as crianças, de modo algum entrareis no Reino dos Céus" (Mt 18,3). Pertencer ao povo judeu não é mais condição necessária (cf. Mt 8,11s). Contempla-se aqui a realidade de juízo que em outras parábolas se tornará bem mais evidente: separação do joio e do trigo (cf. Mt 13,24-30), triagem dos peixes (cf. Mt 13,47-50), prestação de contas (cf. Mt 20,8-15; 25,15-30); tudo isso constitui uma exigência de vigilância (cf. Mt 25,1-13).[43] O caráter de julgamento que subjaz à mensagem do Reino vem à tona especialmente na controvérsia com o farisaísmo. Este último, em sua casuística, ocultava o verdadeiro espírito da lei de Deus (cf. Mt 23,16-19), dava ocasião para hipocrisia e vanglória (cf. Mt 6,1-6; Lc 16,15), e sobretudo pervertia a natureza mesma da religião revelada, ao tentar colocar Deus como nosso devedor, quando faz o cômputo dos "favores" que lhe fazemos, em vez de mostrar gratidão de fé pelo que Deus gratuitamente nos concede, como demonstra a parábola do fariseu e do publicano (cf. Lc 18,10-14).[44] Assim, o Reino traz a lume seu aspecto paradoxal: ao mesmo tempo que é essencialmente graça no entranhável chamado que faz, significa também um desafio carregado de seu julgamento.

Ademais, a mensagem do Reino comporta também a "espiritualização", o aprofundamento no relacionamento com Deus. O próprio templo, sinal da presença de Deus entre o povo e a instituição "intocável", será reinterpretado e transferido para o corpo ressuscitado do Senhor (cf. Mt 26,61; 27,40), alterando-se, assim, a natureza mesma do culto. Os preceitos morais, enquanto revelações da vontade de Deus, são reinterpretados radicalmente, comportando uma interiorização de intenção e de amor que vivifica a observância exterior.[45] Rompe-se, de maneira radical, a própria estrutura do judaísmo em que a realidade exterior, quantitativa, fenomenológica,

---

[43] Cf. DEVILLE, R. & GRELOT, P. Reino. In: *VTB*, p. 876.
[44] Cf. GRECH, Experiência espiritual bíblica (NT), cit., p. 54.
[45] Cf. idem, ibidem.

estética conferia ao indivíduo a certeza do apaziguamento com Deus. Em seu lugar, Jesus propôs simplesmente a fé.[46] No entanto, entende que essa fé deve manifestar-se por meio da confissão; nesse particular, o centro do evangelho de Marcos é a confissão de Pedro (cf. Mc 8,29), muito embora ela só será validada mediante a aceitação do sacrifício de Cristo. Nesse particular, o próprio Pedro, que confessa a Cristo, um pouco mais adiante tropeça (cf. Mt 16,23). Nos sinóticos, portanto, o discipulado e a caminhada com Jesus devem ser até Jerusalém, para tomar com ele o cálice do sofrimento. Antes, porém, de se identificar com Jesus na cruz, o discípulo deve imitar a pessoa e a missão de Jesus. A imitação de Cristo e uma correta resposta à revelação do Reino são componentes fundamentais da fé com a qual se deve acolher a mensagem de Jesus, uma fé que culmina na aceitação da cruz e no seguimento de Cristo (cf. Mt 10,38; 16,24).[47] Portanto, o Reino se torna acessível àquele que, em um ato de decisão (Bultmann), deposita fé em Jesus. É em sua identificação com a pessoa e o ministério de Jesus que deve ser compreendida a vinda do Reino.

A idéia do discipulado e da caminhada remete-nos às categorias do "já mas ainda não", pois, sendo uma promessa que se instaurou por um ato da livre graça de Deus, conserva ainda a sua reserva escatológica, uma realização nos discursos de Jesus (cf. Mc 13; Mt 24; Lc 18,8), conclamando os discípulos a uma devida preparação e vigilância; "que suas lâmpadas estejam acesas" (cf. Mt 25,1-12). Dessa maneira, Jesus forja na espiritualidade dos discípulos expectativa e esperança (Grech),[48] esse aspecto ainda misterioso que nos faz caminhar graças à fé. Nesse *habitat*, nessa peregrinação

---

[46] "No que respeita à realidade mesma, toda a mensagem de Jesus não passa de um só apelo à aceitação da oferta da salvação, uma só conclamação a abandonar-se à sua palavra e a confiar na graça de Deus, ou seja, é um apelo à fé [...]. Jesus mesmo chama de fé o comportamento dos discípulos (cf. Lc 22,32; Mc 4,40; 9,42 par.; 11,22), e as passagens onde censura a pouca fé dos discípulos (cf. Mt 6,30 par.; Lc 12,28; Mt 8,26; 16,8; 17,20) confirmam que esperou a fé dos seus discípulos" (JEREMIAS, *Teologia do Novo Testamento*, cit., p. 254).

[47] Cf. GRECH, Experiência espiritual bíblica (NT), cit., p. 55.

[48] GRECH, P. Experiência espiritual bíblica (NT). GOFFI, T. & SECONDIN, B. (orgs.). *Problemas e perspectivas de espiritualidade*. São Paulo, Loyola, 1992. p. 55

◆ 77 ◆

em que o crer é a única atitude que confere sentido à existência, os sinóticos apresentam-nos como símbolo total dessa dependência a prática da oração. A Deus se deve orar com a afetividade de filhos (cf. Mt 6,7s). De fato, Jesus mesmo ensina a oração cristã por excelência, o pai-nosso, que resume toda a pregação do Reino e toda a resposta do discípulo (cf. Mt 6,9-13; Lc 11,2-4). A primeira preocupação dos cristãos — seu primeiro desejo e, portanto, seu principal pedido — é um pedido não para si mesmo mas para que o nome de Deus seja glorificado, para que o seu Espírito reúna todos no Reino. Assim será feita a vontade de Deus na terra. Para essa caminhada terrena, pede-se apenas o pão de cada dia àquele que alimenta os pássaros; e, mais urgentemente ainda, pois sem ajuda de Deus até isso seria impossível. Para o futuro, pedimos que o Senhor não permita que sejamos tentados acima das nossas forças. Por último, que nos liberte de todo mal, mal que provém, em última análise, do Maligno, o qual, com o advento final do Reino, será trancado para sempre.[49] Encaminhando-nos agora para a conclusão, ressaltamos que uma vez que a mensagem de Jesus se ocupa prioritariamente em anunciar o Reino de Deus, essa mensagem é veiculada tanto por seu *kerigma* quanto por sua *didaqué*. Sua "pregação" e seu "ensino" servem como instrumentos para anunciar a presença inaudita do Reino. Se na pregação o objetivo é apenas proclamar como um arauto, chamando a atenção e causando impacto pelo dinamismo da palavra em si, no ensino procura-se transmitir de maneira detalhada tanto os mistérios da fé como os preceitos éticos.

Como vimos, diante desse anúncio sobre o reinado de Deus irrompendo na história, todos os que o acolhem com fé (dom de Deus), passando pela experiência da conversão — meta-*nóia*: uma volta completa de todo o ser a Deus —, são contados entre os discípulos, súditos nesse Reino. Sob a figura do Reino de Deus, proclamado e instaurado por Cristo, é trazida ao homem a própria salvação, conteúdo primordial da revelação divina.

---

[49] Cf. idem, ibidem, p. 56. Acerca da oração do pai-nosso, são preciosos os trabalhos de: JEREMIAS, J. *O pai-nosso*; a oração do Senhor. São Paulo, Paulus, s.d.; BOFF, L. *O pai-nosso, a oração da libertação integral*. Petrópolis, Vozes, 2003.

Dessa forma, na espiritualidade desenvolvida pelos sinóticos, Jesus está plenamente consciente de encontrar-se em um momento crucial da história, de ser o encarregado de oferecer aos homens o dom que Deus lhe concede de seu Reino e de ser o responsável pela acolhida favorável da parte dos homens ao oferecimento do Reino.[50] Conferindo o perdão aos que acolhem o anúncio, Jesus ofereceu-se em comunhão e à comunhão com o Pai no Espírito; aqui está o sentido último e transcendente da espiritualidade do Reino nos sinóticos: a comunhão plena com Deus.

2.3 A espiritualidade paulina: mística de Cristo

Não seria injustiça outorgar ao apóstolo Paulo o título de "teólogo do Espírito Santo", uma vez que nele encontramos não só a pneumatologia mais completa e integrada dentre todos os escritores bíblicos mas também a mais corajosa e desafiadora proposta de comunicação com Deus com base em um insólito e singular relacionamento pessoal com o Espírito Santo. No entanto, a possibilidade desse relacionamento tem sua origem, não mais na prática da Torá (cf. Rm 2,17-20) e muito menos na perspectiva legalista farisaica, da qual, de alguma maneira ele era herdeiro, mas na sua conversão a Cristo, ou seja, na sua comunhão com Deus: "Independentemente da Lei, se manifestou a justiça de Deus, testemunhada pela Lei e pelos Profetas, justiça de Deus que opera pela fé em Jesus Cristo, em favor de todos os que crêem" (Rm 3,21-22).[51] A fé em Jesus Cristo é, assim, a força motriz geradora da espiritualidade cristã em sua interpretação paulina. A novidade interna da espiritualidade de Paulo reside em que a comunicação com Deus se dá agora com base em uma "identificação mística" do crente com o seu Senhor. Paulo está absolutamente consciente de uma relação sobrenatural que regula a vida do cristão e que estabelece uma íntima e profunda comunhão com a pessoa de Cristo em seus mistérios terrenos, em

---

[50] Cf. SALVADOR, F. R. *Compêndio de teologia espiritual.* São Paulo, Loyola, 1996. p. 91.

[51] Cf. GOFFI, T. *La experiencia espiritual, hoy.* Salamanca, Sígueme, 1987. p. 15.

sua morte e ressurreição. A expressão que repetida e enfaticamente aparece em Paulo e que define a nova posição e estado do cristão é "em Cristo" ou "em Cristo Jesus". Ela aparece 164 vezes nas epístolas indicando esse pertencimento do cristão a Cristo.

Para Paulo, é o dom do Espírito que torna a pessoa um membro de Cristo (cf. Rm 8,9; 1Cor 2,12; 2Cor 11,4; 1Ts 4,8), unido com ele mediante o Espírito (cf. 1Cor 6,17).[52] Ora, se temos uma união (entre o crente e Cristo) que é realizada pela ação do Espírito, não podemos aplicar a ela axiomas e pressupostos dogmáticos redutores com o objetivo de transformá-la tão-somente em uma relação jurídica, forense.[53] Devemos lembrar que estamos identificando a pneumatologia paulina. Isso por si só nos deveria fazer entender que, sob hipótese alguma, as teses do judaísmo tardio, com as quais rompeu o apóstolo Paulo, podem estar redivivas em ambiente cristão. São conhecidas as posições defendidas pelo luterano Adolf Deissmann quando, de forma veemente, protestou contra uma aproximação doutrinal (justificação, redenção, eleição, adoção etc.) a Paulo de modo a ofuscar sua verdadeira teologia. Com isso posto, podemos afirmar que a união com Cristo é mística, porque nos faz viver da mesma vida de Jesus morto e ressurreto, isto é, do seu ministério pascal. Assim, Paulo podia confirmar: "[...] Fui crucificado junto com Cristo. Já não sou eu que vivo, mas é Cristo

---

[52] Cf. Dunn, Espírito, Espírito Santo (NT), cit., p. 143.

[53] A. Deissmann (*The religion of Jesus and the faith of Paul*. London, Hodder & Stoughton, 1923) (*Paul; a study in social and religious history*. London, Hodder & Stoughton, 1925) parece ter sido o pioneiro em denunciar a visão tipicamente jurídica aplicada à teologia de Paulo, especialmente à doutrina da justificação. De qualquer modo, para ele, mesmo que assim fosse, não poderíamos reduzir a teologia paulina a alguma doutrina. A. Schweitzer (*The mysticism of Paul the apostle*. Baltimore, John Hopinks, 1998 [original alemão de 1929]) faz coro com Deissmann, citando-o profusamente. Para ele a doutrina da justificação é uma "cratera secundária no solo paulino". Com ambos, uma constelação de teólogos luteranos e calvinistas defenderão como legítima uma abordagem mais na linha da "mística de Cristo". Do lado contrário, vale a pena citar o anglicano A. Richardson: "A relação dos cristãos com Cristo dá-se pela fé e não por absorção mística [...]. Somos unidos a Cristo por meio do batismo, em fé, e não importa se gozamos ou não de uma 'experiência'. Quando Paulo e João falam de estar em Cristo e de Cristo estar em nós, nada dizem sobre a experiência de identificação mística" (*Introdução à teologia do Novo Testamento*. São Paulo, Aste, 1966. p. 249).

que vive em mim. Minha vida presente na carne, eu a vivo pela fé no Filho de Deus" (Gl 2,19-20).

Dentro dessa mesma realidade de intercâmbio — "Cristo em nós e nós em Cristo" —, podemos entender algumas palavras de Paulo, como: "Portanto, não existe mais condenação para aqueles que estão em Cristo Jesus" (Rm 8,1). Que ele procura logo adiante explicar:

> Vós não estais na carne, mas no espírito, se é verdade que o Espírito de Deus habita em vós, pois quem não tem o Espírito de Cristo não pertence a ele. Se, porém, Cristo está em vós, o corpo está morto, pelo pecado, mas o Espírito é vida, pela justiça. E se o Espírito daquele que ressuscitou Jesus dentre os mortos habita em vós, aquele que ressuscitou Jesus dentre os mortos dará vida também a vossos corpos mortais, por meio do seu Espírito, que habita em vós (Rm 8,9-11).

Paulo pensa que o Espírito nos inicia sacramentalmente em uma participação real na carne pneumatizada de Jesus Cristo.[54] Assim, pois, podemos entender o que ele nos diz: "Portanto, pelo batismo nós fomos sepultados com ele na morte para que, como Cristo foi ressuscitado dentre os mortos pela glória do Pai, assim também nós vivamos vida nova" (Rm 6,4).

Antes de caminharmos um pouco mais, resumamos esse primeiro momento. Aquele que se une com Cristo, entra na esfera do Espírito (cf. 1Cor 6,17). A fé no Senhor se produz em e no Espírito (cf. 1Cor 2,10ss). A renúncia à religiosidade humana (judaísmo por exemplo), à circuncisão, à carne, à servidão farisaica da lei é um servir ao Espírito de Deus e gloriar-se em Jesus Cristo (cf. Fl 3,3-6).[55] A identificação do crente com Cristo é algo tão marcante para Paulo que ele utiliza um vocabulário riquíssimo para descrever essa união. Palavras forjadas por ele, que começam com *syn* ("com"). Grech faz uma relação delas, que reproduzimos a seguir: com-

---

[54] Cf. GOFFI, *La experiencia espiritual, hoy*, cit., p. 16.
[55] Cf. SUDBRACK, Espiritualidad, cit., p. 831.

padecer (cf. Rm 8,17); co-crucificados (cf. Rm 6,6; Gl 2,9); co-mortos (cf. 2Cor 7,3); co-sepultados (cf. Rm 6,5); co-ressuscitados (cf. Ef 2,6); co-glorificar (cf. Rm 8,17); co-sentar na glória (cf. Ef 2,6); co-reinar (cf. 1Cor 4,8); co-corporais (cf. Ef 3,6); co-herdeiros (cf. Rm 8,17); co-participação no Evangelho (cf. 1Cor 9,23) e na graça (cf. Fl 1,7); co-alegrar-se (cf. 1Cor 12,26); co-imitadores (cf. Fl 3,17); con-formes ao Filho (cf. Rm 8,29) e ao seu corpo de glória (cf. Fl 3,21); co-beneficiados com ele (cf. Rm 8,32); ocultos e manifestados com Cristo (cf. Cl 3,5s).[56]

Sem dúvida, a realidade descrita aqui em termos de comunhão espiritual com Deus por meio do espírito de Cristo, privilégio daqueles que "são de Cristo"; em ambiente católico será considerada a partir do batismo. Já na teologia e práxis protestantes se tornará acessível ao crente desde sua conversão (experiência de caráter existencial). De qualquer forma, com a transformação efetuada e a identificação inacabada, ambas as tradições concordam que tal experiência produzirá conseqüências indeléveis na vida pessoal do cristão e em sua dimensão eclesial.

Pessoalmente a vida do cristão pode ser descrita como uma batalha, uma tensão entre o antigo e o novo. Há um clima constante de inadequação: estamos no novo éon, mas o antigo ainda subsiste. Assim, o cristão testemunha em si a luta entre os desejos da carne e a vontade do Espírito que nele habita, mas que não consumou sua obra, o que acontecerá mediante a "ressurreição do corpo", quando então o cristão terá um "corpo espiritual" inteiramente dirigido pelo Espírito (cf. Rm 8,11.23; 1Cor 15,44-49; 2Cor 5,1-5; Ef 1,14). E perfeitamente adequado à "era do Espírito". Enquanto essa realidade é apenas futura e objeto da fé, "das coisas que ainda não chegaram"; nós vivemos a nossa "sina" em meio às realidades que "não queremos mas fazemos" (cf. Rm 7,15-20), vivemos o paradoxo da existência. O entendimento luterano do paradoxo paulino foi sintetizado na fórmula: *simul iustus et peccator* ("ao mesmo tempo justo e pecador"). No entanto,

---

[56] Cf. GRECH, Experiência espiritual bíblica (NT), cit., pp. 57-58.

Paulo, mesmo não se furtando a essa realidade inacabada, não sucumbe a algum tipo de pessimismo existencial, mas reage com vigor ímpar.

Por conseguinte, como esclarece Ladd, o homem que está no Espírito continua a viver em sua carne mortal, humana (cf. Gl 2,20), mas entrou em uma nova esfera, a da vida no Espírito; as coisas de Deus e de Cristo se tornaram seu amor principal.[57] Em contraposição à lei do pecado e da morte que continua imperando sobre aqueles que ainda não receberam a luz de Cristo, Paulo desenvolve o que ele chama de "lei do Espírito da vida" (Rm 8,2), que visa à destruição da morte e do pecado. A salvação divina alcança o cristão para que ele possa "caminhar" vencendo a morte e o pecado, uma vez que sua identificação inclui também a vitória de Jesus sobre o pecado e a morte na ressurreição: sobre o pecado porque não foi dobrado por ele, sobre a morte porque esta não conseguiu retê-lo.

A nova vida que nasce do Espírito é uma vida de fé, amor e esperança (virtudes teologais) em meio às tensões da existência. Da ação do Espírito surge uma primeira realidade: a "santidade", que diferentemente do Antigo Testamento, atinge a todos os cristãos; na nova aliança isso tem nova intensidade, graças à interiorização da relação entre Deus e os crentes em Cristo; interiorização de relações que o Espírito Santo cria e dá continuidade.[58] Os cristãos não só são apresentados como nação santa mas eles mesmos são chamados "santos". O uso de *hoi hagioi* ("os santos") como a denominação corrente dos cristãos ressalta a nova e acolhedora ênfase, durante o cristianismo dos primeiros séculos, na santidade. Paulo confirma esse estado em várias ocasiões (1Cor 1,2; 6,11; Rm 12,1; 15,16; Ef 2,21-22). Também o tema da "filiação" será explorado pelo apóstolo nas cartas aos Gálatas e aos Romanos. Sabemos que a filiação de Jesus foi própria. Os discípulos participam dela mediante a filiação de Jesus.[59] Dentro disso, em duas passagens

---

[57] Cf. LADD, *Teologia do Novo Testamento*, cit., p. 452.

[58] Cf. RAMSEY, *El Espíritu Santo*, cit., p. 68.

[59] Cf. idem, ibidem, p. 71.

podemos ver descrita essa filiação que o Espírito reproduz nos cristãos. Em Gl 4,3-6, notamos que os crentes tornaram sua a oração familiar de Jesus, utilizando a expressão *Abba*. Em Rm 8,14-17, o contraste é tanto com o estado de condenação dos que buscavam a salvação guardada na lei, como com a vida comprometida dos que vivem "segundo a carne", ou seja, uma existência mundana insensível a Deus e ao tempo vindouro. A vida "segundo a carne" significa na realidade "morte", mas a lei do Espírito dá a vida, cuja essência é ser filhos de Deus.

Dessa maneira, os cristãos são chamados à santidade e a ser filhos de Deus. Não obstante, o pecado não é vencido de uma vez para sempre, pois esta vida está repleta de conflitos. O apóstolo exorta com freqüência a que se deixem levar pelas inspirações do Espírito e a que lhe permitam terminar o que iniciou neles.[60] Devem deixar que o Espírito lhes guie sempre, que reine em seus corações; não devem apagar o Espírito nem lhe causar tristeza, mas devem esforçar-se por manter a unidade do Espírito no compromisso da paz. Finalmente, a reposta de completa submissão e obediência a essa iniciativa salvífica de Deus em Cristo se faz por meio de uma vida digna:

> Exorto-vos, portanto [...], a que ofereceis vossos corpos como hóstia viva [...]; este é o vosso culto espiritual. Não vos conformeis com este mundo, mas transformai-vos, renovando a vossa mente, a fim de poderdes discernir qual é a vontade de Deus [...] (Rm 12,1-2).[61]

Essa renovação para uma nova vida (cf. Ef 4,23-24) só é possível em Cristo e já se cumpriu (cf. Cl 3,10). A mesma idéia é expressa na afirmação de andar em nova vida (cf. Rm 6,4), andar segundo o Espírito (cf. Rm 8,4; Gl 5,16).[62]

Antes de falarmos da dimensão eclesial da espiritualidade paulina, devemos ainda mencionar aquele aspecto mais místico dessa espiritualidade,

---

[60] Cf. idem, ibidem, p. 72.

[61] Cf. GRECH, Experiência espiritual bíblica (NT), cit., p. 58.

[62] Cf. LADD, *Teologia do Novo Testamento*, cit., p. 459.

uma vez que a união com Cristo não afeta apenas a ética cristã; ela se verifica nos seus sofrimentos e na co-participação na cruz de Jesus. Já no evangelho encontramos também presente a idéia do sofrimento; "Bem-aventurados os que são perseguidos por causa da justiça, porque deles é o Reino dos Céus" (Mt 5,10); "Então disse Jesus aos seus discípulos: 'Se alguém quer vir após mim, negue-se a si mesmo, tome a sua cruz e siga-me'" (Mt 16,24). Como disse Moltmann, a "testemunha da verdade" de Cristo é desprezada, perseguida, humilhada e rejeitada. Em seu sofrimento ela experimenta o destino de Cristo. Seu destino identifica-se com o de Cristo.[63] Essa *conformitas crucis* ("conformidade com a cruz") está bem presente em vários textos paulinos:

> Quanto a mim, não aconteça gloriar-me se não na cruz de nosso Senhor Jesus Cristo, por quem o mundo está crucificado para mim e eu para o mundo. De resto, nem a circuncisão é alguma coisa, nem a incircunsição, mas a nova criatura [...]. Doravante, ninguém mais me moleste. Pois eu trago em meu corpo as marcas de Jesus (Gl 6,14-15.17).

Segundo Grech, a síntese paulina dessa conformação à cruz de Cristo está em Cl 1,24: "Completo, na minha carne, o que falta das tribulações de Jesus". É evidente que a fonte informativa de Paulo de que "Cristo morreu por nossos pecados, segundo as Escrituras" (1Cor 15,3) é a tradição primitiva. Esse dado tradicional proporciona um ponto de partida para a sua reflexão teológica: reconhecendo na cruz a verdadeira sabedoria, não quis ele conhecer senão Jesus crucificado (cf. 1Cor 2,2).

A cruz de Cristo, que segundo Paulo separava a economia da lei e a da fé, torna-se no coração do cristão o limite entre os dois mundos: o da carne e o do espírito. Ela é a sua única justificação e a sua única sabedoria. Se ele se converteu, é porque aos seus olhos foram pintados os traços de

---

[63] Cf. MOLTMANN, J. Contemplação, mística, martírio. In: GOFFI & SECONDIN (orgs.), *Problemas e perspectivas de espiritualidade*, cit., p. 317.

Jesus na cruz (cf. Gl 3,1). Se está justificado, não é absolutamente por suas obras da lei, mas por sua fé no Crucificado; pois foi ele próprio crucificado com Cristo no batismo, de maneira que está morto para a Lei para viver para Deus (cf. Gl 2,19). Por isso ele põe sua confiança unicamente na força de Cristo, senão mostrar-se-ia "inimigo da cruz" (Fl 3,18).[64] Se para Moltmann "o sofrimento introduz a testemunha de Cristo cada vez mais intimamente na comunhão com ele",[65] para Goffi a cruz evangélica não significa que tenhamos de introduzir-nos em uma experiência humana de sofrimento. É a suprema experiência pascal caritativa de Jesus e não já a expressão de seu desejo de sofrer ou de sua opção pelo sofrimento. Seguimos Jesus na cruz não porque sofremos, senão porque nos fazemos efetivamente partícipes da vida pascal caritativa do Senhor (passagem do estado de carne ao estado de espírito).[66] Seja o que for, Paulo se esforça por mostrar a obediência sacrifical de Cristo ao Pai, tanto no processo de encarnação (*kénosis*) quanto na própria morte de cruz (cf. Fl 2,5-8), e desafia-nos a ter o mesmo sentimento que Cristo Jesus (cf. v. 5). Por inferência, pois, Paulo aponta para o exemplo de Cristo (cf. 2Cor 8,9).

O próprio Paulo esclarece que o sofrimento não é a situação final: "E se somos filhos, somos também herdeiros; herdeiros de Deus, co-herdeiros de Cristo, pois sofremos com ele para também com ele sermos glorificados" (Rm 8,17).

A espiritualidade paulina é extremamente rica quanto ao tema escatológico. Paulo, não obstante desenvolver com vigor sua comunhão pessoal com Deus, foi antes de tudo um "homem da Igreja", profundamente

---

[64] Cf. AUDUSSEAU, J. & LÉON-DUFOUR, X. Cruz. In: *VTB*, p. 198.

[65] Cf. MOLTMANN, Contemplação, mística, martírio, cit.

[66] Cf. GOFFI, *La experiencia espiritual, hoy*, cit., p. 128. Nota-se que as reflexões de Moltmann ao interpretar Paulo pendem mais para a consideração do sofrimento como sinal real da vida do cristão. Não seria essa visão de "martírio" fruto, de um lado, de sua aproximação cristã interpretando os acontecimentos trágicos da Segunda Guerra Mundial e da experiência de cristãos nela, e, de outro, de sua visão atual da teologia latino-americana?

comprometido com a eclesialidade da fé e nessa convicção gastou sua vida. Percebe-se, logo de início, que a espiritualidade paulina está longe de ser isolada e individualista. Para ele, ninguém vive para si, especialmente no contexto cristão. Por isso, o apóstolo desenvolve o significado da exigência do amor de Deus, dos sentimentos de Cristo e da comunicação do Espírito.[67] Para Paulo o princípio fundamental, e que está por detrás da própria existência do novo povo de Deus como tal, é a união com Cristo que nos reúne em um só corpo, que é a Igreja.[68] Isso significa, portanto, que o Espírito não é patrimônio de alguém, mas sim um dom compartilhado que gera a vida do corpo cristão.[69]

Na perspectiva de Paulo, os cristãos estão constituídos no corpo único de Cristo mediante sua participação em comum (*koinonia*) no único Espírito (cf. 1Cor 12,13; 2Cor 13,14; Ef 4,3-4; Fl 1,17; 21). O conceito de corpo de Cristo aplicado aqui será desenvolvido na primeira carta aos Coríntios (cf. 12), aos Colossenses (cf. 2) e aos Efésios (cf. 4). Dentro da metáfora do corpo, Cristo é a cabeça do corpo que é a Igreja; dele provêm a linfa vital e a coesão orgânica.[70] Portanto, a Igreja existe pela força do Espírito Santo. Seja como "comunhão", "corpo", "templo" ou "povo de Deus", a Igreja unicamente existe por sua vinculação com o Espírito Santo. Tendo em vista que recebe o espírito de Jesus Cristo que morreu e ressuscitou, a Igreja é chamada a ser testemunha na história, na qual corporifica o Evangelho de Deus. Os convertidos de qualquer lugar são iniciados na Igreja pelo rito do batismo, que implica uma profissão de fé em Jesus como Senhor, a recepção do Espírito Santo, a incorporação ao Corpo de Cristo e a morte de si mesmo, a qual se identifica com a morte de Cristo e se transforma em uma vida nova de participação na vida de Cristo ressuscitado.

---

[67] Cf. RAMSEY, *El Espíritu Santo*, cit., p. 81.

[68] Cf. GRECH, Experiência espiritual bíblica (NT), cit., p. 60.

[69] Cf. DUNN, Espírito, Espírito Santo (NT), cit., p. 145.

[70] Cf. GRECH, Experiência espiritual bíblica (NT), cit.

O que mantém a *koinonia* é o amor (cf. 1Cor 13), que tem no ágape e na ceia eucarística seus pontos culminantes. A eucaristia é, para Paulo, o centro da vida comum da Igreja. Nesse rito os cristãos participam na vida de Cristo ressuscitado em comunhão mútua e recíproca. Mas essa vida era a que morreu uma vez, a vida definida pelo corpo entregue e pelo sangue sacrifical. A alimentação na vida era possível já que no rito houve *anamnésis* ou a rememoração da morte. Dessa maneira, o rito é uma proclamação do significado permanente da história salvadora do Evangelho.[71] Além de anunciar a morte do Senhor até que ele venha (cf. 1Cor 11,26), a ceia confere sentido a nosso presente, pois na bênção reúne todo o "corpo" de Cristo, inclusive o "místico". "Já que há um único pão, nós, embora muitos, somos um só corpo, visto que todos participamos desse único pão" (1Cor 10,17).[72] Por meio desse espírito de comunhão, amor e união com Cristo em sua morte e ressurreição, Paulo entende que, da mesma maneira que Cristo torna visível o Deus misterioso, a Igreja, de maneira sacramental e existencial, também se torna no seu cotidiano presente em Cristo e, através da proclamação do Evangelho, comunica ao mundo o desígnio salvífico de Deus.

2.4 A espiritualidade joanina: mística da amizade amorosa a Jesus no Espírito

Cronologicamente, João aparece agora; quer dizer, seu pensamento, sua teologia e sua espiritualidade, em sua plena maturidade, aparecem tardiamente no século I e, portanto, bem depois dos sinóticos e de Paulo. Este último material (sinóticos e Paulo) já havia sido incorporado à tradição oral da catequese, da liturgia, da evangelização e do *kerigma*; João o conhecia muito bem e acabou utilizando-o dentro de sua visão e objetivo.[73]

---

[71] Cf. RAMSEY, *El Espíritu Santo*, cit., p. 90.

[72] Cf. GRECH, Experiência espiritual bíblica (NT), cit.

[73] O tema das "fontes" da literatura joanina é bem discutido. Pensou-se em um escrito básico reelaborado posteriormente por outro autor (cf. J. Wellhausen, E. Schwartz, E. Hirsch). W. Wilkens aceita a idéia de um escrito básico e de sua reelaboração, porém entende que tal empreendimento

O caminho espiritual joanino é forjado, portanto, após quase sessenta anos de trajetória (aventura) eclesial em que a experiência de fé, em meio à diáspora, defrontou-se com a animosidade judaica e especialmente romana (época de Nero e Domiciano). Mas seu grande desafio foi a pressão que sofreu em relação ao processo de "secularização" interna, fruto da necessidade de adaptar seu *modus vivendi* ao fato, agora aceito, de que a *parousia* talvez não ocorresse naquela geração, desencadeando assim um esvaziamento escatológico. Por isso tornou-se necessário "estabilizar-se", "sedentarizar-se", acomodar-se a um novo *satus* social que compreendia as preocupações normais de uma Igreja "mundana" preocupada com sua existência e imiscuída no espírito "deste século". Como identificou acertadamente Tullo Goffi, tudo isso tendeu a propor uma vida eticamente regulada, deixando de lado a perspectiva espiritual que Jesus havia anunciado.[74]

Ademais, João enfrentou o perigoso reducionismo do dualismo gnóstico que negava a encarnação de Deus na pessoa de seu Filho, concebendo a salvação como simples conhecimento e, por conseguinte, descartando a fé e o amor. Diante do legalismo judaico-sinagogal, da ameaça "espiritualizante" e da "tentação institucional" de abandono da vocação peregrina da Igreja, João reagirá valorosamente. Aceitou as provocações vindas de seu mundo e, por isso, reinterpretou de modo novo a vida de Jesus; mas rejeitou o mundo que o rodeava mediante a exposição do núcleo tradicional da fé: o Verbo feito homem, a história de Jesus de Nazaré. À gnose opôs a realidade da encarnação em toda a sua condição paradoxal e lembrou que a salvação nos é dada mediante a fé e o amor, em um compromisso real com a história dos homens. Diante do judaísmo, afirmou que Jesus é a manifestação verdadeira e última de Deus. Ao mundo e ao seu orgulho

---

foi realizado pelo mesmo autor, uma vez que o evangelho conserva uma unidade lingüística e estilística. E. Schweizer e outros concordam com a autoria de uma só pessoa e defendem sua homogeneidade. Segundo E. LOHSE, as análises de Bultmann sobre o tema são agudas e superam as demais (cf. *Introducción al Nuevo Testamento*. Madrid, Cristiandad, 1986. pp. 178-183).

[74] Cf. GOFFI, *La experiencia espiritual, hoy*, cit., p. 16.

político opôs a cruz, como caminho único de salvação.[75] João se deteve no essencial, prescindindo especialmente da moralidade judaica. Com vigor singular, expressou seu amor àquele que nos amou primeiro. Para João, a vida cristã tem unicamente um sentido espiritual: conhecer-amar ao único e verdadeiro Deus em seu Filho Jesus Cristo (cf. Jo 17,3). Semelhante meta espiritual só pode ser alcançada se nos unirmos ao Espírito de Cristo.[76] Na espiritualidade joanina o que vale é a "decisão existencial", que tem efeitos ontológicos, sendo mais apreciada pelas almas delicadas, que podem compreender mais mediante o amor que mediante a inteligência.[77] Com sua vertente espiritual, João, de maneira surpreendente, fez uma declaração de afeto, um poema de amor:

> O Verbo era a luz verdadeira que ilumina todo homem; ele vinha ao mundo. Ele estava no mundo e o mundo foi feito por meio dele, mas o mundo não o reconheceu. Veio para que o que era seu e os seus não o receberam. Mas a todos que o receberam deu o poder de se tornarem filhos de Deus: aos que crêem em seu nome [...]. E o verbo se fez carne e habitou entre nós; e nós vimos a sua glória, glória que ele tem junto ao Pai como Filho único, cheio de graça e de verdade (Jo 1,9-12.14).

Não poderia ser diferente; o "objeto" da declaração afetuosa, do poema de amor, fruto maduro de sua existência, especialmente no prólogo (cf. 1,1-18), é para João o Logos eterno, o Deus encarnado, o Filho de Deus, a Luz que ilumina as trevas do mundo; Jesus o seu Senhor.

Conforme já afirmado, o essencial para João, o que resume a vida cristã, é "conhecer" a Deus, a Jesus Cristo. Evidentemente que está aqui em cena o entendimento bíblico de conhecimento, que não é uma atividade apenas intelectual, nem muito menos gnóstica, mas um conhecimento que

---

[75] Cf. MAGGIONI, B. Experiência espiritual na Bíblia. In: *DE*, p. 423.

[76] Cf. GOFFI, *La experiencia espiritual, hoy*, cit., p. 17.

[77] Cf. GRECH, Experiência espiritual bíblica (NT), cit., p. 61.

se relaciona com a "experiência", que "experimenta" e "saboreia": "Eu sou o bom pastor; conheço as minhas ovelhas e as minhas ovelhas me conhecem, como o Pai me conhece e eu conheço o Pai. Eu dou minha vida pelas minhas ovelhas" (10,14-15). O objetivo último fica bem claro na "Oração Sacerdotal" de Jesus: "Ora, a vida eterna é esta: que te conheçam a ti, o único Deus verdadeiro, e aquele que enviaste, Jesus Cristo" (17,3).

Conhecer, pois, a Deus, a seu Filho, é a resposta de gratidão; e, pelo que Deus fez dando o seu Filho (cf. 3,16ss), é esse o grande *kerigma*. Crer em Jesus é o fundamento de toda a espiritualidade joanina.[78] No entanto, é impossível crer em Cristo sem conhecer o Pai (cf. 5,37-40). O que está em jogo aqui é o ato de crer. Se Cristo é o único caminho para o Pai, o encontro com ele é determinante. Esse encontro, porém, só pode ser positivo se a pessoa está disposta a se submeter à "crise" desencadeada por Jesus; a fé em Cristo provém de uma combinação entre chamado, resposta e testemunho. O testemunho se encontra na Escritura (cf. 5,39), na indicação de João Batista (cf. 1,37; 5,31-37), nas palavras dos discípulos que já creram (cf. 4,42; 17,20-23; 20,24), na leitura dos milagres de Jesus como sinais (cf. 5,36; 10,37s), embora crer sem milagres, captando apenas a evidência da verdade, seja preferível (cf. 10,4); e, finalmente, pela visão direta, que João resume nas palavras "venha e veja" (1,46). O chamado muitas vezes toma a forma de uma auto-revelação de Cristo, como à samaritana (cf. 4,26), ao cego de nascença (cf. 9,36) e àquele que observa os mandamentos (cf. 14,21). É o Espírito Santo que cria a fé (cf. 14,26; 1Jo 4,7-11).[79]

Essa é, sem dúvida, uma das grandes verdades teológicas do evangelho de João e o núcleo mesmo de sua piedade. Para ele, o Jesus histórico liga-se ao Cristo da fé e por isso vários milagres são considerados antecipações da realidade eclesial. Assim, o milagre de Caná (cf. 2,1-12) e a multiplicação dos pães (cf. 6,1-13) prefiguram o sacramento da Santa Ceia, a eucaristia;

---

[78] Cf. idem, ibidem.
[79] Cf. idem, ibidem, p. 62.

a cura do paralítico de Betesda (cf. 5,1-14) e aquela do cego de nascença (cf. 9,1-4) anunciam o batismo; e a água e o sangue saindo do lado de Jesus após sua morte (cf. 19,34) reúnem em um mesmo fato uma indicação a esses dois sacramentos.[80] Isso significa que no aparecimento da Igreja, por meio do Espírito Santo, estará assegurada a presença do Jesus encarnado como Cristo da fé.

Conforme já afirmamos, João utiliza-se da tradição viva da Igreja primitiva para a confecção de seu evangelho. Também aqui, em sua pneumatologia, tal tradição está presente, muito embora ele, nesse tema, não siga totalmente os demais escritos do Novo Testamento. Sendo assim, como disse Dodd, ele reproduziu fielmente os principais artigos da tradição (cf. 1,32-33; 3,34; 7,39; 14,16-17; 20,22).[81] Nessa reprodução dos "discursos de despedida" (cf. Jo 14–17), ele designa o Espírito de "Paracleto" (Consolador, Advogado, Intercessor). Ele permitirá aos discípulos compreenderem o sentido da vida e das palavras de Jesus, tal qual o evangelista o revela em seu livro. Ele os conduzirá à toda a verdade (cf. 16,13); mas, por outro lado, o Cristo mesmo é a verdade e a palavra, do mesmo modo como é a luz, a vida e a ressurreição (cf. 11,25).[82]

O discurso de Jesus na última ceia acerca de sua partida causa temor e assombro nos discípulos, pois todos eles estavam acostumados a uma relação condicionada pelas circunstâncias de sua vida terrena. Jesus propõe uma nova relação com ele, mais profunda e total (cf. 14,15-17.25-26; 15,26-27; 16,7-14). Segundo as palavras de Jesus, o envio do Paracleto é o meio pelo qual o próprio Senhor volta aos discípulos e retorna à glória do Pai. Ao receber os dons do Espírito, os discípulos saberão da presença de Cristo neles. Como disse Maggioni, "a presença do Espírito permite

---

[80] Cf. CULLMANN, O. *A formação do Novo Testamento*. São Leopoldo, Sinodal, 1979. p. 43.

[81] Cf. DODD, C. H. *A interpretação do Quarto Evangelho*. São Paulo, Paulus, 1977. p. 298.

[82] Cf. CULLMANN, *A formação do Novo Testamento*, cit., p. 44.

compreender Cristo, mais profundamente do que antes".[83] Além do mais, apesar da afinidade do Espírito com Cristo, o Espírito é distinto e pessoal. É Cristo quem enviará o Espírito a partir do Pai (cf. 15,26; 16,7), e, assim mesmo, é o Pai quem enviará o Espírito em resposta à súplica de Cristo (cf. 14,16). Ramsey resume a missão do Espírito em algumas passagens do seguinte modo:[84]

1. O Espírito permanecerá nos discípulos (cf. 14,17).

2. Ensinará (cf. 14,26) como Espírito da verdade (cf. 14,17; 16,13).

3. Recordará aos discípulos o que Jesus lhes disse (cf. 14,26).

4. Dará testemunho de Cristo e fará com que os discípulos dêem testemunho.

5. Julgará o mundo (cf. 16,8-11).

6. Declarará aos discípulos as coisas vindouras; glorificará a Cristo tomando as coisas que são de Cristo e declarando-as aos discípulos (cf. 16,13-14).

Tal será a obra do Espírito: ensinará, testemunhará, convencerá, guiará à verdade e declarará o que há de vir. Cada aspecto desse ministério deriva-se da — e por sua vez sublinha a — missão histórica e do ensino de Jesus. Isso pressupõe que Jesus foi considerado o primeiro Paracleto; mas agora, não estando mais presente corporalmente, será enviado o segundo Paracleto. É digno de observar que o verbo *parakalein* e o substantivo *paraklesis* referem-se à pregação dos cristãos (cf. At 2,40). A palavra "Paracleto" ganha, então, um matiz que vai mais além do significado legal. Com efeito, na Bíblia grega emprega-se tanto o verbo como o substantivo para indicar o consolo divino na época messiânica, justificando-se a tradução "confortador", "consolador". O Espírito, pois, ajudará os discípulos como Advogado

---

[83] MAGGIONI, Experiência espiritual na Bíblia, cit., p. 427.

[84] Cf. RAMSEY, *El Espíritu Santo*, cit., p. 105.

e como Confortador. Conforta e advoga nossa causa porque não só traz a compreensão da verdade de Cristo, mas também leva a Igreja à verdade que é Cristo e possibilita a verdadeira comunhão com Cristo, pois ele é o "Espírito de Verdade" e Cristo é a Verdade.

2.5 Síntese da espiritualidade do Novo Testamento: imitação e seguimento de Cristo

O clássico da espiritualidade cristã *Imitação de Cristo* do século XV (1441),[85] que se inicia com o apelo ao seguimento de Jesus à luz de Jo 8,12 — "Quem me segue não andará nas trevas" —, normatiza o seguimento de Cristo como síntese da verdadeira e perfeita vida cristã. Dentro disso, a questão que se impõe, logo de início e como dedução lógica do título latino *De imitatione Christi* (literalmente "sobre a imitação de Cristo"), é: "seguimento" e "imitação" de Cristo são a mesma coisa?

Ambos os conceitos pertencem ao conteúdo escriturístico. A partir de Paulo, e através de uma ética do exemplo de Cristo, a idéia de "imitação" (*mímesis* – cf. 1Cor 11,1)[86] impôs-se de maneira progressiva. Já a idéia do "seguimento" deve ser buscada dentro de um contexto teológico radical, pois tem raízes na profecia do Antigo Testamento, quando da formação do "grupo profético de discípulos" e do "seguimento no ofício de profeta e na mediação do Espírito".[87]

Nesse sentido, e tendo como pano de fundo a sucessão do múnus profético da antiga aliança, por exemplo em Elias/Elizeu e também Isaías/discípulos (cf. Is 8,16), os evangelhos apresentam Jesus como mestre (cf. Mc 1,21; 2,13; 4,1s; 10,17), distinto, porém, dos mestres judeus, convocando a uma justiça maior que a dos escribas e fariseus (cf. Mt 5,20b); de maior

---

[85] Cf. TOMÁS DE KEMPIS. *Imitação de Cristo*. 28. ed. Petrópolis, Vozes, 1993.

[86] Cf. BLANK, J. Seguimento. In: *DCFT*, p. 819.

[87] Idem, ibidem.

radicalidade, de maior sinceridade e pureza de intenção; de maior seriedade no cumprimento da vontade de Deus, e, supérfluo dizê-lo, do amor maior (o mandamento do amor aos inimigos).[88]

Ademais, na própria perícope da "vocação dos discípulos" (cf. Mc 1,16-20) evidencia-se que a iniciativa parte inteiramente de Jesus. E na metáfora dos "pescadores de homens" já soa o chamado para o seguimento, que terá a ver com a pregação e a missão. Contudo, de imediato é decisivo que se trata de vinculação ao próprio Jesus e à sua mensagem. A motivação decisiva para o seguimento é o "Reino de Deus". A isso se liga imediatamente a constituição do grupo dos doze (cf. Mc 3,13-19 par.).[89]

J. M. Castilho sintetiza o conceito de "seguimento" dizendo que indica proximidade a Jesus e seu movimento acompanhando Jesus itinerante.[90] O esquema do seguimento é este: "(a) Jesus passa; (b) vê alguém; (c) indicação de atividade profissional desse homem; (d) o chamado; (e) o deixar tudo; (f) o vocacionado segue a Jesus".[91] Em comparação avaliativa, Pablo Maroto opta pelo "seguimento" em detrimento da "imitação",[92] e cita novamente Castilho: "A tradição apresentou a vida cristã como imitação de Cristo e o termo não é evangélico; e falou pouco de seguir — 'seguimento' —, o único que aparece nos evangelhos".[93]

Essa pista inconclusiva, em favor da categoria seguimento, de fato é constatada a partir da nova aliança, tendo como centro o mistério da encarnação (união entre o divino e o humano na pessoa do Filho de Deus). Instaura-se assim um novíssimo relacionamento de amizade entre Jesus e

---

[88] Cf. idem, ibidem, p. 820.

[89] Cf. idem, ibidem, p. 821.

[90] Cf. CASTILLO, J. M. *El seguimento de Jesús*. Salamanca, Sígueme, 1987, citado por PABLO MAROTO, D. *El camino cristiano*; manual de teología espiritual. Salamanca, UPS, 1996. p. 236.

[91] Cf. PABLO MAROTO, *El camino cristiano*, cit., p. 237.

[92] Cf. idem, ibidem.

[93] Idem, ibidem, pp. 49-51.

os vocacionados. Amizade que em João, por exemplo, toma a conotação de conhecimento progressivo que se distancia tanto da ideologia quanto do perfeccionismo moral e legalismo religioso eclesiástico. Seguir é tender a formar uma só realidade com a pessoa de Jesus; é consentir que seu Espírito se situe no mais profundo de nossa intimidade; é sintonizar com o estado pascal pneumatizado de Cristo.[94]

Diferentemente dos sinóticos e do evangelho de João (apesar de João apresentar o modelo de "amizade mística", cf. *supra* 2.4, p. 88), Paulo considera a relação de amizade com Jesus no contexto de nossa aliança em termos de "imitação de Cristo". Um de seus axiomas básicos é: "Sede meus imitadores, como eu mesmo o sou de Cristo" (1Cor 11,1; cf. 2Ts 3,7; 1Cor 4,16). Tal imitação, no entanto, está vinculada prioritariamente não, como sugere Kant, a uma dimensão moral de bom exemplo e perfeição mas sim a uma imitação essencialmente querigmática: fazer-se apóstolo ao estilo de Paulo (cf. 1Ts 1,6s), comprometer-se na difusão do Evangelho (cf. 1Cor 4,6s); fazer prosélitos trazendo novos amigos a Jesus, pôr-se a serviço do Reino de Deus como fez o próprio Jesus. A autêntica imitação paulina de Cristo pode realizar-se, pois, no plano tipicamente espiritual, não moral: "Tanto o 'seguimento' quanto a 'imitação' de Cristo são duas expressões bíblicas para indicar como se pode viver a nova aliança posta no ministério pascal de Cristo".[95]

A partir da encarnação, abre-se a porta, tanto ao "seguimento" como à "imitação" de Cristo, para o referencial da humanidade de Cristo, como fundamento de toda a experiência mística de Deus; e isso de fato foi assim considerado desde a patrística até Catarina de Sena, Tomás de Kempis e Teresa d'Ávila.[96]

---

[94] Cf. GOFFI, *La experiencia espiritual, hoy*, cit., p. 124.

[95] Idem, ibidem.

[96] Cf. GREGÓRIO DE NISSA, *Hom. in VI beat.*: PG 44,1264-1277; ORÍGENES, *Comm.in Matth. 14,17*; SANTA CATARINA DE SENA, *Diálogos 96*; TOMÁS DE KEMPIS, *Serm. De Vita et passione Domini 21*, citado por GOFFI, *La experiencia espiritual, hoy*, cit., pp. 126s, notas 15 e 16. A

Pablo Maroto, depois de expor o "cristocentrismo místico", emite um juízo de valor sobre o debate entre "seguimento" e "imitação" de Cristo,[97] que sintetizamos a seguir:

1ª A preferência de alguns pelo seguimento de Jesus, próprio dos primeiros testemunhos, é muito adequada para definir o caminho cristão hoje como em todos os tempos [...]. Historicamente está confirmada pela experiência de alguns "seguidores" como foram os apóstolos e discípulos do tempo de Jesus, que viveram com Ele [...]. Pode-se dizer que os que assumiram o Evangelho como norma literal de vida para fundar uma vida "apostólica" preferiram a fórmula do "seguimento" (pp. 239-240).

2ª Porém, de nenhuma maneira é uma regra absoluta. Juntamente com ela, cresceu a da "imitação", fixada por Paulo antes que fossem escritos os próprios evangelhos [...]. Paulo não se considera "seguidor" de Cristo, porque não andou com Ele em sua vida terrena; porém teve a experiência de ser um "vivente" que havia influído em sua vida obrigando-lhe a "imitar" seu destino [...]; o cristão, segundo ele, foi predestinado a "reproduzir a imagem de seu filho" (Rm 8,29-30). Ele quer "completar em sua carne o que falta às tribulações de Cristo" (Cl 1,24), porque o anúncio da boa-nova ainda está por ser concluído. Identificação com Cristo, mais que "imitação", é o que propõe Paulo como caminho cristão (p. 240).

3ª A tradição mais antiga da Igreja aceitou a pluralidade das fórmulas "seguimento" ou "imitação" como equivalentes. Assim escreve santo Agostinho: *Quid est enim sequi nisi imitari?* ("O que, de fato, é seguir se não imitar?") (*De Sancta Virginitate* 27, PL 40,411,B). Os mártires

---

espiritualidade com base na "mística de Cristo" e presente em toda a Idade Média será exposta e avaliada no segundo volume.

[97] Cf. PABLO MAROTO, *El camino cristiano*, cit., pp. 239-243.

imitavam a Cristo em sua paixão impulsionados pela fé nele em uma tensão vertical de entregar a vida por Deus, não pelos irmãos [...]. Esse é o testemunho de santo Inácio de Antioquia [...]. São João Crisóstomo ensina aos cristãos a "imitação" de Cristo como fórmula integral de perfeição cristã. Seguir ou imitar podem ser fórmulas secundárias. As duas atitudes não podem prescindir da identificação com o destino de Jesus, que é de morte salvadora de seus irmãos, os homens, cumprindo a vontade do Pai. Um dos exemplos mais surpreendentes entre os modelos de identificação com Cristo é o da beata Isabel da Santíssima Trindade (m. 1906); queria ser revestida de Cristo, como experimentou Paulo: "Vivo eu, porém não sou eu. É Cristo que vive em mim" (Gl 2,30) (p. 241).

4ª A tradição medieval, dos escritores de espiritualidade e místicos, tampouco criou problemas com as fórmulas, entendendo que quando falavam de "imitação" de Cristo, ou "Cristo modelo de virtudes", se referiam a moldá-los como caminho, verdade e vida, assimilação de seus sentimentos interiores, de sua vida e destino, de sua paixão e morte. Na prática era um "seguimento" [...]. A dimensão cristocêntrica era clara [...]. O importante para eles era colocar Cristo no centro da piedade e da vida [...]. Cristo era para eles o modelo de virtudes, causa da santidade, meta e ideal de vida (p. 241).

5ª Foi Lutero quem impugnou a prática de "imitação" de Cristo [...]; segundo ele o "seguimento" seria uma resposta da fé, obediência e amor ao chamado [...]; porém nem todos os autores espirituais e místicos entenderam como Lutero interpretou a tradição medieval (p. 242).

6ª As reflexões precedentes nos levam à conclusão de como entender hoje a "imitação" ou o "seguimento". Se não reduzirmos o termo "imitação" a uma categoria novamente moral, como se Cristo fosse um grande herói a quem temos de copiar, e a considerarmos como adesão à pessoa de Jesus, à sua vida e ao seu destino, Jesus que é caminho, verdade e vida etc., pode ser utilizada, todavia, essa fórmula. É necessário evitar fazer de Jesus uma coleção de testemunhos de bondade do "passado", e muito menos sentimentalizar a devoção a Cristo, como as vezes foi feito. Isso vai contra a maturidade humana e cristã da pessoa (pp. 244 e 245).

Dessa maneira, mesmo em Paulo, em que exteriormente temos a fórmula "imitação de Cristo", subjaz a idéia de seguimento corretamente entendida, ou seja, distanciamento de normas e receitas exteriormente preestabelecidas, e tentativa de assumir na realidade da própria vida a orientação e a figura básica de Jesus; fazer valer para si a exigência de Jesus. Visto assim, o "seguimento" constitui parte essencial da história suscitada por Jesus e pelo Espírito Santo.

SEGUNDA PARTE

A LITERATURA PATRÍSTICA COMO REFERÊNCIA E MODELO DA ESPIRITUALIDADE CRISTÃ

A identidade da Igreja não estará perdida quando já não se lembra do nome nem do ensinamento de seus pais?

Jean-Yves Leloup

CAPÍTULO 3

O *locus* pós-apostólico[1] (séculos II e III) e a formação da teologia espiritual dos Pais da Igreja

BIBLIOGRAFIA BÁSICA: ALTANER, B. & STUIBER, A. *Patrologia.* São Paulo, Paulus, 1972; AUDET, J. P. *La Didachè*; instructions des apôtres. s.l., s.n., 1958; AUMANN, J. Síntese histórica da experiência espiritual; experiência católica. In: GOFFI, T. & SECONDIN, B. (orgs.). *Problemas e perspectivas de espiritualidade.* São Paulo, Loyola, 1992; BENOIT, A. *A atualidade dos Pais da Igreja.* São Paulo, Aste, 1966; BETTENSON, H. *Documentos da Igreja cristã.* São Paulo, Aste, 1967; CAMPENHAUSEN, H. von. *Os Pais da Igreja.* São Paulo, CPAD, 2005; DANIÉLOU, J. & MARROU, H. *Nova história da Igreja.* Petrópolis, Vozes, 1984. v. 1; DONINI, A. *História do cristianismo.* Lisboa, Edições 70, 1988; DUMEIGE, G. & GUERRA, A. História da espiritualidade. In: *DE*, pp. 490-510; FIGUEIREDO, F. A. *Curso de teologia patrística.*

---

[1] Com o termo "pós-apostólico" refiro-me à literatura produzida desde o final do século I até o início do século IV, com a Grande Perseguição e, portanto, antes da "guinada" institucional iniciada pelo imperador Constantino e também da literatura de "ouro" da patrística.

Petrópolis, Vozes, 1986 (v. 1) e 1988 (v. 2); GOMES, C. F. *Antologia dos Santos Padres*. São Paulo, Paulus, 1985; GONZÁLEZ, J. *Historia del pensamiento cristiano*. Miami, Editorial Caribe, 1992. t. 1; HÄGGLUND, B. *História da teologia*. Porto Alegre, Concórdia, 1981; HAMMAN, A. *A vida cotidiana dos primeiros cristãos (95-197)*. São Paulo, Paulus, 1997; HAMMAN, A. *Os Padres da Igreja*. São Paulo, Paulus, 1980; HANSON, R. P. C. (ed.). *Justine Martir's dialogue with Trypho*. London, World Christian Books, 1963; HINSON, E. G. & SIEPIERSKI, P. *Vozes do cristianismo primitivo*. São Paulo, Sepal, s.d.; HOORNAERT, E. *Cristãos da terceira geração (100-130)*. Petrópolis/São Paulo, Vozes/Cehila, 1997; KELLY, J. N. D. *Doutrinas centrais da fé cristã*; origem e desenvolvimento. São Paulo, Vida Nova, 1994; KELLY, J. N. D. *Primitivos credos cristianos*. Salamanca, Secretariado Trinitario, 1980; KRAFT, H. *Early christian thinkers*. London, World Christian Books, 1964; LIÉBAERT, J. *Os Padres da Igreja*. São Paulo, Loyola, 2000. v. 1 (sécs. I a IV); LIGHTFOOT, J. B. *The Apostolic Father*. Grand Rapids, Baker Book Hause, 1971; MARÍN, A. R. *Los grandes maestros de la vida espiritual*. Madrid, BAC, 2003; MARTIN, T. H. (ed.). *Textos cristianos primitivos*. Salamanca, Sígueme, 1991; MORESCHINI, C. & NORELLI, E. *História da literatura cristã antiga grega e latina*. São Paulo, Loyola, 1996. v. 1 (de Paulo à era constantiniana); PABLO MAROTO, D. *Historia de la espiritualidad cristiana*. Madrid, EDE, 1990; PADOVESE, L. *Introdução à teologia patrística*. São Paulo, Loyola, 1999; PRESTIGE, J. L. *Dios en el pensamiento de los Padres*. Salamanca, Secretariado Trinitario, 1977; QUASTEN, J. *Patrología*. Madrid, BAC, 1991 (v. 1) e 1985 (v. 2); SAN GREGORIO DE NISA. *Comentario al Cantar de los Cantares*. Salamanca, Sígueme, 1993; SÃO CLEMENTE ROMANO. *Aos coríntios*. Petrópolis, Vozes, 1984; SÃO JOÃO CRISÓSTOMO. *O sacerdócio*. Petrópolis, Vozes, 1979; STORNIOLO, I. & BALANCIN, M. (trad., introd., notas). *Didaqué*. São Paulo, Paulus, 1989; TREVIJANO, R. *Patrología*. Madrid, BAC, 1994; VIELHAUER, P. *Historia de la literatura cristiana primitiva*. Salamanca, Sígueme, 1991; VILANOVA, E. *Historia de la teología cristiana*. Barcelona, Herder, 1987. v. 1.

3.1 *Didaqué*: modelos pastoral-catequético e tradicional-carismático da práxis evangélica comunitária

A *Didaqué*[2] — Doutrina do Senhor às nações por meio dos doze apóstolos — é o escrito que, de maneira mais clara, primitiva e concisa, enlaça com o ambiente neotestamentário ou apostólico. Isso não significa que deva ser considerada como primeira literatura apócrifa ou gnóstica, pois outros escritos desse gênero já circulavam no final do século I. Além do mais, a obra pode ter sido escrita antes do ano 90, sendo assim mais antiga que alguns escritos joaninos. No entanto, pela própria estrutura interna, cabe a hipótese de uma composição no início do século II, provavelmente na Síria ou Palestina.[3]

A *Didaqué*[4] é, pois, um valiosíssimo documento acerca da vida cotidiana da Igreja primitiva, um testemunho vivo de como os primeiros cristãos alimentavam-se da Palavra de Deus contida nas Escrituras transformando e interpretando os textos bíblicos em vista de suas necessidades e situações.[5] Ademais, pode-se constatar a importância da *Didaqué* e o respeito por ela na antiguidade pela preocupação de Eusébio de Cesaréia (263-339), Atanásio de Alexandria (295-373) e Rufino da Aquiléia (345-410) em sublinharem o caráter não canônico do referido documento. A influência da *Didaqué*

---

[2] Também chamada de *Doutrina dos doze apóstolos*, foi encontrada no ano 1875 em Constantinopla pelo arcebispo Filoteus Bryênnios. Compõe, com outros documentos, o manuscrito investigado por A. V. Harnack, causando grande sensação nos círculos cristãos acadêmicos e especializados.

[3] Cf. VIELHAUER, P. *Historia de la literatura cristiana primitiva*. Salamanca, Sígueme, 1991; e QUASTEN, J. *Patrología*. Madrid, BAC, 1991 (v. 1) e 1985 (v. 2); contra AUDET, J. P. *La Didachè*; instructions des apôtres. s.l., s.n., 1958.

[4] O texto completo da *Didaqué* em português e com pertinentes notas explicativas está em: STORNIOLO, I. & BALANCIN, M. (trad., introd., notas). *Didaqué*. São Paulo, Paulus, 1989. H. BETTENSON (*Documentos da Igreja cristã*. São Paulo, Aste, 1967) e C. F. GOMES (*Antologia dos Santos Padres*. São Paulo, Paulus, 1985) o citam em parte.

[5] Cf. STORNIOLO & BALANCIN (trad., introd., notas), *Didaqué*, cit., p. 4.

também ressoará em obras litúrgicas e canônicas, como a *Didascalia siríaca*, a *Tradição apostólica* de Hipólito de Roma e as *Constituições dos apóstolos*. Além de ser também utilizada, segundo Atanásio, para a preparação ao batismo dos catecúmenos.[6]

Outra nota de esclarecimento é relativa ao próprio nome do escrito: *Doutrina dos doze apóstolos*. Ele não nos deve levar a concluir a autoria do colégio apostólico ou mesmo de algum dos apóstolos, nem tampouco que seu conteúdo repete a "doutrina apostólica" como a vemos hoje. Trata-se antes de uma prática comum de conferir valor e legitimidade a um escrito por meio de suposta autoria reverenciada, ou mesmo pela simples e crédula intenção do autor em projetar para o escrito sua convicção pessoal.

Assim, estamos diante de uma "ordenação eclesiástica", uma verdadeira legislação eclesial, uma forma embrionária do que seria mais tarde o direito canônico, e como tal possui uma ênfase "parenética", tanto nas questões ético-morais (capítulos I-IV), quanto nas afirmações de caráter litúrgico (capítulos VII-X) e prescrições disciplinares (capítulos XI–XV). A *Didaqué* termina com um apelo à vigilância diante da *parousia* (capítulo XVI), discernindo suas pistas na aparição de falsos profetas, sem demonstrar uma preparação afoita ou fanática diante de uma vinda iminente do Senhor.

Quasten advoga que, pelo seu conteúdo, a obra não data da era apostólica, pois já se avista nela a oposição contra os judeus. O abandono progressivo dos costumes da sinagoga está em marcha. Ademais, uma coleção de ordenações eclesiásticas como a *Didaqué* pressupõe um período mais ou menos longo de estabilização. Certos detalhes disseminados pela obra indicam que a era apostólica já não era mais algo contemporâneo.[7] Reconhece, por outro lado, que a simplicidade com que a liturgia é descrita torna-a próxima dos ambientes apostólicos.

---

[6] Cf. Quasten, *Patrología*, cit., v. 1, p. 46.

[7] Cf. idem, ibidem, p. 44.

Diante disso, pode-se aceitar que a *Didaqué* é uma espécie de catequese de princípios básicos da doutrina cristã, com vistas a preparar eficazmente os convertidos para o sacramento do batismo. Por isso mesmo não aprofunda teologicamente verdades de fé, pois pressupõe que o catecúmeno-neófito irá conhecendo-as na prática de sua vida cristã. É antes de tudo uma orientação à conversão a Cristo na participação sacramental. A atitude pessoal de conversão, descrita nas "duas vias" que formam a primeira parte da obra, é condição prévia para viver em Cristo.[8]

Dentro das exortações ético-morais (I-VI), temos a apresentação do "tratado das duas vias", que segundo Vielhauer devem ser entendidas não no contexto pré-batismal senão como uma parênese aos cristãos.[9] De qualquer forma, temos aqui asserções válidas tanto para o candidato ao batismo como para o já professo.

Na primeira parte, denominada "Os dois caminhos", logo no início ("o caminho da vida") o autor faz eco ao ensinamento do Senhor de amar a Deus e ao próximo: "O caminho da vida é este: Em primeiro lugar, ame a Deus, que criou você. Em segundo lugar, ame a seu próximo como a si mesmo. Não faça a outro nada daquilo que você não quer que façam a você" (I,2).[10] O caminho da vida desglosa-se em uma moralidade que busca a perfeição evangélica do amor de Deus e do próximo: esmolas, comunhão de bens, fraternidade, ausência de inveja, Palavra de Deus, respeito para com os mestres da fé:[11] "Meu filho, lembre-se dia e noite daquele que anuncia a Palavra de Deus para você e honre-o como se fosse o próprio Senhor, pois o Senhor está presente onde é anunciada a soberania do Senhor" (IV,1).

---

[8] Cf. Martin, T. H. (ed.). *Textos cristianos primitivos*. Salamanca, Sígueme, 1991. p. 14.

[9] Cf. Vielhauer, P. *Historia de la literatura cristiana primitiva*. Salamanca, Sígueme, 1991. p. 758.

[10] Todas as citações doravante serão de: Storniolo & Balancin (trad., introd., notas), *Didaqué*, cit.

[11] Cf. Martin (ed.), *Textos cristianos primitivos*, cit.

"O caminho da vida" ainda prescreve o seguinte:

> Quanto a vocês, servos, sejam submissos aos seus senhores, com respeito e reverência, como à imagem de Deus. Deteste toda a hipocrisia e tudo o que não seja agradável ao Senhor. Não viole os mandamentos do Senhor. Guarde o que você recebeu, sem nada acrescentar ou tirar. Confesse as suas faltas na reunião dos fiéis, e não comece a sua oração com má consciência. Esse é o caminho da vida (IV,11-14).

O capítulo V é inteiramente dedicado ao "caminho da morte". Apresenta uma síntese de vícios, eco de Rm 1. É necessário evitá-los a todo custo, pois se opõem diretamente à lei suprema do amor a Deus e ao próximo, e a todas as virtudes que derivam desse princípio:[12]

> É mau e cheio de maldições: homicídios, adultérios, paixões, fornicações, roubos, idolatrias, práticas mágicas, feitiçarias, rapinas, falsos testemunhos, hipocrisias, duplicidade de coração, fraude, orgulho, maldade, arrogância, avareza, conversa obscena, ciúme, insolência, altivez, ostentação e ausência de temor de Deus (V,1).

Em um reflexo da poderosa mensagem profética do século VIII a.C., a *Didaqué* denuncia a injustiça social: "Desprezam o necessitado, oprimem o aflito, defendem os ricos, são juízes injustos com os pobres e, por fim, são pecadores consumados. Filhos, afastem-se de tudo isso" (V,2).

O capítulo VI,1-3 é a conclusão da primeira parte, exortando ao discernimento para não desfigurar o caminho da vida cristã: "Fique atento para que ninguém o afaste desse caminho da instrução, pois aquele ensinará a você coisas que não pertencem a Deus" (VI,1).

Quasten esclarece que o recurso aos dois caminhos, que se utiliza aqui como método básico para a formação dos catecúmenos, leva a marca de uma concepção grega conhecida desde muito antes. Era utilizada nas sinagogas

---

[12] Cf. idem, ibidem.

helenísticas para instruir os prosélitos.[13] A idéia não os assustava, uma vez que a influência helenista era uma realidade no contexto e mentalidade da diáspora.

Os capítulos VII-X compõem a segunda parte: "Disposições litúrgico-eclesiais". Ela se inicia com instruções acerca do batismo (cf. VII), sobre o jejum e a oração (cf. VIII) e sobre a celebração eucarística (cf. IX-X). Quanto ao batismo, deve ser administrado na invocação trinitária, em água corrente ou outra (reservatório), certamente por imersão (regra geral), de preferência em água fria. O batismo por infusão pode ser concedido em algumas circunstâncias. Ademais, exigem-se um ou dois dias de jejum dos batizandos (cf. VII,1-4).

O capítulo VIII prescreve tanto o jejum quanto a oração. O jejum é determinado para quarta e sexta-feira, diferentemente do judeu, que acontecia na segunda e quinta-feira: "Que os jejuns de vocês não coincidam com os dos hipócritas. Eles jejuam no segundo e no quinto dia da semana. Vocês, porém, jejuem no quarto dia e no dia da preparação" (VIII,1). Sem dúvida, temos aqui um fator de diferenciação. Intimamente ligada ao jejum, está a prática da oração: "Não rezem como os hipócritas, mas como o Senhor ordenou no seu Evangelho" (VIII,3).

A eucaristia e o modo de sua celebração estão no capítulo IX:

> Digam primeiro sobre o cálice: "Nós te agradecemos, Pai nosso, por causa da vida e do conhecimento que nos revelaste por meio do teu servo Jesus. A ti a glória para sempre. Do mesmo modo como este pão partido tinha sido semeado sobre as colinas, e depois recolhido para se tornar um, assim também a tua Igreja seja reunida desde os confins da terra no teu reino, porque tua é a glória e o poder, por meio de Jesus Cristo, para sempre". Ninguém coma nem beba da eucaristia se não tiver sido batizado em nome do Senhor, porque sobre isso o Senhor disse: "Não dêem as coisas santas aos cães" (IX,2-5).

---

[13] Cf. QUASTEN, *Patrología*, cit., v. 1, p. 39.

Parece estar claro que a celebração eucarística descrita aqui difere muito de como ela é praticada hoje, seja por católicos, ortodoxos ou protestantes. Na *Didaqué* há uma nota de simplicidade. Segundo Storniolo e Balancin, o texto deixa claro que a eucaristia era celebrada dentro de uma refeição comum, da qual podiam participar unicamente os batizados, isto é, aqueles que, após a instrução, haviam-se comprometido com o projeto de Jesus.[14] O capítulo X é uma doxologia em que está presente a ação de graças pelo privilégio de participar da eucaristia.

Dessa maneira, a *Didaqué* propõe o batismo, a oração e a eucaristia como centro da vida cristã, sem a preocupação teológica de definir termos e idéias. De maneira simples, descreve a prática cristã primitiva.

A terceira parte — "Prescrições disciplinares na comunidade" — revela o cuidado e o critério para com o cotidiano comunitário da Igreja. A preocupação inicial, e de fundo, é com aqueles que têm a incumbência de pregar o Evangelho e com a prudente reação da comunidade na recepção da Palavra de Deus.

Segundo Figueiredo, podemos distinguir duas estruturas: uma itinerante, outra sedentária.[15] Ele se detém, primeiro, em comentar a "hierarquia itinerante". Por trás da casuística aqui presente, pode-se perceber bem claramente na *Didaqué* uma estrutura eclesiástica de apóstolos, profetas e doutores (mestres). A "hierarquia sedentária" compreende os epíscopos e diáconos.[16] O texto da *Didaqué* introduz o tema da seguinte maneira:

> Se alguém vier até vocês ensinando tudo o que foi dito antes, deve ser acolhido. Mas se aquele que ensina for perverso e expuser outra doutrina para destruir, não lhe dêem atenção. Contudo, se ele ensina para estabelecer a justiça e o conhecimento do Senhor, vocês devem acolhê-lo como se fosse o Senhor (XI,1-2).

---

[14] Cf. STORNIOLO & BALANCIN (trad., introd., notas), *Didaqué*, cit., p. 21, nota explicativa.

[15] Cf. FIGUEIREDO, F. A. *Curso de teologia patrística*. Petrópolis, Vozes, 1986. v. 1, p. 33.

[16] Cf. idem, ibidem, pp. 34-36.

Acerca dos apóstolos e profetas, afirma:

> Quanto aos apóstolos e profetas, procedam conforme o princípio do Evangelho. Todo apóstolo que vem até vocês seja recebido como o Senhor. Ele não deverá ficar mais que um dia ou, se for necessário, mais outro. Se ficar por três dias, é um falso profeta. Ao partir, o apóstolo não deve levar nada, a não ser o pão necessário até o lugar em que for parar. Se pedir dinheiro, é um falso profeta [...]. Nem todo aquele que fala inspirado é profeta, a não ser que viva como o Senhor. É assim que vocês reconhecerão o falso e o verdadeiro profeta [...]. Todo profeta comprovado e verdadeiro, que age pelo mistério terreno da Igreja mas não ensina a fazer como ele faz não será julgado por vocês. Ele será julgado por Deus. Assim também fizeram os amigos profetas (XI,3-6.8.10-11).

O tratamento dispensado ao pregador do Evangelho estende-se ao tema da hospitalidade:

> Se o hóspede estiver de passagem, dêem-lhe ajuda no que puderem; entretanto, ele não permanecerá com vocês, a não ser por dois dias, ou três, se for necessário. Se quiser estabelecer-se com vocês e tiver uma profissão, então trabalhe para se sustentar [...]. Se ele não quiser aceitar isso, é um comerciante de Cristo. Tenham cuidado com essa gente (XII,2-3.5).

A comunidade cristã vive o clima da fraternidade e partilha, e por isso está sempre aberta para acolher aqueles que necessitam de ajuda. Isso, porém, pode tornar-se ocasião para que aproveitadores explorem a boa vontade da comunidade. Não basta ser bom: é preciso ser justo e ter muito bom senso.[17] O critério e o bom senso no acolhimento tornam evidente a

---

[17] Cf. Storniolo & Balancin (trad., introd., notas), *Didaqué*, cit., p. 25, nota explicativa.

primazia de que gozavam o profeta e o apóstolo na Igreja. Prova disso é o exposto no capítulo XIII: "Por isso, tome os primeiros frutos de todos os produtos da vinha e da eira, dos bois e das ovelhas, e os dê para os profetas, pois eles são os sumos sacerdotes de vocês" (XIII,3).

A *Didaqué* descreve uma Igreja perfeitamente missionária: apóstolos ambulantes, profetas ou pessoas de oração, chamados extáticos, catequistas ou mestres da fé, segundo seus dons a serviço da Igreja. Junto a esses missionários, estão os bispos e os diáconos honoráveis com missão perfeitamente fixa.[18] Essa relação está presente no capítulo XV, em que a Igreja é exortada a, igualmente, tratar bem bispos e diáconos: "Escolham para vocês bispos e diáconos dignos do Senhor. Eles devem ser homens mansos, desprendidos do dinheiro, verazes e provados, porque eles também exercem para vocês o ministério dos profetas e dos mestres" (XV,1).

Assim, dentro da hierarquia itinerante, temos os apóstolos, que, por continuarem a ação dos apóstolos originais, gozam de grande autoridade nas comunidades locais. Os profetas têm a função de ensinar no Espírito, isto é, de falar sob a influência de Deus, edificando, exortando, consolando e, caso necessário, revelando os mistérios. Ao mesmo tempo que julgam a comunidade, eles são julgados por ela, isto é, são reconhecidos como profetas. Os mestres possuem o dom carismático da ciência, isto é, são acreditados por uma virtude sobrenatural para ensinar.

Conforme já mencionamos, a *Didaqué* termina com um apelo escatológico, em que, dada a proximidade do Dia do Senhor, faz-se necessária a comunhão diária através das reuniões. Na comunhão há o mútuo fortalecimento, pois, "nos últimos dias, os falsos profetas e os corruptores se multiplicarão, as ovelhas se transformarão em lobos e o amor se transformara em ódio" (XVI,2). Esse ambiente, segundo a *Didaqué*, é sintoma evidente do aparecimento do "sedutor do mundo", que se manifestará com "sinais e prodígios", dominando a terra por um tempo. A *Didaqué* interpreta

---

[18] Cf. Martin (ed.), *Textos cristianos primitivos*, cit., p. 16.

literalmente o que os evangelhos descrevem acerca do "princípios das dores" e da "grande tribulação", período de grande sofrimento para a humanidade. No entanto, outros sinais surgirão. Serão "os sinais da verdade", que precederão a *parousia*: "Abertura do céu, toque da trombeta, ressurreição dos mortos". Estes últimos sinais serão só para os justos, isto é, para os comprometidos com a hora de Deus.

Analisado criticamente, o conteúdo da *Didaqué* ainda tem uma mensagem para a Igreja atual. O tratado das "duas vias", por exemplo, provém de uma tradição judaica, carregada de moralismo, e foi adaptado e utilizado para fins catequéticos cristãos (cf. I,3b–II,1).[19] Isso, no entanto, não o invalida, pois o próprio apóstolo Paulo faz uso desse expediente em Gl 5,17-24. Ademais, torna-se necessário e cada vez mais urgente tratar a questão do bem e do mal da maneira mais clara possível. A *Didaqué* nos auxilia nisso. Temos a liberdade de discordar do puro legalismo, como, por exemplo, o de rotular de hipócritas a alguns pelo simples fato de jejuarem em outros dias que não os nossos, e não como aparece em Mt 6,16, em que se identifica uma ação hipócrita. Entretanto, mesmo aqui podemos colher frutos, pois, paralelamente, a Igreja hoje convive com outros tipos de legalismo que em nome do amor cristão poderiam ser minimizados para uma comunhão mais efetiva e ecumênica.

A *Didaqué* é também muito importante do ponto de vista da história da liturgia, por suas instruções referentes ao batismo e à eucaristia. Quanto ao batismo, temos o texto mais antigo sobre a forma de sua administração: por imersão ou por infusão, segundo a necessidade. Em relação à história da eucaristia, a *Didaqué* nos dá a conhecer um período em que a distinção entre o ágape e a eucaristia propriamente dita não era ainda totalmente clara.[20] É evidente que isso fazia da eucaristia um ato muito menos

---

[19] Cf. TREVIJANO, R. *Patrología*. Madrid, BAC, 1994. p. 9. Conforme os estudos de H. Koester, A. V. Harnack e J. P. Audet.

[20] Cf. GONZÁLEZ, J. *Historia del pensamiento cristiano*. Miami, Editorial Caribe, 1992. t. 1. p. 70.

◆ 113 ◆

litúrgico e mais próximo do cotidiano das pessoas, mesmo correndo o risco de banalização.

Acerca da história da organização eclesiástica, a *Didaqué* nos revela um período de transição entre o primitivo sistema de autoridade carismática e a organização hierárquica que pouco a pouco vai aparecendo dentro da Igreja.[21] A comunidade deverá discernir os missionários (apóstolos) cujo carisma se confunde com o profético. Deverá observar se vêm enviados por líderes eclesiásticos reconhecidos ou acreditados por recomendações de outras comunidades. As normas de discernimento reduzem-se ao desinteresse material e ao tempo breve de permanência. Trata-se de gente que exerce seu profetismo em comunidades já estabelecidas e em rápida itinerância. Até o tempo da *Didaqué*, devia haver carismáticos itinerantes, não como portadores de um ofício firme, senão como "pneumáticos", chamados pelo Espírito à missão e legitimados somente por sua mensagem e conduta.[22]

Na *Didaqué*, são os profetas que gozam de maior estima, mas vai-se agravando o problema da dificuldade em reconhecer a autenticidade dos dons carismáticos. Junto aos profetas aparecem os bispos e diáconos. Mais tarde, os profetas terminarão por desaparecer e a hierarquia que aqui vemos despontar acabará regenerando os destinos da Igreja.[23] O caráter fixo e institucional assumido necessária e gradativamente pela Igreja, especialmente como resposta à heterodoxia e à tendência cismática e milenarista de vários movimentos, não nos deve fazer perder de vista o fato de que na *Didaqué* coexistem na mesma Igreja funções e ofícios estabelecidos — ali chamados bispos e diáconos —, autoridades permanentes nas comunidades, com líderes carismáticos mais tendentes ao ministério itinerante e ambulante, com uma prática intensa de oração que freqüentemente cai no êxtase. Essas personagens assumem, durante um período, funções catequéticas.

---

[21] Cf. idem, ibidem.

[22] Cf. Trevijano, *Patrología*, cit., pp. 12-13.

[23] Cf. González, *Historia del pensamiento cristiano*, cit.

A *Didaqué*, como afirmamos, é apenas um documento em meio a tantos outros igualmente considerados como "apostólicos", como a Epístola de Barnabé, o Pastor de Hermas e os escritos de Clemente de Roma, Inácio de Antioquia, Policarpo de Esmirna, Pápias de Hierápolis. Todos esses mantêm algumas características gerais constantes, mas refletem a singularidade do meio em que foram produzidos. A partir, pois, desses escritos podemos perceber algumas tendências teológicas em formação no cristianismo pós-apostólico. Constata-se uma diferença entre, de um lado, o cristianismo vivido na Ásia Menor e na Síria, e, do outro, o vivido em Alexandria e Roma, com suas respectivas influências.

Justo González esclarece, por exemplo, que na Ásia Menor e Síria prevalece uma visão do cristianismo como a união com o Salvador mediante a qual se alcança a imortalidade.[24] Isso pode ser percebido nas obras de Inácio de Antioquia, Policarpo e Pápias de Hierápolis, cristãos que tiveram seus ministérios naquelas regiões. O próprio evangelho de João também reflete essa tendência da Ásia Menor. Não há uma preocupação excessiva com a moralidade, mas antes uma busca mística da união com o Senhor. Por outro lado, em Roma há uma ênfase na questão ética e, portanto, na vivência cristã. Essa tendência é confirmada pelas obras de Clemente Romano e Hermas, nas quais tanto a salvação é vista prioritariamente como recompensa a quem cumpre os mandamentos,[25] como se pode notar uma grande influência ética do estoicismo em Alexandria. Temos aqui uma forte presença da filosofia neoplatônica na hermenêutica que faz do Antigo Testamento todo um *corpus* alegórico. A Epístola de Barnabé demonstra tal fato, fazendo com que tanto o caráter ético quanto o especulativo e místico manifestem-se, ressaltando a ausência da historicidade em detrimento de um sentido mais alegórico, especialmente nos textos bíblicos.

---

[24] Cf. idem, ibidem, v. 1, p. 92.
[25] Cf. idem, ibidem, v. 1, p. 93.

Não obstante, podemos identificar características de uma espiritualidade nessa primeira patrística. Excetuando o caso de Inácio de Antioquia, que veremos mais tarde (cf. p. 132), podemos detectar uma convivência entre tendência litúrgica (simplificada) e tendência carismática. Embora já houvesse uma estrutura hierárquica, não havia ainda uma teologia sistemática (que surgirá com o desenvolvimento de escolas como a de Alexandria e com a defesa da fé contra a heresia e os movimentos heterodoxos).[26]

Esse equilíbrio entre elemento carismático e litúrgico, tão presente também em Atos dos Apóstolos, desembocará, segundo Aumann, em uma "espiritualidade cristocêntrica". As palavras e gestos de Cristo estavam presentes na mente e no coração dos primeiros cristãos, que viviam na expectativa do retorno do Senhor ressuscitado.[27] Tal esperança gerou uma "espiritualidade escatológica", pois os fiéis concentravam-se em uma vigilante preparação para a *parousia*, não obstante o risco milenarista e os exageros na interpretação do Apocalipse. A espiritualidade escatológica, sem ser escapista, relativiza esse mundo priorizando o Reino de Deus. Ao não se conformar a este século, busca a virtude por meio de uma "espiritualidade ascética".

Os primeiros cristãos dedicavam-se, sobretudo, à prática da caridade fraterna, da humildade, da paciência, da perseverança, da castidade e da obediência. Todo cristão procurava levar uma vida virtuosa, à imitação de Cristo.[28] A "espiritualidade litúrgica" também é marcante. Nela se revela a centralidade da eucaristia. A liturgia eucarística primitiva começava com leituras escriturísticas, orações e uma instrução, à qual se seguiam a confissão de fé, a oração eucarística e a consagração das espécies sagradas. P. Evdokimov afirma que, "durante a liturgia, o povo é convocado primeiro para escutar e, depois, para consumir a Palavra".[29] Seguindo a Igreja

---

[26] Cf. AUMANN, J. Síntese histórica da experiência espiritual (experiência católica). In: GOFFI, T. & SECONDIN, B. (orgs.). *Problemas e perspectivas de espiritualidade*. São Paulo, Loyola, 1992. p. 70.

[27] Cf. idem, ibidem.

[28] Cf. idem, ibidem, p. 71.

[29] Idem, ibidem.

primitiva (cf. Atos dos Apóstolos), também a Igreja pós-apostólica do século II, guardadas as devidas proporções, experimenta uma "espiritualidade comunitária". O princípio da partilha é mantido, adaptando-se às situações novas que vão surgindo com o crescimento da Igreja.

Uma última palavra acerca da *Didaqué* deve ser dita. Essa obra representa o período exato da "transição" entre o ambiente apostólico do Novo Testamento ainda vinculado ao judaísmo (apesar da luta por emancipação) e o mundo pagão no qual a Igreja missionária foi lançada, mundo da cultura, da filosofia, do império, da secularização romanizante. A *Didaqué* reflete, pois, dois modelos. De um lado, o da simplicidade do modelo tradicional ligado ao estilo palestinense com a presença dos apóstolos e presbíteros, legítimos representantes da tradição, que juntamente com os profetas e mestres preservam o modelo judaico. Do outro, o modelo nascido fora da Palestina, cuja gênese está nas missões gentílicas. Em Atos dos Apóstolos já é possível antever essa tendência na preocupação legítima com as viúvas dos cristãos helenistas (cf. At 6), ocasionando a instituição do diaconato. A figura de Filipe é emblemática nesse sentido, pois o encontramos autonomamente pregando o Evangelho na gentilidade. Além disso, a própria figura do bispo parece remontar às necessidades surgidas nesses ambientes. Ademais, esse novo ambiente forçará a Igreja a posicionar-se e identificar-se não mais como uma seita do judaísmo mas como portadora de identidade própria, fato esse também exemplificado, já bem antes da *Didaqué*, por ocasião do grande incêndio de Roma em 64, quando as acusações formais são impingidas sobre os cristãos. Sobre essa relação sempre difícil e belicosa com o império, falaremos em seguida. Cabe apenas registrar aqui a significação para a Igreja desse ambiente de transição e de missão. Manter a tradição significa ser fiel ao compromisso com o projeto de Jesus, e a missão significa encarnar esse projeto, respondendo aos desafios de cada tempo e lugar. Essa tensão será resolvida se mantivermos um olho no Evangelho e outro na vida.[30]

---

[30] Cf. STORNIOLO & BALANCIN (trad., introd., notas), *Didaqué*, cit., p. 28, nota explicativa.

3.2 Gênese da teologia cristã: modelos apologético[31]-testemunhal[32] e teológico-institucional

3.2.1 Panorama ambiental

Recém-saída de um ambiente "doméstico" em que dominava uma literatura repleta de conceitos e idéias familiares, a Igreja se vê agora em uma verdadeira "arena pagã". Deve, por isso mesmo, rearticular seu discurso, a fim de torná-lo eficaz nesse novo horizonte cultural. Inclusive porque, não sendo mais uma força anônima na sociedade, o cristianismo, por uma questão de sobrevivência, deve apresentar-se ao diálogo.

O diálogo se dará especialmente com a intelectualidade e os formadores de opinião, ligados ao Estado ou bem posicionados na sociedade. Com esses interlocutores, os cristãos buscavam tanto dissipar os preconceitos que assim os desfiguravam, como também ganhar os processos diante das autoridades e diante da opinião pública.[33] E isso era realmente necessário, pois desde o século I a imagem do cristianismo perante o povo em geral e a elite pensante estava bem desgastada, sem que houvesse esforço para dirimir tal situação. A consciência de ser um grupo minoritário, marginal e clandestino gerou não apenas uma certeza salutar de "remanescente fiel" (consciência

---

[31] Por "apologético" queremos indicar não só a defesa da fé cristã em relação às acusações imperiais e intelectuais do mundo romano, mas também a luta interna do cristianismo contra a tendência desagregadora e radical dos grupos heterodoxos; contra esta última tendência houve também uma criativa atuação apologética da Igreja. Quanto aos apologistas gregos, a maior parte dos manuscritos de suas obras depende do códice de Aretas (*Codex Parisinus*), que foi copiado a pedido do arcebispo Aretas de Cesaréia no ano 914, com a intenção de formar um *Corpus Apolegetarum* desde os tempos primitivos até Eusébio de Cesaréia (cf. Quasten, *Patrología*, cit., v. 1, p. 189).

[32] Por "testemunhal" nos referimos aos inúmeros casos de perseguição, de tipo isolado ou generalizado, acontecidos contra cristãos e que possibilitaram um novo tipo de espiritualidade (a do "martírio") e a descoberta de uma "força viva" de afirmação extrema da verdade evangélica.

[33] Cf. Daniélou, J. & Marrou, H. *Nova história da Igreja*. Petrópolis, Vozes, 1984. v. 1, p. 109.

de eleição) mas também um sentimento nocivo de inferioridade intelectual, que durante um bom tempo bloqueou o potencial latente das novas conversões gentílicas.

Felizmente, no século II a Igreja se descobre, ousa propalar não só o Evangelho puro e simples mas também a sua defesa. A única forma de melhorar a situação era mudar o ponto de vista da gente culta e, em última instância, do imperador. Isso foi tentado desde a primeira metade do século II. Escritores cristãos arriscaram-se nessa difícil empresa. Os escritos apologéticos estão dirigidos aos pagãos, ainda que se deva supor que seus leitores desde o começo foram majoritariamente cristãos.[34] De todos os modos, deve-se ressaltar que esse "encontro" cultural, pela sua magnitude de significados, mudará de vez a face da Igreja.[35] Compreende-se que tal "guinada" trata-se, na verdade, do encontro da filosofia greco-romana com a fé cristã, situação insólita e aberta a novos horizontes.

Homens de letras que se converteram ao cristianismo tornaram-se convictos de que haviam descoberto a verdadeira filosofia, acessado a "sabedoria última". Tentavam elucidar ensinamentos teológicos com o auxílio da terminologia filosófica de então. O que neles encontramos, por conseguinte, é a primeira tentativa de definir, de maneira lógica, o conteúdo da fé cristã, bem como a primeira conexão entre teologia e "ciência", entre cristianismo e filosofia grega.[36] Dessa forma, toda a apologia cristã desse primeiro momento de confrontação intelectual com o paganismo buscou pelo menos três objetivos:[37]

---

[34] Cf. Trevijano, *Patrología*, cit., p. 98.

[35] Para muitos, especialmente a partir de A. V. Harnack, tal encontro foi o húmus que transfigurou o cristianismo, inaugurando um processo progressivo de helenização do Evangelho.

[36] Segundo B. Hägglund, o fato de que o cristianismo é a única filosofia verdadeira significa, portanto, que tão-somente ele possui as respostas corretas para as questões filosóficas. Filosofia, nesse sentido, também abrange a questão religiosa concernente ao verdadeiro conhecimento de Deus (cf. *História da teologia*. Porto Alegre, Concórdia, 1981. p. 21).

[37] Descrição pormenorizada desses objetivos pode ser encontrada em: Trevijano, *Patrología*, cit.; Quasten, *Patrología*, cit., v. 1.

a) Procuravam responder à acusação de que a Igreja seria um perigo para o Estado. Chamavam a atenção sobre a maneira de viver séria, austera, casta e honrada de seus adeptos, e afirmavam com insistência que a fé é uma força de primeira ordem para a manutenção e o bem-estar do mundo e, por isso mesmo, necessária não somente ao imperador e ao Estado, mas também à própria civilização. Acerca disso nos diz Melitão de Sardes, em sua *Apologia a Antonino*:[38]

> Efetivamente, nossa filosofia alcançou sua plena maturidade entre bárbaros, mas havendo-se estendido também a teus povos sob o grande império de teu antepassado Augusto, converteu-se, sobretudo para teu reinado, em um bom augúrio, pois desde então a força dos romanos cresceu em grandeza e esplendor. Dela és tu o desejado herdeiro e seguirás sendo-o com teu filho, se proteges a filosofia que se criou com o império e começou quando Augusto e teus antepassados inclusive a honraram ao par com as outras religiões. A prova maior de que nossa doutrina floresceu para bem, junto com o império felizmente iniciado, é que, desde o reinado de Augusto, nada de mau aconteceu, antes, pelo contrário, tudo foi brilhante e glorioso, segundo as preces de todos.[39]

b) Expuseram o absurdo e a imoralidade do paganismo e dos mitos de suas divindades. Demonstraram, também, que somente o cristão tem uma idéia correta de Deus e do universo. Em conseqüência, defenderam os dogmas da unidade de Deus, o monoteísmo, a divindade de Cristo e a ressurreição do corpo. Sobre isso, Aristides, em sua apologia dirigida ao imperador Adriano na primeira metade do século II, denuncia a religião pagã, mostrando o correto proceder do cristianismo:

---

[38] Segundo Daniélou, foi escrita por volta de 176, quando da visita do imperador à Ásia Menor (cf. DANIÉLOU & MARROU, *Nova história da Igreja*, cit., p. 111).

[39] Esse importante documento pode ser encontrado na *História eclesiástica* de Eusébio de Cesaréia IV,26,7,8. Utilizo a versão em português, tradução de Wolfgang Fischer (São Paulo, Novo Século, 1999). Também em: TREVIJANO, *Patrología*, cit., p. 99; QUASTEN, *Patrología*, cit., v. 1, pp. 238-239.

Pois os gregos, que dizem serem sábios, fizeram-se mais néscios que os caldeus, ao proporem muitos deuses, que nasceram, uns homens, outras mulheres, escravos de toda classe de paixões e causadores de múltiplas iniqüidades, aos que eles mesmos tiveram por adúlteros, assassinos, iracundos [...]. Uns, escravizados a homens e escapando como fugitivos, foram golpeados e se queixaram. Outros se transformaram em animais.[40]

Alguns anos antes de Aristides, Quadrato apresentou uma apologia, a mais antiga de todas até quanto podemos saber, ao mesmo imperador Adriano. Segundo Eusébio, isso aconteceu no ano 124-125 a.C., na cidade de Atenas:

Depois de Trajano reger o império durante dezenove anos e seis meses, foi sucedido no comando por Élio Adriano. A este, Codratos entregou um tratado que lhe havia redigido: uma apologia composta em defesa de nossa religião, já que, efetivamente, alguns homens malvados tratavam de importunar os nossos. Ainda hoje se conserva nas mãos de muitos dos nossos irmãos; nós também possuímos a obra. Nela podemos ver claras provas de inteligência e retidão apostólica deste homem.[41]

Dessa obra, resta-nos apenas um fragmento, felizmente reproduzido pelo historiador e bispo de Cesaréia:

Mas as obras de nosso Salvador estavam sempre presentes, porque eram verdadeiros os que haviam sido curados, os ressuscitados dentre os mortos, os quais não foram vistos apenas no instante de serem curados e ressuscitados, mas também estiveram sempre presentes, e não

---

[40] EUSÉBIO DE CESARÉIA, *História eclesiástica* IV,3,3. A importantíssima coleção sobre a Patrística, *Sources Chrétiennes*, felizmente está agora sendo traduzida para o português. Escritos de Aristides de Atenas podem ser encontrados em *Padres apologistas*. São Paulo, Paulus, 1995. pp. 39-53. Partes da *Apologia* estão também em: TREVIJANO, *Patrología*, cit., p. 100; QUASTEN, *Patrología*, cit., v. 1, p. 194, com abundante bibliografia.

[41] EUSÉBIO DE CESARÉIA, *História eclesiástica* IV,3,1 (p. 118).

◆ 121 ◆

apenas enquanto vivia o Salvador, mas também depois de Ele morrer; todos viveram tempo suficiente, de forma que alguns deles chegaram mesmo aos nossos tempos.[42]

c) Apresentaram o cristianismo como a verdadeira filosofia, ensinada pelo próprio Logos divino. Diziam que o cristianismo possui a verdade absoluta, porque o Logos, que é a própria razão divina, veio ao mundo por Cristo. Disso se conclui que o cristianismo é incomensuravelmente superior à filosofia grega; mais ainda, que é uma filosofia divina.

Segundo Quasten, ao fazerem essa demonstração de fé, os apologistas fincaram a ciência de Deus. São, portanto, os primeiros teólogos da Igreja.[43]

Além desses já citados, devemos apenas mencionar o escritor anônimo da carta a Diogneto; Taciano, o Sírio; Atenágoras de Atenas; Teófilo de Antioquia; Hérmias, o filósofo; Milcíades e Apolinário de Hierápolis.

3.2.2 Justino Mártir: diálogo com a filosofia

Não obstante a importância particular de cada um dos citados, é sobretudo com Justino Mártir[44] que temos a definição e a grandeza desse período. Nasceu em Naplusa (Nablus), na região da antiga Siquém (Samaria), por volta do ano 100. Depois de uma peregrinação filosófica durante sua juventude em busca da verdade, em que conheceu as escolas estóica, peripatética e pitagórica, pensou ter descoberto finalmente a verdade na filosofia platônica. A doutrina platônica foi a que mais lhe satisfez em sua busca de uma

---

[42] Idem, ibidem, IV,3,2.

[43] Cf. QUASTEN, *Patrología*, cit., v. 1, p. 188.

[44] De Justino Mártir somente temos um total de três obras. Em português o volume 3 da *Patrística* traz todas elas na íntegra (cf. *Justino de Roma*. São Paulo, Paulus, 1995). Igualmente em: GOMES, *Antologia dos Santos Padres*, cit., pp. 65-79; e ainda em: HAMMAN, A. *Os Padres da Igreja*. São Paulo, Paulus, 1980, apenas parte da *Apologia* I, pp. 33-34.

divindade transcendente que respondesse a suas ânsias espirituais.[45] Segundo o próprio Justino, sua peregrinação terminou em um encontro, que teve à beira-mar, com um ancião que não só lhe convenceu de que a filosofia platônica não podia satisfazer o coração do homem mas também o apresentou à verdade contida nos escritos dos profetas do Antigo Testamento.

Nesse fato temos efetivamente sua experiência de conversão. Após o frutífero diálogo com o referido ancião acerca da filosofia, da alma e de Deus, Justino lhe pergunta:

> Então, a quem vamos tomar como mestre ou de quem poderemos tirar algum proveito, se nem mesmo nestes [filósofos] se encontra a verdade? O velho replicou: "Há muito tempo, existiam alguns homens mais antigos do que todos esses considerados filósofos; homens bem-aventurados, justos e amigos de Deus, que falaram inspirados pelo espírito divino e, divinamente inspirados, predisseram o futuro que se está cumprindo exatamente agora. São os chamados profetas. Somente eles viram e anunciaram a verdade aos homens, sem temer ou adular ninguém, sem deixar-se vencer pela vanglória; pelo contrário, repletos do Espírito Santo, disseram apenas o que viram e ouviram. Seus escritos se conservam ainda hoje, e quem os lê e neles acredita pode tirar o maior proveito nas questões a respeito do princípio e fim das coisas e sobre aquelas coisas que o filósofo deve saber. Com efeito, eles nunca fizeram seus discursos com demonstração, pois eles são testemunhas fidedignas da verdade, acima de toda demonstração. Além disso, os acontecimentos passados e os atuais obrigam-nos a aderir às suas palavras. É justo crer neles também pelos milagres que faziam, pois mediante eles glorificavam a Deus Criador e Pai do universo, e a anunciavam a Cristo, seu Filho, que dele procede. Em troca, os falsos profetas, cheios de espíritos enganosos e impuros, não fizeram, nem fazem isso, mas atrevem-se a realizar certos prodígios para espantar

---

[45] Cf. TREVIJANO, *Patrología*, cit., p. 106.

os homens e glorificar aos espíritos do erro e aos demônios. Quanto a ti, antes de tudo, roga que as portas da luz te sejam abertas, pois essas coisas nem todos as podem ver e compreender".[46]

Sua busca pela verdade o levou ao cristianismo. Após esse impactante e poderoso encontro, Justino se sente pleno e convicto de que finalmente se encontrou com a verdade, que para ele agora tem nome: Jesus, o Cristo. A sua reação é imediata:

> Senti imediatamente que se acendia um fogo em minha alma e se apoderava de mim o amor pelos profetas e por aqueles homens amigos de Cristo. Refletindo comigo mesmo os raciocínios do ancião, cheguei à conclusão de que somente essa é a filosofia segura e proveitosa. Desse modo, portanto, e por esses motivos, sou filósofo, e desejaria que todos os homens, com o mesmo empenho que eu, seguissem as doutrinas do Salvador. Com efeito, nelas há alguma coisa de temível e são capazes de comover os que se afastam do caminho reto, ao mesmo tempo que elas se convertem em dulcíssimo descanso para aqueles que nelas meditam.[47]

Ainda acerca de sua conversão, é oportuno mencionar o que ele pensou outrora sobre os cristãos:

> Eu mesmo, quando seguia a doutrina de Platão, ouvia as calúnias contra os cristãos. Contudo, ao ver como caminhavam intrepidamente para a morte e para tudo o que é considerado espantoso, comecei a refletir que era impossível que tais homens vivessem na maldade e no amor dos prazeres.[48]

---

[46] JUSTINO MÁRTIR, *Diálogo com Trifão*. In: *Justino de Roma*. São Paulo, Paulus, 1995. pp. 121-122.

[47] Idem, ibidem, pp. 122-123.

[48] Idem, ibidem, pp. 102-103.

Através de Eusébio, especialmente, temos notícias de outras obras de Justino, obras perdidas. Quasten nos dá uma oportuna relação delas com pertinentes comentários.[49] Como síntese de sua obra literária, podemos dizer que o escrito de Justino constitui a primeira obra de grande fôlego da literatura cristã antiga.[50]

Após sua conversão, ocorrida por volta do ano 132, muito provavelmente em Éfeso, Justino empreendeu várias viagens, inclusive para Atenas, pregando o Evangelho de Jesus Cristo e defendendo a fé cristã. Finalmente, no ano 150, estabeleceu-se em Roma, a partir de onde exerceu grande influência por meio de uma escola filosófica de modelo grego por ele fundada; ali também escreveu suas obras. Seu discípulo mais conhecido foi Taciano, o Sírio, que, como ele, se tornou um apologista (posteriormente caiu na heresia). Na cidade de Roma, após denúncia e processo, perante o prefeito Júnio Rústico, movido contra ele pelo filósofo cínico Crescêncio, foi condenado à morte por decapitação, segundo a tradição, no ano 165. Juntamente com ele, outros seis companheiros seus foram martirizados em nome de Cristo. Sobre sua morte comenta Hamman: "Seu sucesso deixara na sombra o filosófico cínico Crescêncio, que, em vez de combatê-lo lealmente, se contentou com denunciá-lo covardemente".[51]

Entretanto, como dissemos acerca de sua influência, Justino deu por cerca de quinze anos testemunho em Roma. Com sua morte, o cristianismo adquiriu um *status* de cidadania. Em tudo isso, seu objetivo era mostrar que o que era buscado por todas as filosofias de seu tempo, o encontro do homem com Deus, realizava-se plenamente na doutrina cristã. E isso não como resultado do mero esforço do homem, embora este não seja dispensado, mas graças à ação do Espírito Santo.[52] Sendo assim, Justino envidará todos seus esforços em apresentar e demonstrar filosoficamente a superioridade da fé cristã.

---

[49] Cf. Quasten, *Patrología*, cit., v. I, pp. 204-207.

[50] Cf. Donini, A. *História do cristianismo*. Lisboa, Edições 70, 1988. p. 124.

[51] Hamman, *Os Padres da Igreja*, cit., p. 117.

[52] Cf. Figueiredo, *Curso de teologia patrística*, cit., v. 1, p. 117.

Para tanto, utilizará o platonismo, na verdade um médio-platonismo que em sua psicologia e ética lia elementos estóicos em Platão. Está caracterizado ademais por uma marcada tendência religiosa, na qual se faz notar uma aspiração mística. O médio-platonismo é mais místico que o próprio Platão, ainda que menos que o neoplatonismo de Plotino (séc. III).[53] Certamente, foi com essa tendência médio-platônica que Justino reconheceu a superioridade do cristianismo, quando da sua conversão. Essa forte presença platônica passou a acompanhá-lo a partir de então. Nele temos um verdadeiro filósofo cristão, aqui está o seu verdadeiro modelo de espiritualidade, uma apologia que vai às suas últimas conseqüências, que não abdica de seu instrumental filosófico, antes o utiliza para fins de diálogo. Essa obsessão em ligar a filosofia grega tão simplesmente à revelação (Tarsiano, Teófilo de Antioquia, Ireneu de Lião, Hipólito de Roma etc.) demonstra que seu apreço pela filosofia não é apenas uma questão metodológica ou mesmo retórica, mas uma convicção teológica sobre o Verbo seminal. Dessa maneira, Platão, Sócrates e outros filósofos, que não são cristãos, conhecem a verdade em virtude do influxo do Verbo de Deus.[54] Essa realidade está bem clara quando ele escreve:

> De fato, cada um falou bem, vendo o que tinha afinidade com ele, pela parte que lhe coube do Verbo seminal divino. Todavia, é evidente que aqueles que em pontos muito fundamentais se contradisseram uns aos outros não alcançaram uma ciência infalível, nem um conhecimento irrefutável. Portanto, tudo o que de bom foi dito por eles pertence a nós, cristãos, porque nós adoramos e amamos, depois de Deus, o Verbo, que procede do mesmo Deus ingênito e inefável. Ele por amor a nós tornou-se homem para partilhar de nossos sofrimentos e curá-los. Todos os escritores só puderam obscuramente ver a realidade, graças à semente do Verbo neles ingênita.[55]

---

[53] Cf. Trevijano, *Patrología*, cit., p. 107.

[54] Cf. Pablo Maroto, D. *Historia de la espiritualidad cristiana*. Madrid, EDE, 1990. p. 42.

[55] Justino Mártir, *Apologia* II,13. In: *Justino de Roma*, cit., p. 104.

Para Justino, Deus é um ser absolutamente transcendente. Por isso, para se comunicar com este mundo criado, Deus engendrou o Logos, que exerce a função de mediador entre o Pai e sua criação. Sendo assim, as várias teofanias e epifanias de Deus no Antigo Testamento não são manifestações do Pai, senão do Logos que lhe serve de mediador e revelador. Sobre esse tema, B. Hägglund esclarece que, na visão de Justino, os filósofos pagãos compartilhavam do *lógos spermatikós*, que foi implantado em todos os homens. Mesmo a sabedoria humana depende da revelação. Os filósofos possuem certos fragmentos da verdade. Em Cristo, a verdade está presente em sua plenitude, pois ele é a própria razão de Deus, o Logos que se tornou homem.[56]

Na concepção que desenvolve de Deus, a doutrina do Logos é fundamental e constitui a sua base metafísica. A outra base é histórica; ele afirma que os filósofos pagãos disseram muitas verdades porque se haviam apropriado da literatura dos judeus, do Antigo Testamento:

> De modo que o próprio Platão, ao dizer: "A culpa é de quem o escolhe. Deus não tem culpa", falou isso por tê-lo tomado do profeta Moisés, pois sabe-se que este é mais antigo do que todos os escritores gregos. Em geral, tudo o que os filósofos e poetas disserem sobre a imortalidade da alma e da contemplação das coisas celestes aproveitaram-se dos profetas, não só para poder entender, mas também para expressar isso. Daí que parece haver em todos algo como germes de verdade. Todavia, demonstra-se que não o entenderam exatamente, pelo fato de que se contradizem uns aos outros.[57]

Não obstante utilizar-se amiúde da filosofia helenista como meio de apresentar a doutrina cristã, Justino não deixa dúvidas quando manifesta de modo inconfundível o caráter próprio do cristianismo, por exemplo, nas doutrinas da encarnação e da ressurreição dos mortos.

---

[56] Cf. Hägglund, *História da teologia*, cit., p. 23.

[57] Justino Mártir, *Apologia* I,8-10. In: *Justino de Roma*, cit., pp. 59-60.

Além de tratar de temas teológicos e filosóficos, Justino foi também um homem da Igreja, e sua espiritualidade passa necessariamente pelo caminho eclesial. Nesse sentido advoga uma eclesiologia pragmática e relevante para as comunidades.

Como homem da Igreja, Justino tratou de temas relativos ao cotidiano dela. Nesse sentido, possui um valor especial a descrição que faz, no final de sua *Apologia* I, da liturgia do batismo e da eucaristia. A propósito do batismo observa:

> Explicaremos agora de que modo, depois de renovados por Jesus Cristo, nos consagramos a Deus, para que não aconteça que, omitindo este ponto, demos a impressão de proceder um pouco maliciosamente em nossa exposição. Todos os que se convencem e acreditam que são verdadeiras essas coisas que nós ensinamos e dizemos, e prometem que poderão viver de acordo com elas, são instruídos em primeiro lugar para que com jejum orem e peçam perdão a Deus por seus pecados anteriormente cometidos, e nós oramos e jejuamos juntamente com eles. Depois os conduzimos a um lugar onde haja água e pelo mesmo banho de regeneração com que também nós fomos regenerados eles são regenerados, pois então tomam na água o banho em nome de Deus, Pai soberano do universo, e de nosso salvador Jesus Cristo e do Espírito Santo. Eis o que ele disse: "Lavai-vos, purificai-vos, tirai as maldades de vossas almas e aprendei a fazer o bem, julgai o órfão e fazei justiça à viúva; então vinde e conversemos, diz o Senhor. Se vossos pecados forem como o escarlate, eu os alvejarei como a neve. Se não me escutardes, a espada vos devorará, porque assim falou a boca do Senhor".

> A explicação que aprendemos dos apóstolos sobre isso é a seguinte: Uma vez que não tivemos consciência de nosso primeiro nascimento, pois somos gerados por necessidade e da ignorância, mas da liberdade e do conhecimento e, ao mesmo tempo, alcançamos o perdão de nossos pecados anteriores, pronuncia-se na água, sobre aquele que decidiu

regenerar-se e se arrepende de seus pecados, o nome de Deus, Pai e soberano do universo; e aquele que conduz ao banho pronuncia este único nome sobre aquele que vai ser lavado. Com efeito, ninguém é capaz de um nome ao Deus inefável; se alguém se atrevesse a dizer que esse nome existe, sofreria a mais vergonhosa loucura. Esse banho chama-se iluminação, para dar a entender que são iluminados os que aprendem essas coisas. O iluminado se lava também em nome de Jesus Cristo, que foi crucificado sob Pôncio Pilatos, e no nome do Espírito Santo, que, por meio dos profetas, nos anunciou previamente tudo o que se refere a Jesus.[58]

Para Justino, estamos diante não de uma simples ordenança ou cerimônia litúrgica de recepção de novos membros da Igreja local, mas sim do próprio sacramento de regeneração. Kelly, comentando sobre a questão batismal, reconhece, em primeiro lugar, que Justino se fundamenta nos evangelhos para dar a referida interpretação do motivo pelo qual o batismo era necessário.[59] Em segundo lugar, esclarece que a intenção de Justino é explicitar o caráter regenerativo do batismo, por meio da fórmula litúrgica trinitária, uma fórmula que segundo ele já estava solidificada.[60] Em terceiro lugar, Kelly destaca que em Justino o batismo substitui a circuncisão e, portanto, é o único acesso para a remissão dos pecados.[61] Por último, reconhece que o pensamento inicial, como é o caso da concepção paulina, é de que o batismo em si é o veículo para a transmissão do Espírito aos que crêem. Em todo esse período não encontramos em passagem alguma nem um só indicador que aponte claramente para a existência de um rito separado, como unção ou imposição de mãos, próprio para a concessão do Espírito.[62]

---

[58] Idem, ibidem, LXI,1-3.7-13. In: *Justino de Roma*, cit., pp. 76-77.

[59] Cf. KELLY, J. N. D. *Doutrinas centrais da fé cristã*; origem e desenvolvimento. São Paulo, Vida nova, 1994. p. 24.

[60] Cf. idem, ibidem, p. 66.

[61] Cf. idem, ibidem, p. 146.

[62] Cf. idem, ibidem, p. 147.

De maneira semelhante, para Justino a eucaristia não é apenas um convite comunitário em atmosfera religiosa de oração. É o sacramento que atualiza o dinamismo do mistério da encarnação do Filho de Deus.[63] Ele mesmo diz:

> Este alimento se chama entre nós eucaristia, da qual ninguém pode participar, a não ser que creia serem verdadeiros nossos ensinamentos, tenha-se lavado no banho que traz a remissão dos pecados e a regeneração, e viva conforme o que Cristo nos ensinou. De fato, tomamos essas coisas não como pão comum ou bebida ordinária, mas da maneira como Jesus Cristo, nosso Salvador, feito carne por força do Verbo de Deus, teve carne e sangue por nossa salvação, assim nos ensinou que, por virtude da oração ao Verbo que procede de Deus, o alimento sobre o qual foi dita a ação de graças — alimento com o qual, por transformação, se nutrem nosso sangue e nossa carne — é a carne e o sangue daquele mesmo Jesus encarnado. Foi isso que os Apóstolos nas memórias por eles escritas, que se chamam evangelhos, nos transmitiram que assim foi mandado a eles, quando Jesus, tomando o pão e dando graças, disse: "Fazei isso em memória de mim, este é o meu corpo". E igualmente, tomando o cálice e dando graças, disse: "Este é o meu sangue", e só participou isso a eles.[64]

No capítulo 65 pode-se perceber a descrição eucarística dos recém-batizados. Já no texto reproduzido *supra* notamos um esboço de explicação teológica. No capítulo 67 Justino nos descreve detalhadamente a celebração eucarística de todos os domingos.

A discussão mais importante dentro desse tema é sobre se Justino considerou a eucaristia como sacrifício. Sobre isso ele nos fala no *Diálogo com Trifão*:

---

[63] Cf. TREVIJANO, *Patrología*, cit., pp. 111-112.
[64] JUSTINO MÁRTIR, *Apologia* I,66,1-3. In: *Justino de Roma*, cit., p. 82.

♦ 130 ♦

Portanto, quanto aos sacrifícios que vós antes ofereceis, como já mostrei, diz Deus pela boca de Malaquias, um dos doze profetas: "Minha vontade não está convosco — diz o Senhor — e não quero receber sacrifícios de vossas mãos. De fato, desde onde o sol nasce até onde ele se põe, meu nome é glorificado entre as nações — diz o Senhor — e vós profanais". Assim, antecipadamente fala dos sacrifícios que nós, as nações, lhe oferecemos em todo lugar, isto é, o pão da eucaristia e o cálice da própria eucaristia; e ao mesmo tempo diz que nós glorificamos o seu nome e vós profanais.[65]

Quasten afirma[66] que nessa passagem Justino identifica a eucaristia com sacrifício. A prova disso é a analogia que faz com o sacrifício de Malaquias 1,10-12. Mas Quasten reconhece que em outras passagens Justino parece rejeitar todo sacrifício:[67]

E essas orações é que são chamadas de sacrifícios. Concordo que as orações e ações de graças feitas por homens dignos são os únicos sacrifícios perfeitos e agradáveis a Deus. São justamente apenas esses que os cristãos aprenderam a oferecer na comemoração do pão e do vinho, na qual se recorda a paixão que o Filho de Deus sofreu por eles.[68]

Na *Apologia* I, oferece-nos opinião semelhante. Diante disso, Quasten conclui, de maneira parcial, que Justino rejeita todo sacrifício e aprova somente o da oração, especialmente da oração eucarística. Porém, reconhece que essa interpretação não faz justiça a seu pensamento. Para ele, não se pode entender o conceito de sacrifício de Justino sem a correta compreensão de sua doutrina do Logos. Kelly concorda que, em sua interpretação eucarística, Justino opta decididamente pelo caráter sacrifical da mesma; porém não analisa as dificuldades levantadas por Quasten.[69]

---

[65] Idem, *Diálogo com Trifão* CXVII,2-3. In: *Justino de Roma*, cit., p. 288.

[66] Cf. QUASTEN, *Patrología*, cit., v. 1, p. 216.

[67] Cf. idem, ibidem.

[68] JUSTINO MÁRTIR, *Diálogo com Trifão* CXVII,2-3. In: *Justino de Roma*, cit., p. 288.

[69] Cf. QUASTEN, *Patrología*, cit., v. 1, p. 217; KELLY, *Doutrinas centrais da fé cristã*, cit., pp. 148-149.

3.2.3 Inácio de Antioquia: mística de Cristo e unidade da Igreja

Inácio[70], o "portador de Deus",[71] como ele mesmo se denominava, sendo bispo de Antioquia, nos inícios do século II (por volta de 110), viu-se acusado diante das autoridades por não se ter curvado perante os deuses imperiais. Levado da Síria a Roma para ser julgado sob o reinado de Trajano (98-117); em um tempo relativamente curto escreveu sete cartas; quatro de Esmirna e três de Trôade. Altaner e Stuiber resumem as condições em que as cartas foram escritas:

> De Esmirna, dirigiu três às Igrejas de Éfeso, Magnésia e Trália, na Ásia Menor, para lhes retribuir as saudações enviadas por delegações suas, em seu caminho para o martírio. Em seguida escreveu aos romanos pedindo que se abstivessem de qualquer intervenção junto ao imperador para libertá-lo. Em Trôade, Inácio recebeu a notícia de que terminara a perseguição em Antioquia; escreveu, por isso, às comunidades de Filadélfia e de Esmirna, e a Policarpo, bispo de Esmirna, pedindo-lhes que felicitassem, por motivo do restabelecimento da paz, os irmãos de Antioquia, por intermédio de delegações.[72]

Certamente, as cartas foram produto de sua preocupação pastoral pela situação da Igreja em Antioquia exposta à perseguição da qual ele mesmo fora vítima; Igreja da qual, pelo menos a princípio, ele não tinha notícias.

---

[70] Os escritos de Inácio de Antioquia no original grego podem ser encontrados em PG 5. Na BAC, volume 65, temos o texto bilíngüe grego-espanhol. Ainda em espanhol, temos o texto completo das sete cartas em *Textos cristianos primitivos* (Salamanca, Sígueme, 1991). Em português, podemos desfrutar agora o texto completo de suas sete cartas escritas durante a viagem a Roma para o martírio: *Padres apostólicos* (São Paulo, Paulus, 1995. v. 1). Outra excelente edição das *Cartas de santo Inácio de Antioquia* com introdução, tradução e notas de dom Paulo Evaristo Arns (Petrópolis, Vozes, 1978). Finalmente C. F. Gomes (*Antologia dos Santos Padres*, cit.) oferece-nos o texto integral de três cartas: aos *Efésios*, aos *Romanos* e aos *Esmirnenses*.

[71] Inácio se apresenta nos cabeçalhos de suas cartas como *theóphoros* = portador de Deus. A tradição vincula a isso a lenda de que Inácio seria a criança que Jesus tomou nos braços (Mc 9,33). Com base na ata de martírio de santo Inácio o termo significa *aquele que leva a Deus*. Alguns preferem *aquele a quem Deus leva*.

[72] Altaner, B. & Stuiber, A. *Patrologia*. São Paulo, Paulus, 1972. p. 58.

Ademais, devemos detalhar que as informações gerais mais preciosas acerca das cartas vêm-nos de Eusébio de Cesaréia, o historiador. Ele nos diz, por exemplo, que Inácio era o homem mais célebre para muitos, e o segundo a obter a sucessão de Pedro no episcopado de Antioquia. Uma tradição refere que ele foi trasladado da Síria para a cidade de Roma a fim de ser alimento das feras, em testemunho de Cristo. Ao ser conduzido através da Ásia, dava ânimo com suas falas e exortações às Igrejas de cada cidade. Estimulava-as a firmarem-se solidamente à tradição dos apóstolos, que, por estar ele já a ponto de sofrer o martírio, achava necessário pôr por escrito para fins de segurança. E foi assim que, achando-se em Esmirna, onde estava Policarpo, escreveu uma carta à Igreja de Éfeso, outra à de Magnésia, outra à de Trales. Além dessas, escreveu também uma à Igreja de Roma. Escrevia da cidade mencionada às Igrejas que enumeramos. Mas, achando-se já longe de Esmirna, pôs-se de Trôade a conversar, por escrito mesmo, com os de Filadélfia e com a Igreja de Esmirna, e em particular com Policarpo, que a presidia. Reconhecendo este como homem verdadeiramente apostólico e porque ele mesmo era pastor legítimo e bom, confia-lhe seu próprio rebanho de Antioquia e pede-lhe que se ocupe dele com solicitude.[73] Quanto ao martírio, propriamente dito, e apesar da cronologia de Eusébio afirmar o ano 107 (ano décimo do reinado de Trajano), é consenso considerar o ano 110 como o mais provável e seguro.

Interessam-nos aqui, especialmente, os posicionamentos teológicos de santo Inácio, relativos à cristologia e eclesiologia, e suas implicações na vida dos fiéis, ou seja, na construção de uma espiritualidade que possua como natureza e origem a própria pessoa de Cristo e que se manifeste no compromisso com a comunidade cristã.

Durante muito tempo, santo Inácio foi visto principalmente como mártir, impugnador de hereges e defensor do ministério episcopal monárquico.

---

[73] Cf. Eusébio de Cesaréia, *História eclesiástica* III,36,3.4.5.6.10 (pp. 107-108).

Porém, a partir das análises de W. Bauer, H. Schlier e H. W. Bartsch, tornaram-se evidentes outros aspectos não menos interessantes: as cartas refletem "um cristianismo localizado na Síria, afim com idéias e concepções do gnosticismo daquela região. Na perspectiva, pois, de uma "verdadeira gnose", não semelhante aos alexandrinos, é que se deve entender a cristologia inaciana, bem como sua eclesiologia centralizada. Isso ajuda a entender também a íntima estrutura da piedade extática do bispo antioqueno.[74] A pista para adentrarmos sua espiritualidade passa, portanto, pelo conceito que tinha de si mesmo: *theóforos*, quer dizer, um pneumático em um sentido muito próximo ao que se dava no gnosticismo,[75] mas guardando as necessárias diferenças hierárquicas e ortodoxas.

Por essa época (primeira metade do século II), pode-se notar pelo menos quatro regiões cristãs bem desenvolvidas: Alexandria, Roma, Ásia Menor e Antioquia, cada uma delas com características próprias. As duas últimas conservando um traço peculiar e comum: a "doutrina da união mística com o Senhor"; ênfase bem típica de alguns redutos cristãos orientais com forte influência do "ciclo joanino", ou seja, preservando a visão teológica, mas sobretudo a experiência espiritual do "discípulo amado".[76]

Santo Inácio concebe uma "economia" de Deus com o universo. Para ele, Deus quer livrar o mundo e a humanidade do despotismo do príncipe deste mundo.[77] Com essa doutrina no centro, Inácio desenvolverá toda sua teologia e espiritualidade.

Salta aos olhos a ênfase que dedica à cristologia, como base e fundamento de todo o seu pensamento espiritual. Inácio vê nos escritos gnóstico-docetas e judaizantes uma ameaça particularmente grave à soberania cristológica. Por isso dedica-se ao labor específico de minimizar

---

[74] Cf. VIELHAUER, *Historia de la literatura cristiana primitiva*, cit., p. 561.

[75] Cf. idem, ibidem, p. 562.

[76] Acerca desse tema e do desenvolvimento dos primórdios do cristianismo pós-apostólico, é esclarecedora e competente a obra de: DANIÉLOU & MARROU, *Nova história da Igreja*, cit., v. 1, especialmente pp. 41-151.

[77] Cf. QUASTEN, *Patrología*, cit., v. 1, p. 74.

os excessos heterodoxos. Segundo Justo González, os falsos ensinos a que Inácio se opõe são de duas ordens. Em primeiro lugar, há quem nega a vida física de Jesus Cristo e abstém-se de participar da comunhão; para essas pessoas, Jesus é uma espécie de ser celestial, sem contato real algum com as situações concretas da vida humana. Em segundo lugar, há certas tendências judaizantes que fazem de Jesus Cristo um simples mestre dentro do judaísmo.[78] Para ele, tais tendências negam, de maneira frontal, a doutrina da encarnação. Diante disso, afirmará a fé da tradição, apelando tanto para a encarnação plena do Senhor, quanto para a sua presença sacramental na Igreja. Ademais, utiliza-se da regra de fé, presente na liturgia, para rejeitar a cristologia doceta:

> Sede, portanto, surdos quando alguém vos fala sem Jesus Cristo, da linhagem de Davi, nascido de Maria, que verdadeiramente nasceu, que comeu e bebeu, que foi verdadeiramente perseguido sob Pôncio Pilatos, que foi verdadeiramente crucificado e morreu à vista do céu, da terra e dos infernos.[79]

Além dessas questões, pode ser que também tenha enfrentado elementos excessivamente carismáticos.

A partir de afirmações fundamentais como essas, Inácio estabeleceu uma abordagem não só apologética mas especialmente pastoral acerca de uma necessária e inabalável fé em Cristo, uma vez que somente "em Cristo" pode-se chegar a Deus.

A criação inteira atualiza de modo concreto e limitado sua forma de existência mais perfeita e definitiva, que consiste em "ser de Deus" (Rm 6,2), "alcançar Deus" (*Tral* 12,2; *Polic* 2,3). O homem só existirá integralmente

---

[78] Cf. GONZÁLEZ, *Historia del pensamiento cristiano*, cit., t. 1, pp. 73-74.

[79] INÁCIO, *Aos tralianos* IX,1. In: *Padres apostólicos*. São Paulo, Paulus, 1995. v. 1, p. 100.

quando chegar a Deus.[80] Repercute aqui não só a herança joanina (cf. Jo 14,6ss) mas também a presença do apóstolo Paulo, por exemplo, quando enfrentou o pré-gnosticismo em Colossos (cf. Cl 2,19ss).

Inácio não está preocupado com a unidade de Deus enquanto tal, uma vez que não enfrenta adversários do paganismo politeísta. Para ele, não há mais que um Deus, que se manifestou em Jesus Cristo, seu Filho. O Deus dos cristãos é invisível, porém não incognoscível, pois se fez visível para nós em Jesus Cristo. Na sua *Carta a Policarpo* dirá: "Sê mais zeloso do que és; discerne os tempos. Espera aquele que está acima do tempo, atemporal, invisível, mas que se tornou visível para nós; aquele que é impalpável e impassível, mas que se tornou passível por nós, e por nós sofreu de todos os modos".[81] A encarnação, como manifestação do amor de Deus por nós, não termina com a ressurreição, pelo contrário se evidencia mais forte ainda:

> Quanto a mim, sei e creio que, mesmo depois da ressurreição, ele estava na sua carne. Quando veio até os que estavam em torno de Pedro, lhes disse: "Pegai, tocai-me e vede que eu não sou espírito sem corpo". E imediatamente eles o tocaram e, ao contato com sua carne e seu espírito, acreditaram. É por isso que eles desprezaram a morte e foram reconhecidos superiores à morte.[82]

A ênfase que dá à humanidade de Cristo não deve fazer-nos entender que a divindade do Senhor, em Inácio, fique em uma posição secundária. Ao contrário, Inácio afirma que Jesus Cristo é "nosso Deus" (Ef 15,3). Jesus Cristo é Deus feito homem.[83] Há, pois, uma clareza simples quanto às duas naturezas de Jesus.

---

[80] Cf. FIGUEIREDO, *Curso de teologia patrística*, cit., v. 1, p. 54.

[81] INÁCIO, *A Policarpo* III,2. In: *Padres apostólicos*, cit., p. 122. Também em: TREVIJANO, *Patrología*, cit., p. 36.

[82] INÁCIO, *Aos esmirniotas* III,1.2. In: *Padres apostólicos*, cit., p. 116; também em: GONZÁLEZ, *Historia del pensamiento cristiano*, cit., t. 1, p. 75.

[83] Cf. idem, ibidem, p. 75.

Por isso, insiste na unidade de Deus e de Cristo. O Filho, aparecido em forma humana, veio do Pai (sem deixar-lhe) e voltou a Ele na unidade. Os dois termos — Deus e Cristo — aparecem repetidas vezes em estreita aliança.

A voz do mártir eleva-se em tom apaixonado para defender a unidade de Cristo contra o docetismo judaizante, que colocava em dúvida a realidade dos acontecimentos históricos da vida do salvador. Para Inácio, tais acontecimentos não são apenas históricos, mas possuem uma significação existencial para os cristãos. Figueiredo nos facilita tal compreensão: Cristo significa uma nova existência para os cristãos, "membros" seus (Ef 4,2; *Tral* 11,2), "ramos da cruz" (*Tral* 11,2) e, enquanto unidos na *ekklesia*, o corpo (cf. *Smirn* 1,2), cuja cabeça é Cristo (cf. *Tral* 11,2). A plenitude da vida de fé encontra-se "em Cristo", fórmula que tem uma força original em Inácio. O peculiar no seu pensamento é a idéia do cristão unido sacramentalmente com Cristo na participação dos mistérios da paixão, morte e ressurreição. Daí a importância que ele confere à divindade e à humanidade do único Cristo: a doutrina do único Cristo — Deus e homem — é doutrina de salvação.[84] Com essas implicações cristológicas para a vida do crente, estamos efetivamente no tema da "mística inaciana". E também aqui se pode notar a influência dos dois apóstolos.

A mística de Inácio está mesclada com o tema da unidade. A unidade do cristão com Deus e com Cristo se manifesta na unidade em torno ao "representante" de Deus na terra; ganha importância, em Inácio, a figura do bispo. Assim, dentro do tema da unidade do cristão com Cristo é que deve ser buscada a espiritualidade de Inácio. Emerge daí o ideal da imitação de Cristo: "Sede imitadores de Jesus Cristo, como ele também o é do seu Pai" (*Filad* 7,2).[85] Para Inácio, portanto, a mística da unidade de Deus com Cristo será o fundamento da unidade de Cristo com o cristão.

---

[84] Cf. Figueiredo, *Curso de teologia patrística*, cit., v. 1, p. 54.

[85] Cf. Trevijano, *Patrología*, cit., p. 37.

Jesus, "carne" e "espírito", é a vida do cristão. Este deve, pela fé e pelo amor, unir-se ao Cristo de carne e espírito, a sua humanidade e divindade, a sua morte e ressurreição: todo o mistério da encarnação redentora. Também a vida exterior do cristão, sua carne, deve manifestar o espírito de Cristo, que habita nele. Toda a vida do cristão deve tender a imitar e reproduzir essa unidade de carne e espírito realizada em Cristo, essa misteriosa unidade de Cristo com o Pai.[86] Dessa forma, a imitação consiste não só na observância da lei moral e na vida de acordo com os ensinamentos de Cristo, mas também na conformação à sua paixão e morte:

> Para nada me serviriam os encantos do mundo, nem os reinos deste século. Para mim, é melhor morrer para Cristo Jesus do que ser rei até os confins da terra. Procuro aquele que morreu por nós; quero aquele que por nós ressuscitou. Meu parto se aproxima. Perdoai-me, irmãos. Não me impeçais de viver, não queirais que eu morra. Não me abandoneis ao mundo, não seduzais com a matéria quem quer pertencer a Deus. Deixai-me receber a luz pura; quando tiver chegado lá, serei homem. Deixai que seja imitador da paixão do meu Deus. E alguém que tem Deus em si mesmo compreenda o que quero e tenha compaixão de mim, conhecendo aquilo que me oprime.[87]

Segundo Quasten, nenhum autor dos primeiros tempos do cristianismo inculca com tanta eloqüência como Inácio a "imitação de Cristo". Se quisermos viver a vida de Cristo e de Deus, temos que adotar os princípios e as virtudes de Deus e de Cristo.[88] Aos efésios afirma: "Fazei tudo em Jesus Cristo" (Ef 8,2). Seguindo sem dúvida a Paulo, destaca a total suficiência de Cristo, não só como modelo exterior a nós mas também como presença interior viva que "opera em vós o querer e o realizar, segundo sua boa vontade" (Fl 2,13). Especialmente em sua *Carta*

---

[86] Cf. idem, ibidem, p. 36.

[87] INÁCIO, *Aos romanos* VI,1.2.3. In: *Padres apostólicos*, cit., p. 106; também em: TREVIJANO, *Patrología*, cit., p. 37.

[88] QUASTEN, *Patrología*, cit., v. 1, p. 79.

aos Romanos, Inácio enlaça sua espiritualidade de unidade e imitação de Cristo com o tema da habitação de Cristo por meio da experiência do martírio. Concebe o martírio como a perfeita imitação de Cristo. A morte é o meio de encontrar a Cristo, que é o caminho que conduz a Deus:[89]

> Escrevo a todas as Igrejas e anuncio a todos que, de boa vontade, morro por Deus, caso vós não me impeçais de o fazer. Eu vos suplico que não tenhais benevolência inoportuna por mim. Deixai que eu seja pasto das feras, por meio das quais me é concedido alcançar a Deus. Sou trigo de Deus e serei moído pelos dentes das feras, para que me apresente como trigo puro de Cristo [...]. Então eu serei verdadeiramente discípulo de Jesus Cristo.[90]

Em passagens como essa, pode-se perceber com clareza a piedade entusiasta de Inácio, para quem o martírio é a imitação real da paixão de Cristo, sendo Deus a plenitude do discipulado e por isso a meta mais anelada; daí o anelo extático da morte.

Devemos, ainda, fazer menção do quão notável foi o cuidado pastoral das autoridades religiosas na afirmação constante da regra de fé em salvaguardar os aspectos básicos da cristologia. Kelly destaca, de maneira inconfundível, tão importante tarefa.[91] Com isso, entendemos que a piedade de

---

[89] Cf. Trevijano, *Patrología*, cit., p. 37.

[90] Inácio, *Aos romanos* IV,1.2. In: *Padres apostólicos*, cit., p. 105; também em: Trevijano, *Patrología*, cit., p. 37.

[91] "O gnosticismo, no entanto, quase chegou a dominar a tradição central. Se não chegou a fazê-lo, isso se deve em grande parte (fora uma impressionante façanha das autoridades eclesiásticas em seu cuidado pastoral) à insistência inabalável na 'regra de fé' (expressa na liturgia, no ensino catequético e na pregação) de que o Filho de Deus realmente se tornou homem. Esse dado fundamental assegurou que o esquema cristológico da Igreja primitiva reproduzisse o padrão estabelecido no Novo Testamento — um só Cristo, ao mesmo tempo humano e divino, carne e espírito. Os exemplos mais contundentes são fornecidos por Inácio, que, por causa da polêmica anti-herética, foi levado a enfatizar tanto a unicidade de Cristo quanto a realidade de seus dois modos de existência" (Kelly, *Doutrinas centrais da fé cristã*, cit., p. 105, fazendo referência ao textos de Ef 7,2 e Rm 6,3).

Inácio se aloja tanto nos mistérios terrenos de Cristo quanto especialmente em sua divindade. Para ele, a divindade de Cristo habita nos cristãos como em um templo: "Portanto, façamos tudo como se ele morasse dentro de nós, para sermos templos dele e ele próprio ser o nosso Deus dentro de nós, como o é de fato e como aparecerá diante de nossa face, se o amarmos justamente".[92] Inácio está tão inspirado por essa idéia, que cria novas palavras para expressá-la *(theophoroi, christophoroi, naophoroi)*. Daí se segue o estar com Cristo. Pode-se notar a forte presença do apóstolo Paulo nesse particular, em que a imanência de Deus na alma humana é um tema central, junto com alguns outros, tanto para Paulo quanto para Inácio.

Mas não apenas Cristo mora em nós. Também nós somos uma mesma coisa com ele. Daí que todos os cristãos estejam ligados entre si por uma união divina. Santo Inácio repete uma e outra vez a expressão paulina "estar em Cristo". Deseja "encontrar-se em Cristo". O laço que reúne a todos os cristãos é a união com Cristo. Por isso pede aos efésios que sejam imitadores do Senhor, "a fim de que em toda castidade e temperança permaneçais em Jesus Cristo corporal e espiritualmente" (10,3). Na *Carta aos Magnésios* diz que roga pelas Igrejas:

> Honrado com o nome de esplendor divino, nessas cadeias que ora carrego, eu canto para as Igrejas e desejo-lhes a união na carne e no espírito de Jesus Cristo, nossa eterna vida; união na fé e no amor, ao qual nada é preferível, e, o que é mais importante, união com Jesus Cristo e o Pai.[93]

É característico de Inácio enfatizar incessantemente que os cristãos só estão unidos com Cristo quando o estão com seu bispo pela fé, pela obediência e especialmente pela participação no culto divino. Não reconhece a independência do indivíduo na vida espiritual ou na união mística com Cristo; só admite uma união com o Salvador: a que se realiza através das

---

[92] INÁCIO, *Aos efésios* XV,3. In: *Padres apostólicos*, cit., p. 87; cf. QUASTEN, *Patrología*, cit., v. 1, p. 80.

[93] INÁCIO, *Aos magnésios* I,2. In: *Padres apostólicos*, cit., p. 91; cf. QUASTEN, *Patrología*, cit., v. 1, p. 81.

celebrações litúrgicas. Seu misticismo brota da liturgia; quer dizer, tem como centro não a alma individual mas sim a comunidade dos fiéis atuando como corpo litúrgico.[94] Isso explica também por que a terminologia mística de santo Inácio e a espiritualidade que inspira seu estilo mostram predileção tão marcada pelos símbolos e expressões tiradas do culto e da liturgia. A unidade dos cristãos com Cristo se traduz pela unidade dos cristãos entre si, unidade da Igreja. Contra a tendência cismática dos hereges, a Igreja é unidade de fé e de vida, comunidade de amor da qual Jesus é princípio e lei. Isso nos leva diretamente a um dos temas mais apaixonantes da espiritualidade de santo Inácio: a importância da figura do bispo como símbolo terreno maior da própria unidade de Deus.

Considerando o contexto da luta contra as tendências heterodoxas, pode-se entender que, na busca por preservar a unidade da Igreja, ganha valor fundamental a ação pastoral e convergente do episcopado monárquico. Isso quer dizer que, em Inácio, o bispo é instância de verdade doutrinária e segurança espiritual do rebanho. Não é simplesmente que se garante a unidade da Igreja por meio do episcopado monárquico, senão que ele é a expressão essencial dela.[95] Assim, a essência da unidade eclesial como sinal inequívoco da unidade trinitária manifesta-se sobremaneira na instituição episcopal.

Portanto, como dissemos, a unidade da Igreja está em correspondência com a unicidade de Deus. Diz Inácio:

> Tendo todos essa unidade de sentimentos que vem de Deus, respeitai-vos mutuamente. Que ninguém olhe o seu próximo segundo o cerne, mas amai-vos uns aos outros em Jesus Cristo. Que não haja nada entre vós que possa dividir, mas uni-vos ao bispo e aos chefes como sinal e ensinamento de incorruptibilidade.[96]

---

[94] Cf. Quasten, *Patrología*, cit., v. 1, p. 81.

[95] Cf. Vielhauer, *Historia de la literatura cristiana primitiva*, cit., p. 564.

[96] Inácio, *Aos magnésios* VI,2. In: *Padres apostólicos*, cit., p. 93.

◆ 141 ◆

Inácio não justifica sua teoria hierárquica como em *1 Clemente* com uma construção histórica em virtude da qual os hierárquicos são sucessores dos apóstolos (cf. 44ss), mas com o esquema: modelo celestial–imagem terrenal. Por isso, para ele, o bispo é a imagem de Jesus Cristo (cf. Ef 6,1; *Tral* 2,1), o "lugar-tenente de Deus" (*Magn* 6,1) e a "imagem do Pai" (*Tral* 3,1), e só pode ser um o monarca que tudo decide. A distância entre ele e o presbitério corresponde à separação entre Deus e os apóstolos (cf. *Magn* 6,1; *Tral* 3,1). Somente onde há um bispo monárquico existe Igreja:

> Segui todos ao bispo, como Jesus Cristo segue ao Pai, e ao presbítero como aos apóstolos; respeitai os diáconos como à lei de Deus. Sem o bispo, ninguém faça nada do que diz respeito à Igreja. Considerai legítima a eucaristia realizada pelo bispo ou por alguém que foi encarregado por ele. Onde aparece o bispo, aí esteja a multidão, do mesmo modo que onde está Jesus Cristo, aí está a Igreja Católica. Sem o bispo não é permitido batizar, e nem realizar o ágape. Tudo o que ele aprova é também agradável a Deus, para que seja legítimo e válido tudo o que se faz.[97]

Por conta de textos como esse é que especialistas em patrística têm considerado, em geral, as cartas de Inácio como uma clara evidência de que no início do século II o episcopado monárquico era já um fato consolidado e admitido na Síria e na Ásia Menor ocidental. Essa é, por exemplo, a posição da Igreja Católica Romana.[98] De qualquer maneira, e por cima das questões

---

[97] INÁCIO, *Aos esmirniotas* VIII,1.2. In: *Padres apostólicos*, cit., p. 118.

[98] Quasten dedica duas páginas (pp. 75-76) com inúmeras passagens de santo Inácio acerca do episcopado monárquico. Altaner e Stuiber fazem o mesmo (cf. *Patrologia*, cit., pp. 58-59). Figueiredo igualmente, e de maneira clara, afirma a mesma coisa (pp. 55-58). Do lado protestante e seguindo W. Bauer, A. V. Harnack e outros, opta-se por uma interpretação mais no sentido de uma aspiração e desejo de Inácio do que de sua situação histórica real. Nesse sentido, ele aspirava ser bispo monárquico de Antioquia ou até mesmo de toda a Síria, mas de fato era apenas o chefe de um grupo que mantinha uma difícil luta de sobrevivência contra adversários gnósticos quase insuperáveis. Bauer afirma que as cartas de Inácio não nos permitem concluir a existência de um episcopado monárquico firmemente estabelecido nas cinco comunidades da Ásia Menor, e muito menos em toda a Ásia ocidental. Para ele, o episcopado é um postulado e

técnicas quanto ao episcopado, vale ressaltar que, sendo a Igreja uma unidade de fé e vida, tal unidade deve manifestar-se em um organismo visível, provido de uma organização hierárquica necessária para seu funcionamento. Por isso, devemos aceitar que as cartas de Inácio são o primeiro testemunho da conjunção e consolidação da tripla hierarquia: episcopado monárquico, presbiterato e diaconato.

Como vimos, a partir da concepção da Igreja como uma realidade espiritual com Deus ou Cristo como bispo invisível, chega Inácio à justificativa do episcopado monárquico, ao colocar o bispo como cabeça da *ecclesia visibilis* fazendo as vezes de Deus ou de Cristo. No ponto mais alto está o bispo, representante de Deus, cuja autoridade deriva da missão dos apóstolos, mas que é, sobretudo, imagem do Deus invisível. É um episcopado monárquico que preside as comunidades. Porém, vemos o bispo rodeado de presbíteros e diáconos. O bispo preside como representante de Deus ou de Jesus Cristo; os presbíteros formam o colégio apostólico; e os diáconos encarregam-se dos serviços de Cristo (cf. *Magn* 6,1; *Tral* 2,1-3.2).[99] Talvez, em decorrência da pugna com o gnosticismo, já não temos a presença dos profetas, tão comuns na *Didaqué.*

A unidade dos cristãos entre si e com Cristo encontra sua expressão, ao mesmo tempo que seu alimento, na eucaristia, sacramento da unidade. É a comemoração litúrgica da Ceia do Senhor. Para Inácio, essa comida é um sacrifício, que reúne os fiéis ao redor do bispo com o presbitério e os diáconos (cf. *Filad* 4) como ao redor de um só altar, símbolo visível da única Igreja, agrupada ao redor do único Cristo, Filho do único Pai (cf. *Magn* 7,2). A eucaristia une entre si os cristãos, porque une os fiéis à carne e ao sangue do Senhor. É antídoto contra a morte (cf. Ef 20,2)

---

não uma realidade. P. VIELHAUER (cf. *Historia de la literatura cristiana primitiva*, cit., p. 56) fornece uma boa súmula dessas discussões. Nesse particular, a crítica protestante diz que a visão que sobre Inácio incide por parte da Igreja posterior, especialmente a partir da Igreja medieval, é na verdade uma "legitimação retroativa".

[99] Cf. TREVIJANO, *Patrología*, cit., p. 38.

e comunica ao cristão a vida de Cristo. Inácio, assim, coincide com a tradição joanina de conjugar a cristologia com a celebração eucarística.[100] Ele consegue trazer do ambiente neotestamentário elementos da piedade apostólica (João e Paulo) e aplicá-los institucionalmente às comunidades do século II e ao seu próprio ministério pastoral.

Se podemos, pois, resumir a espiritualidade de Inácio de Antioquia, devemos sem dúvida destacar a sua doutrina da união, que compreende a união do cristão com Deus, com Cristo, com o bispo e com os cristãos.[101] Em Inácio, temos efetivamente uma doutrina da *unio mystica*, tão fundamental para toda a tradição cristã oriental posterior, como único veículo de imitação de Cristo, uma imitação que vai pacientemente até as últimas conseqüências: o martírio.

Como disse Hamman, de todas as cartas que Inácio escreveu, a que enviou aos romanos é a que mais fielmente traduz a paixão mística que o abrasava. As palavras atropelam-se para exprimir o frêmito e o entusiasmo que o sacudiam. A chama provocava a linguagem e a tornava incandescente. Que importavam as palavras? Para ele o que contava era unir-se a seu Cristo e Deus: "Quão glorioso é ser um sol poente, longe do mundo, na direção de Deus. Possa eu levantar-me em sua presença" (Rm 3,2). Para Inácio, tratava-se não simplesmente da espera de uma fé abstrata, mas muito mais de uma paixão que lhe apertava a garganta, de um amor que o devorava e de um ardor que não se podia comparar com o de nossos corações de carne: "Em mim não há mais fogo para a matéria, mas só uma água viva que murmura dentro de mim e me diz: Vem para o Pai" (Rm 7,3).

Quem lê a *Carta aos Romanos* sem idéias preconcebidas encontra nela um dos testemunhos mais comoventes da fé, o grito do coração que não pode enganar nem se enganar, que comove porque é verdadeiro. À pri-

---

[100] Cf. idem, ibidem.

[101] Cf. *Padres apostólicos*, cit., v. 1, p. 76.

meira vista, o homem parece-nos de outra época. Basta sacudir um pouco as cinzas; essas páginas conservam o fogo que as queimava.[102]

3.2.4 Ireneu de Lião:[103] tradição eclesiástica

Ireneu de Lião é, por muitos, considerado o maior teólogo do século II. Coloca-se ao lado de Justino, Teófilo de Antioquia e outros como defensores da verdadeira fé contra as diversas doutrinas que ameaçavam o caráter único do *kerigma* cristão. É provável que nasceu em Esmirna, na Ásia Menor, entre 130 e 135.[104] Nessa cidade, em sua juventude, teve contato com o bispo local, Policarpo, que recebera os ensinamentos de João Apóstolo. Teria, portanto, recebido de Policarpo a herança da tradição joanina.

Depois de assumir a supervisão, como bispo, das comunidades cristãs da Gália, com residência em Lião, por volta de 175, interveio em certas controvérsias eclesiásticas entre Igrejas orientais e ocidentais. Sua obra, dirigida em parte contra o gnosticismo, contém fórmulas que ecoaram no pensamento católico posterior. De fato, ele é antes de tudo um homem da tradição que reproduz os ensinamentos transmitidos na Igreja.[105] A herança cristã recebida por meio de sua ligação com Policarpo e João Apóstolo pro-

---

[102] Cf. HAMMAN, A. *A vida cotidiana dos primeiros cristãos*. São Paulo, Paulus, 1997. p. 151.

[103] Os escritos de Ireneu de Lião no original grego (incompletos) podem ser encontrados em PG 7. O texto completo existe somente em tradução latina. Em português, temos agora o texto completo dos cinco livros de seu *Adversus haereses: Padres apostólicos*. São Paulo, Paulus, 1995. O texto incompleto pode ser visto em: GOMES, *Antologia dos Santos Padres*, cit., pp. 115-135; HAMMAN, A. *Os Santos Padres*. São Paulo, Paulus, 1980. pp. 45-47. Ademais, importantes informações e reflexões acham-se em: FIGUEIREDO, *Curso de teologia patrística*, cit., v. 1, pp. 137-151; ALTANER & STUIBER, *Patrologia*, cit., pp. 119-125. De modo particular, devem ser consideradas as informações de EUSÉBIO DE CESARÉIA, *História eclesiástica* V,4.8.20.26.

[104] Há dúvidas sobre a data de seu nascimento: Quasten (cf. *Patrología*, cit., pp. 287-288) e Manzanares (cf. *DP*, p. 127) pensam entre 140 e 160 respectivamente; Daniélou e Marrou (cf. *Nova História da Igreja*, cit., p. 127), por volta de 115; González (cf. *História del pensamiento cristiano*, p. 155), Vilanova (cf *Historia de la teología cristiana*, cit., v. 1, p. 179) e outros, ao redor de 130-135.

[105] Cf. VILANOVA, E. *Historia de la teología cristiana*. Barcelona, Herder, 1987. v. 1, p. 179.

porcionou-lhe como fonte de sua espiritualidade a *Doutrina dos apóstolos*, especialmente aquela preservada pela tradição joanina.

Comecemos com as preciosas informações colhidas de Eusébio de Cesaréia, nas quais se estabelece uma estreita relação entre Ireneu e o bispo Policarpo. O veículo foi uma carta ao presbítero Florindo: "A Florindo, sobre a monarquia ou que Deus não é o autor dos males". Ao que parece, o presbítero defendia essa opinião e estava seduzido pelo erro de Valentim. Reproduzimo-la em partes:

> Estas opiniões, Florindo, falando com moderação, não são próprias de um pensamento são. Estas opiniões destoam das da Igreja e lançam na maior impiedade aos que as obedecem; estas opiniões nem sequer os hereges que estão fora da Igreja atreveram-se alguma vez a proclamar; estas opiniões não te foram transmitidas pelos presbíteros que nos precederam, os que juntos freqüentaram a companhia dos apóstolos. Porque, sendo eu ainda criança, te vi na casa de Policarpo na Ásia inferior [...]. E recordo-me mais dos fatos de então do que dos recentes [...]. Tanto que posso inclusive dizer o local em que o bem-aventurado Policarpo dialogava sentado, assim como suas saídas e entradas, seu modo de vida e o aspecto de seu corpo, os discursos que fazia ao povo, como descrevia suas relações com João Apóstolo e com os demais que haviam visto o Senhor e como recordava as palavras de uns e de outros; e o que tinha ouvido deles sobre o Senhor, seus milagres e seu ensinamento; e como Policarpo, depois de tê-lo recebido destas testemunhas oculares da vida do Verbo, relata tudo em consonância com as Escrituras.[106]

Constata-se, pois, que, por meio de Policarpo, Ireneu se mantém em relação espiritual com o mundo apostólico.

A qualidade e a importância teológica de Ireneu depreendem-se de sua apresentação harmônica e dogmática da doutrina cristã e do conteúdo

---

[106] Eusébio de Cesaréia, *História eclesiástica* V,20,5.6 (p. 181).

mesmo de duas de suas obras: *Demonstração da pregação apostólica* e *Adversus haereses*. Nessas obras também se identificam os temas centrais e as características de sua piedade; aí estão as fontes de sua vida espiritual.

Paralelamente, devemos lembrar que o posicionamento teológico de Ireneu possibilitou o desmascaramento do gnosticismo, como disse Quasten, acelerando dessa maneira a eliminação de seus adeptos do seio da Igreja.[107] Isso significa que a literatura produzida possui características de teologia apologética, ao mesmo tempo que define o conteúdo da fé cristã. Inclusive devemos registrar que é difícil encontrar informações tão precisas sobre os sistemas gnósticos quanto as que nos oferece Ireneu.

No entanto, deve-se ressaltar que o essencial da refutação não consiste em definir a heresia, senão em precisar a natureza e o conteúdo da verdadeira tradição cristã. Para Ireneu, a tradição vem dos apóstolos, porém não é uma tradição secreta, como para os gnósticos.[108] Com isso, podemos vislumbrar algo dos grandes temas espirituais de Ireneu. Ele é antes de tudo um homem da Igreja, da tradição viva, única e idêntica que está radicada na "regra da verdade". Contra as especulações gnósticas, que afetavam os próprios fundamentos da fé, Ireneu insiste na "simples fé". A fé vem determinada objetivamente pela *regula fidei* ou *regula veritatis*, quer dizer, pelas verdades fundamentais do cristianismo propostas pela Igreja e recitadas em forma de símbolo ou confissão de fé:[109]

> Com efeito, a Igreja espalhada pelo mundo inteiro até os confins da terra recebeu dos apóstolos e seus discípulos a fé em um só Deus, Pai onipresente, que fez o céu e a terra, o mar e tudo quanto nele existe; em um só Jesus Cristo, Filho de Deus, encarnado para nossa salvação; e no Espírito Santo, que, pelos profetas, anunciou a economia de Deus [...]. Assim, embora pelo mundo sejam diferentes as línguas, o conteúdo da

---

[107] Cf. QUASTEN, *Patrología*, cit., v. 1, p. 294.

[108] Cf. VILANOVA, *Historia de la teología cristiana*, cit., v. 1, p. 180.

[109] Cf. idem, ibidem, v. 1, p. 181.

tradição é um só e idêntico [...]. E nem aquele que tem maior capacidade em falar, dentre os que presidem às Igrejas, dirá algo diferente, porque ninguém está acima do Mestre; e nem quem tem dificuldade em expressar-se inferioriza a Tradição. Sendo a fé uma só e a mesma, nem aquele que pode dizer muito sobre ela a amplia, nem aquele que pode falar menos a diminui.[110]

Deve-se deixar claro também que sua insistência na fé não exclui o conceito de "verdadeira gnose", quer dizer, um certo *intellectus fidei*,[111] chegando mesmo a considerar a "razão" como fonte de autoridade, juntamente com a Escritura e a Tradição:

> A verdadeira gnose é a doutrina dos apóstolos, é a antiga difusão da Igreja em todo o mundo, é o caráter distintivo do Corpo de Cristo, que consiste na sucessão dos bispos aos quais foi confiada a Igreja em qualquer lugar que ela esteja; é a conservação fiel das Escrituras que chegou até nós, a explicação integral dela, sem acréscimos ou subtrações, a leitura isenta de fraude e em plena conformidade com as Escrituras, explicação correta, harmoniosa, isenta de perigos ou de blasfêmias e, mais importante, é o dom da caridade, mais precioso do que a gnose, mais glorioso do que a profecia, superior a todos os outros carismas.[112]

Portanto, o fundamento de toda a sua reflexão teológica e a fonte de sua espiritualidade é estar colocado no meio da vida da Igreja; afirmar a Tradição viva dos apóstolos em nome da verdade do Evangelho. Todas as suas articulações dogmáticas e pastorais dependem e inserem-se no contexto eclesial. Por isso, a Tradição é a pregação viva da Igreja em sua plena identidade com a revelação dada por Jesus Cristo aos apóstolos; a partir deles, autorizados a pregar o Evangelho, é que conhecemos sua doutrina:

---

[110] Ireneu de Lião, *Adversus haereses* I,10,1s. São Paulo, Paulus, 1995. pp. 61-63.

[111] Cf. Vilanova, *Historia de la teología cristiana*, cit.

[112] Ireneu de Lião, *Adversus haereses* IV,33,8, cit., p. 475.

Com efeito, o Senhor de todas as coisas deu aos seus apóstolos o poder de pregar o Evangelho, e por meio deles nós conhecemos a verdade, isto é, o ensinamento do Filho de Deus. A eles o Senhor disse: O que ouve, a mim ouve, e o que vos despreza, a mim despreza e a quem me enviou.[113]

Dessa forma, ergue-se Ireneu como um homem da *Tradição apostólica*, reforçando os laços necessários entre as origens apostólicas da fé e o seu tempo.

Sendo assim, a *Tradição apostólica* é uma *traditio ab apostolis* (tradição a partir dos apóstolos), não *traditio apostolorum* (tradição sobre os apóstolos). Isso diferencia claramente a tradição, no sentido de tradição da doutrina verdadeira, e as tradições que procedem dos tempos apostólicos. Pois, como afirmou Daniélou, não basta que um relato ou uma doutrina venha desde então para que faça parte da Tradição.[114] Se a tradição vem dos apóstolos, é a Igreja que a recebe. Em seu conceito de apostolicidade da Igreja, Ireneu é testemunha da fé católica de seu tempo, em particular das tradições asiática e romana, mais que de sua própria capacidade teológica.[115]

A Tradição que vem dos apóstolos é conservada na Igreja pela seqüência contínua dos bispos, seus sucessores:

> Portanto, a tradição dos apóstolos, que foi manifestada no mundo inteiro, pode ser descoberta em toda a Igreja por todos os que queiram ver a verdade. Poderíamos enumerar aqui os bispos que foram estabelecidos nas Igrejas pelos apóstolos e os seus sucessores até nós; e eles nunca ensinaram nem conheceram nada que se parecesse com o que essa gente vai delirando. Ora, se os apóstolos tivessem conhecido os mistérios es-

---

[113] Idem, ibidem III, introdução, p. 246.

[114] Cf. DANIÉLOU, J. *Message évangélique et culture hellénistique aus II et III siècles*. Tournai, s.n., 1961. p. 135, citado por TREVIJANO, *Patrología*, cit., p. 84.

[115] Cf. TREVIJANO, *Patrología*, cit., p. 84.

condidos e os tivessem ensinado exclusiva e secretamente aos perfeitos, sem dúvida os teriam confiado antes de a mais ninguém àqueles aos quais transmitiam a missão de ensinar que fossem absolutamente perfeitos e irrepreensíveis em tudo, porque, agindo bem, seriam de grande utilidade, ao passo que se falhassem seria a maior calamidade.[116]

Isso significa que Ireneu está absolutamente convencido de que a doutrina dos apóstolos continua mantendo-se sem alteração. Essa tradição é a norma da fé. É o cânon da verdade que se identifica no batismo.[117] Somente as Igrejas fundadas pelos apóstolos podem servir de apoio para o ensinamento autêntico da fé e como testemunhas da verdade, pois a sucessão ininterrupta dos bispos nessas Igrejas garante a verdade de sua doutrina. Por essa razão, aos hereges falta um requisito essencial: não são os sucessores dos apóstolos e, por isso mesmo, não têm o carisma da verdade.[118] Segundo Kelly, Ireneu apresenta mais dois pontos. Primeiro, a identificação da tradição oral com a revelação original é garantida pela sucessão ininterrupta de bispos nas grandes sés, remontando diretamente aos apóstolos. Segundo, uma salvaguarda adicional é dada pelo Espírito Santo, pois a mensagem foi confiada à Igreja, e a Igreja é o lar do Espírito.[119]

Tendo a *Tradição apostólica* como fundamento dogmático, Ireneu desenvolve sua espiritualidade a partir de uma cristologia abrangente e inclusiva. Seus primeiros movimentos cristológicos começam por descrever a relação do Filho com o Pai:

> Se alguém nos perguntar: Como foi gerado o Filho pelo Pai? Responderemos que esta emissão ou geração ou enunciação ou manifestação, ou seja qual for o nome com que se queira chamar esta geração inefá-

---

[116] Ireneu de Lião, *Adversus haereses* III,3,1, cit., p. 249.

[117] Cf. idem, ibidem I,9,4.

[118] Cf. idem, ibidem IV,26,2.

[119] Cf. Kelly, *Doutrinas centrais da fé cristã*, cit., p. 27; citando os textos de *Adversus haereses* III,2,2; III,3,3; IV,4,1; III,24,1.

vel, ninguém a conhece [...], mas somente o Pai que gerou e o Filho que foi gerado. Sendo, portanto, a sua geração inefável, todos os que tentam explicar as gerações e emissões não sabem o que dizem e prometem expor coisas indizíveis.[120]

Não obstante o reconhecimento do caráter inacessível e misterioso de tal relação, Ireneu intenta compreendê-la de maneira especulativa: "Com efeito, é ele que desceu e subiu pela salvação dos homens. Assim, por meio do Filho que está no Pai e que tem em si o Pai, manifestou-se o Deus que é, o Pai dando testemunho ao Filho e o Filho anunciando o Pai".[121] Com essas palavras Ireneu ensina a *perichoresis* ou *circumincessio*.[122] Da mesma forma que defende contra os gnósticos a identidade do Pai como criador do mundo, assim também ensina que há um só Cristo, ainda que lhe demos diferentes nomes. Portanto, Cristo é idêntico ao Filho de Deus, ao Logos, ao homem-Deus Jesus, a nosso Salvador e Senhor.

Sua cristologia toma forma no ponto de sua relação com o homem, portanto uma cristologia que assume funções claramente soteriológicas. A doutrina da salvação de Ireneu se articula a partir da doutrina da "recapitulação" (*anakephalaíosis*).[123] Esta é, para Quasten, Daniélou e outros, a medula, o centro de sua teologia. Para uma redenção verdadeira é mister um homem-Deus. Cristo se fez homem para divinizar a humanidade; eis a recapitulação, a restauração e a consumação da humanidade e do universo em Cristo.[124]

---

[120] IRENEU DE LIÃO, *Adversus haereses* II,28,6, cit., p. 216.

[121] Idem, ibidem III,6,2 (p. 259).

[122] O termo "pericórese", proveniente da antropologia platônica e que descreve a união da alma ao corpo sem se confundirem, foi também utilizado por Gregório Nazianzeno para explicar a união das duas naturezas em Cristo.

[123] *Anakephalaíosis* é a recapitulação (*recapitulatio*) e a restauração em Cristo da humanidade e de todo o universo. Está em íntima relação com a doutrina da deificação, não obstante Ireneu não a utilizar nesse contexto: Cristo se fez homem para divinizar a humanidade. Quando então "será tudo em todos".

[124] Cf. ALTANER & STUIBER, *Patrologia*, cit., p. 124.

Essa idéia foi tomada de são Paulo, mas Ireneu a desenvolveu consideravelmente. Para este último, recapitulação é resumir todas as coisas em Cristo a partir de um princípio. Deus refaz seu primitivo plano de salvar a humanidade, que havia ficado desbaratado pela queda de Adão, e volta a tomar toda a sua obra desde o princípio para renová-la, restaurá-la e reorganizá-la em seu Filho encarnado, o qual se transforma no segundo Adão. Posto que com a queda do homem toda a raça humana ficou perdida, o Filho de Deus teve de fazer-se homem para realizar como tal uma nova criação da humanidade:

> O que se perdera tinha carne e sangue, porque foi usando o limo da terra com que Deus plasmou o homem e era justamente por este homem que se devia realizar a economia da vinda do Senhor [...]. Vós sois reconciliados, ele diz, no seu corpo de carne, porque a carne justa reconciliou a carne que era presa do pecado e a introduziu na amizade de Deus.[125]

Com essa recapitulação do homem original, não somente Adão foi renovado e restaurado, senão também toda a raça humana.[126] Ao mesmo tempo foram destruídos os maus efeitos da desobediência de Adão.[127] Foi assim que o segundo Adão reiniciou a antiga contenda com o diabo e a venceu.[128]

Ademais dessa característica de restauração universal (*recapitulatio*), a cristologia de Ireneu, com base mais na encarnação que na eternidade do Verbo, salienta o Cristo encarnado como modelo a ser buscado pelo homem da imagem exata do ser de Deus.

A criação, obra do Verbo, é apreendida como tendo sido modelada por ele, isto é, à semelhança de Cristo na carne: "Pois, pelas mãos do Pai, isto

---

[125] Ireneu de Lião, *Adversus haereses* V,14,2, cit., p. 554.
[126] Cf. idem, ibidem III,18,1.
[127] Cf. idem, ibidem III,18,7.
[128] Cf. idem, ibidem V,21,2; Quasten, *Patrología*, cit., v. 1, pp. 296-297.

é, pelo Filho e pelo Espírito, é o homem, e não uma parte do homem, que se torna imagem e semelhança de Deus".[129] Bem discutida é a questão se Ireneu fez ou não distinção entre imagem e semelhança. De qualquer maneira, o que pode ser dito com certeza é que, para Ireneu, o Deus Trino criou o homem à sua imagem. Paradoxalmente, o ser humano não é a imagem de Deus, pois essa imagem pertence ao Filho, através de quem o ser humano foi criado "à imagem e semelhança" de Deus (cf. Gn 1,26.27). Nesse sentido a *imago Dei* não é algo que se encontra no ser humano, mas a direção que devemos ter até chegar à "medida da plenitude da estatura de Cristo".[130] Diz Kelly que, no paraíso, portanto, ele foi uma criança em termos morais, espirituais e intelectuais (cf. *Dem* 12), e Ireneu afirma que, embora Deus tenha infundido "o fôlego de vida" no primeiro homem (cf. Gn 2,7), Ele não lhe outorgou o Espírito de adoção concedido aos cristãos. Infelizmente, por causa de sua fraqueza e inexperiência, o processo foi interrompido quase no início; ele foi uma presa fácil diante das artimanhas de Satanás e desobedeceu a Deus (cf. *Dem* 16). Dessa maneira perdeu a "imagem e semelhança" divina[131] — pelo menos a semelhança, uma vez que deve ter permanecido algum grau de imagem — e caiu nas garras do diabo.[132]

Com isso, podemos entender que a unidade do cristianismo decorre da unidade do plano de Deus. Iniciado efetivamente com a criação e ameaçado de destruição pela presença do pecado, readquire seu ritmo original a partir do Antigo Testamento com a preparação da humanidade para o dom do Espírito; em Cristo, o Verbo de Deus leva a humanidade à sua perfeição; o Espírito, conferido no batismo, faz participar nessa vida divina

---

[129] Ireneu de Lião, *Adversus haereses* V,28,4, citado por Cf. Figueiredo, *Curso de teologia patrística*, cit., v. 1, p. 145, com explicações pertinentes.

[130] González, *Historia del pensamiento cristiano*, cit., t. 1, p. 161.

[131] Cf. Ireneu de Lião, *Adversus haereses* III,18,1; V,2,1.

[132] Cf. idem, ibidem V,21,3.

◆ 153 ◆

todo homem que crê.[133] A questão da ausência do Espírito no ser humano é central para entender a antropologia de Ireneu. Por conseguinte, um corpo humano animado somente por sua alma natural não é um homem completo e perfeito. Parece que Ireneu, a exemplo de são Paulo, considera quase sempre essa terceira parte essencial, o *pneuma*, que completa e coroa a natureza humana, como se fosse o Espírito pessoal de Deus. Cristo prometeu esse Espírito como um dom a seus apóstolos e aos que creriam nele, e são Paulo não se cansa de advertir os cristãos de que levem o Espírito dentro de si como um templo.[134] Ireneu não tem dúvida de que a desobediência do primeiro homem é a fonte da pecaminosidade e mortalidade gerais da raça humana, como também da escravidão ao diabo. Evidencia-se que pressupõe algum tipo de solidariedade, ou melhor, identidade mística entre o pai da raça e todos o descendentes. O que se disse até agora fornece a chave para a interpretação peculiar que Ireneu faz da obra de Cristo. "Devido a seu amor imensurável, ele se tornou aquilo que somos, a fim de possibilitar que nos tornemos aquilo que ele é".[135] Diante disso, a espiritualidade de Ireneu chega ao seu clímax, a "redenção humana".

A doutrina do processo redentor, segundo Ireneu, gira em torno tanto de sua necessidade absoluta quanto do fato de que o homem seja capaz dela. Isso decorre da queda dos primeiros pais; devido a ela, todos os seus descendentes ficaram sujeitos ao pecado e à morte e perderam a imagem de Deus. A redenção efetuada pelo Filho de Deus livrou a humanidade da escravidão de Satanás, do pecado e da morte. Além disso, recapitulou toda a humanidade em Cristo. Realizou a união com Deus, a adoção divina e devolveu ao homem a semelhança com Deus.[136] Ele escreve, a partir de uma compreensão do texto paulino de Ef 1,10: "Portanto, existe

---

[133] Cf. Daniélou & Marrou, *Nova história da Igreja*, cit., v. 1, p. 129.

[134] Cf. Quasten, *Patrología*, cit., v. 1, p. 310.

[135] Ireneu de Lião, *Adversus haereses* V (pref.), citado por Kelly, *Doutrinas centrais da fé cristã*, cit., p. 128.

[136] Cf. Quasten, *Patrología*, cit., v. 1, p. 311.

um só Deus-Pai, como dissemos, e um só Jesus Cristo, nosso Senhor, que se torna presente por meio de toda a economia e recapitula em si todas as coisas".[137]

Ireneu evita nesse contexto a palavra "deificação" (*teopoiésis*). Emprega as expressões "unir-se a Deus", "aderir-se a Deus", *participare gloriae Dei*; porém procura não suprimir os limites entre Deus e o homem, o que se fazia nas religiões pagãs e na heresia gnóstica.[138] Ireneu distingue entre *imago Dei* e *similitudo Dei*. O homem é, por natureza, por sua alma imaterial, imagem de Deus. A *similitudo Dei* é a semelhança com Deus em uma ordem sobrenatural, que Adão possuiu por um ato livre da bondade divina. A *similitudo Dei* é obra do *pneuma* divino.

Claro está que, para Ireneu, Inácio e outros, a redenção do indivíduo é realizada, em nome de Cristo, pela Igreja e seus sacramentos. A Igreja tem um papel preponderante na obra de recapitulação. Da mesma forma que em Adão todos pecaram porque Adão era a cabeça da humanidade, em Cristo toda a Igreja vence Satanás, porque Cristo é a cabeça da Igreja. Não obstante o fato de Cristo ter vencido o diabo, e com isso ter devolvido ao ser humano a possibilidade de crescer até alcançar a plenitude da semelhança com o Filho de Deus, essa possibilidade se dá somente nesse corpo que tem Cristo por cabeça. A Igreja é o corpo de Cristo, e é nela que ele faz avançar seus propósitos de recapitulação mediante o batismo e a eucaristia, que nos unem ao próprio Cristo.[139] Nesse ponto, Ireneu pensa na Igreja como instituição. Está em pugna não só com os movimentos gnósticos mas também com a Igreja marcionita e seus bispos rivais.

Por outra parte, a Igreja somente pode levar a cabo a obra de unir-nos a Cristo se for verdadeiramente o corpo de Cristo, ou seja, mantiver-se na doutrina verdadeira. Por isso o zelo com que Ireneu ataca os hereges: estes

---

[137] IRENEU DE LIÃO, *Adversus haereses* III,16,6, cit., p. 321.
[138] Cf. QUASTEN, *Patrología*, cit., v. 1, p. 312.
[139] Cf. GONZÁLEZ, *Historia del pensamiento cristiano*, cit., t. 1, p. 166.

não atacam simplesmente essa instituição que se chama "Igreja", senão que com suas especulações pretendem invalidar a obra de Cristo. Diante deles, os cristãos deverão estar firmes na doutrina que receberam, fiéis à *parádosis* (tradição), ou seja, ao magistério vivo da Igreja, que guarda a doutrina dos apóstolos pregando-a nas Igrejas. Essa *parádosis* é autêntica por causa da sucessão dos apóstolos e também pelo carisma do Espírito Santo presente na Igreja. Nesse sentido, Ireneu concede à Igreja romana uma autoridade especial por sua maior força de origem apostólica,[140] diz ele:

> Limitar-nos-emos à maior e mais antiga e conhecida por todos, à Igreja fundada e constituída em Roma, pelos dois gloriosíssimos apóstolos, Pedro e Paulo, e, indicando a sua tradição recebida dos apóstolos e a fé anunciada aos homens, que chegou até nós pelas sucessões dos bispos.[141]

3.3 A teologia romano-africana: modelos episcopal-eclesiológico e ortodoxo-exegético

Há dúvidas se de fato a evangelização da África foi realizada por Roma. De qualquer maneira, bem cedo temos notícias de que cristãos e Igrejas africanas acorressem a Roma em busca de orientação eclesial, teológica, pastoral etc. É realmente curioso constatarmos que a contribuição africana à literatura e teologia cristãs da antiguidade, sob muitos aspectos, é bem mais relevante que a de Roma. Por isso mesmo é que a África, tanto a África Proconsular como a África Oriental, se tornará, a partir do século III, o centro da primeira literatura cristã em língua latina, produzindo uma teologia de primeira qualidade, através de várias personalidades, além de forjar um vocabulário teológico que serviria a toda a Igreja ocidental a partir de então. Contudo, e não obstante sua maturidade, tal teologia mantém

---

[140] Cf. Vilanova, *Historia de la teología cristiana*, cit., v. 1, p. 182.
[141] Ireneu de Lião, *Adversus haereses* III,3,2, cit., pp. 249-250.

um vínculo bem estreito com a sé romana, ajudando inclusive na sedimentação dogmática do primado de Pedro em Roma.

3.3.1 Hipólito de Roma:[142] tradição apostólica[143]

A *Traditio apostolica* recupera de modo brilhante a antiga tradição litúrgica romana, descrevendo-a com minúcias. Contém três grandes divisões, além de um prólogo e um epílogo:

a) Apresenta cânones para eleição e consagração dos bispos: "Seja ordenado bispo aquele que, irrepreensível, tiver sido eleito por todo o povo [...]. Com o consentimento de todos, imponham os bispos sobre ele as mãos, permanecendo imóvel o *presbyterium*".[144] Em seguida, prescreve também a oração de consagração feita por um dos bispos presentes: "Pai, que conheces os corações, concede a este teu servo, que escolheste para o episcopado, apascentar o teu santo rebanho e desempenhar irrepreensivelmente diante de ti o primado do sacerdócio, servindo-te noite e dia".[145] Na continuação a *Traditio* registra a liturgia eucarística, seqüência da sagração episcopal, e também a consagração do azeite, queijos e azeitonas, bem como a ordenação de presbíteros (sacerdotes), na qual todo o presbitério impõe as mãos com os diáconos, que recebem a imposição de mãos apenas do bispo.

---

[142] Nasceu por volta de 170, provavelmente no Oriente. Segundo Fócio, foi discípulo de Ireneu de Lião e nele teria se inspirado na luta contra a heresia. De fato, lutou arduamente contra o modalismo, representado por Sabélio e outros. Eusébio de Cesaréia e Jerônimo o chamam bispo, porém não há indicação clara de sua sede episcopal, podendo ter sido uma pequena comunidade cismática na própria Roma. Morreu como mártir em 236 na Sardenha.

[143] Sua produção literária é enorme, mas pouca coisa foi conservada. Sua obra mais importante são os *Philosophumena*, refutações de todas as heresias, composta de dez volumes. Redigiu também vários comentários bíblicos e até uma *Crônica da história do mundo* até o ano 234. Para os nossos objetivos, estudaremos apenas a *Traditio apostolica*, redigida por volta de 215. Seu texto foi encontrado apenas no iníco do século XX. Possuímos em português uma edição completa, com uma excelente introdução de Maucyr Gibin: *Tradição apostólica de Hipólito de Roma*; liturgia e catequese em Roma no século III. 2. ed. Petrópolis, Vozes, 2004.

[144] *Tradição apostólica de Hipólito de Roma*, cit., p. 46.

[145] Idem, ibidem, p. 47.

◆ 157 ◆

"É que o diácono está intimamente ligado à pessoa do bispo e como tal lhe é submisso".[146] A primeira parte ainda trata dos confessores,[147] viúvas, leitores, virgens, subdiáconos e pessoas com dom de curar: "Se alguém disser: 'Recebi o dom da cura por uma revelação', não será imposta a mão sobre ele: os próprios fatos evidenciarão se diz a verdade".[148]

b) Oferece uma normatização simples e objetiva acerca das atividades seculares: Trata primeiramente daqueles que se aproximam da fé: "[...] Dêem testemunho deles os que os tiverem conduzido, dizendo se estão aptos a ouvir a Palavra; sejam, também, interrogados sobre sua vida: se tem mulher, se é escravo".[149] "Se alguém estiver possuído pelo demônio, não ouça a Palavra da doutrina enquanto não for purificado."[150] Apresenta uma relação de profissões que são indignas da profissão cristã: proprietários de casa de prostituição, escultor ou pintor (devem cessar de fazer ídolos), ator,[151] professor de crianças em escolas públicas pagãs (não possuindo outra habilidade poderia continuar), cocheiro de corridas de cavalo, gladiador, encarregado das lutas, sacerdote ou guardião dos ídolos, soldado (poderá continuar, porém, sem poder para matar ou jurar), magistrado. Ademais, são sumariamente rejeitados para a instrução cristã: meretriz, devasso, invertido, mágico, feiticeiro, astrólogo, adivinho, intérprete de sonhos, charlatão, falsário, fabricante

---

[146] GIBIN, *Introdução à Tradição apostólica de Hipólito de Roma*, cit., pp. 21-22.

[147] Os mártires sobreviventes devem desfrutar, pela imposição de mãos, da mesma distinção dos presbíteros, muito embora trate-se aqui não de uma ordenação mas apenas de uma deferência honrosa pelo testemunho alcançado.

[148] *Tradição apostólica de Hipólito de Roma*, cit., p. 56.

[149] Idem, ibidem.

[150] Idem, ibidem, p. 57.

[151] Cf. idem, ibidem. "Era difícil ser cristão 'dentro' de uma cultura pagã: essas exigências visam a evitar atos e idéias comuns no teatro e contrários ao espírito da Igreja" (p. 57, nota 74). Do mesmo modo quanto à questão das escolas: "A Igreja visava a evitar o ensino pagão, uma vez que havia, já, escolas cristãs" (p. 57, nota 75).

de amuletos, o que tiver concubina. "A concubina, se for escrava do amigo, se tiver educado os filhos e se tiver se unido somente a este homem, ouça a Palavra; no caso contrário, seja recusada."[152] Os catecúmenos devem ouvir a Palavra por três anos antes de serem apresentados para o batismo, salvo em casos excepcionais. "Escolhidos os que receberão o batismo, sua vida será examinada: se viveram com dignidade enquanto catecúmenos, se honraram as viúvas, se visitaram os enfermos, se só praticaram boas ações."[153] O ritual de santificação continua: "Seja imposta a mão sobre eles, diariamente, e ao mesmo tempo sejam exorcizados [...]. Aproximando-se o dia em que serão batizados, exorcize o bispo cada um, para saber se é puro".[154] Em jejum os *baptizandi* serão conduzidos para o local do batismo. Antes da unção com óleo de exorcismo, dirão: "Renuncio a ti, Satanás, a todo o teu serviço e a todas as tuas obras".[155] O batismo será concretizado por meio de três perguntas a partir do credo apostólico, três respostas do batizando ("creio") e três imersões na água. Após isso o neófito será confirmado, mediante unção de óleo consagrado, e participará de sua primeira eucaristia.

c) Trata de vários costumes cristãos: eucaristia dominical, regras para o jejum e para o ágape etc. Há normas para o enterro, para a oração da manhã, para a instrução catequética e outras.[156] Enfim, temos aqui a vida diária das comunidades cristãs no século III, como parte da grande tradição da Igreja.

---

[152] Idem, ibidem, p. 59.

[153] Idem, ibidem, p. 60.

[154] Idem, ibidem.

[155] Idem, ibidem, p. 62.

[156] Cf. SANTIDRIÁN, P. Hipólito e Roma. In: ____. *Breve dicionário de pensadores cristãos*. Aparecida, Santuário, 1997. p. 272.

3.3.2 Tertuliano: polêmica anti-herética e carismatismo

Quintus Septimius Florens Tertulianus nasceu em Cartago (África Proconsular), por volta do ano 155; converteu-se ao cristianismo em 193, na cidade de Roma, onde exercia a profissão de advogado, desfrutando de uma sólida formação intelectual e jurídica. Após sua conversão, fixou residência em sua cidade natal. Quinze anos mais tarde, cerca de 207, atraído por seu milenarismo rigorista, abraçou a fé montanista.[157] Em ambos os períodos, produziu importantes tratados teológicos, nos quais se podem perceber os traços de sua espiritualidade.

A primeira citação de Tertuliano[158], digna de nota, é a sua descrição da presença cristã em Cartago, no final do século II:

> Chegamos apenas ontem e já ocupamos a terra e todos os vossos domínios, as cidades, os subúrbios, os lugares fortificados, os municípios, as assembléias, as casernas, as tribos, os colégios, a corte, o senado, o foro; a vós restam apenas os templos.[159]

---

[157] Movimento cismático que surgiu no final do século II, na Frígia (Ásia Menor) e que insistia no papel preponderante do Espírito Santo e relativizava perigosamente o papel dos bispos em detrimento dos profetas do movimento. Além de Montano, seu fundador, contava com duas profetisas-sacerdotisas: Priscila e Maximila. Anunciavam o retorno iminente de Cristo e a necessária preparação rigorosa para esse encontro, por meio do exercício ascético-carismático. Mais sobre o montanismo pode ser visto em: DANIÉLOU & MARROU, *Nova história da Igreja*, cit., v. 1, pp. 118-120; DONINI, *História do cristianismo*, cit., pp. 145-147; FRANGIOTTI, R. *História das heresias*. São Paulo, Paulus, 1995. pp. 55-59

[158] Os escritos de Tertuliano no original em latim podem ser encontrados em PL 1-2; OEHLER, F. *Q. S. F. Tertulliani opera omnia*. Leipzig, s.n., 1851-1854. vv. 1-3 [ed. Maior]. Uma antiga tradução para o espanhol por J. PELLICER DE OSSAU SALES Y TOBAR (trad.) (*Obras de Quinto Septimio Tertuliano*. Barcelona, s.n., 1639). Em português não dispomos de suas obras completas; C. F. GOMES (cf. *Antologia dos Santos Padres*, cit., pp. 160-171) oferece-nos um total de seis textos escolhidos e considerados mais importantes. A. HAMMAN (cf. *Os Padres da Igreja*. São Paulo, Paulus, 1980. pp. 61-63) nos oferece apenas o *Apologético*. Ademais disso, QUASTEN (cf. *Patrología*, cit., v. 1, pp. 554-563), ALTANER & STUIBER (cf. *Patrologia*, cit., pp. 158-170), FIGUEIREDO (cf. *Curso de teologia patrística*, cit., v. 1, pp. 50-56) e GONZÁLEZ (*Historia del pensamiento cristiano*, cit., t. 1, pp. 170-183) trazem importantes aclarações sobre suas obras mais importantes, além de oportunas explicações sobre suas ênfases teológicas.

[159] O *Apologeticum* XXXVII. Essa obra, cujo nome completo é *Apologeticus adversus gentes pro christianis*, foi dirigida aos governadores das províncias do Império Romano, na qual Tertuliano

---

◆ 160 ◆

Nessa mesma obra ele também descreve o sentido último do cristianismo: "Nossa religião sabe que seu destino é ser estrangeira sobre esta terra e que sempre terá adversários. É no céu que ela tem sua sede, suas esperanças, seu crédito, e sua glória".[160] Não obstante tal conceito, encontramos Tertuliano absolutamente engajado em seu contexto histórico. Na verdade, a ação pastoral, teológica e ascética de Tertuliano foi de extrema importância na ligação entre o cristianismo grego e o latino. Segundo S. Otto, ele constitui um laço capital entre os dois mundos. Tertuliano inaugura o latinismo africano. Dessa forma, ele possibilita à África uma dianteira sobre Roma. A África anterior a Tertuliano apresenta assim duas características: um povo cristão de origem acentuadamente latina, povo numeroso e cheio de seiva; uma cultura que é ainda quase exclusivamente grega. Será a missão de Tertuliano dar a essa cristandade seu cunho de expressão autóctone.[161] Juntamente com essa presença estratégica na África Proconsular, ajudando na construção de uma identidade cristã, por sua própria formação jurídica, Tertuliano se revelou um grande polemista. Por um lado, como vimos, fez apologia da fé cristã diante da intelectualidade romana. Nesse particular temos a sua obra *Ad nationes* ("aos pagãos"), escrita no ano 197 e composta de dois livros, em que faz a defesa do cristianismo contra as interpretações pagãs, ao mesmo tempo que investe contra a progressiva dissolução moral e religiosa do paganismo, provando que as divindades pagãs são apenas criações humanas.

Mais importante e mais completo é o seu *Apologeticum* (cf. *supra* nota 159), também escrito em 197. A obra destaca-se por seu caráter de

---

faz uma defesa do cristianismo, não do ponto de vista filosófico, como muitas outras apologias, mas de forma jurídica. "Com admirável habilidade, Tertuliano censura os processos jurídicos, em voga, do poder do Estado 'gentio' contra os cristãos: é suficiente o crime do *nomem christianum* para acarretar a condenação. A todos os criminosos concede-se o direito de defesa; aos cristãos, não; àqueles, a tortura tenta arrancar uma confissão; aos cristãos, um apostasia" (ALTANER & STUIBER, *Patrologia*, cit., p. 159).

[160] *Apologeticum* I, citado por GOMES, *Antologia dos Santos Padres*, cit., p. 160.

[161] Cf. DANIÉLOU & MARROU, *Nova história da Igreja*, cit., v. 1, pp. 166-167.

originalidade, revelando a competência e profundidade jurídica com que Tertuliano defende o cristianismo. É sem dúvida uma das jóias da literatura cristã antiga.

A seguir, reproduzimos um pequeno texto desse documento que descreve de maneira vívida o culto cristão:

> Somos uma corporação pela comunidade de religião, a unidade de disciplina e o vínculo de uma esperança. Juntamo-nos em assembléia e congregações para assaltar a Deus com nossas orações, com a carga cerrada. Essa violência é grata a Deus. Oramos também pelos imperadores, por seus ministros e pelas autoridades, pelo estado do presente século, pela paz do mundo, pela dilação do fim. Reunimo-nos para recordar as divinas letras, pois a índole dos tempos presentes nos obriga a buscar nelas ou premonições para o futuro ou explicações do passado. É certo que com essas santas palavras apascentamos nossa fé, levantamos nossa esperança, fixamos nossa confiança, estreitamos, por isso mesmo, nossa disciplina, inculcando os preceitos. Em tais assembléias há também as exortações, os castigos, as repreensões em nome de Deus. Porque entre nós se julga com grande peso, certos como estamos da presença de Deus [...]. Presidem-nos provados anciãos, que alcançaram tal honra, não com dinheiro, mas pelo testemunho de sua santa vida, porque nenhuma coisa de Deus custa dinheiro. E ainda que exista entre nós uma caixa comum, não se forma como uma "soma honorária" posta pelos eleitos, como se a religião fosse um leilão. Cada qual cotiza uma módica quantia em dia fixo do mês, quando quiser e se quiser, e se puder, porque ninguém é obrigado: contribui-se espontaneamente. Estes são os fundos de piedade [...]. E esta prática de caridade é mais que nada o que aos olhos de muitos nos imprime um selo peculiar.[162]

---

[162] *Apologeticum* XXXIX,1-7, citado por QUASTEN, *Patrología*, cit., v. 1, pp. 558-559.

Paralelamente, investe ofensivamente contra os costumes pagãos com dois escritos: *De spectaculis* e *De cultu feminarum*; no primeiro, escrito entre 197-200, proíbe a freqüência a toda espécie de espetáculo pagão, por causa de sua imoralidade e da estreita ligação com o culto dos ídolos.[163] No segundo, dois livros escritos entre 197 e 201, Tertuliano repreende a vaidade feminina em suas diversas formas.

Juntamente com essas duas obras, Tertuliano produziu várias outras com características prático-ascéticas, obras que revelam o conteúdo ético de sua piedade. Faremos menção apenas a algumas delas.

No seu escrito *Ad martyres*, produzido entre os anos 202-203, no qual consola e conforta cristãos encarcerados por perseguição, recorda-lhes a assistência da *Domina mater ecclesia* a seus irmãos cristãos. Diz a eles que morrer por Cristo não é sinônimo de aceitação indiferente do sofrimento e de paciência estóica. É a prova mais árdua de valor e intrepidez. É um combate no sentido mais pleno da palavra. No segundo capítulo, exorta-lhes a não desanimarem por se sentirem separados do mundo:

> Muito maiores são as trevas do mundo, que cegam os corações humanos. Mais pesadas correntes abundam no mundo, as quais aprisionam as almas mesmas dos homens [...]. Essa prisão causa horror [...], porém vocês são luz. Estais presos, porém possuís a liberdade para ir a Deus.[164]

No capítulo terceiro fala novamente da prisão como um combate, encarando o cárcere como um lugar de treinamento:

> Participareis de uma grande luta na qual o árbitro para os prêmios será o Deus vivo; o treinador e assistente na luta, o Espírito Santo; a recompensa, a coroa eterna de essência angélica, a cidadania dos céus e a glória pelos séculos dos séculos.[165]

---

[163] Cf. ALTANER & STUIBER, *Patrologia*, cit., p. 164.

[164] *Ad martyres* II, citado por QUASTEN, *Patrología*, cit., v. 1, p. 589.

[165] Idem, ibidem.

Ademais, consola-os trazendo exemplos extraordinários de martírio. No *De oratione*, escrito nos anos 198-200, dirige-se aos catecúmenos, proporcionando-lhes regras gerais de oração, além de explicar-lhes o pai-nosso. Começa com a idéia de que o Novo Testamento introduziu uma forma de oração que, por seu teor e espírito, não tem precedente no Antigo e é superior por sua intimidade, por sua fé e confiança em Deus e por sua brevidade.[166] Nos capítulos 2-9, Tertuliano nos brinda com o primeiro comentário do pai-nosso de que se tem notícia. Além disso, acrescenta conselhos práticos sobre a oração: ninguém deve aproximar-se de Deus sem se haver reconciliado antes com seu irmão e ter deposto toda ira e perturbação de espírito (cf. capítulos 10-12). Recomenda orar com as mãos levantadas e em voz baixa, atitude que simboliza a modéstia e a humildade. Ninguém deve dispensar-se do ósculo da paz depois das orações, nem mesmo no dia de jejum. O ósculo da paz é o selo da oração (cf. capítulo 17). Todo lugar é apto para render homenagem ao Criador, se a oportunidade e a necessidade o exigem (cf. capítulo 24).

Não há nenhuma hora especial prescrita para orar, porém é bom fazê-lo nos momentos principais da jornada, na hora sexta e nona. "É conveniente ao crente não tomar alimento nem banho antes de haver orado; porque os refrigérios e alimentos do espírito devem preferir-se aos da carne, e as coisas do céu às da terra" (capítulo 25). Nunca deveríamos receber ou despedir a um hóspede sem elevar ao céu nossos pensamentos juntamente com ele. Seria bom também, segundo um louvável costume, acabar todas as orações de petição com um aleluia ou um responsório (cf. capítulos 26-27). Os dois últimos capítulos (28-29) exaltam a oração como sacrifício espiritual e louvam seu poder e eficácia.[167]

Apesar da profundidade de suas idéias, seu tratado não tem uma preocupação filosófica, como o de Orígenes. Tertuliano se preocupa sobretudo com a postura interior e exterior. Seu tratado é valioso, pois expressa com dinamismo a concepção autenticamente cristã da vida.

---

[166] Cf. *De oratione* I, citado por QUASTEN, *Patrología*, cit., v. 1, p. 594.
[167] Cf. idem, ibidem, pp. 594-595.

Outras obras de características similares foram escritas no período católico.[168] No período montanista (207 em diante), inúmeras obras de espiritualidade vieram à luz.

Em *De idolatria*, escrito por volta de 211, exige o mais completo repúdio do culto aos ídolos e condena todas as profissões que, de algum modo, os servem (artistas, mestres-escolas, funcionários e militares).[169] Diz ele: "Que isto sirva para recordá-los de que todos os poderes e dignidades deste mundo não somente são estranhos a Deus, senão inimigos" (capítulo 18). Ademais, rejeita o serviço militar: "Não pode haver compatibilidade entre os juramentos feitos a Deus e os juramentos feitos aos homens, entre o estandarte de Cristo e a bandeira do demônio, entre o campo da luz e o das trevas. Uma só alma não pode servir a dois senhores, a Deus e a César" (capítulo 19).[170]

Desse período montanista são reveladores de seu rigorismo os escritos *De ieiunio adversus psychus* e *De pudicitia*. O primeiro é um áspero ataque à Igreja (seus membros são chamados aqui de "psíquicos") por sua falta de rigor ascético: escravos da luxúria e explodindo de glutonarias (cf. capítulo 1). Diante das acusações contra o rigorismo montanista quanto ao número excessivo de dias para o jejum e demais práticas, Tertuliano sai em defesa do movimento. O tratado é um importante documento informativo sobre a prática do jejum.

O segundo "sobre a modéstia", quer corrigir afirmações que fez antes de se tornar montanista, especialmente em *De paenitentia*, sobre o direito de perdoar pecados. Agora, segundo ele, o poder de perdoar pecados não pertence à "Igreja dos bispos", juridicamente organizada, mas unicamente aos *homines spirituales*, aos espirituais ("apóstolos e profetas"). A Igreja não pode reconciliar com a *pax ecclesiastica* não somente os que cometeram

---

[168] Cf. *De paenitentia*; *De patientia*; *Ad uxorem*.

[169] Cf. ALTANER & STUIBER, *Patrologia*, cit., p. 166.

[170] Citado por QUASTEN, *Patrología*, cit., v. 1, p. 608.

165

os *peccata graviora* (apostasia, homicídio, adultério), senão também os que cometeram outros pecados graves. Assim, o poder de perdoar pecados está sob a autoridade da hierarquia espiritual e não da hierarquia eclesiástica:

> E desejo conhecer teu pensamento, saber que fonte te autoriza a usurpar este direito para a "Igreja". Se, porque o Senhor disse a Pedro: "Sobre esta pedra edificarei a minha Igreja", "a ti dei as chaves do Reino dos Céus", ou: "Tudo o que desatares sobre a terra será desatado; e tudo o que atares será atado"; tu presumes logo que o poder de atar e desatar desceu até ti, quer dizer, a toda a Igreja que está em comunhão com Pedro. Que audácia a tua, que pervertes e mudas inteiramente a intenção manifesta do Senhor, que conferiu este poder pessoalmente a Pedro! (capítulo 21).

Todos esse escritos, de uma maneira ou de outra, como dissemos, refletem um perfil rigorista e legalista, ainda que, como era de esperar, este se manifeste mais claramente nas obras do período montanista. Em todo caso, todas essas obras têm grande importância, pois nos dão a conhecer acerca da vida prática e da adoração dos cristãos nos tempos de Tertuliano. Portanto, ao tentar reconstruir a história da liturgia cristã ou a história dos costumes cristãos, Tertuliano vem a ser forçosamente uma das nossas principais fontes.[171]

Tertuliano é fonte primária também nos temas dogmáticos,[172] mas que não fazem parte de nosso objetivo no presente trabalho.

---

[171] Cf. González, *Historia del pensamiento cristiano*, cit., t. 1, p. 171.

[172] Para os temas dogmáticos devem ser consultadas as seguintes obras de Tertuliano: *De praescriptione haereticorum, Adversus Marcionem, Adversus hermogenen, Adversus valentinianos, Scorpiace, De carne Christi, De carnis resurrectione, Adversus praxean, De baptismo, De anima*. O comentário sobre cada uma dessas obras, além de uma descrição crítica sobre a teologia e os pontos de vista dogmáticos de Tertuliano, pode ser encontrado em escritos amplamente usados aqui.

◆ 166 ◆

3.3.3 Cipriano de Cartago: unidade eclesiástica

Inúmeros autores e especialistas do período patrístico concordam que a personalidade de Cipriano de Cartago[173] se diferencia radicalmente da de Tertuliano. Enquanto este se destaca pela inquietação, radicalismo e inconformismo; aquele, pelo contrário, possui os dons do coração que estão ligados à caridade, à amabilidade, à prudência e ao espírito conciliador.[174] Não obstante, teologicamente, Cipriano foi claramente influenciado por Tertuliano, fato esse que reconheceu até o final.

É conveniente lembrar que a partir da segunda metade do século III, especialmente após a cruenta perseguição de Décio, a Igreja latina ocidental se expande consideravelmente até a Gália, Espanha e Itália, fazendo surgir inúmeras sedes episcopais nesses três países. No entanto, os dois focos centrais e irradiadores continuam sendo Roma e Cartago.

Nascido provavelmente nessa cidade entre 200-210, e apesar de sua cômoda situação intelectual, social e econômica, cultivava um desgosto de alma pela imoralidade e corrupção presentes na vida social de Cartago. Segundo Jerônimo, sob a influência do presbítero Cecílio e tocado pela graça de Deus, converteu-se ao cristianismo, ofertando todas suas riquezas aos pobres. Pouco depois de sua conversão foi ordenado sacerdote, e em 249 elegeu-se bispo de Cartago por aclamação do povo. Ao estourar a perseguição de Décio (250), ocultou-se, atitude que não seria bem-vista pelos demais. Pouco depois do martírio do papa Fabiano, viu-se compelido a enviar uma carta à Igreja de Roma explicando o porquê de sua conduta e relatando

---

[173] Os escritos de Cipriano de Cartago são encontrados em PL 4. O texto completo de suas obras pode ser encontrado também em *Sources Chrétiennes* (Paris, s.n., 1982. 291); CPL (Turnhout/ Paris, s.n., 1953ss. 38-67); CSEL (Viena, s.n., 1866ss. III,1-2). Uma bela edição bilíngüe de seus tratados e cartas está em *Obras de San Cipriano* (Madrid, BAC, 1964). Em português ainda não dispomos das obras completas de são Cipriano. C. F. GOMES (*Antologia dos Santos Padres*, cit., pp. 182-196) oferece-nos partes de três textos: *Sobre a unidade da Igreja*; *A oração do Senhor*; *Carta sobre o martírio*. Já HAMMAN (*Os Santos Padres*, cit., pp. 75-76), partes da *Oração do Senhor*.

[174] Cf. QUASTEN, *Patrología*, cit., v. 1, 635.

◆ 167 ◆

os testemunhos de outras pessoas que asseguravam que ele nunca havia abandonado seus deveres de pastor.[175] Sob a direção de Cecílio, começou seu estudo da Bíblia e provavelmente também dos escritos de Tertuliano.

Cipriano se destaca especialmente como escritor. Menos original que Tertuliano, por seu estilo e vocabulário, é ao mesmo tempo clássico e mais dependente da Escritura.[176] Interessam-nos, aqui, especialmente quatro obras: *Ad Donatum, Testimoniorum libri III ad Quirinum, De ecclesiae unitate* e *De bono patientiae*. Como nelas se podem perceber as linhas mestras de sua espiritualidade, serão nosso foco de atenção.

No opúsculo *Ad Donatum*, seu primeiro escrito, descreve com entusiasmo sua experiência de conversão, ou seja, os efeitos da graça divina em sua vida, levando-o à regeneração. Confessando seu passado de violência, corrupção e paixões e explicando seu novo estado de felicidade e paz, Cipriano nos faz lembrar das *Confissões* de santo Agostinho:

> Como me achava retido e enredado em tantos erros de minha vida anterior, dos que não cria poder desprender-me, eu mesmo condescendia com meus vícios inveterados [...]. Mas depois que ficaram apagadas com a água da regeneração as manchas da minha vida passada e se infundiu a luz no meu espírito, agora transformado e purificado, depois que me mudou em um novo homem por um segundo nascimento a infusão do Espírito celestial, no mesmo instante se aclararam as dúvidas de modo maravilhoso [...]. Isso é dom de Deus e não das forças do homem. Nele vivemos, por Ele temos forças.[177]

Escrito pouco depois de seu batismo (provavelmente na noite pascal de 246), o tratado se propõe não somente a justificar a conversão do próprio Cipriano, senão também convidar os demais a dar o mesmo passo. Todo

---

[175] Cf. MANZANARES, C. V. Cipriano de Cartago. In: *DP*, p. 63.

[176] Cf. DANIÉLOU & MARROU, *Nova história da Igreja*, cit., p. 207.

[177] QUASTEN, *Patrología*, cit., v. 1, p. 642.

pecador deveria sentir-se esperançoso ao considerar o abismo de onde foi salvo Cipriano.[178] Tem o objetivo de descrever as considerações que influíram em sua conversão, estimulando seu amigo Donato a tomar uma decisão. É sem dúvida a obra de um neófito investindo contra os gostos perversos de um mundo apaixonado por espetáculos escandalosos, que busca a felicidade na riqueza e na vaidade das honras e do poder. Cipriano sublinha que a verdadeira felicidade e segurança é romper com o mundo e conservar sempre a graça e a inocência batismal.[179] Testemunha, portanto, acerca da verdadeira experiência de salvação, definindo objetivamente seu núcleo e suas conseqüências na alma.

Em seu tratado *Testimoniorum libri III ad Quirinum*, dos anos 249-250, ele realiza uma coletânea de textos bíblicos divididos em três livros (polêmica contra os judeus; cristologia; espelho das virtudes cristãs), que se constitui em importantíssimo documento de acesso ao antigo texto latino da Bíblia. Explica que tem o objetivo de fornecer material para outros. No primeiro livro ele afirma:

> Trato de demonstrar que os judeus, de acordo com o que havia sido predito anteriormente, se separaram de Deus e perderam o favor de Deus, que lhes havia sido outorgado no passado e lhes havia sido prometido para o futuro; os cristãos, ao contrário, tomaram seu lugar, tornando-se credores por sua fé, vindo de todas as nações e de todo o mundo.

A partir disso, no livro II, faz uma leitura essencialmente cristológica do Antigo Testamento, nesse sentido, consegue encontrar aí regulamentações sobre o batismo, a eucaristia e o sacerdócio. Quanto ao Novo Testamento, o que mais lhe interessa são os "ditos" de Jesus (*praecepta, mandata*) considerados como exortações parenéticas para os cristãos de sua própria geração.

---

[178] Cf. idem, ibidem.

[179] Cf. MOLAGER, J. Paris, s.n., 1982. pp. 9-15 [*Sources Chrétiennes* 291], citado por TREVIJANO, *Patrología*, cit., p. 126.

Utiliza-se freqüentemente do método alegórico, mas não dispõe da fantasia alegorizante de seu contemporâneo Orígenes.

O livro III, escrito posteriormente, é um sumário dos deveres morais e disciplinares e um guia para o exercício das virtudes cristãs. Ele enumera cento e vinte teses, acompanhadas das correspondentes provas tomadas da Escritura. Esse tratado exerceu uma influência profunda e duradoura no ensino e pregação da Igreja. Seus textos escriturísticos foram citados uma e outra vez por insignes Pais da Igreja, como Lactâncio, Jerônimo, Pelágio, Agostinho e muitos mais.

Com o *De ecclesiae unitate*, Cipriano sai no encalço do cisma, tanto o de sua própria comunidade, como o que sucedeu na Igreja de Roma quando Novaciano,[180] adotando um rigorismo extremado, enfrentou o papa Cornélio por sua readmissão dos apóstatas arrependidos.

Logo na "introdução", afirma que os cismas e heresias são causados pelo diabo e são mais nocivos inclusive que as perseguições, pois comprometem a unidade interna dos crentes, arruínam a fé e corrompem a verdade. Por isso, todo cristão deve permanecer na Igreja Católica. Porque não há mais que uma só Igreja, a que está edificada sobre Pedro. Ainda que reconheça que a todos os outros apóstolos foi dada a mesma autoridade depois da ressurreição (cf. Jo 20,21). Um pouco adiante ele diz:

> Não obstante, para manifestar a unidade estabeleceu uma cátedra, e com sua autoridade dispôs que a origem dessa unidade começasse por um [...]; a Pedro se lhe dá o primado, para que se manifeste que é uma a Igreja de Cristo [...]. O episcopado é um só, cuja parte é possuída por cada um *in solidum*. A Igreja também é uma, a qual se estende com

---

[180] Conforme nos informa Eusébio de Cesaréia (cf. *História eclesiástica* VI,43), parece ter sofrido de possessão diabólica, no que foi ajudado por exorcistas, recebendo o batismo sob a crença de que estava para morrer. Em 250, desfrutando já de uma posição relevante dentro do clero romano, e diante da indulgência de Cornélio para com os "caídos", exigiu que os apóstatas fossem excomungados para sempre e provocou um cisma com características mais pessoais que teológicas.

sua prodigiosa fecundidade na multidão; à maneira que são muitos os raios de sol, mas um sol apenas; e muitos ramos de uma árvore, porém somente um tronco posto em firme raiz; e quando vários rios procedem de um mesmo manancial, ainda que se haja aumentado seu volume de água, se conserva a unidade de sua origem [...]. Separa um raio do corpo do sol: a unidade não admite a divisão da luz. Assim também a Igreja, iluminada com a luz do Senhor, estende seus raios por todo o mundo; porém uma só é a luz que se derrama por todas as partes, sem separar-se da unidade do corpo [...]. De seu parto nascemos, com seu leite nos alimentamos e com seu espírito somos animados.[181]

Assim, Cipriano, por um lado, reconhece a primazia de Pedro entre os apóstolos, bem como da sede em Roma como fundamentais para a universalidade da Igreja. Por outro lado, ele não concede ao bispo de Roma jurisdição sobre os assuntos internos de sua diocese. Por isso, da mesma maneira que a autoridade de Pedro, ainda que anterior à fé dos demais apóstolos, não era superior, assim tampouco a prioridade de Roma lhe concede autoridade sobre as demais Igrejas. Portanto, com base nessas posições de Cipriano, pode-se concluir com González que a unidade da Igreja está em seu episcopado federado, no qual cada bispo participa como de uma propriedade comum. Essa unidade não é algo completamente alheio à verdade, senão que é parte essencial da verdade cristã, de tal modo que quem não está na unidade tampouco está na verdade.[182]

Com isso, Cipriano chega à sua grande afirmação: *Extra Ecclesia nula salus* ou *Salus extra Ecclesiam non est* ("Fora da Igreja não existe salvação"); e a ilustra com as metáforas da "mãe" e da "arca de Noé":

A esposa de Cristo não pode ser adulterada, ela é incorrupta e pura, não conhece mais que uma só casa, guarda com casto pudor a santidade

---

[181] *De ecclesiae unitate* IV,5, citado por Quasten, *Patrología*, cit., v. 1, p. 646.

[182] Cf. González, *Historia del pensamiento cristiano*, cit., t. 1, p. 237.

do único tálamo. Ela nos conserva para Deus, entrega ao Reino os filhos que gerou. Quem se aparta da Igreja e se junta a uma adúltera separa-se das promessas da Igreja. Quem deixa a Igreja de Cristo não alcançará os prêmios de Cristo. É um estranho, um profano, um inimigo. Não pode ter Deus por Pai quem não tem a Igreja por Mãe. Se alguém se pôde salvar, dos que figuram fora da arca de Noé, também se salvará o que estiver fora da Igreja.[183]

Cipriano, pois, questiona todos os hereges que abandonaram o único rebanho e fundaram suas próprias organizações, e advogava pela excomunhão dos cismáticos. Em uma de suas muitas epístolas ele escreve:

> Embora, presumida e arrogante, a multidão dos rebeldes possa separar-se da Igreja, a Igreja nunca se separou de Cristo. A Igreja é tomada pelo povo unido a seus sacerdotes e pelo rebanho reunido a seu pastor. Compreendei, pois, que o Bispo está na Igreja e que a Igreja está no Bispo. Ora, se alguém não está com o Bispo não está na Igreja. Enganam-se a si mesmos os que, entrando em conflito com os sacerdotes de Deus, tateiam às furtadelas procurando clandestinamente entrar em comunhão com certas pessoas; pois a Igreja é uma, não pode ser separada ou dividida. Evidentemente ela deve estar vinculada e unida com o ligame dos sacerdotes que estão em mútua harmonia.[184]

No seu *De bono patientiae*, evidenciando uma forte influência de Tertuliano, Cipriano exalta a paciência como um distintivo especial dos cristãos, que a possuem em comum com Deus. Na verdade, em Deus está a origem dessa virtude. Todo homem que é amável, paciente e manso é um imitador de Deus Pai, que suporta "pacientemente" os templos profanos, os ídolos da terra e os ritos sacrílegos instituídos em desprezo de sua honra e majestade (cf. 4-5). A paciência é, além disso, uma imitação de Cristo, quem deu o

---

[183] Cf. GOMES, *Antologia dos Santos Padres*, cit., pp. 185-186.
[184] *Epístola* LXVI, 7, citado por BETTENSON, *Documentos da Igreja cristã*, cit., p. 112.

◆ 172 ◆

melhor exemplo com sua vida aqui na terra até o momento mesmo de sua cruz e de sua paixão (cf. 6-8).

Parece ter composto esse livro por volta do ano 256. A introdução indica que provavelmente era um sermão e que foi feito em meio a uma polêmica sobre o batismo, tema discutido em sínodos africanos.

Inúmeras outras obras escreveu Cipriano. Ademais de seu importante ministério teológico, destacou-se sobremaneira como pastor, homem pragmático, fiel à tradição eclesiástica, lutador inconteste da unidade da Igreja e incansável defensor de um cristianismo equilibrado, evitando os extremos do laxismo e do rigorismo.

Terminou seus dias por ocasião do edito de Valeriano, que desencadeou a perseguição na qual morreu o bispo de Roma, Estêvão, e também na qual Cipriano foi desterrado. No ano seguinte, 258, foi decapitado perto de Cartago. Era o primeiro bispo africano a sofrer o martírio. Porém, suas ênfases teológicas dominariam o Ocidente cristão até o aparecimento de santo Agostinho.

Registramos a seguir uma significativa passagem do comentário ao pai-nosso:

> Dizemos a seguir: "Santificado seja o vosso nome". Não porque pretendamos que Deus seja santificado por nossa oração, mas pedimos que seu nome seja santificado em nós [...]. Mas, como disse ele: "Sede santos, que eu também sou santo", suplicamos a perseverança naquilo que começamos a ser pela santificação do batismo. Oramos assim todos os dias, necessitamos diariamente de santificação a fim de purificar-nos continuamente dos pecados de cada dia. E o Apóstolo nos indica qual a santificação que nos é conferida pela misericórdia de Deus: "Na verdade, fostes perversos, devassos [...], mas fostes lavados, justificados e santificados em nome de nosso Senhor Jesus Cristo e no Espírito de nosso Deus". Diz que estamos santificados em nome de Jesus Cristo e no Santo Espírito do nosso Deus. Oramos para que esta santificação permaneça em nós. E como o Senhor, nosso juiz, recomendou ao que

foi por ele curado e vivificado, não reincidisse em pecado, a fim de não lhe acontecer algo pior, fazemos continuamente esta prece, suplicamos dia e noite, seja mantida em nós, pela proteção de Deus, a santificação e vivificação que recebemos de sua graça.[185]

3.3.4 Clemente de Alexandria:[186] verdadeira gnose

A importância conjugada do século III e da África cristã não ficou estacionada somente em Cartago, nas emblemáticas figuras de Tertuliano e Cipriano. O século III revelou-se um momento decisivo na história da Igreja, pois consumou a separação, agora definitiva, entre cristianismo e judaísmo. De agora em diante, ela estará totalmente exposta à cultura helênica e ao mundo romano; buscará formas de aculturação, acomodando-se ao novo *locus*. De fato, desde Justino (cf. *supra* 3.2.2, p. 122) e das primeiras apologias, a Igreja já se vinha acostumando com um novo *Sitz im Leben*.

Ademais, o século III testemunha três grandes acontecimentos. No mundo grego assistimos a um renascimento filosófico, que terá como representantes Plotino, entre os pagãos, e Orígenes, entre os cristãos: os dois pensadores marcarão os séculos seguintes. No mundo latino, o cristianismo conhece extraordinária expansão, territorial e culturalmente, e diferencia-se do cristianismo oriental. Enfim, os movimentos ascéticos judeu-cristãos suscitam no mundo da Síria oriental correntes diversas das quais se isola o maniqueísmo.[187] Todos esses fatores são de relevância estratégica para o desenvolvimento teológico do cristianismo.

---

[185] PL 4, citado por GOMES, op. cit., pp. 188-189.

[186] As obras de Clemente de Alexandria, escritas originalmente na língua grega, podem ser encontradas em PG 8-9. Na coleção *Sources Chrétiennes* 108, 158, 279. Há uma tradução espanhola de J. GUASP DELGADO (Madrid, s.n., 1930) da obra francesa *Clément d'Alexandrie* de G. BARDY (Paris, s.n., 1926). Em português temos apenas textos selecionados de suas obras: HAMMAN, *Os Santos Padres*, cit., pp. 86-87; GOMES, *Antologia dos Santos Padres*, cit., pp. 136-146. Sobre a vida e ambiente alexandrino ver: FIGUEIREDO, *Curso de teologia patrística*, cit., v. 1, pp. 73-87; MANZANARES, C. V. Clemente de Alexandria. In: *DP*, pp. 70-72; GONZÁLEZ, *Historia del pensamiento cristiano*, cit., t. 1, pp. 188-201.

[187] Cf. DANIÉLOU & MARROU, *Nova história da Igreja*, cit., v. 1, p. 193.

◆ 174 ◆

Nesse sentido, insere-se, como símbolo das mudanças, a cidade de Alexandria. Um ambiente cosmopolita e "universitário" que a transforma em capital cultural, hospedando cátedras de escolas de filosofia pagã e residência de mestres gnósticos. Também aqui estiveram presentes vários cristãos (Atenágoras, Panteno, Clemente e certamente outros). Especialmente a partir de meados do século II, a instrução catequética deixou de ser uma simples instrução de fé, assumindo formas mais audaciosas e sistemáticas de ensino teológico.

Nesse particular, segundo Eusébio,[188] Panteno se tornou o primeiro diretor desse *didaskaleíon*. Clemente, que lhe sucedeu nessa escola catequética, era natural de Atenas e em busca de sentido para a vida viajou pela Itália, Síria, Palestina e, finalmente, Alexandria; impressionado com as aulas de Panteno, acabou fixando residência na cidade. Alguns poucos anos mais tarde, em decorrência da perseguição de Sétimo Severo, teve que se exilar na Capadócia, onde faleceu por volta de 212.

De alguma maneira, a espiritualidade que emana de Alexandria guarda as marcas do gnosticismo neoplatônico daquele ambiente. Nesse sentido, particularmente a partir de Clemente, pode-se falar de um gnosticismo autenticamente cristão. Segundo ele, a gnose está intimamente ligada à oração e não é apenas um conhecimento especulativo de Deus.[189] Clemente desenvolve uma "gnose" cujo ponto culminante está na contemplação, e seu último grau é a *apatheia* (o controle completo das próprias paixões e dos próprios desejos).[190] Assim, o caminho da gnose inicia-se com a fé e a iluminação. Tal conhecimento é não um mero discorrer mas sim uma penetração contemplativa e afetiva do Filho de Deus; conhecer para fazer,

---

[188] "Certo é, ao menos, que Panteno, por seus muitos merecimentos, terminou dirigindo a escola de Alexandria, comentando de viva voz e por escrito os tesouros dos dogmas divinos" (EUSÉBIO DE CESARÉIA, *História eclesiástica* V 10,4). "Tendo sucedido a Panteno, Clemente vinha regendo a catequese de Alexandria até aquele mesmo tempo" (idem, ibidem VI 6,1).

[189] Cf. AUMANN, J. Síntese histórica da experiência espiritual católica. In: GOFFI & SECONDIN (orgs.), *Problemas e perspectivas de espiritualidade*, cit., p. 72.

[190] Cf. idem, ibidem. Aumann cita o texto de *Stromata* II-VII. Cf. nota 14 do artigo de Aumann.

porque não se pode deixar de fazer o que se conhece e ama. A gnose é o desenvolvimento da fé que penetra o mistério e leva ao compromisso. O conhecimento de Deus convoca o gnóstico ao amor do próximo, para que este também seja gnóstico.[191] Por isso, para uma correta compreensão das verdades reveladas, que por sua sublimidade são transmitidas em um discurso que as oculta, é necessária a tradição gnóstica.[192]

Pode-se perceber, portanto, que com base em sua exegese alegórica, na qual contempla vários níveis de compreensão, Clemente, de maneira semelhante, parte de uma distinção entre os cristãos. Para ele existem os "cristãos simples" e os "cristãos gnósticos". De fato, Clemente crê que, ademais da simples fé que possuem todos os cristãos, é dado possuir uma compreensão mais profunda das verdades eternas, uma "gnose" superior reservada para os espíritos que se dedicam à busca intensa da verdade. Essa "gnose" que Clemente contrapõe à "falsa gnose" dos hereges é de caráter ético e intelectual. Há uma preocupação sua em salientar a dimensão pragmática e ética da verdadeira gnose, uma dimensão que está relacionada ao Logos encarnado, ou seja, ao Jesus terreno; autor de ações concretas, salientando a humanidade do Senhor, coisa repulsiva a vários movimentos heréticos de corte platônico (gnósticos, docetas etc.).

A figura do Logos é fundamental. No caminho da gnose existe um guia, simultaneamente meta e caminho: o Logos, que é *protreptikòs* ("exortador", "introdutor"), *paidagogós* ("condutor") e *didaskalo* ("mestre").[193] Somente Cristo pode capacitar o homem a alcançar a perfeição moral representada pela semelhança de Deus e partilhar-lhe o ensino gnóstico. Essa intervenção direta do Filho de Deus é o que separa claramente Clemente do neoplatonismo.

---

[191] Cf. *Stromata* VII,12,68-70; MONDONI, D. *Teologia da espiritualidade cristã*. São Paulo, Loyola, 2000. pp. 33-34.

[192] Cf. *Stromata* VII,10,55-56.

[193] Cf. MONDONI, *Teologia da espiritualidade cristã*, cit., p. 34.

Conhecendo a Cristo, que é verdade, sabedoria e poder de Deus, conhece-se também, por meio dele, o Pai.[194] Sob a direção do Salvador, o gnóstico sobrepuja o mundo visível e inteligível e reconhece nele e por ele o Deus transcendente. A esse conhecimento espiritual corresponde seu comportamento em palavras e obras, de modo que já lhe corresponde o título honroso de perfeito, não por próprio mérito, senão por apropriação de Cristo.[195] Dessa forma, segundo Clemente, o caminho gnóstico conduz o cristão a um patrimônio de sabedoria identificado com a pessoa de Cristo.[196] Como está claro, é um conhecimento que está além da fé. Enquanto a fé dá acesso à salvação, a gnose conduz ao aperfeiçoamento do homem.[197] De modo esclarecedor, Mondoni nos ajuda a entender esse processo de aperfeiçoamento:

> Na obra *Pedagogo* convida todos os que a adotaram a entrar na escola do divino pedagogo, Jesus Cristo, para viver como filhos de Deus; a imagem do pedagogo faz pensar o cristão como uma criança a ser ensinada (criança pela submissão e confiança em Deus e seu Verbo); em vez de estimular os cristãos à ascese e à renúncia ao mundo, prefere que transformem o espírito da cidade pelo exemplo de uma vida guiada pelo amor de Deus e do próximo, e pelo testemunho de um coração livre da escravidão dos bens.[198]

De todos os seus escritos, há uma espécie de trilogia que nos possibilita adentrar em seu sistema teológico e conhecer sua doutrina espiritual.

O *Protreptikòs pròs Héllenas*, ou *Exortação aos gregos*, é na verdade um convite à conversão, ou seja, uma obra, em forma de evangelho, de caráter apologético, uma vez que volta a polemizar contra a mitologia antiga,

---

[194] Cf. *Stromata* II,11.

[195] Cf. Trevijano, *Patrología*, cit., p. 159.

[196] Cf. *Stromata* I,99,1ss.

[197] Cf. *Stromata* VII,55,1ss.

[198] Mondoni, *Teologia da espiritualidade cristã*, cit.

sustentando a tese da anterioridade do Antigo Testamento. No entanto, não mais está preocupado em defender o cristianismo das falsas acusações e calúnias de que foi vítima no seu início.

Clemente sabe dar à sua polêmica um tom de convicção soberana, uma tranqüila certeza da função educadora do Logos ao longo de toda a história da humanidade. Apresenta poeticamente e com entusiasmo a sublimidade da revelação do Logos e o maravilhoso dom da graça divina que plenifica todos os desejos humanos.[199] Portanto, o desejo de Clemente era entusiasmar seus leitores com a única verdadeira filosofia, a religião cristã. Diante da salvação eterna, dada aos cristãos pelo Logos, seus ouvintes devem optar entre o juízo e a graça, a morte e a vida.[200] Selecionamos, a seguir, uma parte do capítulo 12 que exalta o caráter salvífico do Logos:

> Porque desejo ver-vos também participar dessa graça, quero conceder-vos todo este benefício: a incorruptibilidade. E dou-vos o Logos, isto é, o conhecimento de Deus, dou-me a mim mesmo perfeitamente. É o que eu sou, é o que Deus quer, é a sinfonia, é a harmonia do Pai, é o Filho, é o Cristo, é o Logos divino, é o braço do Senhor, é o poder universal, é a vontade do Pai [...]. O Logos nos dá assistência, tenhamos confiança nele! Jamais desejemos prata, ouro ou glória tanto quanto ao próprio Logos da Verdade! Não, Deus mesmo não se agradaria se preferíssemos o que tem menos valor, se preferíssemos a ignorância, a baixeza, a leviandade, a idolatria, a impiedade [...]. Podemos, pois, dizer que só o cristão é verdadeiramente piedoso, rico, sensato, nobre, e imagem semelhante a Deus; podemos dizer e crer que, feito pelo Cristo Jesus "justo e santo com inteligência", ele se faz também, na mesma medida, semelhante a Deus [...]. Quanto a vós, resta-vos ainda uma coisa a fazer, e é escolher o que vos convém: o julgamento ou a graça. Quanto a mim, não me parece que se possa hesitar sobre a preferência: não vejo como seja possível comparar a vida com a perdição.[201]

---

[199] Cf. QUASTEN, *Patrología*, cit., v. 1, p. 322.

[200] Cf. ALTANER & STUIBER, *Patrologia*, cit., p. 198.

[201] Citado por GOMES, *Antologia dos Santos Padres*, cit., pp. 138-139.

Os *Stromata*, ou "tapetes", que era um gênero literário que permitia ao filósofo tratar de temas variados sem a obrigação de uma ordem temática, constituía um tratado composto de oito livros. Nessa obra, Clemente buscou apresentar o cristianismo como uma sabedoria filosófica com muita liberdade teológica. Basicamente esboça um programa de ensino cujo objeto fundamental é o itinerário da alma a Deus. Para tanto, apresenta a *gnose cristã* como superior à filosofia grega a partir de "pormenorizadas exposições históricas, tendo em vista provar que a filosofia grega hauriu à sociedade na 'filosofia bárbara', preconizada pelos profetas do AT".[202] Ademais, Clemente tinha a intenção de fortalecer a fé daqueles cristãos mais cultos e interessados na filosofia, elaborando um método intelectual e ascético de contemplação.

Afirma, pois, a existência de uma *gnose ortodoxa* (*Str.* IV, VI e VII) por meio das vias e graus do conhecimento e da união com Deus. Essa gnose não é uma ciência que nasce a partir da especulação humana, mas um conhecimento religioso mais alto e digno, devido a uma revelação privilegiada; é uma espécie de intuição que inicia aquele que goza dos mistérios escondidos.[203] A seguir, oferecemos um pequeno texto dos *Stromata*:

> O filósofo de que tratamos se ocupa, pois, destas três tarefas. Em primeiro lugar, da contemplação. Em segundo, do cumprimento dos mandamentos. Em terceiro, da formação de homens bons. A confluência das três completa o gnóstico. Se falta qualquer uma delas, a gnose estará em desequilíbrio.[204]

No *Paidagogós*, ou *Pedagogo*, obra em três volumes, Clemente dá continuação ao *Protréptico*. No primeiro volume, propõe-se instruir os neófitos

---

[202] ALTANER & STUIBER, *Patrologia*, cit., pp. 199-200.

[203] Cf. LEBRETON, citado em: ROYO MARÍN, *Los grandes maestros de la vida espiritual*. Madrid, BAC, 2003. p. 129.

[204] *Str.* II, 10,46,1 em TREVIJANO, cit., p. 158.

gentios a como proceder em sua vida cotidiana de maneira digna da nova vida que receberam. Cristo é o pedagogo de todos os remidos, aparecendo em primeiro plano como preceptor para ensinar aos convertidos como deverão ordenar sua vida. Esse primeiro livro tem um caráter geral; trata da obra educadora do Logos como pedagogo: "Seu objetivo não é instruir a alma, senão torná-la melhor; educá-la para uma vida virtuosa, não para uma vida intelectual".[205] Cristo, o Logos, não é somente aquele que concedeu a salvação, senão o que, pelo seu Espírito, instrui na nova vida; havendo, pois, uma dimensão relacional do cristão com Cristo, uma convivência afetiva em que cada aspecto da vida prática do crente cobra uma significativa importância para o Logos.

Nos outros dois livros temos uma riqueza de pormenores acerca do comer e beber, o descanso e a recreação, o cuidado do corpo e o vestuário, a habitação, as relações sociais, a vida conjugal etc. Com isso, pode-se notar que Clemente não está preocupado em impor aos cristãos um ideal ascético de vida, nem em exigir-lhes uma atitude radical de abnegação e renúncia a todas as alegrias e satisfações mundanas oferecidas por Alexandria, seu luxo, sua licenciosidade e seus vícios. Busca ensiná-los a não se submeterem ao estilo de vida daquela cidade. Previne-os contra essa forma de vida e oferece-lhes um código moral de comportamento cristão em ambientes como aquele.

O que importa é a atitude de alma. Enquanto o cristão mantiver seu coração independente e livre de todo apego aos bens deste mundo, não há motivo para que se afaste de seus semelhantes. É mais importante que a vida cultural da cidade seja impregnada do espírito cristão. O *Pedagogo* termina com um hino a Cristo, que a seguir reproduzimos:

---

[205] *Protréptico* I,1,1,4; cf. QUASTEN, *Patrología*, cit., v. 1, p. 324.

HINO AO CRISTO SALVADOR[206]

Freio de incautos potrinhos,
asa de certeiro pássaro,
firme leme dos navios,
pastor de régios cordeiros!

Reúne os teus filhinhos,
pede à inocência deles
hino e louvor sinceros;

Ó Verbo inesgotável,
ó tempo-eternidade,
ó luz que não se extingue,
ó fonte da piedade!

Tu constróis a virtude
daqueles que, vivendo,
a Deus, por serem santos,
um hino vão erguendo.

Cantem seus lábios puros
aquele que os conduz
reinando sobre os santos.
Verbo que vences tudo,
Filho do Pai altíssimo
juiz que tudo sabes,
és força dos que lutam
e eterno regozijo
dos séculos sem fim.

Ó Jesus Cristo, leite
que nos desceu do céu
pelos sagrados seios
da esposa virginal,
premida pelos dons
da eterna sapiência.

Da raça dos mortais
tu és o salvador,
pastor e agricultor;
freio seguro e leme,
asa que leva aos céus
a grei purificada.

E, quanto a nós, filhinhos,
de lábios sem malícia
sempre a sugar o seio
do Verbo maternal,
possa nos saciar
o espiritual orvalho!

Tu és o pescador
daqueles que escaparam
ao pélago do mal:
peixes que o pão da Vida
atrai pela doçura
para longe da tempestade.

Com os mais singelos hinos,
cantemos sem disfarce
do Cristo a realeza;
juntemos nossas vozes,
pagando-lhe o tributo
pelas lições de Vida.

Santíssimo pastor
de espirituais cordeiros
conduze como um rei
teus filhos inocentes:
sobre os teus passos, Cristo,
caminhem para o céu!

Do Filho onipotente
formemos o cortejo
um coro de pacíficos.
Hinos ao Deus da paz
cantemos, povo sábio,
em Cristo transformados.

---

[206] Tradução de D. Marcos Barbosa em: Gomes, *Antologia dos Santos Padres*, cit., p. 140.

3.3.5 Orígenes de Alexandria: exegese bíblica e experiência mística

Diferentemente de Clemente, Orígenes[207] (c. 185-253) procedia de um lar cristão. Seu pai, Leônidas, morreu mártir no ano 202 durante a perseguição de Sétimo Severo (193-211). Eusébio nos brinda com importantes detalhes desse período:

> E como também Severo suscitou uma perseguição contra as Igrejas, em todas as partes consumaram-se esplêndidos martírios dos atletas da religião, mas multiplicaram-se especialmente em Alexandria. Os atletas de Deus foram enviados para lá [...]. Entre eles achava-se também Leônidas, chamado "o pai de Orígenes", que foi decapitado e deixou seu filho ainda muito jovem. Não seria demais descrever brevemente com que predileção pela palavra divina viveu o rapaz desde então, já que é muito abundante o que se conta sobre ele entre o povo.[208]

Ainda na adolescência, Orígenes, como meio de sustentar-se, começou a ensinar filosofia, gramática e literatura. Como em Alexandria, por causa da perseguição, faltavam mestres da doutrina cristã, o bispo Demétrio

---

[207] Os escritos de Orígenes de Alexandria em grego podem ser encontrados em PG 11-17. *Sources Chrétiennes* 7bis, 37bis, 67, 87, 132, 136, 147, 148, 150, 157, 162, 222, 226, 227, 232, 238, 253, 268, 269, 286, 287, 290, 302, 312, 328, 352, 275, 376, 385, 389; C. DE LA RUE (Paris, s.n., 1733-1759. 4 vv.); GCS (Leipzig, s.n., 1899-1955. 12 vv.). Em português, dispomos de ORÍGENES, *Contra Celso* (São Paulo, Paulus, 2004). Alguns textos selecionados em: GOMES, *Antologia dos Santos Padres*, cit., pp. 147-159; HAMMAN, *Os Santos Padres*, cit., pp. 99-102. As informações sobre sua vida e pensamento são numerosíssimas em várias línguas. Em português, temos excelentes fontes, eis algumas: ALTANER & STUIBER, *Patrologia*, cit., pp. 203-215; FIGUEIREDO, *Curso de teologia patrística*, cit., v. 1, pp. 88-112; MANZANARES, Orígenes. In: *DP*, pp. 162-166; HALL, C. A. *Lendo as Escrituras com os Pais da Igreja*. Viçosa, Ultimato, 2000. pp. 134-146; GONZÁLEZ, J. *A era dos mártires*; uma história ilustrada do cristianismo. São Paulo, Vida Nova, 1984. v. 1, pp. 128-132; DANIÉLOU & MARROU, *Nova história da Igreja*, cit., v. 1, pp. 193-198. Pequena mas interessante síntese em: DUMEIGE, G. & GUERRA, A. História da espiritualidade. In: *DE*, p. 494. Sobretudo, as preciosas informações oferecidas por Eusébio de Cesaréia, ver *História eclesiástica* VI.

[208] EUSÉBIO DE CESARÉIA, *História eclesiástica* VI,1,1 (p. 193). Eusébio, além do mais, nos informa acerca da educação do menino Orígenes (cf. VI,2,1-15); o ensino catequético que ministrava (cf. VI,3,1-13) etc.

encarregou o jovem Orígenes, com apenas 18 anos, da instrução aos catecúmenos.

Motivado pela responsabilidade da função, Orígenes, que já cultivava um temperamento filosoficamente austero, aliou a isso uma inclinação ao ascetismo. Essa tendência levou-o a uma atitude radical; interpretando de forma literal o texto de Mt 19,12, na sua penúltima parte — "E há eunucos que se fizeram eunucos por causa do Reino dos Céus" —, Orígenes se automutilou. Eusébio nos narra o fato assim:

> Efetivamente, tomando muito ao pé da letra com ânimo bastante juvenil a frase: "Há eunucos que se castraram a si mesmos pelo Reino dos Céus" e pensando, por um lado, cumprir assim a palavra do Salvador e, por outro, com o fim de evitar entre os infiéis toda suspeita e calúnia vergonhosa, já que sendo tão jovem, tratava das coisas de Deus não apenas com homens, mas também com mulheres, decidiu-se a concretizar a palavra do Salvador, cuidando para que passasse despercebido para a maioria de seus discípulos.[209]

Os problemas de Orígenes com as autoridades eclesiásticas, especialmente com Demétrio, aconteceram pouco depois. Segundo Eusébio, foram motivados por "paixão humana",[210] ou seja, inveja e ciúme diante do êxito de Orígenes, pois na época este já havia deixado o ensino catecumenal e iniciado uma escola de instrução em conhecimentos mais profundos, derivando daí sua fama de grande pensador cristão e filósofo, para além das fronteiras africanas. Além do mais, o que estimulou mais ainda a fúria de Demétrio foi o fato de que em uma viagem à Palestina, por volta do ano 216, um grupo de bispos solicitou a Orígenes que expusesse a Palavra em suas Igrejas. Este acedeu, crendo

---

[209] Idem, ibidem VI,8,2 (p. 199). Eusébio detalha em seguida que não foi possível ocultar tal fato por muito tempo. Sabendo-o, Demétrio, não o reprovou; pelo contrário, estimulou-o ainda mais à obra catequética.

[210] Idem, ibidem VI,8,4.

que era seu dever aceitar a ocasião de explicar a mensagem das Escrituras.[211] Demétrio, inteirando-se do fato, exigiu a volta imediata de Orígenes, alegando que um leigo não podia ensinar a bispos a Escritura; Orígenes obedeceu. Alguns anos mais tarde, de viagem a Antioquia, Orígenes teve a oportunidade de voltar à Palestina, e novamente foi convidado a pregar; para evitar problemas com seu bispo, ordenaram-no presbítero (sacerdote). Nesse ato, Demétrio viu uma ameaça à sua autoridade episcopal e contra-atacou arrazoando que um castrado não podia ser ordenado; com isso conseguiu a excomunhão de Orígenes. Seu sucessor no bispado de Alexandria, Héraclas, antigo discípulo de Orígenes, manteve a excomunhão; isso fez com que Orígenes se estabelecesse em Cesaréia (232), onde fundou uma nova escola e a dirigiu por cerca de vinte anos. Ali terminaria seus dias, na cidade de Tiro, por ocasião da perseguição impetrada por Décio (249-251).

Depois de sua morte, discutiu-se — com razão — o caráter heterodoxo de algumas de suas idéias. Em torno de 400, Epifânio de Salamina condenou-o em um sínodo que teve lugar perto de Constantinopla. O papa Anastácio fez o mesmo em uma carta pastoral. O Concílio de Constantinopla (553) pronunciou quinze anátemas contra ele, decisão que foi aprovada por Virgílio, o bispo de Roma, e pelos demais patriarcas. Jerônimo utilizou uma lista que se perdeu; segundo ele, o número de tratados chegava a dois mil. Epifânio assinala que Orígenes escreveu umas seis mil obras, consideradas perdidas em sua maior parte por causa das controvérsias relativas a seu caráter herético. Só conhecemos o título de umas oitocentas.[212] De fato, Jerônimo, em uma carta a Paula (cf. *Epist* 33), fornece-nos o título de oitocentas.

Após esses necessários dados biográficos, podemos encetar uma tentativa de compreender sua espiritualidade mística, desviando-nos, intencionalmente, do restante de sua obra, que, sendo imensa, nos obrigaria a uma tarefa acima do que podemos no momento. Nosso objetivo é descobrir seu

---

[211] Cf. GONZÁLEZ, *A era dos mártires*, cit., p. 202.
[212] Cf. MANZANARES, C. V. Orígenes. In: *DP*, pp. 163-164.

"caminho espiritual", suas fontes, seus meios, seus motivos, sua inspiração. Antes, porém, traçamos uma visão panorâmica de suas obras.

A imensa obra de Orígenes pode ser dividida em:

a) Trabalhos de crítica textual: sua *Hexápla*, uma Bíblia em seis colunas paralelas, na tentativa de estabelecer um texto crítico do Antigo Testamento; na primeira coluna, o texto hebraico com caracteres hebraicos; na segunda, o texto hebraico com caracteres gregos determinando a pronúncia; na terceira, a tradução grega de Áquila, um judeu contemporâneo de Adriano; na quarta, a tradução grega de Símaco, judeu da época de Sétimo Severo; na quinta, a *Septuaginta* (LXX); na sexta, a tradução do judeu Teodósio (do século II). Eusébio nos dá conta também de que Orígenes escreveu uma *Tétrapla*, utilizando apenas as quatro colunas gregas. Além disso, sabemos que na seção dos salmos compôs uma *Ennéapla*, ou seja, nove colunas paralelas. Parece que a obra nunca foi copiada em sua totalidade.[213] Esteve na biblioteca de Cesaréia e ali foi consultada por Jerônimo.

b) Obras exegéticas: 1) Escólios ou anotações — comentário de passagens difíceis do Antigo e Novo Testamentos. 2) Homilias — sermões sobre quase todos os livros da Bíblia, pois pregava quase todos os dias (segundo seu biógrafo, Pânfilo); a maioria se perdeu, mas, com o que temos, percebe-se o seu valor inestimável, pois nos apresentam o autor sob uma nova luz, desejoso de extrair da Sagrada Escritura alimento espiritual para a edificação dos fiéis e para o bem das almas.[214] De um total de quase seiscentas homilias, restam-nos vinte e uma em grego e um número um pouco maior em traduções latinas. 3) Comentários — escritos de caráter científico com a presença de notas filológicas, textuais, históricas e etimológicas, mas que, no entanto, têm o objetivo de extrair o sentido místico do texto por meio do método alegórico. Igualmente, pouquíssimos chegaram até nós.

---

[213] Cf. Quasten, *Patrología*, cit., v. 1, pp. 358-359.
[214] Cf. Quasten, *Patrología*, cit., v. 1, p. 361.

c) Escritos apologéticos: o mais importante é o seu *Contra Celso*, em oito volumes, considerado a mais importante apologia produzida antes do século IV. Com ela, vemos claramente a luta do cristianismo contra o paganismo, aqui representada por dois ilustres eruditos. Foi escrito a pedido de seu amigo Ambrósio a fim de refutar as acusações que foram feitas pelo filósofo platônico Celso contra a pessoa de Cristo.

d) Escritos dogmáticos: a obra dogmática mais importante é o seu *Peri-Archon* (*De principiis*). É o primeiro sistema de teologia cristã e o primeiro manual de dogma. A obra compreende quatro livros, cujo conteúdo pode ser resumido sob seus títulos: Deus, mundo, liberdade, revelação. O título — "fundamentos" ou "princípios" — revela o objetivo de toda a obra. Orígenes se propôs nessa obra a estudar as doutrinas fundamentais da fé cristã.[215] Escreve ainda *A disputa com Heráclides*, *Sobre a Ressurreição* e *Escritos miscelâneos*.

e) Escritos de caráter práticos: entre estes se destacam: *Sobre a oração* — contém duas partes: na primeira, trata da oração de modo geral e, na segunda, explica a oração do pai-nosso. Essa obra é um belo testemunho da profunda piedade do autor.[216] Quasten considera que esse tratado revela, melhor que nenhum outro, a profundidade e o fervor da vida religiosa de Orígenes. Alguns dos conceitos fundamentais que sublinha nessa obra são de grande valor para analisar seu sistema teológico. É o estudo científico mais antigo que possuímos sobre a oração cristã.[217] Sobre seu conteúdo, falaremos mais adiante. Por ora, basta registrarmos três outros escritos: *Exortação ao martírio*, *Carta a Gregório Taumaturgo* e *Carta a Júlio, o africano*.

Podemos identificar, no pensamento de Orígenes, um ponto central em torno do qual o autor gastou suas energias, devotando toda a sua racionalidade prodigiosa, todo o seu temor e toda a sua piedade cristã. Esse lugar é

---

[215] Cf. idem, ibidem, p. 372.

[216] Cf. ALTANER & STUIBER, cit., p. 210.

[217] Cf. idem, ibidem, p. 378.

a *Escritura*.[218] A vida de Orígenes como um todo gira em torno da Bíblia, e sua filosofia, teologia, ética e mística partirão dela. Não discutiremos aqui a qualidade dessa relação, pois a consideramos um pressuposto do estudo de sua espiritualidade.

A partir do fundamento bíblico, como referencial absoluto, Orígenes articulará seu arcabouço teológico e sistemático utilizando-se, sobremaneira, da exegese alegórica. Inaugura, assim, uma abordagem científica das Escrituras. Seu sistema teológico está marcado por ênfases teológicas específicas: "Trindade" — refuta com vigor a negação modalista da distinção entre as três pessoas divinas. "Cristologia" — faz uma relação de sua doutrina do Logos com a do Jesus encarnado dos evangelhos; sendo a alma de Jesus preexistente, pode estabelecer a união entre o Logos infinito e o corpo finito de Cristo. "Eclesiologia" — concede papel fundamental à Igreja, para a salvação, uma vez que a relação de Jesus com ela não é apenas extrínseca e legal; por ser cabeça da Igreja existe uma dimensão existencial nesse relacionamento. "Batismo e pecado original" — segundo Orígenes, por nascer o homem em pecado, ordena a tradição apostólica que se batizem os recémnascidos, diz ele: "[...] que todos levam a mancha do pecado original, que deve ser lavado pela água e o espírito".[219] Essas são apenas algumas doutrinas teológicas dentre as muitas que compõem a originalidade de seu pensamento.

Diferentemente de seu mestre Clemente, Orígenes não inicia seu sistema teológico com o Logos. Não obstante, sua espiritualidade conferirá um peso enorme e fundamental à figura do "Verbo de Deus". Por este ser a cabeça da Igreja, há uma participação do crente no mistério de Cristo, conforme nos fala o apóstolo Paulo: "Por uma revelação me foi dado a conhecer o mistério, como atrás vos expus sumariamente: lendo-me, podeis compreender a percepção que eu tenho do mistério de Cristo" (Ef 3,3-4).

---

[218] Acerca do conceito de Escritura e suas implicações em Orígenes, remetemos o leitor às reflexões de Ronald HEINE em *Reading the Bible with Origen*, citado por HALL, *Lendo as Escrituras com os Pais da Igreja*, cit., pp. 134-146.

[219] *In Rom. Com.* 5,9.

É, na verdade, uma identificação afetiva com Cristo, que conduz o crente, através do "matrimônio místico", à comunhão plena com a Trindade Santa.[220] Tal comunhão é o que a teologia espiritual chama de "união com Deus", ou seja, através das "bodas" entre a alma e Cristo, o cristão "iniciado" adentra misticamente na comunhão trinitária. Nesse ponto, novamente divergindo de Clemente, a "gnose" converte-se em experiência mística.

A escola alexandrina forjou os primeiros elementos de elaboração de uma teoria do êxtase, visto como experiência inefável do divino, após um processo catártico realizado pela ascese e pela graça.[221] Acerca dessa experiência, falou-nos o apóstolo Pedro: "Por elas nos foram dadas as preciosas e grandíssimas promessas, a fim de que assim vos tornásseis participantes da natureza divina" (2Pd 1,4a).[222]

Com esses esclarecimentos prévios, podemos agora tratar da "experiência mística"[223] de Orígenes, como modelo e referencial de espiritualidade. Ele começa com a noção de "perfeição", que está relacionada com a mudança de ser simplesmente "imagem", que o homem recebe quando foi criado, para ser "semelhança" de Deus. Esse processo é explicado da seguinte forma:

---

[220] Cf. *Comm. in Ioh.* XXXII,27 e *Contra Celsum* III,28,27, citado por Aumann, Síntese histórica da experiência espiritual; experiência católica, cit., p. 72.

[221] Cf. Mondoni, *Teologia da espiritualidade cristã*, cit., p. 35.

[222] Em nota de rodapé, a *Bíblia de Jerusalém* comenta que "está aqui um dos pontos de apoio da doutrina da 'deificação' dos Padres gregos" (São Paulo, Paulus, 2000. 2 Pedro 1,4, nota f, p. 2.278).

[223] A bibliografia do tema é abundante, conforme Quasten, *Patrología*, cit., v. 1, pp. 410-411. Indicamos aqui apenas algumas: Bardy, G. *La spiritualité d'Origène*. VG 31. s.l., s.n., 1932. pp. 80-106; Rahner, K. *Coeur de Jésus chez Origène?* RAM 15. s.l., s.n., 1934. pp 171-174; von Balthasar, H. U. *Le mystérion d'Origène* RSR 26. s.l., s.n., 1936. pp. 513-562; Viller, M. & Rahner, K. *Aszese und Mystik in der Väterzeit*. Friburgo i. Br., s.n., 1939. pp. 72-80; Daniélou, J. *Origène*. Paris, s.n., 1948; Bertrand, F. *Mystique de Jésus chez Origène*. Paris, s.n., 1951; Camelot, Th. *La théologie de l'mage de Dieu*: RSPhTh 40. s.l., s.n., 1956. pp. 443-471; Crouzel, H. *L'image de Dieu dans la théologie d'Origène*: SP 2 (TU 64). Berlin, s.n., 1957. pp. 1.194-1.201; Bouyer, L. *La spiritualité du Nouveau Testament et des Pères*. Paris, s.n., 1960. v. 1, pp. 315-367.

Ao dizer "o criou a imagem de Deus", sem fazer menção da "a semelhança", quer indicar que o homem em sua primeira criação recebeu a dignidade de "imagem", mas que a perfeição de "semelhança" lhe está reservada para a consumação das coisas; quer dizer que o homem a tem que adquirir por seu próprio esforço, mediante a imitação de Deus; com a dignidade de "imagem" se lhe deu ao princípio a possibilidade da perfeição, para que, realizando perfeitamente as obras, alcance a plena semelhança ao fim do mundo.[224]

Esse é o caminho do "discipulado"; busca-se transformar cada filho de Deus em discípulo, fazendo da multidão de "acompanhantes" seguidores comprometidos e identificados com Jesus.

Portanto, para Orígenes, a questão fundamental é assemelhar-se o mais possível a Deus. E, para conseguir esse objetivo, faz-se necessário que a graça de Deus se some aos esforços humanos nesse caminho ascensional em direção a Deus. O caminho ideal para a perfeição é a imitação de Cristo. Mas, da mesma forma que nem todos os seus discípulos foram feitos apóstolos, tampouco estão convidados todos os homens a entrar no caminho da imitação de Cristo.[225] Isso significa que, na vida cristã, segundo Orígenes, existem graus ou etapas a serem percorridas. Para explicar o gradualismo da vida espiritual, ele assume a terminologia da antropologia neoplatônica, que distinguia no homem "corpo", "alma" e "espírito", e a aplica aos sentidos da Escritura: "material" (literal ou histórico), "moral" (tropológico) e "místico" ou "espiritual" (anagógico). Os homens, dependendo de seu grau de perfeição, alimentam-se de um ou de outro desses sentidos da Escritura. Os "simples" ou principiantes alimentam-se do "corpo" da Escritura (sentido literal); os "proficientes" ou psíquicos bebem a "alma" da Escritura (sentido moral); e os "perfeitos" ou gnósticos, de seu "espírito" (lei espiritual,

---

[224] *De princ.* III,6,1, citado por Quasten, *Patrología*, cit., v. 1, p. 405. Também em: Gomes, *Antologia dos Santos Padres*, cit., p. 155.

[225] Cf. Quasten, *Patrología*, cit., v. 1, p. 405.

a mística).[226] Em seu comentário ao evangelho de Mateus ele explica o *status* dos seguidores dizendo: "Em um certo sentido, é verdade que todos os que crêem em Cristo são irmãos de Cristo. Porém, na realidade, irmãos seus são somente os que são perfeitos e o imitam, como aquele que disse: 'Sede meus imitadores, como eu o sou de Cristo' (1Cor 11,1)".[227] Essa distinção entre os discípulos de Cristo é fundamental para Orígenes, pois somente o "homem espiritual", por sua santidade e conhecimento, consegue ter acesso ao entendimento espiritual e místico das Escrituras, bem como a um estilo de vida não carnal.

A base para a formação do homem "pneumático" é a participação, nele, do Espírito Santo. Essa ação do Espírito diz respeito não apenas aos carismas (dons espirituais, cf. 1Cor 12; Rm 12; Ef 4) mas também ao seu destino pessoal. Para Orígenes só é possível falar de progresso espiritual do homem graças a essa atuação do Espírito em sua vida.[228] Juntamente com essa dimensão "pneumática", formando o caráter do homem espiritual, "perfeito", pois o que se busca é a "perfeição" plena, está também presente a dimensão da cooperação humana. Ou seja, é um caminho que inclui o conhecimento de si mesmo, a prática de exercícios ascéticos e das virtudes, e a luta contra o pecado, passando pelas etapas da infância, juventude e idade adulta até chegar à identificação com Cristo.[229] Certamente aqui Orígenes está bem influenciado pelo apóstolo Paulo: "Até que alcancemos todos nós a unidade da fé e do pleno conhecimento do Filho de Deus, o estado de Homem Perfeito, a medida da estatura da plenitude de Cristo" (Ef 4,13).[230]

---

[226] *De princ.* IV,11. PG 11,363-366, citado por PABLO MAROTO, *Historia de la espiritualidad cristiana*, cit., p. 49.

[227] *Comm. in Matth. serm.* LXXIII, citado por QUASTEN, *Patrología*, cit., v. 1, p. 405.

[228] Cf. FIGUEIREDO, *Curso de teologia patrística*, cit., v. 1, p. 107.

[229] Cf. PABLO MAROTO, *Historia de la espiritualidad cristiana*, cit., p. 49.

[230] Comentando em nota de rodapé esse versículo, a *Bíblia de Jerusalém* diz: "Não simplesmente o cristão chegado ao estado de 'perfeito', mas o Homem Perfeito num sentido coletivo; ou o próprio, 'o Homem Novo', arquétipo de todos os regenerados, ou melhor ainda, o Cristo Total, Cabeça e membros constituindo o seu corpo" (São Paulo, Paulus, 2000. Efésios 4,13, nota u,

Assim, para o seguimento de Cristo e a aspiração à vida perfeita, há que observar tais exigências.

O autoconhecimento é a exigência fundamental na imitação de Cristo e na busca da perfeição. É absolutamente indispensável saber o que devemos fazer, o que devemos evitar, em que devemos melhorar e o que devemos conservar.[231] Acerca da alma em progresso rumo à perfeição, ele escreve:

> No entanto, para que [a alma] possa chegar à perfeição, necessita receber admoestações. Se não pretende conhecer a si mesma [...] e se não se exercita cuidadosamente na Palavra de Deus e na lei divina, o único que conseguirá será recolher opiniões de distintos mestres [...], cujas palavras não têm valor nem provêm do Espírito Santo [...]. É como se Deus falasse à alma de dentro, como se ela estivesse no meio dos mistérios. Mas, porque não se preocupa em conhecer-se a si mesma nem em averiguar o que é e o que deve fazer e como e o que deve evitar [...]. Tão grande perigo é para a alma o deixar de conhecer-se e entender a si mesma.[232]

O autoconhecimento é uma atividade basicamente subjetiva de observação de reações e sentimentos. No entanto, necessária se faz a vigilância exterior, por meio de práticas ascéticas e combate contínuo contra as paixões (*páthe*) e contra o espírito do mundo. A mortificação da carne é o caminho seguro para dominar todas as paixões (*apátheia*).[233] Vigílias,[234] jejuns rigorosos,[235]

---

p. 2.201). Nos remete ainda a 1Cor 2,6, que fala igualmente dos "perfeitos" e explica que "não se trata de um grupo esotérico de iniciados, mas daqueles que atingiram o pleno desenvolvimento da vida e do pensamento cristãos. Identificam-se com os 'espirituais', que Paulo põe em contraste com as 'crianças em Cristo' (3,1)" (idem, ibidem, em nota "g").

[231] Cf. Quasten, *Patrología*, cit., v. 1, p. 406.

[232] *Comm. in Cant.* II,143-145, citado por Quasten, *Patrología*, cit., p. 406-407.

[233] Cf. Altaner & Stuiber, *Patrologia*, cit., pp. 214.

[234] Cf. *Comm. in Ex. hom.* XIII,5; *Comm. in Ios. hom.* XV,3.

[235] Cf. *Ps* XXXIV,13.

meditações e leitura cotidiana das Sagradas Escrituras[236] são atividades recomendadas por Orígenes. Somente com o ascetismo será possível desprender-se completamente do mundo, lutando eficazmente contra o pecado, em uma contínua mortificação da carne. Nesse sentido é que Orígenes aconselha àquele que deseja ser verdadeiro imitador de Cristo a renúncia ao matrimônio, o celibato e o voto de castidade:

> Se lhe oferecemos nossa castidade, quer dizer, a castidade de nosso corpo, receberemos dele a castidade do espírito [...]. Este é o voto do nazareno, que é superior aos demais votos. Porque oferecer um filho ou uma filha, uma novilha ou uma propriedade, tudo isso é algo exterior a nós. Oferecer a si mesmo a Deus e agradar-lhe, não com méritos do outro, senão com nosso próprio trabalho, isto é mais perfeito e sublime que todos os votos; o que faz isto é imitador de Cristo.[237]

No entanto, o imitador de Cristo deve praticar, ademais, o desprendimento de sua família, de toda ambição mundana e da propriedade. Unicamente assim poderá *vacare Deo*, dar lugar a Deus em seu coração.[238] Sem tal atitude, não há ascensão interior possível. Através de conselhos como esses é que Orígenes será considerado um dos precursores do monaquismo.

Para Orígenes, o paradigma e o modelo da peregrinação progressiva do cristão rumo à perfeição está na saída do povo de Israel do Egito e em seu peregrinar pelo deserto até chegar à terra prometida. A partir da cristianização que fez Paulo no texto de 1Cor 10,1-3, aplicando-o a um contexto batismal, Orígenes lhe dá uma significação mais ampla como caminho integral da vida cristã com seus aspectos de renúncia (fuga do mundo e luta contra os inimigos), dependência de Deus e na identificação

---

[236] Cf. *Comm. in Gen. hom.* X,3.

[237] *Comm. in Num. hom.* XXIV,2, citado por QUASTEN, *Patrología*, cit., v. 1, p. 407.

[238] Cf. *Comm. in Ex. hom.* VIII,4,226,2s.

com Cristo, morrer com ele que é como entrar no deserto das tribulações interiores (a cruz), para ressuscitar com ele.[239] Em sua *Homilia sobre Números* 27, Orígenes oferece uma descrição das etapas da ascensão interior. A ascensão começa com o abandono do mundo, de sua confusão e de sua malícia. O primeiro progresso aparece tão logo cada um se dá conta de que o homem vive na terra somente de passagem. Depois dessa preparação é preciso lutar contra o diabo e os demônios a fim de conquistar a virtude. O tempo de progresso é sempre perigoso. Assim, a chegada ao mar Vermelho assinala o começo das tentações. Depois de tê-lo atravessado com êxito, a alma não está ainda livre, senão que lhe esperam novas provas. São os sofrimentos interiores da alma, que acompanham cada nova etapa da subida. Com freqüência Orígenes fala da realidade presente de tentações: "Se o Filho de Deus, sendo o mesmo Deus, se fez homem por ti e foi tentado, tu que és homem por natureza não tens direito de queixar-te se fores acaso tentado".[240]

Não obstante, quanto mais se multiplicam os combates e as lutas, tanto maior é o número de consolações que a alma recebe. Ela se sente invadida por uma profunda nostalgia das coisas do céu e de Cristo, a qual lhe permite superar toda classe de tribulações. Recebe, além disso, o dom de visões. Orígenes fala com tanta clareza desse dom, que deve tê-lo experimentado pessoalmente, discernindo sua finalidade e valor. As visões consistem em iluminações recebidas durante a oração ou durante a leitura das Escrituras, e revelam mistérios divinos. Quanto mais se eleva a alma, mais cresce também a importância desses favores espirituais:[241]

> Mas nem todos os que recebem visões são iluminados por Cristo na mesma medida; cada um é iluminado na proporção de sua capacidade de receber a luz. Os olhos de nosso corpo não recebem a luz do sol

---

[239] Cf. Pablo Maroto, *Historia de la espiritualidad cristiana*, cit., p. 50.

[240] Cf. *Comm. in Luc. hom.* XXIX.

[241] Cf. Quasten, *Patrología*, cit., v. 1, p. 408.

na mesma medida, senão que, quanto mais alguém sobe às alturas, e quanto mais alto está o ponto de onde contempla a saída do sol, tanto melhor percebe sua luz e calor. O mesmo acontece com nosso espírito: quanto mais alto suba e quanto mais se aproxime de Cristo e se exponha ao brilho de sua luz, tanto mais brilhante e esplendidamente será iluminado por sua claridade [...]. E se alguém é capaz de subir ao monte com Ele, como Pedro, Tiago e João Apóstolo, não somente será iluminado com a luz de Cristo, senão pela voz mesma do Pai.[242]

O objetivo dessas visões é fortalecer a alma contra as aflições vindouras: *ut animae post haec possint acerbitatem tribulationum et tentationum* ("De modo que as almas, depois disso, possam ter poder sobre a severidade das tribulações e das tentações"). São oásis no deserto do sofrimento e da tentação. Orígenes não deixa de precaver-se contra o perigo de prestar excessiva atenção a essas experiências de consolo. Também pode valer-se delas o demônio.[243]

A meta final do caminho cristão é a união mística com Cristo, esposo da Igreja e da alma. Orígenes, pela primeira vez, comentando o livro de Cantares, apresentará os fundamentos da "mística nupcial", campo fértil para a experiência e a exposição dos místicos[244] de todos os tempos. Esse "encontro de amor" é a superação mesma da etapa ascética e a instalação da *contemplatio* — contemplação mística do Logos. Portanto, além do nascimento do Verbo na alma, dos graus de perfeição etc., Orígenes desenvolve a ascensão ao monte da contemplação.

Segundo Pablo Maroto, ele expõe bem cedo os princípios da "mística nupcial", assumindo o "símbolo do matrimônio" para explicar a total transformação da alma em Deus. Cristo é chamado esposo da alma, a quem a

---

[242] *Comm. in Gen. hom.* I,7, citado por QUASTEN, *Patrología*, cit., v. 1, p. 409.

[243] Cf. *Comm. in Num. hom.* XXVII,11.

[244] Após Orígenes; Gregório de Nissa; Gregório Magno; Beda, o Venerável; Hugo de São Víctor; São Bernardo; Ricardo de São Víctor; Luís de León; Teresa de Ávila; João da Cruz e vários outros desenvolveram uma espiritualidade a partir das mesmas premissas.

alma desposa quando chega à fé. Assim, primeiramente fala do nascimento de Cristo no coração do homem e de seu crescimento na alma do homem piedoso.[245] Porém prefere a figura do matrimônio espiritual para expressar a relação que existe entre a alma e o Logos:

> Consideremos a alma cujo único desejo é unir-se e juntar-se com o Verbo de Deus e entrar nos mistérios de sua sabedoria e de sua ciência, como no tálamo de um esposo celeste. A essa alma já foram entregues seus dons, como um dote. Assim como o dote da Igreja foram os livros da lei e dos profetas, temos de pensar que, para a alma, os bens matrimoniais são a lei natural, a razão e a livre vontade [...]; porém, ao não encontrar neles a plena e completa satisfação de seu desejo e de seu amor, rogue para que sua inteligência pura e virginal possa receber a luz da iluminação e da intimidade do mesmo Verbo de Deus. Porque quando a mente está cheia da ciência e inteligência divinas sem intervenção de homem ou de anjo, pode então pensar que está recebendo os beijos do próprio Verbo de Deus. Por esses beijos e outros semelhantes parece que a alma está dizendo a Deus em sua oração: Que me beije com os beijos de sua boca [...]; quando começa a ver por si mesma as coisas ocultas [...], então a alma pode crer que recebeu já os beijos de seu próprio esposo, isto é, do Verbo de Deus [...]. Este é o beijo mais verdadeiro, o mais íntimo e o mais santo que dá o esposo, e o Verbo de Deus, a sua esposa, a alma pura e perfeita.[246]

É particularmente interessante comprovar que a mística do Logos está intimamente relacionada com um profundo misticismo da cruz e do crucificado.[247] Os perfeitos devem seguir a Cristo até seus sofrimentos e sua cruz. O verdadeiro discípulo do Salvador é o mártir, como prova Orígenes em sua *Exhortatio ad martirium*. Os que querem imitar a Cristo não podem sofrer o

---

[245] Cf. *Comm. in Cant. prol.* LXXXV; *Comm. in Ier.* XIV,10.

[246] *Comm. in Cant.* I, citado por QUASTEN, *Patrología*, cit., v. 1, p. 410.

[247] Cf. *Comm. in Ioh.* II,8.

◆ 195 ◆

martírio, pois resta ainda a morte espiritual da mortificação e da renúncia. Os dois, o mártir e o asceta, têm um mesmo ideal: a perfeição de Cristo.

No seu tratado *De oratione*, Orígenes especifica que é através da oração que se recebem a graça de Deus e o auxílio de Cristo e do Espírito Santo. A comunhão constante com Deus produz como efeito a santificação de toda a existência do homem. Por conseguinte, a utilidade e a conveniência da oração estão no fato de que ela nos permite unir-nos (*ávakraténai*) ao Espírito do Senhor. Não pretende influir em Deus, senão fazer-nos participar de sua vida e colocar-nos em comunicação com o céu. A oração fortifica a alma contra as tentações e afasta os maus espíritos. Por isso deveríamos dedicar à oração determinadas horas do dia. Mais: nossa vida inteira deveria ser uma oração. Aos que desejam uma vida espiritual em Cristo, o autor aconselha não pedir em sua conversação com Deus coisas fúteis e terrenas, senão bens elevados e celestiais.

Ao longo de toda a segunda parte, que trata de um comentário ao "pai-nosso", Orígenes insiste nas disposições prévias da alma. Os efeitos da oração dependem da preparação interior. Em primeiro lugar, não pode haver autêntica adoração se não se declara guerra ao pecado a fim de purificar o coração. Em segundo lugar, tal luta contra tudo o que macula a alma está intimamente ligada a um esforço constante por livrar o espírito dos afetos desordenados, a uma luta contra todas as paixões. Em terceiro lugar, devemos refutar todas as impressões e pensamentos que venham a perturbar-nos, tanto aquelas que provêm do mundo que nos rodeia, quanto aquelas que têm origem em nós mesmos. Só depois de um desprendimento assim é possível aproximar-se do Onipotente. Quanto mais bem preparada estiver a alma, tanto mais rapidamente será escutada por Deus e mais aproveitará em seu colóquio com Ele. No entanto, mesmo depois de todos esses preparativos, a oração segue sendo um dom do Espírito Santo, o qual ora dentro de nós e nos guia na oração.[248]

---

[248] Cf. Quasten, *Patrología*, cit., v. 1, pp. 380-381.

Não obstante algumas de suas polêmicas afirmações, Orígenes é sem dúvida uma das fontes mais profundas de espiritualidade cristã; conseguiu transformar a "gnose" em experiência mística, possibilitando-nos enxergar as Escrituras de modo sublime e revelador.

3.4 São Justino e companheiros: *Acta martyrum*[249]

Do ponto de vista histórico, pode-se dividir os muitos relatos sobre os mártires cristãos em três grupos básicos:[250] (a) processos oficiais em tribunal, (b) relatos de testemunhas oculares, (c) lendas compostas muito tempo depois dos fatos.

O relato que oferecemos a seguir pertence ao primeiro grupo. É uma descrição sóbria do processo (julgamento e condenação) do mais importante apologista grego desse período (século II), o célebre filósofo que, com outros companheiros, experimentou o martírio em 165 sob o reinado do imperador Marco Aurélio Antonino. Escolhemos essa *Acta*, em meio a tantas, por bem representar o período estudado:

I. Naqueles anos de fanatismo pelo culto idolátrico, foram publicados nas cidades e povoados editos obrigando os cristãos a sacrificar em honra dos ídolos. Apressaram os santos e os conduziram perante o prefeito de Roma, chamado Rústico.

II. Já no tribunal, o prefeito Rústico disse a Justino: A primeira coisa que deves fazer é crer nos deuses e obedecer aos imperadores.

2. Justino respondeu: O melhor e mais louvável é fazer o que mandou nosso salvador Jesus Cristo.

---

[249] Várias coleções podem ser consultadas, eis algumas: BARRA, G. *Acta martyrum*. Torino, s.n., 1945; BEDJAN, P. *Acta martyrum et sanctorum*. Paris, s.n., 1890-1897. 7 vv.; RUIZ, B. L. *Acta selecta de mártires*. Madrid, s.n., 1943 e 1944. 2 vv. (col. Excelsa 8 e 14); BUENO, D. R. *Acta de los mártires*. Ed. bilíngüe. Madrid, BAC, 1951 (col. BAC 75). Para o presente texto, utilizamos a edição preparada por MARTIN, *Textos cristianos primitivos*, cit.

[250] Cf. QUASTEN, *Patrología*, cit., v. 1, p. 177.

3. Continuou Rústico: Que doutrina tu segues?

Eu, respondeu Justino, me informei de toda classe de filosofia e escolhi a doutrina cristã, porque é a verdadeira.

4. Replicou o prefeito: Miserável! Então gostas dessa doutrina!

Justino: Exatamente. Eu a sigo por ser verdade.

5. O prefeito: Em que consiste essa verdade?

Justino: Ela nos manda adorar ao Deus dos cristãos, o único Deus, que fez tudo o que é visível e invisível, e ela nos ensina que Jesus Cristo é seu Filho, a quem os profetas anunciaram que viria ao mundo para ensinar-nos e ser a salvação.

6. Eu, pobre homem, que posso dizer do Deus que é infinito? Para falar dele eu teria de ser profeta como aqueles que anteriormente o proclamaram Filho de Deus.

7. Tens que saber que eles, inspirados por Deus, anunciaram sua vinda entre os homens.

III. O prefeito Rústico: Onde vos reunis?

Justino: Onde pode e prefere cada um; não penses que nos reunimos em um só lugar. Porque o Deus dos cristãos está em todas as partes, não em um local determinado, mas, como é invisível, preenche os céus e a terra. Seus fiéis o adoram e dão glória em todas as partes.

2. O prefeito: Diga-me em que lugar tu te reúnes com teus discípulos.

3. Justino: Vivo na casa de Martim, próximo ao Banho Timeotino, onde tenho vivido todo o tempo que estou em Roma esta segunda vez. É o único lugar de reuniões que conheço. Todos os que foram me ver, eu os ensinei a doutrina verdadeira.

4. O prefeito Rústico: Então, definitivamente te declaras cristão?

Justino: Sim, sou cristão.

IV. O prefeito Rústico, voltando-se a Caritão, lhe perguntou: Tu também és cristão? Caritão respondeu: Sou, graças a Deus.

2. O prefeito, dirigindo-se a Caridade: E tu, que me dizes?

Caridade respondeu: Sou cristã, pela graça de Deus.

3. Em seguida, o prefeito a Evelpisto: E tu, que és?

Evelpisto respondeu: Um escravo de César. Também sou cristão. Cristo me deu a liberdade e, pela sua glória, compartilho com esses minha esperança.

4. Rústico a Hierax: Tu também és cristão?

Hierax: Sim. Também eu sou cristão. Como eles, pratico e adoro ao mesmo Deus.

5. O prefeito continuou: Quem os fez cristãos? Foi Justino?

Hierax respondeu: Eu sou cristão antes e continuarei sendo.

6. Então Piônio se levantou e disse: Também eu sou cristão.

Quem te ensinou a sê-lo?

Meus pais. Deles recebi essa formosa confissão.

7. Interveio Evelpisto: Eu gostava de ouvir os discursos de Justino, porém sou cristão por meio dos meus pais.

Prosseguiu o prefeito: E teus pais, onde estão?

Na Capadócia, respondeu Evelpisto.

8. Héraclas replicou a Rústico: Nosso verdadeiro pai é Cristo, e a fé que temos nele é nossa mãe. Meus pais por quem perguntas já morreram. Estou aqui porque me trouxeram à força de Icônio da Frígia.

9. O prefeito Rústico se dirigiu a Liberiano: E tu, também és um cristão? Tu tampouco tens religião?

Respondeu Liberiano: Correto. Sou cristão. E nessa religião adora-se ao único Deus verdadeiro.

V. Voltando-se o prefeito a Justino: Ouve. Tu que te dizes homem culto e que crês conhecer as doutrinas verdadeiras. Se mando que sejas flagelado e logo te cortem a cabeça, tens certeza de que subirás ao céu?

2. Justino respondeu: Espero conseguir, se sofro, o que dizes. E estou igualmente convencido de que todos os que vivem retamente em todo o mundo conseguirão.

3. Prosseguiu o prefeito Rústico: Concluindo. Tu imaginas que vais subir aos céus onde receberás qualquer tipo de recompensa?

Justino respondeu: Não é que eu imagino. Estou plenamente convencido, não tenho a menor dúvida.

4. O prefeito Rústico concluiu: Sem mais conversa, vamos ao ponto central da questão: Todos juntos agora e com uma só vontade sacrifiquem aos deuses.

Justino contestou: Ninguém, enquanto estiver em são juízo, passará da piedade à impiedade.

5. Replicou o prefeito: Se não obedecerdes, sereis castigados sem compaixão.

6. Justino respondeu: Precisamente o que mais desejamos é sofrer por amor a nosso Senhor Jesus Cristo para salvar-nos. Sofrimento que nos infunde confiança de salvação para comparecer perante o tribunal tremendo e universal de nosso Senhor e Salvador.

7. O mesmo responderam os outros mártires: Somos cristãos. Faz o que quiseres, porém não sacrificaremos aos ídolos.

8. O prefeito Rústico pronunciou a sentença: Por haverdes recusado sacrificar aos deuses, desobedecendo ao imperador, depois de

> chicoteados, deveis ser conduzidos ao suplício e, conforme as leis, decapitados.
>
> VI. Os santos mártires foram louvando a Deus até chegar ao lugar de costume. Ali lhes cortaram a cabeça e eles conseguiram o martírio, confessando sua fé em nosso Salvador.

3.5 Síntese da espiritualidade na primeira patrística

Por primeira patrística, indicamos escritores e escritos cristãos dos séculos II e III. Entretanto, há que se fazer uma precisão. Não obstante estarem todos sob a égide implacável da perseguição estatal, devemos identificar pelo menos três grupos de afinidades.

O primeiro,[251] aqui representado pela *Didaqué* (cf. *supra* 3.1, p. 105), apresenta uma tendência "pastoral-catequética" que, estando no contexto de uma comunidade, tenta reproduzir o ambiente neotestamentário e apostólico transpondo-o ao novo *locus*. Transmite-nos o eco vivo do *kerigma* primitivo (pregação), a força da *didaskalia* apostólica (ensino) e o ardor da *koinonia* da vida comunitária (comunhão). É, pois, o retrato da Igreja cristã no final do século I e início do II, um período pioneiro e desbravador. Ao mesmo tempo, esse primeiro grupo registra uma tendência "tradicional-carismática", quer dizer, tenta registrar o essencial dos primeiros tempos apostólicos, preservando aquilo que será o fundamento da grande *parádosis* (tradição) cristã, e move-se com alguma liberdade em sua *práxis* evangélica, mimetizando a evangelização simples e itinerante dos primeiros discípulos; levam no alforje apenas a recordação viva e amorosa do seu Senhor e a certeza de que a volta dele é iminente.

Um segundo grupo mantém viva a imagem de Jesus, especialmente em sua paixão e morte, como o *leitmotiv* para a defesa da fé. É a tendência

---

[251] Outros escritos que poderiam estar perfeitamente alinhados nesse grupo são: as *Cartas de são Clemente Romano aos coríntios* e a *Epístola de Barnabé*, por exemplo.

"apologético-testemunhal", que leva o compromisso do Evangelho a uma identificação total com o sofrimento do seu Senhor. A fé será defendida nos tribunais, perante filósofos, autoridades e magistrados, por meio, sobretudo, do martírio. Emergirá daí a literatura dos apologistas e a *acta* dos mártires, que influenciarão gerações. Simultaneamente, a Igreja inicia seu processo de estabilização com os desdobramentos que isso acarreta. As primeiras apologias ajudam na nova mentalidade que se inaugura na Igreja do século II; evidencia-se uma tendência "teológico-institucional", ou seja, surgem os primeiros tratados de teologia, que elaboram e articulam em novos conceitos as idéias originárias. A Igreja percebe agora o seu novo *habitat*, tenta responder às suas demandas e inicia de fato um processo de organização interna: teologiza-se e institucionaliza-se.

O terceiro grupo de autores e escritos leva a sério o processo de institucionalização, colocando no centro a Igreja. É a pragmatização da tendência "episcopal-eclesiológica" que não apenas converge e define, mas encaminha-se para um modelo específico: o "romano". Ganha autoridade aqui a figura do bispo. Inácio de Antioquia já havia dito: "onde está o bispo está a Igreja"; agora Cipriano dirá: *extra Ecclesia nula salus* ("fora da Igreja não há salvação"). Paradoxalmente, afloram as novas possibilidades de leitura dos cânones sagrados, que podem tanto servir ao modelo convergente como instrumentos de intelecção, quanto inaugurar uma nova ciência no seio do cristianismo letrado; é a tendência "ortodoxo-exegética", que faz eclodir e manifestar as pluralidades e divergências hermenêuticas em um cristianismo tão espalhado e diverso. Assim, se por um lado os fatos históricos reduzem as possibilidades e assentam a autoridade tradicional da ortodoxia, por outro, o significado espiritual desses fatos e dos textos sagrados amplia e enriquece a diversidade cristã, ocasionando a existência de vários outros modelos e tradições.

Finalmente, podemos dizer que nesses dois séculos não há uma razão homogênea diante da civilização pagã, senão um pluralismo de opiniões entre os escritores. Podemos estabelecer, nessa "selva" de divergências, um critério seguro e unânime. Enquanto a cultura, a civilização e as realidades mundanas mostrarem-se indiferentes mas não puserem em perigo a fé cristã, não obrigarem explícita ou implicitamente a reconhecê-las como deuses subsidiários, o cristão se manterá em um terreno neutro, de indiferença. Caso contrário as atacará e sofrerá até o martírio em nome de sua fé.

Pode-se, assim, explicar a aceitação ou rejeição dessas realidades pelos pensadores cristãos. Uns serão rigorosos e críticos (cristianismo fechado, conservador), e outros serão generosos e compreensivos (cristianismo aberto e progressista). A profunda razão teológica que subjaz a essa suposição é a experiência que o cristão tem de que Cristo já é o Senhor do universo depois da Ressurreição. Não importa que o mundo esteja caminhando para a ruína (sentimento escatológico): enquanto ele durar, por ser o espaço e o tempo em que Cristo reina, é bom. A verdadeira confrontação do cristão com a cultura e a civilização ocorre no campo estritamente religioso: é uma "luta de religiões". Esse princípio explica as perseguições, primeiro do paganismo contra o cristianismo (sécs. I-III); e do cristianismo triunfante e religião do Estado contra o paganismo residual do século IV. Concluindo, podemos dizer que o cristão "equilibrado" não rejeitou absolutamente a civilização pagã, nem seus conteúdos nem mesmo suas estruturas. Tampouco fez algo para mantê-la; no melhor dos casos, agiu para integrá-la. Dessa simbiose entre pensamento judaico, pagão e evangélico nascerá a primeira teologia cristã, e com ela a primeira espiritualidade.[252]

---

[252] Cf. PABLO MAROTO, *Historia de la espiritualidad cristiana*, cit., pp. 39-40. Vale a pena conferir os demais comentários do autor acerca desse período da história do cristianismo em conexão com o tema da espiritualidade cristã.

CAPÍTULO 4

O *locus* niceno e pós-niceno (séculos IV e V) e o desenvolvimento da teologia espiritual dos Pais da Igreja

BIBLIOGRAFIA BÁSICA: AMBRÓSIO DE MILÃO. *Explicação do símbolo*; *Sobre os sacramentos*; *Sobre os mistérios*; *Sobre a penitência*. São Paulo, Paulus, 1996; AUMANN, J. Síntese histórica da experiência espiritual; experiência católica. In: GOFFI, T. & SECONDIN, B. (orgs.). *Problemas e perspectivas de espiritualidade*. São Paulo, Loyola, 1992; BASÍLIO DE CESARÉIA. *Homilia sobre Lucas 12*; *Homilias sobre a origem do homem*; Tratado sobre o Espírito Santo. São Paulo, Paulus, 1999; BERNARD, Ch. A. *Introdução à teologia espiritual*. São Paulo, Loyola, 1999; BETTENSON, H. *Documentos da Igreja cristã*. São Paulo, Aste, 1967; CAMPENHAUSEN, H. von. *Os Pais da Igreja*. São Paulo, CPAD, 2005; DANIÉLOU, J. & MARROU, H. *Nova história da Igreja*. Petrópolis, Vozes, 1984. v. 1; DONINI, A. *História do cristianismo*. Lisboa, Edições 70, 1988; DUMEIGE, G. & GUERRA, A. História da espiritualidade. In:

DE, pp. 490-510; FIGUEIREDO, F. A. *Curso de teologia patrística.* Petrópolis, Vozes, 1990. v. 3; GOMES, C. F. *Antologia dos Santos Padres.* São Paulo, Paulus, 1985; GONZÁLEZ, J. *Historia del pensamiento cristiano.* Miami, Editorial Caribe, 1992. tt. 1 e 2; HAMMAN, A. *Os Padres da Igreja.* São Paulo, Paulus, 1980; KELLY, J. N. D. *Doutrinas centrais da fé cristã;* origem e desenvolvimento. São Paulo, Vida Nova, 1994; LELOUP, J.-Y. *Introdução aos verdadeiros filósofos.* Petrópolis, Vozes, 2003; LIÉBAERT, J. *Os Padres da Igreja.* São Paulo, Loyola, 2000. v. 1 (sécs. I a IV); LIMA VAZ, H. C. de. *Experiência mística e filosofia na tradição ocidental.* São Paulo, Loyola, 2000; MARÍN, A. R. *Los grandes maestros de la vida espiritual.* Madrid, BAC, 2003; MORESCHINI, C. & NORELLI, E. *História da literatura cristã antiga grega e latina.* São Paulo, Loyola, 2000. II,1 e II,2 (do Concílio de Nicéia ao início da Idade Média); PABLO MAROTO, D. *Historia de la espiritualidad cristiana.* Madrid, EDE, 1990; PADOVESE, L. *Introdução à teologia patrística.* São Paulo, Loyola, 1999; PRESTIGE, J. L. *Dios en el pensamiento de los Padres.* Salamanca, Secretariado Trinitario, 1977; QUASTEN, J. *Patrología.* Madrid, BAC, 1985 (v. 2) e 1993 (v. 3); SAN GREGORIO DE NISA. *Comentario al Cantar de los Cantares.* Salamanca, Sígueme, 1993; SÃO JOÃO CRISÓSTOMO. *O sacerdócio.* Petrópolis, Vozes, 1979; SPANNEUT, M. *Os Padres da Igreja.* São Paulo, Loyola, 2002. v. 2 (sécs. IV a VIII); TREVIJANO, R. *Patrología.* Madrid, BAC, 1994; VILANOVA, E. *Historia de la teología cristiana.* Barcelona, Herder, 1987. v. 1.

4.1 Panorama ambiental

As informações mais importantes sobre a Igreja cristã na segunda metade do século III estão na *História eclesiástica* de Eusébio de Cesaréia. Sabemos que, em razão da instabilidade política que surge após a dinastia dos Severos, quando as instituições romanas perdem poder e as fronteiras não podem mais ser sustentadas, a Igreja, apesar de também sofrer em decorrência do contexto, ergue-se como a principal instituição espiritual do império.

◆ 206 ◆

O *LOCUS* NICENO E PÓS-NICENO (SÉCULOS IV E V) E O DESENVOLVIMENTO DA TEOLOGIA ESPIRITUAL DOS PAIS DA IGREJA

No entanto, a partir do começo do ano 250, inicia-se, com o imperador Décio (249-251), um período de ameaças à Igreja. O imperador exige que todos os cidadãos sacrifiquem publicamente aos deuses.[1] A perseguição é suspensa em 251, época em que o bispo Cornélio (251-253) sucede a Fabiano (236-250) no episcopado romano, e recomeça no ano seguinte com o imperador Galo (251-252) e na seqüência com Emiliano (253), que por sua vez será derrotado por Valeriano (253-260), dando início a um período de paz para a Igreja que duraria apenas quatro anos. Daniélou explica o motivo da mudança de política em relação ao cristianismo: por influência do ministro das finanças, Macriano, ganha espaço um misticismo pagão animado de ódio contra o cristianismo.[2] O resultado é uma cruenta perseguição com inúmeros martírios em várias partes do império.

Galieno (260-268), filho de Valeriano e associado a este desde 253, consegue restaurar a ordem no império salvando as fronteiras ameaçadas pelos bárbaros e restitui às Igrejas os cemitérios e as outras propriedades confiscadas, fazendo do cristianismo uma religião quase legal.[3] Logo em seu primeiro ano de poder promulga o edito de tolerância que mudaria a sorte dos cristãos. De fato, os sucessores de Galieno continuarão a política de tolerância para com o cristianismo.

A Igreja, tanto no Ocidente quanto no Oriente, expande-se visivelmente nos últimos anos do século III. Ela se avantaja por conta de sua rica

---

[1] "Em dias estabelecidos, os chefes de família dos diversos centros urbanos e rurais, em todo o território do império, deviam apresentar-se perante comissões especiais para obsequiar o culto oficial, oferecendo um sacrifício aos simulacros dos deuses e à estátua do imperador. Em caso de recusa, procedia-se à prisão, à tortura e, em última análise, à execução capital do renitente; aos outros era concedido um certificado (o "libelo"), que comprovava o ato de culto prestado e a lealdade do súdito" (DONINI, A. *História do cristianismo*. Lisboa, Edições 70, 1988. p. 186). Segundo Eusébio, "agora, pois, a Felipe, que havia imperado por sete anos, sucede Décio, que por ódio a Felipe suscitou uma perseguição contra as Igrejas. Nela Fabiano consumou seu martírio em Roma e Cornélio o sucedeu no episcopado" (EUSÉBIO DE CESARÉIA, *História eclesiástica* VI,34,1). Felipe foi seu antecessor (244-249).

[2] Cf. DANIÉLOU, J. & MARROU, H. *Nova história da Igreja*. Petrópolis, Vozes, 1984. v. 1, p. 215.

[3] Cf. DONINI, *História do cristianismo*, cit., p. 189.

tradição teológica, que será de importância capital nas primeiras polêmicas trinitárias, antecipando, assim, os primeiros concílios ecumênicos. Não obstante a autoridade teológica do Oriente, Roma segue sendo ponto de referência doutrinária, estabelecendo com clareza suas diferenças com os alexandrinos, especialmente quanto à doutrina da Trindade. Ademais, a Igreja se desenvolve bastante na questão litúrgica, com uma riqueza simbólica impressionante, e também com um sistema hierárquico bem desenvolvido, fazendo com que o episcopado de grandes cidades (Roma, Cartago, Alexandria e Antioquia) ganhe força decisória.

No entanto, essa cômoda situação eclesiástica será profundamente afetada com a subida ao poder imperial de Diocleciano (284-305). Repartia com Maximiano o título de "augusto" e sob cada um deles havia um outro imperador com o título de "césar": Galério e Constâncio Cloro, respectivamente. Sabe-se que familiares de Diocleciano eram cristãos e por isso o período de paz estaria, *a priori*, assegurado. Não obstante, Galério, inimigo declarado do cristianismo, convenceu Diocleciano a expulsar cristãos do exército, entendendo que, por sua obstinação religiosa, em algum momento eles poderiam não cumprir ordens. A medida teve rigor excessivo em algumas regiões, especialmente nas do Danúbio, onde governava Galério. Na verdade, havia um desejo de restauração da imagem e da glória imperial do passado, por meio de uma reforma administrativa geral que compreendia também a antiga e tradicional religião do Estado. Essa recuperação da figura do imperador como "augusto" se fazia sentir mais fortemente nas repartições públicas estatais e sobretudo no exército.

A perseguição inicia-se no ano 303, no mês de fevereiro. Eusébio nos dá detalhes dos acontecimentos na Palestina que começaram pouco depois dessa que foi chamada, com razão, "a grande perseguição":

> Era este o ano dezenove do império de Diocleciano e o mês Distro — entre os romanos se diria março — quando, estando próxima a festa da Paixão do Salvador, por todas as partes estenderam-se editos

imperiais mandando arrasar até o solo as igrejas e fazer desaparecer pelo fogo as Escrituras, e proclamando privados de honras aqueles que delas desfrutavam e de liberdade os particulares se permanecessem fiéis em sua profissão de cristianismo. Assim foi o primeiro edito contra nós, mas não muito depois vieram outros editos nos quais se ordenava: primeiro, lançar nas prisões todos os presidentes das igrejas em todo lugar, e depois, forçá-los por todos os meios a sacrificar.[4]

Essa foi uma perseguição sistemática. No prazo de menos de um ano, quatro editos foram promulgados e aplicados. O clero cristão foi particularmente atingido. Em resumo, podemos dizer que os locais de culto foram fechados e os objetos do culto, especialmente as Escrituras, confiscados e destruídos. Os plebeus cristãos foram transformados em escravos. Os bispos foram levados ao cárcere e em muitos casos, como não houve abjuração e sacrifício aos deuses do Estado, sofreram a pena capital.[5] A renúncia à fé cristã nesses dias significava a liberdade imediata e de fato. Muitos o fizeram; alguns para proteger os textos litúrgicos ou as vestimentas sagradas, que se chamavam *traditio* — daí o uso do termo *traditore* ("traidor") —, ocasionando, como na época de Décio, cinqüenta anos antes, uma acirrada discussão sobre estender ou não a comunhão a esses que renegaram a fé, antes chamados de *lapsi* ("caídos"), agora de *traditores*.

Com a abdicação de Diocleciano em 305, sobe ao trono imperial, como "augusto", o pagão Galério, tendo como seu "césar" Maximino Daza, igualmente grande opositor do cristianismo. Apesar de sua violência, a repressão diminuiu, talvez por causa da enfermidade mortal de Galério, que surpreendentemente promulgou um edito de tolerância no ano 311:

---

[4] Eusébio de Cesaréia, *História eclesiástica* VIII,2,4-5 (p. 275). Eusébio nos oferece impressionantes detalhes do sofrimento dos cristãos, que segundo ele somavam milhares em muitas regiões (casas imperiais da Nicomédia, da Fenícia, do Egito, de Tebaida e Frígia).

[5] Daniélou nos proporciona uma descrição detalhada de cada um dos quatro editos (cf. Daniélou & Marrou, *Nova história da Igreja*, cit., v. 1, p. 244).

◆ 209 ◆

> Portanto, movidos por nossa misericórdia a ser benévolos com todos, cremos ser justo estender também a eles o nosso perdão e permitir-lhes que voltem a ser cristãos e que voltem a se reunir em suas assembléias, sempre que não atentem contra a ordem pública.[6]

O término efetivo e oficial das perseguições não foi imediato. Deu-se somente dois anos após o edito de Galério (311). Com Maximino Daza ainda no poder, então dividindo o império com Licínio, Constantino e Maxêncio, a perseguição foi reiniciada de forma cruel, mas no final de 312, pressionado pelos colegas do Ocidente, Licínio e Constantino, Maximino foi obrigado a restabelecer a paz religiosa.

Assim, vão-se preparando os fatos para que a paz final e duradoura se estabeleça. Constantino derrota Maxêncio em 312. Pouco depois, em março de 313, juntamente com Licínio, na cidade de Milão, assina o famoso "edito de Milão", o que fortalece ainda mais a aliança entre os dois. Nesse mesmo ano Licínio marcha contra Maximino perto de Bizâncio, no Oriente, derrotando-o. Reinam agora os cunhados Constantino e Licínio (este último casa com a irmã daquele). No entanto, as hostilidades entre os dois aumenta em meio a mútuas acusações. Constantino invade alguns territórios de Licínio; este, percebendo sua debilidade, pede a paz. Essa trégua dura até 322. Em Adrianópolis, os dois se enfrentam. Constantino sai vencedor, forçando a retirada de Licínio para Bizâncio. Este tenta novamente enfrentar Constantino, dessa vez em Crisópolis, mas outra vez sai derrotado e refugia-se em Nicomédia. Posteriormente, Licínio é assassinado em circunstâncias obscuras e Constantino torna-se o único governante do Império Romano.

O edito de Milão, de 313, é de grande importância para a Igreja. A seguir reproduzimos seu conteúdo:

---

[6] Citado por GONZÁLEZ, J. *A era dos mártires*; uma história ilustrada do cristianismo. São Paulo, Vida Nova, 1984. v. 1, p. 174; também em: BETTENSON, H. *Documentos da Igreja cristã*. São Paulo, Aste, 1967. p. 44, reproduzindo o texto do historiador cristão Lactâncio em sua *De mort. persec.* XXXIV.

Nós, Constantino e Licínio, imperadores, encontramo-nos em Milão para conferenciar a respeito do bem e da segurança do império, decidimos que, entre tantas coisas benéficas à comunidade, o culto divino deve ser a nossa primeira e principal preocupação. Pareceu-nos justo que todos, cristãos inclusive, gozem da liberdade de seguir o culto e a religião de sua preferência. Assim, Deus, que mora no céu, ser-nos-á propício a nós e a todos nossos súditos. Decretamos, portanto, que não obstante a existência de anteriores instruções relativas aos cristãos, os que optarem pela religião de Cristo sejam autorizados a abraçá-la sem estorvo ou empecilho, e que ninguém absolutamente os impeça ou moleste [...]. Observai, outrossim, que também todos os demais terão garantida a livre e irrestrita prática de suas respectivas religiões, pois está de acordo com a estrutura estatal e com a paz vigente que asseguremos a cada cidadão a liberdade de culto segundo sua consciência e eleição; não pretendemos negar a consideração que merecem as religiões e seus adeptos. Outrossim, com referência aos cristãos, ampliando normas estabelecidas já sobre os lugares de seus cultos, é-nos grato ordenar, pela presente, que todos que compraram esses locais os restituam aos cristãos sem nenhuma pretensão a pagamento [...]. Use-se da máxima diligência no cumprimento das ordenanças a favor dos cristãos e obedeça-se a esta lei com presteza, para se possibilitar a realização de nosso propósito de instaurar a tranqüilidade pública. Assim continue o favor divino, já experimentado em empreendimentos momentosíssimos, outorgando-nos o sucesso, garantia do bem comum.[7]

Esse ato significa o início de uma nova era para a Igreja cristã e marca, por assim dizer, o início do fim do paganismo. Gradativamente, Constantino irá, em muitos aspectos, privilegiar a religião cristã. Essa mudança radical ficou conhecida como o "giro constantiniano", uma guinada brusca para o destino do cristianismo.

---

[7] Citado por BETTENSON, *Documentos da Igreja cristã*, cit., novamente reproduzindo o texto em latim de Lactâncio em *De mort. persec.* XLVIII. Eusébio também o registra, só que em grego; podem-se notar diferenças textuais relevantes entre os dois.

Podemos analisar essa guinada política sob dois ângulos: seus motivos (que não nos interessam no momento) e seus resultados para a Igreja. Os resultados imediatos positivos para a vida da Igreja cristã foram espetaculares. Vejamos, pelo menos em síntese, alguns deles: (a) A construção, por parte do Estado, de importantes igrejas em Roma, inclusive já com a forma arquitetônica de basílica; além da de Latrão, teremos dezenas delas; várias construções também em Nicomédia, Antioquia, Belém e Jerusalém; nesta última cidade destaca-se o magnífico conjunto do Santo Sepulcro; em Constantinopla, entre as muitas igrejas construídas, destaca-se a dos Doze Apóstolos, onde Constantino construiu uma sepultura para si. (b) A dispensa de impostos e da prestação de serviços públicos para os clérigos. (c) A equiparação dos bispos com os altos funcionários do Estado. (d) A autorização de a Igreja receber, por testamento, doações de terras e outros imóveis. (e) O reconhecimento pelo Estado das sentenças de tribunais eclesiásticos. (f) A instituição, desde 321, do domingo cristão como dia de descanso.

Daniélou explica que tal política se irá acentuando, com algumas inflexões apenas, até o fim do reinado. Em princípio, a liberdade de culto é a doutrina oficial; no entanto, a balança está longe de se manter igual entre paganismo e cristianismo. Os primeiros símbolos cristãos aparecem, desde 315, nas moedas, que são maravilhosos instrumentos de propaganda; as últimas representações pagãs desaparecem em 323.[8] Além do mais, em 319 foi proibida a prática da "aruspicação privada", prática pagã de consulta às entranhas de animais para vaticinar o futuro. Quanto aos motivos para tais mudanças, dois são plausíveis:

a) Motivo político: o número de cristãos crescia a olhos vistos, estando presentes em todos os segmentos da sociedade romana; Constantino, assim, tomava uma medida popular. Isso justificaria também a própria mudança da capital para Constantinopla, como uma mudança de eixo do império para o Oriente, onde a população cristã era ainda maior que a do Ocidente.

---

[8] Cf. Daniélou & Marrou, *Nova história da Igreja*, cit., v. 1, p. 248.

b) Motivo religioso: a experiência de Constantino na véspera da batalha contra Maxêncio em 312, na ponte Mílvio, teria sido verdadeira, como confirmam Lactâncio e Eusébio.[9] Posteriormente seria considerada uma legítima experiência de conversão. A dúvida sobre isso paira por conta de Constantino ter recebido o batismo somente em 336, no seu leito de morte, pelas mãos do bispo Eusébio de Nicomédia.

A mudança da capital para o Bósforo (antiga Bizâncio) é um capítulo todo especial para a estrutura eclesiástica que se formará a partir de então. O fato é que, com a mudança, tanto a aristocracia senatorial como o povo de Roma ficaram descontentes com o imperador; além disso, estavam também divididos entre paganismo e cristianismo. Em meio a esse vazio administrativo e à carência de uma liderança forte, surge como força espiritual e política a Igreja latina na figura de seus bispos, estabelecendo um contraponto aos bispos de Constantinopla. Esse fato terá repercussões fundamentais para a formação da identidade da Igreja Católica Romana.

Temos, então, um período de crescimento da Igreja cristã sem precedentes na história e que produzirá uma rica literatura teológica, bem como uma valiosa espiritualidade. O século IV é, portanto, a época de ouro da história da Igreja; começará, teologicamente, com a crise ariana e com o Concílio de Nicéia (325), com participação direta do imperador Constantino. Sobre esses dois temas falaremos a seguir, para podermos ter acesso à espiritualidade produzida pelas grandes personalidades do período.

A política constantiniana de favorecimento do cristianismo continuará por todo o século IV, não obstante a tentativa efêmera de reimplantação do paganismo por Juliano Apóstata (361-363). Todos os outros imperadores seguintes adotaram o cristianismo. O ponto culminante dessa história é sem dúvida o governo de Teodósio (379-395), que realmente oficializa o

---

[9] Cf. Lactâncio, *De mort. persec.* XLIV; Eusébio de Cesaréia, *História eclesiástica* I,29-30, citado por Donini, *História do cristianismo*, cit., pp. 203-204.

cristianismo ortodoxo como religião do Estado,[10] havendo também, nesse período, a perseguição de hereges, bem como a interdição e em alguns casos a destruição dos templos pagãos.

Durante a época dourada da literatura cristã, os escritores cristãos têm a possibilidade de concentrarem-se na construção e desenvolvimento da ciência eclesiástica. Livre da opressão exterior do império, a Igreja se dedica a preservar sua doutrina da heresia e a definir seus principais dogmas. Será o início da época dos grandes concílios ecumênicos, e sua característica mais saliente, efeito das disputas cristológicas, é uma intensa atividade teológica. Dessa forma, um crescente número de eminentes escritores combate as heresias.[11]

Como imperador cristão, Constantino enfrentou logo de início o cisma donatista[12] na África. No entanto, a primeira heresia propriamente teológica polemizou acerca da cristologia e obrigou a Igreja a definir um dogma correspondente. Estamos nos referindo ao "arianismo"!

Ário (256-336), natural da África (Líbia), mas ordenado diácono e posteriormente presbítero (sacerdote) em Alexandria, teve sua formação teológica em Antioquia, como discípulo do mártir Luciano. A partir de

---

[10] O edito de Teodósio, promulgado em 8 de novembro de 392, "assinala a data do que poderia ser definida como a 'morte legal' do paganismo. Todos os sacrifícios e manifestações exteriores do culto, quer em público quer em privado, foram proibidos nos centros urbanos, nos campos e nas casas particulares, sob pena de confiscação dos locais e de outros bens imóveis; os templos deviam ser fechados e deixava-se praticamente o caminho livre para a sua demolição ou para a sua conversão em Igrejas cristãs" (DONINI, *História do cristianismo*, cit., p. 247).

[11] Cf. QUASTEN, J. *Patrología*. Madrid, BAC, 1985. v. 2, p. 3.

[12] O donatismo foi um movimento que teve como ponto de partida o debate em torno da indulgência de uns e a intransigência de outros ante os *lapsi*. Os *lapsi* eram aqueles que, por ocasião da perseguição de Diocleciano (303-305), tinham entregue às autoridades policiais do império os vasos sagrados, os livros litúrgicos e as próprias Escrituras, ou então tinham fugido. Passada a perseguição, começaram a retornar às comunidades. Donato era bispo e representava a posição de muitos outros da África que lutavam contra a recepção daqueles que eram considerados traidores e também contra as intervenções do Estado na vida da Igreja. A participação teológica de Agostinho de Hipona será fundamental para o desfecho dos acontecimentos, já no início do século V.

318, opôs-se teologicamente a seu bispo Alexandre[13] em uma questão de grande importância: o tema da Trindade, que já fora objeto de acaloradas discussões ali mesmo em Alexandria e também em muitas outras regiões. Pontualmente, a doutrina ariana negava a divindade substancial de Cristo. Ário, não obstante sua formação teológica, parecia identificar-se mais com a tendência subordinacionista, ou seja, tentava por todos os meios salvaguardar as prerrogativas e privilégios soberanos do Pai, que é o único *agénnetos* ("não gerado").

Com isso, Ário, enfatizando o caráter imutável e absoluto de Deus-Pai, relativizava a figura do Logos, considerando-o não eterno, portanto uma criatura. Tudo o que existe fora do Deus absoluto, eterno, incriado, incomunicável são, para Ário, meras criaturas. Para criar o mundo, o Deus Supremo criou antes um ser intermediário para servir de instrumento da criação. Esse ser intermediário é o Logos. O Logos é superior e anterior a todas as criaturas, mas não é eterno.[14] Nota-se, pois, uma acentuada tendência neoplatônica de corte monoteísta, levando-o à heresia. Uma heresia é muitas vezes, em seu ponto de partida, a apropriação veemente de um aspecto autêntico mas parcial da revelação que, desenvolvido unilateralmente, deforma-se depressa e compromete o equilíbrio de toda a teologia.[15] Esse

---

[13] O início da discussão está registrado pelo historiador Sócrates: "Em certa ocasião, reunidos seus presbíteros e clérigos, esboçou Alexandre uma consideração um tanto ousada sobre a Santíssima Trindade [...]. Um dos presbíteros de sua diocese, de nome Ário, homem exercitado na dialética, entendeu que o bispo estava expondo as doutrinas de Sabélio, o líbio. Levado pelo gosto da controvérsia, esposou pareceres absolutamente opostos aos do líbio [...]. Se Deus-Pai gerou o Filho, dizia, que foi gerado, teve um começo de existência, pois é evidente que houve (um tempo) quando o Filho não era. Daí conclui-se, necessariamente, que teve a existência a partir do não-existente" (*História eclesiástica* I,5, citado por BETTENSON, *Documentos da Igreja cristã*, cit., pp. 72-73, citado por FRANGIOTTI, R. *História das heresias*. São Paulo, Paulus, 1995. p. 86.

[14] Cf. FRANGIOTTI, *História das heresias*, cit., p. 87.

[15] Cf. DANIÉLOU & MARROU, *Nova história da Igreja*, cit., v. 1, pp. 260-261. Para maiores detalhes sobre a doutrina ariana, o leitor pode recorrer, entre várias obras em português, a: GONZÁLEZ, J. *A era dos gigantes*. São Paulo, Vida Nova, 1985. pp. 89-92; KELLY, J. N. D. *Doutrinas centrais da fé cristã*; origem e desenvolvimento. São Paulo, Vida Nova, 1994. pp. 169-175; FRANGIOTTI, *História das heresias*, cit., pp. 85-89.

foi exatamente o efeito desencadeado no seio da Igreja, ocasionando inicialmente uma reação da Igreja alexandrina através de um concílio, com mais ou menos cem bispos do Egito e Líbia. O encontro anatematizou os erros arianos, excomungando Ário e seus seguidores. Ário, não aceitando a disciplina, recorreu a outros episcopados (Palestina, Ásia Menor etc.). Recebeu apoio do influente Eusébio de Nicomédia e, após alguns sínodos provinciais da Bitínia e Palestina, foi reabilitado. Tal atitude desencadeará reações contrárias em várias regiões. A agitação alastrou-se e rapidamente suscitou em Constantino a idéia de um grande concílio.[16] O imperador norteava-se por um padrão de unidade imperial que certamente incluía a questão religiosa.

Assim, mesmo não dando grande importância a discussões de caráter puramente teológico, Constantino temia que cada fratura surgida no seio das comunidades cristãs ameaçasse a unidade indispensável para levar adiante sua política de restauração do Estado e de defesa da integridade das fronteiras. Por isso, após várias tentativas frustradas de conciliação, decidiu convocar uma reunião entre bispos provenientes de todo o território do império, e não apenas de alguns setores ou províncias: um concílio ecumênico, isto é, "universal", cujas decisões teriam valor de lei aprovada pelo soberano.[17] No entanto, esse ideal constantiniano não traduzia a realidade vigente na situação eclesiástica, uma vez que esta, além de não ser homogênea, comportava um leque imenso de tendências teológicas. Na extrema esquerda temos os arianos, liderados por Eusébio de Nicomédia. Na centro-esquerda, estava um partido ligado a Eusébio de Cesaréia, contendo em seu interior tanto subordinacionistas moderados quanto teólogos mais conservadores que primavam pela unidade e que por isso mesmo tinham temor a qualquer novidade que ameaçasse o patrimônio bíblico recebido pela tradição. A extrema direita estava representada pelos denunciadores do arianismo: Alexandre de Alexandria, Atanásio de Alexandria, Ósio de Córdoba, Eustáquio de Antioquia.

---

[16] Cf. idem, ibidem, p. 262.

[17] Cf. DONINI, *História do cristianismo*, cit., p. 209.

A maioria ortodoxa era flagrante e competente pela presença de grandes personalidades e teólogos de renome. O resultado foi a refutação completa do arianismo. Isso, porém, não significou o fim; muito pelo contrário! As discussões teológicas, ligadas ao arianismo e a outras questões paralelas, como, por exemplo, a heresia sabeliana, dominariam a cena até a realização do grande Concílio de Constantinopla em 381. A Igreja contava, de um lado, com os ardorosos defensores das resoluções nicenas e, do outro, não só com os próprios arianos mas também com aqueles que, envoltos na prática da política eclesiástica, consideravam radicais determinadas posições; caso típico é o de Eusébio de Cesaréia.

4.2 O Concílio de Nicéia:[18] personagens e doutrina

Conforme vimos, o favorecimento do imperador Constantino ao cristianismo foi algo crescente e notório em todas as esferas da vida pública. Mas foi no reconhecimento das decisões episcopais e sinodais que o Estado imperial mais se fez presente e junto da Igreja. Como esclareceu Perrone, a partir de Constantino, o instituto sinodal obteve um preciso reconhecimento jurídico, e suas decisões passaram a ter efeito no âmbito das leis imperiais.[19] Assim, Constantino, após sua vitória sobre Licínio, reinando sozinho e estendendo seus domínios também por sobre a parte oriental do Império Romano, a partir de 324 preocupou-se com os impulsos desagregadores e mesmo cismáticos (donatistas e arianos) que poderiam prejudicar a unidade do império e a homogeneidade do sistema de domínio que tencionava fazer prevalecer.

---

[18] A reconstrução histórica do Concílio de Nicéia é problemática, pois não dispomos das atas conciliares, como no caso de outros concílios. As várias informações que temos, oriundas de participantes, quando confrontadas, revelam diferenças importantes. Eusébio de Cesaréia, em sua *Vida de Constantino* III,6-7, é, sem dúvida, a fonte mais autorizada sobre o concílio. Outras fontes são: Teodoreto, *História eclesiástica*; Sócrates, *História eclesiástica*; Atanásio, *Apologia contra arianos*.

[19] Cf. Perrone, L. De Nicéia (325) a Calcedônia (451). In: Alberigo, G. (org.) *História dos concílios ecumênicos*. São Paulo, Paulus, 1995. p. 16.

Dessa maneira, em 24 de dezembro de 324 convocou uma assembléia geral de bispos, que deveria reunir-se no ano seguinte em Nicéia, uma pequena cidade da Bitínia. O início do concílio deu-se em 20 de maio de 325, com abertura solene sob a presidência do próprio Constantino. Sua presença pessoal no concílio, bem como várias intervenções em questões teológicas, demonstrava a sua preocupação e interesse no estabelecimento da paz interna da Igreja, para que esta pudesse auxiliar na unidade imperial. Por isso, a Igreja deveria libertar o povo das imoralidades que se haviam alastrado e conduzir os homens à disciplina e à ordem; deveria, ainda, preocupar-se com a proclamação da pura adoração a Deus; e, finalmente e acima de tudo, pedir e obter a bênção de Deus para o imperador e para o império. Desse modo, ela estaria cumprindo sua tarefa como Igreja.[20] Nesse sentido, o imperador ofereceu todas as facilidades e condições para que as questões teológicas fossem bem debatidas e uma posição harmoniosa fosse alcançada.

Lamentavelmente, não foram conservadas as atas do Concílio de Nicéia. Mas sabemos que o encontro optou por uma profissão de fé elaborada por Eusébio de Cesaréia (oriunda da região siro-palestinense), anexando a ela algumas definições teológicas mais precisas: afirmar que o Filho é "Deus de Deus, Luz de Luz"; que é "verdadeiro Deus saído do verdadeiro Deus", gerado e não criado (*homoousios*), consubstancial ao Pai. Daniélou explica que a adoção do termo *homoousios* marcou uma data memorável na história doutrinal do cristianismo. Inserindo na profissão da fé um termo novo, de origem não escriturística e sim erudita, o Concílio de Nicéia reconhecia a fecundidade do esforço propriamente teológico de elucidação do dado revelado, sancionava com sua autoridade o progresso realizado na explicação do conteúdo da fé.[21] Aprovou-se, portanto, uma confissão de fé que pretendia expressar o resultado das discussões. A grande maioria dos delegados subscreveu o texto. Alguns arianos também o fizeram, entre eles o bispo Eusébio de Nicomédia, que posteriormente retirando sua assinatura,

---

[20] Cf. LOHSE, B. *A fé cristã através dos tempos*. São Leopoldo, Sinodal, 1981. p. 57.

[21] Cf. DANIÉLOU & MARROU, *Nova história da Igreja*, cit., v. 1, p. 263.

foi também exilado; no entanto, Ário e mais alguns, por não a assinarem, foram excomungados.

O ponto central da discórdia residia fundamentalmente na expressão *homoousios*, que para muitos bispos e teólogos orientais era um escândalo. Não obstante, ela foi inserida no credo por Constantino. A confissão de fé nicena de 325 apresenta-se da seguinte forma:

> Cremos em um só Deus, *Pai* onipotente, criador de todas as coisas visíveis e invisíveis.
>
> E em um só Senhor Jesus Cristo, o *Filho* de Deus gerado pelo Pai, unigênito, isto é, da substância do Pai, Deus de Deus, Luz de Luz, Deus verdadeiro de Deus verdadeiro, gerado não feito, de uma só substância com o Pai, pelo qual foram feitas todas as coisas, as que estão no céu e as que estão na terra; o qual, por nós homens e por nossa salvação, desceu, e se encarnou e se fez homem e sofreu e ressuscitou ao terceiro dia, subiu ao céu, e novamente deve vir para julgar os vivos e os mortos.
>
> E no *Espírito Santo!*[22]

A ênfase na fórmula "de uma só substância com o Pai" tinha o claro propósito de afirmar que o Filho não era criatura, como pensava Ário; possuía a mesma natureza divina do Pai, mas conservava sua própria personalidade. Evidentemente que para Eusébio de Nicomédia e demais arianos a fórmula prestava-se a interpretações modalistas. O fato de ter recebido a aprovação do modalista Marcelo de Ancira (m. 374) confirmava as suspeitas deles. Tanto que o próprio Atanásio a evitou em seus primeiros escritos, até o sínodo de Alexandria de 362. A "substância do Pai", na terminologia conciliar, não distinguia ainda com suficiente clareza o que depois a teologia dos capadócios definiria como "substância" e como "hipóstase".[23]

---

[22] LOHSE, *A fé cristã através dos tempos*, cit., p. 58; cf. BETTENSON, *Documentos da Igreja cristã*, cit., p. 55. Cf. com o *Credo de Cesaréia*, de autoria do famoso historiador que não resolvia as questões arianas.

[23] Cf. MORESCHINI, C. & NORELLI, E. *História da literatura cristã antiga grega e latina*. São Paulo, Loyola, 2000. II, 1, p. 53.

Constantino certamente ficou satisfeito com o resultado final do concílio. Este não apenas se prestara a refutar a heresia ariana mas também tratara com zelo de questões concernentes à disciplina eclesiástica, à formação do clero e a outros aspectos da vida da Igreja. Por isso mesmo, o imperador entendeu que as diferenças haviam sido eliminadas. Isso pode ser constatado em uma carta enviada às Igrejas após o término do Concílio de Nicéia:

> Constantino vitorioso, máximo, augusto, às Igrejas!
>
> Tendo compreendido, através da feliz situação do Egito, quanto tem sido grande a benevolência de Deus onipotente em relação a mim, considero oportuno esforçar-me para que seja conservada uma só fé, uma caridade sincera e a piedade para com Deus onipotente, para todos os crentes da Igreja Católica. Mas, visto que tal não podia ser posto em prática, se não fossem primeiramente discutidas as várias questões respeitantes à religião na presença de todos os bispos, ou pelo menos da maioria deles, presentes, num mesmo local, reuni, por isso, quantos foi possível, tomando também eu parte, como um de vós, discutindo atentamente todas as questões, até ser tomada uma decisão do agrado de Deus, com o consenso de todos, de modo que não se enveredou por outro caminho a não ser o das discussões e controvérsias em matéria de fé.[24]

O otimismo ingênuo de Constantino foi celebrado em um fausto banquete por ele oferecido. Para alguns, certamente "era chegado o Reino dos Céus".

Hoje sabemos que o acordo conseguido em Nicéia foi por demais efêmero. Rapidamente a situação religiosa passou a favorecer o partido ariano, a ponto de os exilados retornarem às suas sedes episcopais, inclusive Eusébio de Nicomédia, que a partir de então passou a ter um papel deveras importante. Nesse período pós-concílio destacou-se sobretudo a figura de Atanásio (296-373) na defesa da fé nicena.

---

[24] EUSÉBIO DE CESARÉIA, *Vida de Constantino* III,17, citado por DONINI, *História do cristianismo*, cit., p. 235.

4.3 O deserto e a cidade:[25] modelos monástico-anacoreta e monástico-cenobítico[26]

Com o surgimento do monaquismo, estamos diante de um dos acontecimentos mais surpreendentes e relevantes para a história da piedade cristã. Brota daí uma rica espiritualidade alternativa, buscando a volta ao modelo bíblico e evangélico. O tema, por si mesmo, estabelece uma conexão com as origens da "vida consagrada".

Antes de configurar-se como "espiritualidade", o monaquismo tem que definir sua identidade. As perguntas surgem aos montes: É um movimento originário do cristianismo? É cópia de instituições preexistentes em religiões e filosofias anteriores? Que buscavam os cristãos vivendo em comunidade e abandonando o mundo? Que sentido tem a fuga do mundo? O que pensam os monges de si mesmos como cristãos? Essas perguntas são algumas das muitas que se podem fazer e que, respondidas, nos ajudam a entender o monaquismo e sua espiritualidade.

---

[25] O tema "deserto/cidade" é amplamente explorado dentro da espiritualidade cristã. Sobre isso são básicas as obras de J. STEINMANN (*St. Jean Baptiste et la spiritualité du désert*. Paris, s.n., 1955) e C. CARRETO (*Deserto na cidade*. São Paulo, Paulus, 1979). Para uma aproximação ao tema: DE FIORES, S. Espiritualidade do Deserto. In: *DE*, pp. 265-267; GONZÁLEZ, *A era dos gigantes*, cit., pp. 55-78; CAMARA, H. *El desierto és fértil*. Salamanca, Sígueme, 1972.

[26] Os apotegmas podem ser encontrados em PG 65 e PL 73, *Sources Chrétiennes* 387; *Apotegmas de los Padres del Desierto*. Salamanca, Sígueme, 1986; *Las sentencias de los Padres del desierto*; los apotegmas de los Padres. Burgos, s.n., 1991; BRÉMOND, J. *Les Pères du désert*. Paris, s.n., 1927. 2 vv.; WADDELL, H. *The desert Fathers*. New York, Vintage Books, 1998. Também estão já reproduzidos em várias edições os textos de Antônio, Pacômio, Evágrio, do monaquismo do Egito, João Cassiano etc. Ademais, numerosíssimos estudos de alta qualidade estão disponíveis; eis alguns: BOUYER, L. *La spiritualité du Nouveau Testament et des Pères*. Paris, s.n., 1960; CHADWICK, O. *John Cassian*. Cambridge, s.n., 1968; WEINGARTEN, H. *Der Ursprung des Mönchtums im nachkonstantinischen Zeitalter*: ZKG 1. 187. 1-35; HANNAY, J. O. *The spirit and origin on christian monasticism*. London, s.n., 1903; LECLERCQ, H. *Cénobitisme*: DAL 2. 1910, pp. 3047-3248; HARNACK, A. V. *Das Mönchtum, seine Ideale und seine Geschichte*. 10. ed. Giessen, s.n., 1921; KNOWLES, D. *El monacato antiguo*. Madrid, s.n., 1969; COLOMBAS, G. M. *El monacato primitivo*. Madrid, s.n., 1974. v. 1; PEÑA, I. *La desconcertante vida de los monjes sirios*; siglos IV-VI. Salamanca, Sígueme, 1985; AMAT, A. L. *El seguimiento radical de Cristo*; esbozo histórico de la vida consagrada. Madrid, s.n., 1987. 2 vv.

Hoje não se pode afirmar que o monaquismo seja um fenômeno exclusivo do cristianismo. Antes de Cristo se desenvolveu em outras religiões e filosofias (budistas, essênios, pitagóricos etc.) um fenômeno parecido, algo inerente a eles. Na comunidade de crentes, surge espontaneamente um grupo de fiéis que quer viver com mais intensidade a ideologia, a religião. Também é certo que, segundo essa regra de sociologia religiosa, o monaquismo cristão é um produto autóctone, pois não depende de formas monacais preexistentes nem nasce em um ponto originário e expande-se do centro para a periferia, senão que brota simultaneamente em pontos geográficos díspares. Variam as formas, porém a essência é idêntica.[27]

4.3.1 Origens do monaquismo primitivo

A experiência cristã do monaquismo tem sua origem no Egito e em seguida na Síria. Relaciona-se diretamente com os movimentos ascéticos dentro do cristianismo. Enquanto nesses primeiros tempos o ascetismo caracterizava-se por ser um movimento individual que não implicava um necessário afastamento da sociedade, da família e da comunidade cristã, o novo movimento propugnava um isolamento radical do mundo habitado em busca de silêncio e solidão. O início, propriamente dito, segundo alguns, coincidiu com a perseguição de Décio (c. 250), quando muitos cristãos fugiram das zonas povoadas do Egito para os desertos dos arredores e permaneceram ali algum tempo.[28] Alguns, para levar uma vida santa, estabeleceram-se perpetuamente, convertendo-se nos precursores dos eremitas.[29]

Portanto, o fenômeno do monaquismo surge na segunda metade do século III, tendo como seus primeiros representantes indivíduos solitários ou anacoretas. Daniélou, no entanto, explica que muitos outros motivos que não apenas o da perseguição religiosa ajudaram em seu surgimento;

---

[27] Cf. PABLO MAROTO, D. *Historia de la espiritualidad cristiana.* Madrid, EDE, 1990. p. 72.

[28] Cf. EUSÉBIO DE CESARÉIA, *História eclesiástica* VI,42.

[29] Cf. QUASTEN, *Patrología*, cit., v. 2, p. 158.

era recurso comum no Egito daquele tempo a todos os que tinham motivo para fugir da sociedade, fossem criminosos, bandidos, devedores insolúveis, contribuintes perseguidos pelo fisco, associados de toda espécie; durante a perseguição, os fiéis talvez recorressem ao mesmo expediente; o monge procura-o por motivos de ordem espiritual.[30] Não obstante, deve-se precisar que um "segundo momento", e bem mais importante, é o que está relacionado com o século seguinte. Nesse tempo, no Egito, confirma-se a prática da vida solitária, isolada (anacoretismo). O "eremitismo" receberá grande impulso através de várias personalidades, como santo Antão, Macário, o Egípcio e outros.

O desenvolvimento experimentado pelo monaquismo no século IV certamente está relacionado ao contexto posterior à "grande perseguição" promovida por Diocleciano, ou seja, o insólito momento vivido pela Igreja, a partir da intervenção imperial de Constantino em seu favor. Após as vitórias sobre Maxêncio e Licínio, respectivamente, e estando sozinho no poder, Constantino privilegiará sucessivamente o cristianismo, preparando, assim, o terreno para que a religião cristã, no final do século IV, com Teodósio, afirme-se como a religião oficial do Império Romano. Esse estado de coisas desembocou em um processo inexorável de "paganização".

O monaquismo, pois, afirmou-se como uma voz de protesto contra a difusão da mundanidade, promovida pelo Estado em união com a Igreja. Enquanto a perseguição ameaçava a sobrevivência da Igreja, era o martírio a graça suprema e representava normalmente o ponto alto da ascensão espiritual de uma alma cristã chamada à perfeição. Com a chegada da paz para a Igreja, o cristianismo passa a ser acolhido pelo século e nele instala-se muito confortavelmente (basta lembrar os bispos da corte, tão facilmente deslumbrados pelo favor imperial e algo inclinados a revestir o estatuto do novo império cristão com um brilho tomado de empréstimo aos esplendores da cidade de Deus escatológica). As ondas de conversões, muitas vezes

---

[30] Cf. Daniélou & Marrou, *Nova história da Igreja*, cit., v. 1, p. 279.

superficiais ou interesseiras, tanto nas massas quanto na elite, não poderiam deixar de trazer em seu bojo o afrouxamento da tensão espiritual no interior da Igreja.[31]

Por conseguinte, o monaquismo, desde o seu início, opôs-se ao saber e à literatura. Jerônimo, por exemplo, permaneceu vários anos sem ler autores pagãos, dedicando-se exclusivamente ao hebraico como forma de penitência santificadora. Nesse sentido, o monaquismo rejeitava todo intento de conciliar a fé com a filosofia, a religião cristã com a cultura helenística.[32] Posteriormente, entre os autores cristãos do século IV apareceram já eremitas e monges. Criaram um novo tipo literário: regras monásticas, tratados ascéticos, coleções de sentenças espirituais dos pais do deserto, escritos hagiográficos e edificantes, sermões e cartas. Bem cedo deixaram também de limitar-se a trabalhos que refletiam unicamente os ideais da vida espiritual. Compuseram ensaios muito eruditos de elevado valor teológico e histórico.[33] O protesto, portanto, foi a tentativa de encontrar a própria identidade cristã presente no Evangelho e perdida na "constantinização" da fé.

Assim, a partir do Egito o monaquismo desenvolve-se em duas formas distintas de ascese: primeiramente, o "anacoretismo", que é a vida eremítica, ou seja, a vida solitária. A segunda forma é o "cenobitismo", a vida em comunidade e cada vez mais institucional. Ambas as formas alimentaram-se basicamente das realidades espirituais presentes no Evangelho e nas palavras do apóstolo Paulo, bem como de uma visão escatológica bem acentuada e de elementos exteriores ao cristianismo (no campo da moralidade, o estoicismo).

---

[31] Cf. idem, ibidem, p. 278.

[32] Cf. QUASTEN, *Patrología*, cit., v. 2, p. 158.

[33] Cf. idem, ibidem. A literatura monástica faz sua estréia na literatura cristã antiga com a *Vita Antonii* de Atanásio, que é por assim dizer o "manifesto do monaquismo" (cf. MORESCHINI & NORELLI, *História da literatura cristã antiga grega e latina*, cit.).

4.3.2 Características fundamentais da espiritualidade do monaquismo primitivo

Com base nos motivos para "fugir do mundo" rumo ao deserto é que se deve entender o conteúdo do monaquismo. A questão central tem a ver com a "vocação". O monge considera-se não um monopolizador de espiritualidade nem uma pessoa carismaticamente chamada, mas sim um cristão normal.

Com efeito, o início da diferenciação entre graus de espiritualidade deu-se já na época constantiniana com uma sistematização teórica, a partir de Eusébio de Cesaréia. Este último justifica tal dicotomia em seu escrito *Demonstração evangélica*, no qual declara que a Igreja fixou duas regras diferentes de conduta para dois tipos de vida diferentes: uma para quem aspira às mais árduas virtudes religiosas (castidade, escolha do estado celibatário, renúncia à riqueza, desinteresse por todos os melhoramentos das condições sociais, dedicação total ao serviço divino), e outra para quem se sente adequado aos costumes da existência de todos os dias (vínculo conjugal, procriação, respeito pelos deveres civis e militares, desejo dos bens materiais).[34] Parece, pois, que há um esforço por justificar a nova vida oferecida à Igreja, e ao clero em especial, pelo Estado romano. Assim, fala-se em "preceitos" e "conselhos". De um lado, o ideal religioso dificilmente realizável; do outro, o apego genérico às práticas devocionais.[35]

Entretanto, o monge considerava-se não mais que um cristão seguidor do Evangelho, discípulo de Jesus Cristo. Para ele, a vida monástica era um lugar, uma instituição em que se vivia a graça batismal, uma possibilidade entre outras, considerada mais adequada que outras (por exemplo, a vida de família na cidade, a vida de trabalho na sociedade etc.). Ele não se comparava com os demais cristãos, não se considerava melhor que os que permaneciam no mundo.[36]

---

[34] Cf. DONINI, *História do cristianismo*, cit., p. 211.

[35] Cf. idem, ibidem.

[36] Cf. PABLO MAROTO, *Historia de la espiritualidad cristiana*, cit., p. 72.

Dessa forma, a espiritualidade monástica era simplesmente espiritualidade "cristã", e a vocação era a mesma: a cristã. Os monges a viviam em situações sociais diferentes, em instituições novas, em práticas ascéticas especiais etc. Porém, as grandes exigências evangélicas eram idênticas às necessárias para gerar o "homem novo".[37] L. Bouyer esclarece que o monge primitivo não aparece de nenhum modo como um "especialista"; sua vocação não era uma vocação especial, considerada por ele mesmo ou pelos outros mais ou menos excepcional. O monge não era mais que um cristão, e mais exatamente um piedoso leigo, que se limitava a utilizar os meios mais radicais para que seu cristianismo fosse integral.[38] Essa afirmação de "normalidade" cristã se tornaria a própria confissão de fé do monge. O contrário disso — a identidade ufanista, o sentimento de "eleição", o rigorismo purista e de posse da verdade —, por seu turno, marcou a trajetória de vários movimentos heterodoxos e cismáticos na interioridade do cristianismo (gnosticismo, marcionismo, montanismo, donatismo etc.).

Desde o começo, os monges utilizaram termos que originalmente representavam o ser cristão — "irmãos", "santos", "cristãos" —, os quais significavam que a vida cristã havia deixado de ser praticada com seriedade fora dos ambientes monásticos.

Era não uma usurpação mas sim um corretivo perigoso e necessário que depois geraria o conceito de "vida religiosa" como sinônimo de "estado de perfeição", como se a simples vida cristã não o fosse. Em uma de suas pregações, João Crisóstomo afirmava que não há duas vocações diversas, dois caminhos de santidade em sentido rigoroso, uma para os monges e outra para os leigos, senão que a perfeição é única: a do Evangelho. Os monges são os que se mantiveram fiéis ao ideal evangélico e para isso criaram uma estrutura a seu redor.

---

[37] Cf. idem, ibidem, p. 74.

[38] Cf. BOUYER, L. La spiritualité du Noveau Testament et le Pères. In: *Histoire de la spiritualité*. Paris, Aubier, 1960. v. 1, pp. 383-385.

Como parte das realidades fundamentais da espiritualidade monástica, está a figura do "deserto".[39] Ademais de um lugar geográfico e histórico, passou a significar um lugar espiritual de "encontro" no imaginário religioso; primeiro dos judeus em leitura retrospectiva dos fatos relativos a seus antepassados hebreus, segundo dos cristãos em uma releitura alegórica dos lugares e personagens emblemáticos da história bíblica.

Por isso o deserto passa a ser uma "atitude" anímica.[40] Para o cristianismo das origens, no qual está inserido o monaquismo, na sucessão dos acontecimentos o povo percebe as constantes de Deus e do homem. Êxodo, deserto e entrada na terra constituem uma estrutura de vida para todo crente.[41] O "deserto", para o povo de Israel, evoca o lugar de encontro com Iahweh salvador, onde se manifestam as *mirabilia Dei*. Lugar sem nenhum arrimo temporal, onde o povo confia só em Deus. Pelos acontecimentos histórico-salvíficos, não só por deduções psicossociais, o deserto sempre foi um lugar obrigatório de referência na história da ascese cristã e, é claro, na história do monaquismo. Existe uma "espiritualidade do deserto" com apoio da Sagrada Escritura redescoberta pelos primeiros monges. Essa redescoberta da Escritura se faz por meio de uma releitura simbólica:

a) O olhar da fé descobre no acontecimento passado uma validez de aplicação que rebaixa seus limites empíricos de tempo e espaço: o Egito é figura da escravidão sob o pecado; o deserto corresponde ao itinerário espiritual da conversão; a terra prometida tem como equivalente o estar em Cristo no tempo presente e no mundo que virá.

b) A releitura refere-se a acontecimentos cuja figura pertence ao mundo dos símbolos: fome, sede, pão, água, caminhar etc. são termos que oferecem níveis de significado superpostos e correlativos: físico, psíquico e espiritual.

---

[39] Já exploramos o tema anteriormente (1.3, p. 39), só que como parte do patrimônio bíblico do Antigo Testamento. Agora o fazemos dentro da tradição monástica, que não deixa de ser uma ressonância das experiências do antigo Israel em peregrinação à terra da promissão.

[40] Cf. Pablo Maroto, *Historia de la espiritualidad cristiana*, cit., p. 76.

[41] Cf. Lack, R. O deserto na Bíblia. In: *DE*, p. 261.

Por exemplo: fome de pão, fome de afeto, fome de Deus. Cada termo pode recordar ou ser sinal de outro. Nesse sentido, a Bíblia fala ao homem de todos os tempos e de todos os lugares.[42] Possui uma "reserva de sentido".[43]

Além da solidão, do silêncio, da segregação do mundo e da facilidade para a contemplação (coisas evidentes), o monge cristão ia buscar no deserto a familiaridade com Deus. Essa idéia já havia sido expressa pelo profeta Oséias: "Por isso, eis que vou, eu mesmo, seduzi-la, conduzi-la ao deserto e falar-lhe ao coração" (2,16). Paradoxalmente, o deserto é também o *habitat* do demônio. Para lá se dirigiu Jesus "para ser tentado pelo demônio" (Mt 4,1); o monge vai ao deserto com essa mesma intenção.[44]

A espiritualidade monástica do deserto considera essa situação como provisória. Não pode ter um *status* de perenidade, pois o crente está vocacionado à comunidade, à Igreja, à sociedade dos homens. Deve caminhar durante algum tempo pelo deserto, a fim de se preparar para a missão, para o contato com os outros.[45] O deserto é, então, um lugar intermediário entre a escravidão e a terra prometida; depois da infidelidade deve voltar ao deserto, não como ideal de vida mas como lugar de passagem e de purificação, a fim de se inserir em uma situação de justiça. Para Abraão, Moisés, Elias e para o próprio Jesus, a permanência no deserto insere-se plenamente em sua missão; é parte de um itinerário espiritual como momento forte de amadurecimento das próprias opções e de encontro com Deus. O deserto é lugar de trânsito muito oportuno para aqueles que, imersos em atividade pastoral e social, desejam orientar sua própria vida segundo o plano de Deus e agir autenticamente em favor da salvação dos irmãos.[46]

---

[42] Cf. idem, ibidem.

[43] Conforme popularizado por S. Croatto em sua *Hermenêutica Bíblica*.

[44] Cf. PABLO MAROTO, *Historia de la espiritualidad cristiana*, cit.

[45] Cf. BIANCHI, E. *Il corvo di Elia*, citado por DE FIORES, S. Espiritualidade do deserto. In: *DE*, p. 265.

[46] Cf. DE FIORES, Espiritualidade do deserto, cit.

Não é um exagero afirmar que a espiritualidade monástica é essencialmente uma experiência religiosa que nasce do encontro com a Palavra de Deus. Muitos leigos chegaram a identificar a leitura da Escritura com a profissão monástica. Se considerarmos as regras monásticas, com base nas quais se formavam os candidatos, surpreende-nos que em grande medida são uma coleção de textos bíblicos do Antigo Testamento e ainda mais do Novo Testamento, como se a Bíblia fosse a autêntica regra do monge; mas não só as palavras, senão os atos, os exemplos e as figuras históricas presentes na Escritura. É sintomático que alguns seguiram a profissão monástica por ter ouvido a Palavra de Deus.

Esse foi o caso de Antônio Abade (Antão). Na organização pacomiana da vida monástica, um dos primeiros trabalhos do candidato era aprender a ler, para que pudesse alimentar-se da Escritura, recitar os salmos, dedicar-se à *lectio divina*. Onde não existia um preceito dessa índole, exigia-se ao menos a memorização oral dos textos.

Além da leitura ou da audição, o monge dedicava-se à meditação da Palavra de Deus, que é não um mero exercício mental ou discursivo, senão uma completa operação que vai desde a leitura e a memorização, até a intelecção plena do sentido e o cumprimento do conteúdo, a práxis cristã. E o monge tinha tempo disponível para isso, pois essa era sua tarefa diária principal. Mesmo durante o trabalho, o monge continuava em sintonia com a Palavra lida. A Palavra lhe perseguia como uma recordação afetiva do Deus revelado.

Objeto especial de meditação eram aqueles textos sobre os quais se fundam as virtudes especiais da vida monástica: caridade, obediência, pobreza, virgindade, segregação do mundo, oração contínua etc.

Junto à Escritura, contava como norma de vida a tradição e as tradições. Os legisladores, mesmo os mais antigos, apelam à "tradição dos Pais" ou "tradição dos mais velhos". Eles estavam conscientes de seguir os passos de cristãos que os precederam no caminho. Cabe lembrar aqui que os monges consideravam-se íntima e diretamente ligados à primeira comunidade apostólica de Jerusalém.

◆ 229 ◆

Após o momento vocacional, o monge seguia a Cristo, com a renúncia e o "desprendimento total": renúncia aos bens, aos vícios (afetos e desejos desordenados) e à própria terra. Era uma verdadeira e definitiva segregação do "mundo".

Essa segregação tinha passos e graus. O primeiro era a segregação física da família (todavia mais: pela renúncia ao matrimônio, não criar uma família própria), a fuga para o deserto a fim de viver como anacoretas ou cenobitas (geralmente os mosteiros eram edificados fora das vilas e cidades).[47] Ainda que não desprezassem os bens temporais, certamente os subvalorizavam, crendo que, segundo a Escritura, o mundo era mais um impedimento do que uma ajuda. O mundo estava dominado pela carne e pelo demônio. Eles não souberam e não puderam construir uma teologia dos bens terrenos, uma vez que elaboraram sua visão espiritual, em grande medida, a partir de uma herança platônica.

Um segundo "passo" do desarraigamento era o "exílio", a voluntária "expatriação": a fuga ao estrangeiro, que tem profundas ressonâncias bíblicas. O mundo convertia-se assim em lugar de peregrinação, de passagem, de trânsito. Era não ter cidade permanente e estar constantemente em busca da cidade definitiva e futura. Esse símbolo escatológico foi entendido ao pé da letra por muitos dos antigos monges.[48] Conectados com essa espiritualidade e práxis, os monges celtas — séculos depois — se tornariam os perenes expatriados, os peregrinantes que expandiriam o reino de Cristo entre pagãos e hereges.

O deserto traz consigo a ruptura com o próprio *habitat*: a pessoa deixa o mundo normal das relações sociais e das comodidades para ficar sozinha em ambiente elementar, no qual as necessidades essenciais são realçadas e as fictícias devem ser abandonadas.[49]

---

[47] Cf. Pablo Maroto, *Historia de la espiritualidad cristiana*, cit., p. 82.

[48] Cf. idem, ibidem, p. 82.

[49] Cf. de Fiores, *Espiritualidade do deserto*, cit., p. 266.

Com base em um conceito antropológico, os escritores monásticos analisaram e descreveram com suficiente realismo e profundidade psicológica as tendências desordenadas do ser humano, sem cujo controle não se poderia conseguir a perfeição cristã. Na vida cotidiana tudo se dirigia a esse fim. Por isso abundaram tratados e regras monásticas que visavam à vitória sobre os vícios e à aquisição das virtudes. A espiritualidade do monaquismo e do deserto pode ser qualificada simplesmente de "luta ascética". É difícil agora julgar se os monges mantiveram o equilíbrio entre o ativo e o passivo, entre o próprio esforço e a graça. Em outras palavras, a santidade para eles era mais exercício (ascese) que dom de Deus. Há suficientes indícios para pensar que a ênfase que punham na luta e na voluntariedade engrossava a rica tradição pelagiana.[50] Essa atitude inicial explica a quantidade e a qualidade de seus "exercícios ascéticos", muitas vezes estranhos e exagerados para nós. Dentre eles, destacamos:

a) A oração: preenchia horas mortas do dia e da noite. Na oração, o monge vivia e experimentava a familiaridade, a confiança em Deus. O monge era um "homem de Deus" e expressava isso no modo de orar. Na oração alcançava a *apatheia*, o controle dos apetites, a paz interior. A oração inicial seguia seu progresso e acabava na *theoria*, na contemplação. Alguns dizem hiperbolicamente que é o único ofício do monge. Os escritos monásticos teceram uma coroa de elogios incomparáveis sobre a oração cristã, com a particularidade de que é uma doutrina que nasce da vida, da experiência. A oração tem como aliada a renúncia às coisas do mundo. O orante sente-se, nesse clima, como um enamorado de Deus. Do horizonte de sua vida praticamente desapareceu tudo, menos Deus (só Deus basta!). E com esse Deus o monge relaciona-se amorosa, mental e vocalmente. A atividade orante deixa de ser meio para converter-se em fim: encontro com Deus que salva aperfeiçoando a vida. Os pais do monaquismo não são fiéis a um vocabulário, o que torna difícil classificar suas formas de oração; o que

---

[50] Cf. Pablo Maroto, *Historia de la espiritualidad cristiana*, cit., p. 83.

os preocupa não é distinguir graus ou formas, senão tornar a oração uma comunicação íntima e amorosa com Deus. O ideal do monge era a "oração contínua", tema que o inquietava não como teoria, senão como cumprimento do preceito do Senhor de orar sempre, sem interrupção, dia e noite. Materialmente era uma utopia, porém descobriram que podia ser cumprida mediante a "oração implícita", impregnando do espírito de oração todas as obras e ações, conseguindo um "estado de oração". Enquanto trabalhavam, podiam dirigir o entendimento ou a memória a Deus. Criaram um método que teve êxito durante muitos séculos e foi recuperado em nosso tempo graças ao contato com outras técnicas vindas do Oriente: o "hesicasmo". A *hesikía* é uma operação complexa que abarca dois aspectos. O primeiro é um "estado de vida"; ele implica a solidão e o silêncio, a segregação do mundo que cria paz e tranqüilidade. O segundo é um "estado de alma", que é essa tranqüilidade espiritual como âmbito da contemplação e união com Deus. O primeiro é preparação para o segundo, ou seja, a *hesikía* não é lograda sem uma complexa ascese do corpo e alma. Era tão importante que, no cânon quarto do Concílio de Calcedônia (451), instou-se aos monges tender à *hesikía*, que é o mesmo que tender à perfeição. Spidlík esclarece que no ambiente bizantino o "hesicasmo" aparece como uma volta consciente à espiritualidade dos solitários, uma reação contra a tendência dos estuditas.[51] Nesse ambiente de paz interna e externa, o monge dedica-se sem obstáculos ao encontro interpessoal com Deus. A tradição monástica encontrou o método adequado para uma oração contínua na "recitação freqüente de jaculatórias",[52] ditas mais com o coração que com a boca.

---

[51] Cf. SPIDLÍK, T. Experiência ortodoxa. In: GOFFI, T. & SECONDIN, B. (orgs.). *Problemas e perspectivas de espiritualidade*. São Paulo, Loyola, 1992. p. 100.

[52] Dentro da *hesikía* há um método físico que consiste em regular a respiração, concentrando-se no lugar onde está o coração (ou o umbigo) e repetindo a fórmula da prece a Jesus: "Senhor Jesus Cristo, filho de Deus, tende piedade de mim, pecador" (idem, ibidem). "Essa antiga tradição teve especial ressonância na escola sinaítica no século VI com são João Clímaco; renasceu nos séculos X-XI em Constantinopla, com Simeão, o Novo Teólogo, e no Monte Athos, no século XIV, passando depois ao monacato eslavo e russo" (PABLO MAROTO, *Historia de la espiritualidad cristiana*, cit., pp. 84-85).

b) O trabalho: o trabalho era inicialmente manual e, em ambientes cultos, também intelectual. Cumpria várias finalidades: evitar a ociosidade, perigosa na vida cotidiana; ganhar o sustento com o suor do rosto; possibilitar o exercício da caridade fraterna; proporcionar autonomia econômica e independência; permitir a mortificação. Mas o trabalho deveria evitar: gerar avareza e distrair o pensamento do principal, a oração contínua. Por isso as atividades laborais eram bem mecânicas e simples, podendo combinar-se com a recitação de salmos e com a oração interiorizada, sem prejudicar a solidão e o silêncio. O trabalho podia ser externo, como o cultivo dos campos, ou nas próprias células, tecendo esteiras, cestas etc. Mas nunca podia ser feito com afã de lucro ou com prejuízo da lei de clausura.[53]

c) A austeridade da vida: para controlar as tendências instintivas da carne e poder observar melhor a castidade, os monges idealizaram meios ascéticos como o jejum, a abstinência, as vigílias e a separação física das mulheres. Alguns se gloriavam de ter ficado quarenta anos sem ver uma mulher, embora o que os mestres mais equânimes exigissem era evitar as familiaridades. Com relação ao jejum e à abstinência, eram bem rigoristas. O vínculo do jejum com a vida intelectual, religiosa e ética é de origem ancestral. Os monges seguiam essa antiqüíssima tradição, exagerando-a às vezes. Mesmo entre os monges moderados era freqüente, em suas práticas ascéticas, a não-ingestão de carne e vinho. Muitos eram vegetarianos. A abstinência tanto de carne, especialmente de quadrúpedes, quanto de vinho esteve bem ligada à prática da castidade; eram considerados alimentos incitantes da luxúria. Muitos monges viam na debilitação do corpo uma arma para controlar as paixões. Não era incomum entre eles comer uma vez ao dia tomando pão, água, azeite e sal. Outra forma de os monges dominarem o corpo era mediante "as vigílias", diminuindo assim seu tempo de sono noturno para dedicá-lo à oração e à espera de Cristo.[54]

---

[53] Cf. Pablo Maroto, *Historia de la espiritualidad cristiana*, cit., p. 85.
[54] Cf. idem, ibidem, pp. 83-86.

4.3.3 Personalidades e modelos do monaquismo primitivo

Antônio Abade (Antão):[55] fuga do mundo. Santo Antônio Abade é considerado o pai dos eremitas.[56] Nasceu de pais cristãos, por volta de 250 em Coma, no Egito. Após a morte de seus pais, quando tinha pouco menos de vinte anos, ouviu na igreja a palavra do Evangelho sobre o jovem rico — "vai, vende tudo o que tens e segue-me" (Mt 19,21) — e a interpretou literalmente: vendeu todas as suas posses, distribuiu o dinheiro entre os pobres e optou pelo caminho do isolamento e pela prática do ascetismo.

Permaneceu cerca de quinze anos não muito longe de sua casa, à semelhança de um monge idoso que por ali vivia. Em seguida, passou à margem direita do Nilo, à "Montanha Exterior", ocupando ali, durante duas décadas, um castelo abandonado. Levou uma vida de penitência e de ascese cada vez mais rigorosas.[57]

Em torno dele congregaram-se vários discípulos, dando origem a pequenos agrupamentos de monges, que posteriormente seriam verdadeiras colônias monásticas (as mais conhecidas são as de Nítria e Scete). Apesar de converter-se em líder de todos eles, santo Antônio Abade se manteve sempre fiel à sua vocação eremítica. Ele e seus discípulos viviam sós. Morreu no ano 356, no monte Colcim, próximo ao mar Vermelho.

Segundo Atanásio,[58] Antônio Abade era um homem de "sabedoria divina", cheio "de graça e cortesia", ainda que nunca tivesse aprendido a ler e escrever. Seu biógrafo observa que Antônio Abade não ganhou renome por

---

[55] As informações sobre santo Antônio Abade decorrem fundamentalmente da obra de Atanásio *Vita Antonii* (PG 40). Em português, dispomos de boas informações sobre o santo: Manzanares, C. V. Antão, o ermitão. In: *DP*, pp. 28-29; González, *A era dos gigantes*, cit., pp. 61-68; Daniélou & Marrou, *Nova história da Igreja*, cit., v. 1, pp. 279-281.

[56] Há uma disputa entre Antônio e Paulo de Tebas, sobre quem seria realmente o pai do monaquismo do deserto (anacorético). As informações de Jerônimo sobre o segundo são demasiado lendárias. Por isso mesmo a tradição optou por Antônio, considerado "pai dos monges".

[57] De essência bem diferente da ascese dos platônicos ou dos gnósticos, o ascetismo cristão tem o seu nascedouro nessa experiência cara aos Padres da Igreja. Cf. Daniélou & Marrou, *Nova história da Igreja*, cit., v. 1, pp. 280.

[58] Cf. *Vita* 72s.

seus escritos, nem por sabedoria humana, nem por nenhuma arte, senão unicamente por seu serviço a Deus.[59]

Atanásio coloca na boca de Antônio Abade um discurso doutrinal[60] que poderia corresponder a um autêntico programa de espiritualidade antoniana. A luta contra o demônio é um elemento essencial da vida do deserto. As tentações de santo Antônio Abade, que inspiraram artistas de todos os tempos, constituem um testemunho da obsessão pelos demônios, tão característica do antigo monaquismo:

> Assim armado, avançou contra o jovem. Pela noite o atacava e durante o dia o molestava tanto que os que o viam se davam conta da luta entre ambos. Aquele lhe sugeria pensamentos sórdidos. Este os rejeitava com petições. Aquele lhe provocava o desejo do impuro; porém este, como se sentisse vergonha, construía um muro ao redor de seu corpo com a fé e os jejuns. O desgraçado diabo, pela noite, transformava-se em mulher, imitando-a em tudo, com o objetivo de seduzir a Antônio. Porém este, pensando em Cristo e levando em conta, graças ao Salvador, a nobreza e o caráter intelectual da alma, conseguia apagar essas investidas de paixão e sedução.[61]

Santo Atanásio esclarece ainda que santo Antônio Abade, desde o início, instruiu-se com outros monges ascetas, imitando-lhes as virtudes:

> Assim procedendo, Antão era amado por todos. De bom grado submetia-se aos zelosos (ascetas) que ia visitar, aproveitando para instruir-se com eles sobre a virtude e a ascese específica de cada um. Contemplava em um a amabilidade, no outro a assiduidade à oração; neste via a paciência, naquele a caridade para com o próximo; em um observava as vigílias, noutro a assiduidade à leitura; admirava um pela sua constân-

---

[59] Cf. *Vita* 93.

[60] Cf. *Vita* 16-43.

[61] *Vita* 5, citado por Trevijano, R. *Patrología*. Madrid, BAC, 1994. p. 186.

◆ 235 ◆

cia, outro pelos seus jejuns e seu repouso feito sobre a terra nua. Percebia a doçura de um e a grandeza de alma de outro; em todos notava a um tempo a devoção ao Cristo e o amor mútuo. Assim retemperado, voltava ao lugar onde se entregava à ascese, condensando e esforçando-se por exprimir em si mesmo as virtudes de todos.[62]

Santo Atanásio nos informa também sobre a existência de várias "cartas", na sua maioria aos monges do Egito. Essas cartas contêm exortações à perseverança e admoestações contra um possível regresso ao mundo. Na primeira introduz seus noviços na vida monástica. Na sétima, narra o final da querela ariana. Está claro que Antônio Abade escreveu às distintas colônias monásticas para imunizá-las contra toda propaganda ariana.

Essas mensagens brilham por seu entusiasmo religioso, mas não entram em polêmicas. Delas está ausente toda classe de misticismo, porém pregam um ascetismo sólido e são. Nelas, a primeira obrigação do monge é conhecer-se a si mesmo, porque unicamente os que o fazem serão capazes de conhecer a Deus. Concebe-se o autoconhecimento como uma percepção crescente da graça divina que se comunica. A primeira carta explica a obra do Espírito Santo na formação de um monge. Diz que são três os caminhos que levam à profissão monástica. O caminho direto é o que tomam os que seguem o chamado de Deus a partir de uma vida virtuosa e santa no mundo. O segundo caminho parte da leitura da Sagrada Escritura: a alma, ao precatar-se do fim terrível de quem morre em pecado e dos dons celestes prometidos aos santos, decide buscar a perfeição. O terceiro é o caminho do arrependimento depois de uma vida má de impenitência; as aflições e tribulações tiram a alma dessa vida.

As cartas apresentam a vida monástica como um contínuo combate, para o qual o principiante deve armar-se de mortificação exterior e interior. Felizmente nessa luta o cristão conta com a ajuda do Espírito Santo, que lhe

---

[62] Citado por HAMMAN, A. *Os Padres da Igreja*. São Paulo, Paulus, 1980. pp. 117-118.

guia e abre os olhos da alma para a grande tarefa e meta final de sua vocação: a santificação do corpo e da alma mediante a extirpação de todas as paixões.

Existem três classes de emoções no homem. Algumas são puramente naturais e estão debaixo do controle da alma. Outras são conseqüência de excessos na comida e na bebida e excitam o corpo contra a alma. A terceira classe é efeito dos maus espíritos, que atacam a alma diretamente ou através do corpo.[63]

Após a época constantiniana, o exemplo tanto de Paulo de Tebas quanto de santo Antônio Abade de se retirarem passou a ser seguido por milhares como forma de protesto contra uma Igreja hierárquica que perdia cada vez mais a simplicidade do Evangelho.

PACÔMIO:[64] VIDA COMUNITÁRIA. Com Pacômio, surge uma nova forma de vida monástica, o "monaquismo cenobítico". Isso se deu por volta de 318, com o início do primeiro grande *coenobium*, o mosteiro de vida comunitária, em Tabennesi, perto de Dendera, na Tebaida, à margem direita do Nilo. Seu fundador morreu em 346 e temos a respeito dele, à semelhança de Antônio Abade, algumas biografias (*Vidas*) em várias línguas.

Pacômio teria escrito uma *Regra*, na qual, como em geral para esse tipo de literatura, o problema fundamental é distinguir o núcleo original (escrito provavelmente em copta), sucessivamente ampliado por vários acréscimos. Mas rapidamente (em 404) a *Regra* de Pacômio — ou ao menos a que vigorava naqueles tempos — foi traduzida para o latim por Jerônimo. Dessa

---

[63] Cf. QUASTEN, *Patrología*, cit., v. 2, p. 164.

[64] O *corpus* pacomiano pode ser encontrado em: FESTUGIÈRE, A.-J. *La premiére vie greque de saint Pachôme*. Paris, s.n., 1965; *Pachomian Koinonia*. Kalamazoo, Michigan, 1980-1982. v. 1. *The Life os saint Pachomius and his disciples*, v. 2. *Pachomian chronicles and rules*, v. 3. *Instructions, letters and others writings of saint Pachomius and his disciples* (CSC 45-47); *Oeuvres de s. Pachôme et ses disciples*. Tx. Copt. Louvain, s.n., 1956 (CSCO 159). Preciosas informações sobre Pacômio podem ser vistas em português e em espanhol: MORESCHINI & NORELLI, *História da literatura cristã antiga grega e latina*, cit., II,1, pp. 93-95; GONZÁLEZ, *A era dos gigantes*, cit., pp. 68-72; MANZANARES, C. V. In: *DP*, pp. 167-168; QUASTEN, *Patrología*, cit., v. 2, pp. 167-173; DONINI, *História do cristianismo*, cit., pp. 213-214; DANIÉLOU & MARROU, *Nova história da Igreja*, cit., v. 1, pp. 283-284.

organização sabemos que Pacômio distinguia o tempo de oração comunitária (manhã e tarde) do resto do dia, dedicado ao trabalho manual, considerado também uma espécie de serviço divino. O monaquismo de Pacômio foi, portanto, não eremítico mas sim análogo ao que Basílio organizou. Como apêndice à *Regra* (na redação transmitida a nós por Jerônimo), encontram-se também algumas cartas de Pacômio aos irmãos e numerosas sentenças suas.[65] Tal forma de vida monástica sobrevive até nossos dias.

A passagem do modelo anacorético para o cenobítico pressupôs, em meio ao misticismo que ainda imperava, uma mudança para um estilo de vida cooperativista, que incluía obrigações de trabalho para sustento e manutenção dos monges. Esse fator foi particularmente importante para a economia da região.

Daniélou explica que os mosteiros pacomianos chegavam a agrupar milhares de monges. Constituíam para a agricultura egípcia uma contribuição relevante de mão-de-obra para o plantio: eram vistos sair aos pelotões no momento da colheita, espalhando-se pelo vale do Nilo, onde, em alguns dias, ganhavam o necessário para o ano tanto à subsistência da comunidade como à atividade caritativa.[66]

No entanto, mais importante que os fatores econômicos, foi à criação de uma estrutura interna de convivência fraterna — o *koinos bios* —, o cenobitismo. Todo ele estava fundamentado na *Regra*. A partir da tradução para o latim, promoveu a influência pacomiana no Ocidente. Sem dúvida que a *Regra* teve uma influência extraordinária na legislação monástica posterior. A tradução de Jerônimo conserva o texto íntegro e completo. Com base nela, constata-se a presença de 194 artigos.

Segundo Paládio, foi um anjo quem ditou a Pacômio a *Regra* e instruiu-o a mudar sua vida de eremita para a de pai dos monges, que viveriam com ele debaixo do mesmo teto:

---

[65] Cf. Moreschini & Norelli, *História da literatura cristã antiga grega e latina*, cit., II,1 pp. 94-95.

[66] Cf. Daniélou & Marrou, *Nova história da Igreja*, cit., v. 1, p. 284.

◆ 238 ◆

Apareceu-lhe um anjo quando estava sentado em sua gruta e lhe disse: "Pacômio, conseguiste ordenar tua vida. Em vão, pois, continuas sentado na tua gruta. Deixa-a e reúne a todos os monges jovens e vive com eles, e legisla para eles em conformidade com o modelo que te dou agora". E lhe deu uma tabuinha de bronze com o conteúdo da *Regra*.[67]

Após sete anos de convívio com o monge Palemão e mais algum tempo sozinho e em companhia de seu irmão João, Pacômio, mediante a mensagem do anjo, iniciou seu próprio caminho monástico. Teve uma primeira tentativa malograda em razão de problemas com os primeiros monges. Posteriormente, reiniciou seu projeto com maior austeridade. O candidato teria que renunciar a todos os seus bens e comprometer-se a obedecer a seus superiores, além de se submeter ao trabalho manual diário. Com essas prescrições, o mosteiro cresceu rapidamente. Durante sua vida conseguiu fundar sete mosteiros masculinos, cada um com centenas de monges, e dois femininos. Posteriormente, sua irmã Maria fundaria vários outros.

As seções ou capítulos da *Regra* tratam da vida cotidiana do monge, ou seja, a oração, o trabalho e também os preceitos disciplinares. Os monges, em sua maioria, dedicavam-se a tarefas agrícolas; outros exerciam um ofício. Todo trabalho manual era considerado serviço divino. No grupo dos artesãos havia alfaiates, ferreiros, carpinteiros, tintureiros, jardineiros, curtidores, sapateiros, copistas e sobretudo tecelões. Uma das regras dizia que de todos os monges se exigia um trabalho proporcional a suas forças. Nada se diz acerca do culto litúrgico. Mencionam-se unicamente duas orações em comum: a oração da manhã e a da noite. Antes de ser admitido, o noviço teria de aprender a ler e a escrever. No entanto, o mais importante para a *vita communis* eram as virtudes monásticas da obediência, castidade e pobreza, que, não obstante, eram praticadas sem voto algum.[68] O que sabemos sobre a vida interna dessa *koinos bios* leva-nos a afirmar que a vida

---

[67] *História lausíaca* XXXVIII,1, citado por Quasten, *Patrología*, cit., v. 2, p. 170.

[68] Cf. idem, ibidem.

do monge pacomiano era inteiramente dedicada à devoção e ao trabalho. Certamente sua vida de oração seguia o modelo paulino de "orar sem cessar". Parece que pelo menos duas vezes ao ano todos os monges pacomianos de todos os mosteiros reuniam-se para adorar juntos.

EVÁGRIO PÔNTICO:[69] MÍSTICA CONTEMPLATIVA. Nascido na cidade de Íbora no Ponto (345-399), desde cedo esteve muito ligado ao círculo dos capadócios, especialmente Basílio Magno e Gregório Nazianzeno, que se instalaram naquela região a fim de se dedicarem ao ascetismo. O pouco tempo que ali permaneceram foi suficiente para impregnar Evágrio do ideal monástico. Foi ordenado *lector* por Basílio e posteriormente diácono por Gregório, que também o instruiu em filosofia e teologia.

Em 381, Evágrio acompanhou Gregório Nazianzeno no Concílio de Constantinopla. Após a renúncia do último ao patriarcado, Evágrio fixou residência nessa cidade, onde adquiriu grande reputação como pregador e auxiliou o novo bispo Nectário, chegando a ocupar o posto de arquidiácono.

No entanto, apesar das excelentes possibilidades que vislumbrava para seu futuro, por conta de suas capacidades intelectuais junto ao patriarcado de Constantinopla, Evágrio partiu em 382 para Jerusalém. O motivo de tão abrupta decisão teria sido uma revelação divina dada a ele em sonho, a qual pedia que abandonasse a vida eclesiástica. O historiador Sócrates explica que Evágrio se sentiu ameaçado em sua vida cristã pelas tentações da cidade.

---

[69] Os Escritos de Evágrio Pôntico no original grego podem ser encontrados em PG 40,1213-1286; *Sources Chrétiennes* 170-171. De Evágrio nos falam Paládio (*História lausíaca* IV,23), Sócrates (*História eclesiástica* IV,23), Sozômeno (*História eclesiástica* VI,30). Nas descrições dos "ditos dos pais do deserto", seguramente autênticos, Evágrio aparece como um literato em meio aos "camponeses egípcios, em sua maioria incultos, mas não por isso menos admirado" (MORESCHINI & NORELLI, *História da literatura cristã antiga grega e latina*, cit., II,1, p. 174). Em português, sobre ele e suas obras, ver especialmente: ALTANER, B. & STUIBER, A. *Patrologia*. São Paulo, Paulus, 1972. pp. 269-271.

Em Jerusalém Evágrio foi acolhido por Melânia, matrona romana, e por Rufino de Aquiléia (345-410), grande estudioso de Orígenes. Nessa cidade, após um período de dúvidas, decidiu-se pela vida monástica. Em 383, instalou-se como monge no Egito. Primeiramente se isolou nas montanhas de Nítria durante dois anos. Em seguida foi para o deserto na região de Célia, onde permaneceu catorze anos, até sua morte em 399.

As fontes clássicas do monaquismo consideram Evágrio um pai muito venerável. No Egito conheceu os monges Macário, o Egípcio (c. 300-390) e Macário, o Alexandrino (m. em 394). Com eles, segundo Sócrates, "purificou seu modo de viver, e suas mãos obravam milagres tão numerosos e importantes como os de seus mestres".[70] Segundo Paládio (363-431), que foi discípulo seu, ganhava seu sustento como amanuense, transcrevendo livros.

A partir da campanha antiorigenista desatada em 399 (ano de sua morte) por Teófilo de Alexandria, não tardaram em aflorar as prevenções por Evágrio pertencer destacadamente ao grupo de monges origenistas. Aliás, foi precisamente um origenismo de tipo evagriano o condenado pelo Concílio de Constantinopla de 553. Isso acarretou não só a deterioração de sua memória mas também a destruição de boa parte de sua obra. Seus escritos são geralmente breves, porém muito densos. Apreciava muito as sentenças lapidares. Algumas correspondem claramente a um doutrinamento ascético, adequado a qualquer discípulo nos caminhos da vida espiritual. Em sua obra *De diversis malignis cogitationibus*, denuncia os diversos tipos de maus pensamentos que tentam ao pecado. Com o seu *Antirrhetikós*, sistematiza a tradição ascética no combate dessas tentações. É o precursor dos catálogos de pecados capitais em sua atribuição, tipicamente origenista, dos vícios a demônios especializados (cf. *De octo spiritibus malitiae*). O *Praktikós* é uma obra em que trata da passagem ao ideal ascético da "impassibilidade" (*apatheia*). Seu *De oratione* nos transmite as lições de um contemplativo.[71]

---

[70] *História eclesiástica* IV,23, citado por QUASTEN, *Patrología*, cit., v. 2, p. 185.

[71] Cf. TREVIJANO, *Patrología*, cit., p. 188.

No entanto, o escrito em que mais sobressai o talento teológico especulativo de Evágrio é em seu *Kephalaia gnostica* ("capítulos gnósticos"), um conjunto de ensinos metafísicos e teológicos reservados aos monges "gnósticos" (no sentido contemplativo e unitivo do termo). É aqui onde sistematiza com rigor e coerência as hipóteses mais audazes de Orígenes em torno da preexistência das almas e da *apokatástasis*. Pela densidade teológica de suas obras, é considerado o iniciador de um monasticismo literato, e, por causa de seus escritos, exercerá grande influência na espiritualidade cristã posterior.

Na ética evagriana, a "prática" (domínio das virtudes) conduz à *apatheia* (libertação das paixões). É quando pode florescer o conhecimento contemplativo (a gnose ou *theoria*). A contemplação dos seres criados, visíveis e invisíveis, dá-se não pelas paixões senão pelas razões (*logoi*); é um conhecimento conforme à razão divina, ao Logos criador. Por existirem tão-somente no Logos divino, essas "razões" são captadas apenas nas palavras em que Ele mesmo se expressou. Por isso esse conhecimento só é adquirido pela meditação das Escrituras à luz do Logos encarnado. Assim, torna-se possível a passagem da contemplação, sob a luz divina, das realidades criadas (*physikê theoria*) à *theologia*, que é sempre o conhecimento por excelência, a "gnose da Trindade". Este conhecimento é obtido pela oração pura, a oração por excelência. Alcançar essa contemplação sem formas é uma graça que não exclui o esforço consciente por parte do ser humano.[72]

No entanto, há em Evágrio uma tendência ao abstracionismo (muito forte no Pseudo-Dionísio Areopagita) que busca encontrar a Deus totalmente fora das realidades criadas, correndo o risco de considerar a própria humanidade de Cristo um óbice a esse objetivo. Mesmo assim, percebe-se nele uma clara espiritualidade bíblica no resgate que faz tanto da consubstancialidade entre o Pai e o Filho, quanto da divindade da pessoa do Espírito Santo. Por isso, apesar de uma ortodoxia duvidosa e vacilante, sua

---

[72] Cf. idem, ibidem, p. 189.

doutrina espiritual é fruto do acúmulo de ricas experiências monásticas anacoréticas e cenobíticas por ele sistematizadas de maneira teológica e doutrinária.

João Cassiano:[73] maturidade cenobítica. João Cassiano (c. 360-435) é considerado o mais importante escritor da Gália (França) do século V. Proveniente da Cítia (Romênia), sua formação religiosa e monástica deu-se em um mosteiro de Belém. Após uma visita aos monges do Egito, decidiu viver ali com eles no deserto de Scete por dez anos, até 395. Em 399, já estava em Constantinopla, em contato com o patriarca João Crisóstomo, que o ordenou diácono. Em 404 apresentou-se em Roma ao papa Inocêncio I, com o intuito de interceder em favor de seu mestre João Crisóstomo; nessa ocasião foi ordenado presbítero. Posteriormente dirigiu-se a Marselha, onde em 415 fundou um mosteiro para homens e outro para mulheres; ali permaneceu e difundiu o ideal monástico até sua morte.

Suas obras falam sobre espiritualidade monástica, tendo grandemente contribuído para difundi-la no Ocidente. Entre 425 e 430, escreveu três livros. A descrição da vida monástica em suas *Instituitiones coenobiticae* é marcada por sua serenidade e sobriedade.

João Cassiano acreditava, como os primitivos monges, que sua vida era a mesma da comunidade apostólica de Jerusalém. Exaltava o exemplo do monaquismo egípcio, mas desencorajava a prática do eremitismo. Suas conferências aos monges (*Collationes*) são uma apresentação dos ideais morais

---

[73] Edições de suas obras podem ser encontradas em: PL 49-50; CSEL 13 (1886), 17 (1888) (M. Petschenig); *Sources Chrétiennes* 42 (1966), 54 (1967), 64 (1972) (E. Pichery), 109 (1965) (J.-C. Guy). Os estudos de: Leonardi, C. Alle origini della cristianità medievali: Giovanni Cassiano e Salviano di Marsiglia. *Studi medievali* 18 (1977); Tibiletti, C. Giovanni Cassiano. Formazione e dottrina. *Aug.* 17 (1977), pp. 355-380. Em português, dispomos de sua *Primeira conferência do Abade Moisés* (caps. 1-6), citado por Gomes, C. F. *Antologia dos Santos Padres.* São Paulo, Paulus, 1985. pp. 394-397. Informações gerais sobre pessoa, obra e doutrina em: Altaner & Stuiber, *Patrologia*, cit., pp. 449-451. Preciosas informações em: Moreschini & Norelli, *História da literatura cristã antiga grega e latina*, cit., II,2, pp. 94-100.

e ascéticos praticados no Egito.[74] Apelando à tradição monástica egípcia, tentava interpretá-la para criar um corpo de instituições adaptáveis à Gália. Sua afirmação da vida cenobítica vincula-se de alguma maneira à debilidade que via ao seu redor.

Publicou o *De Incarnatione*. O papa lhe havia pedido um informe pericial sobre a doutrina do patriarca constantinopolitano Nestório, denunciada como herética pelo patriarca alexandrino Cirilo. João Cassiano cria que, ao menos para ele, a busca por Deus não era compatível com a vida na sociedade deste mundo. A renúncia era o começo, não o fim, de uma longa viagem. Cassiano reflete bem a espiritualidade cristã oriental no sentido de uma cooperação constante da alma, desde o *initium fidei* até a consumação da comunhão com Deus, uma espécie de "bodas da alma" (seguindo Gregório de Nissa) que tem sua preparação na renúncia ao pecado e no cultivo ascético de uma vida virtuosa. Posto que a viagem da alma é concebida como um progressivo despojar-se das paixões em luta contra os demônios, o pecado é mais proeminente em sua teoria que a virtude:

> Não tendo a caridade de que fala são Paulo, sua vida se torna infrutífera. O santo apóstolo já previra isso em espírito, quando disse: "Se distribuir todos os meus bens em alimento aos pobres, e entregar meu corpo às chamas, não tendo caridade, nada disso me aproveita". Por aí se vê que não se chega imediatamente à perfeição pelo simples despojamento e pela renúncia às honras, se não se acrescenta a caridade, cujos componentes o apóstolo descreve e que consiste na pureza de coração. Sim, não conhecer a inveja, a empáfia, nem a ira, não agir por frivolidade, não buscar o próprio interesse, não se alegrar com a injustiça, não pensar no mal, que outra coisa é tudo isso senão oferecer continuamente a Deus um coração perfeito e puro, conservado intacto a toda paixão?[75]

---

[74] Cf. CHADWICK, *John Cassian*, cit., pp. 18-22 e 30-36.

[75] JOÃO CASSIANO, *I Conferência do Abade Moisés*, PL 49, pp. 482-488, citado por GOMES, *Antologia dos Santos Padres*, cit., p. 397.

Em sintonia com a tradição do deserto, João Cassiano acreditava que a alma deve alcançar a Deus pela meditação da revelação do Senhor encarnado. A mente, no curso de seu crescimento, deve encher-se, condicionar-se por meditações da Escritura e, assim, chegar a concentrar seus pensamentos em Deus. O meio da contemplação é a oração incessante. Chega-se ao estado de "oração pura" quando a oração concentra-se de tal forma em Deus que a mente passa da diversidade à unidade e mantém apenas uma oração, um pensamento.

João Cassiano entendia essa ascensão espiritual como uma cooperação entre Deus e a vontade humana. Criticou com delicadeza[76] o que, por isso mesmo, lhe parecia exagero da doutrina agostiniana da graça. Ainda que estivesse muito mais próximo de Agostinho que de Pelágio, o triunfo do agostinismo estigmatizou-o como semipelagiano.[77]

Sem dúvida, o posicionamento de João Cassiano é resposta à querela entre Juliano e Agostinho. Daniélou explica que ele não se contentou em opor a Agostinho a doutrina tradicional dos meios orientais em que entendia Deus e homem, graça e livre-arbítrio, cooperando de maneira íntima, e para nós misteriosa, na obra da salvação. Como santo Agostinho, deixou-se atrair pelo terreno delimitado por Pelágio, fechando-se nessa nova problemática que acabou caracterizando a especulação ocidental. Também ele procurou escrutar o mistério da salvação pessoal e instalou-se no coração da experiência psicológica.[78] João Cassiano estaria representando não apenas os ambientes monásticos, o que já era previsto, mas também o lado oriental do cristianismo.

---

[76] Cf. *Conferência* XIII.
[77] Cf. TREVIJANO, *Patrología*, cit., p. 190.
[78] Cf. DANIÉLOU & MARROU, *Nova história da Igreja*, cit., v. 1, p. 410.

Basílio Magno:[79] regra comunitária. Basílio (330?-379) era natural de Cesaréia da Capadócia e proveniente de uma família cristã economicamente estável que muito admirava a vida ascética. Sua formação intelectual deu-se nas escolas retóricas em Cesaréia e posteriormente em Constantinopla e Atenas. Nessa cidade travou amizade com outro capadócio, Gregório Nazianzeno (cf. *infra* 4.4.1, p. 254). A amizade duraria toda a vida (a primeira biografia de Basílio — *Encômio de Basílio* — é de autoria de Gregório Nazianzeno) e juntos, com Gregório de Nissa, irmão caçula de Basílio (cf. *infra* 4.4.5, p. 279), formariam o grupo de teólogos capadócios que tanto influenciaria no desenvolvimento da teologia cristã e, particularmente os dois irmãos, na história da espiritualidade cristã, além de empreender uma importante reforma na liturgia da Igreja de Cesaréia.

Por volta de 356, Basílio voltou para sua terra natal e iniciou ali carreira como professor de retórica. No entanto, a experiência durou pouco tempo, pois logo decidiu abraçar a fé cristã, provavelmente sob influência de sua irmã Macrina. Recebeu o batismo das mãos do bispo Diânios. Seu processo de conversão é descrito por ele mesmo com as seguintes palavras:

> Perdi muito tempo em bobagens e passei quase toda a minha juventude em trabalhos vãos, dedicados a aprender as disciplinas de uma sabedoria que Deus considerou como néscia (cf. 1Cor 1,20). Prontamente despertei como de um sono profundo. Contemplei a maravilhosa luz

---

[79] Seus escritos podem ser encontrados em: PG 29-32; *Sources Chrétiennes* 17bis, 26bis, 160, 299, 305, 357; Contreras, E. Basilio de Cesarea. El seguimiento de Cristo. Epístolas 2,173,22 y 223. *CuadMon* 23 (1988), pp. 74-109. Em português, dispomos de: *Homilia 6 Contra a riqueza*, citado por Hamman, *Os Padres da Igreja*, cit., pp. 140-141; *Profissão de fé e sobre o Espírito Santo*, citado por Gomes, *Antologia dos Santos Padres*, cit., pp. 232-244. Sobre sua trajetória de vida, também em português temos: Manzanares, C. V. Basílio, o Grande. In: *DP*, pp. 54-56; Hamman, *Os Padres da Igreja*, cit., pp. 131-139; Moreschini & Norelli, *História da literatura cristã grega e latina*, cit., II,1, pp. 118-127; Altaner & Stuiber, *Patrologia*, cit., pp. 293-294; Daniélou & Marrou, *Nova história da Igreja*, cit., v. 1, pp. 284-285. Comentários sobre cada um de seus escritos podem ser vistos em espanhol: Quasten, *Patrología*, cit., v. 2, pp. 228-260; González, J. *Historia del pensamiento cristiano*. Miami, Editorial Caribe, 1992. t. 1, pp. 291-296; Trevijano, *Patrología*, cit., pp. 194-198.

da verdade evangélica e reconheci o absurdo da sabedoria dos príncipes deste mundo, que vão ser destruídos (cf. 1Cor 1,26). Chorei amargamente minha desperdiçada vida e pedi um mestre que me iniciasse nos princípios da piedade.[80]

Após a conversão e o batismo, sob a orientação de Eustáquio de Sebaste, e com o objetivo de inteirar-se do espírito do monaquismo, Basílio empreendeu longa viagem ao Oriente (Síria, Egito, Mesopotâmia e Palestina), pondo-se em contato com eminentes eremitas. Essa foi uma grande experiência, pois se tratava já não mais de uma conversão do paganismo ao cristianismo, mas sim da conversão do cristianismo de todos, o mais superficial, ao mais autêntico, que os capadócios chamaram "a verdadeira filosofia", isto é, a vida eremítica.

Basílio admirou a moderação deles na comida e sua resistência no trabalho, sua constância na oração e domínio do sono, bem como o fato de conservarem seu alto propósito de alma, em meio à fome, sede, frio. Para ele, mostravam o que é peregrinar nesta vida e ter a cidadania dos céus. Assim, pois, observou que eles levavam em seu corpo a morte de Jesus. Desejando de todo o coração imitá-los, passou a levar uma vida austera, o que lhe prejudicou gravemente a saúde.

Ao voltar, em 358, Basílio se desfez de suas riquezas, dando-as aos pobres, e instalou-se em lugar isolado e inóspito nas florestas da região do Ponto, às margens do rio Oronte. Alguns poucos foram viver com ele. Entre eles, o seu grande amigo Gregório Nazianzeno. Nesse período, juntamente com este, compôs a *Philocalia* (antologia das obras de Orígenes). Ainda por esse tempo, Basílio, com a ajuda de seu amigo, produziu, a partir de 364, as duas regras monásticas que teriam influência decisiva para a vida cenobítica em todo o Oriente e lhe dariam o título de legislador do monaquismo grego.

---

[80] BASÍLIO MAGNO, *Ep* CCIII,2, citado por QUASTEN, *Patrología*, cit., v. 2, pp. 225.

No mesmo ano em que redigiu a *Regra*, foi ordenado presbítero (sacerdote) a pedido do metropolita de Cesaréia, Eusébio (este não é o historiador). Seis anos mais tarde, em 370, com a morte do metropolita, Basílio é escolhido bispo de Cesaréia, metropolita da Capadócia e exarca da diocese civil do Ponto. Sua principal tarefa foi restabelecer a paz, unidade e ordem na Igreja de Cesaréia e buscar a paz e comunhão entre as várias Igrejas cristãs.

As regras de Basílio[81] possuem um caráter bem pronunciado de moderação e prudência. Nelas, insiste sobre as vantagens da vida conventual e sobre o posto capital da direção espiritual. Segundo ele, dentre as virtudes que um monge deve praticar, começando pelos superiores, a primeira é a humildade.[82] Os monges devem obedecer em tudo sem discussão;[83] só excepcionalmente lhes está permitido dirigir respeitosamente observações discretas.[84] Sua obediência não tem outros limites que a lei de Deus.[85] As outras virtudes do monge (pobreza, mortificação, renúncia) impõem-se por si mesmas a quem deseja uma vida perfeita.

Mas essas virtudes não estariam salvaguardadas sem a prática do trabalho.[86] Junto ao trabalho manual, tem lugar o trabalho intelectual. Basílio recomenda muito o estudo da Escritura. Além do trabalho, e ainda mais do que ele, a oração é o grande dever do monge. Este pára de trabalhar para acudir o momento das horas canônicas nos tempos designados em um mesmo local.[87]

---

[81] As *Regulae fusius tractatae*, regras compostas para sua publicação em fases sucessivas. As *Regulae brevius tractatae*, regras para dar respostas a casos de consciência e explicações de passagens difíceis para o uso dos monges. Com essas duas regras, em pouco tempo fundou vários mosteiros.

[82] Cf. 43,2, citado por Trevijano, cit., p. 192.

[83] Cf. 28,2, citado por Trevijano, cit., p. 192.

[84] Cf. 47-48, citado por Trevijano, cit., p. 192.

[85] Cf. *Reg. brev.* 114, citado por Trevijano, cit., p. 192.

[86] Cf. *Reg. fus.* 37-41, citado por Trevijano, cit., p. 192.

[87] Cf. Trevijano, *Patrología*, cit., p. 192.

As regras traduzem muito da experiência de Basílio com Eustáquio de Sebaste, um velho amigo já experiente nas práticas e propagação do monaquismo, na forma de catecismos de virtudes e deveres monásticos.

Ao lado das regras está outra obra de caráter ascético: *Moralia*. É uma coleção de 80 regras morais, com base no Evangelho, para o uso das almas ansiosas por perfeição. Segundo Quasten, essa obra é uma vigorosa exortação em favor da vida ascética. É a peça mais antiga e mais importante do *Corpus asceticum*.[88] Está direcionada aos monges, mais precisamente aos superiores, e afirma que a única obrigação peculiar dos monges é a virgindade, pois os demais deveres são comuns com os outros cristãos. Basílio também escreveu dezenas de cartas e homilias.

Todo o ensino de Basílio se concentra na defesa da fé conforme estabelecida por Nicéia (325) contra todos os partidos arianos. Nesse sentido, escreveu dois tratados dogmáticos: *Contra Eunômio*, três livros dando uma resposta ao escrito *Apologia* do líder radical Eunômio do arianismo; e *Sobre o Espírito Santo*, que trata da consubstancialidade da segunda e da terceira pessoa divina, o Filho e o Espírito Santo, com o Pai.[89] Em ambas as obras, o Espírito é considerado o autor da santidade, e o processo de santificação dos crentes acontece por sua participação no Espírito.

Talvez o que mais chame a atenção na espiritualidade de Basílio seja o caráter engajado e comprometido socialmente do seu ministério episcopal. Dedicou-se a erradicar a miséria de sua cidade, construindo diversas obras no setor mais carente: instituições de socorro aos marginalizados e estrangeiros; albergue e abrigo para pessoas idosas; hospital, com uma ala reservada às doenças contagiosas; igreja; e, mais tarde, alojamentos para empregados e operários. A obra transformou-se em uma verdadeira cidade operária.[90]

---

[88] Cf. QUASTEN, *Patrología*, cit., v. 2, p. 233.

[89] Ver especialmente os comentários de J. GONZÁLEZ acerca dessas duas obras dogmáticas (cf. *Historia del pensamiento cristiano*, cit., t. 1. pp. 291-296).

[90] Cf. HAMMAN, *Os Padres da Igreja*, cit., p. 136.

A seguir, reproduzimos partes de dois textos de Basílio — *Sobre o Espírito Santo*[91] e *Homilia 6 contra a riqueza*[92] — para podermos ter uma idéia concreta de sua espiritualidade:

SOBRE O ESPÍRITO SANTO

Quando, sob o influxo de uma iluminação, fixamos os olhos na beleza da Imagem do Deus invisível e por ela nos elevamos à contemplação do Arquétipo, lá está o Espírito de conhecimento, inseparavelmente presente, oferecendo em si o poder de ver a imagem aos que amam a contemplação da Verdade. Ele não a faz manifestar-se de fora, mas a mostra em si: "Ninguém conhece o Pai senão o Filho" e também "ninguém pode dizer: Jesus é o Senhor, senão no Espírito Santo". Note-se que não se diz: pelo Espírito, mas no Espírito. "Deus é Espírito e os que o adoram devem adorá-lo em espírito e verdade", como ainda está escrito: "Em tua luz veremos a luz". Por outras palavras: na iluminação do Espírito veremos "a verdadeira luz que ilumina todo homem que vem ao mundo". É em si mesmo que o Espírito mostra a glória do Filho único e é em si mesmo que concede aos verdadeiros adoradores o conhecimento de Deus.

HOMILIA 6 CONTRA A RIQUEZA

A quem estou fazendo mal, pergunta o avarento, guardando para mim o que me pertence? Mas quais são, dize-me, os bens que te pertencem? De onde os tiraste? [...] Não saíste nu do seio de tua mãe? Não voltarás nu ao seio da terra? De onde vêm os bens que possuis atualmente? Se me respondes: "Do acaso", és incrédulo, cheio de ingratidão para com aquele que te cumulou de bens [...].

---

[91] Citado por GOMES, *Antologia dos Santos Padres*, cit., pp. 243-244.
[92] Citado por HAMMAN, *Os Padres da Igreja*, cit., pp. 140-141.

E tu, que vais ocultando todos os teus bens nas obras de uma avareza insaciável, julgas não prejudicar ninguém, deixando na privação tanto infelizes? Quem é o avarento? Uma pessoa que não se contenta com o que é necessário. Quem é o ladrão? Uma pessoa que tira de alguém aquilo que lhe pertence. E, porventura, não és um avarento? Não és um ladrão? Monopolizaste os bens cuja gestão te foi confiada. Aquele que despoja um homem de suas vestes receberá o nome de saqueador. E aquele que, podendo fazê-lo, não veste a nudez do mendigo merecerá acaso outro nome?

Ao faminto pertence o pão que guardas. Ao homem nu, o manto que guardas até nos seus cofres. Ao que anda descalço, o calçado que apodrece em tua casa. Ao miserável, o dinheiro que guardas escondido. É assim que vives oprimindo tanta gente que poderias ajudar [...]. De que modo hei de colocar diante de teus olhos os tormentos do pobre, a fim de que fiques sabendo a troco de quantos gemidos ajuntas o teu tesouro? Ah! Como acharás preciosas, no dia do julgamento, estas palavras: "Vinde, benditos de meu Pai, recebei por herança o Reino preparado para vós desde a fundação do mundo. Pois tive fome e me destes de comer. Tive sede e me destes de beber. Estive nu e me vestistes". Tremores, suores frios e trevas te invadirão à notícia deste julgamento: "Apartai-vos de mim, malditos, para o fogo eterno preparado para o diabo e para seus anjos. Porque tive fome e não me destes de comer. Tive sede e não me destes de beber. Estive nu e não me vestistes". Não é a tua tendência ao roubo e à usura que aqui se condena, mas a tua recusa em partilhar o que tens.

MARTINHO DE TOURS:[93] ESPIRITUALIDADE MISSIONÁRIA. O ideal monástico, tão forte no Oriente, difundiu-se no Ocidente especialmente através de santo Atanásio, que escreveu uma biografia de santo Antônio Abade. A organização monástica também foi introduzida no Ocidente por

---

[93] Principal fonte sobre a vida de Martinho de Tours é Sulpício Severo com sua *Vita Martini*, em que exalta Martinho como apóstolo da Gália e pai do monaquismo ocidental.

ascetas que tinham sido obrigados a abandonar residência no Oriente devido à oposição tomada a favor de uma ou outra facção, no calor da controvérsia ariana. Difundiu-se sobretudo na Gália meridional, onde surgiu o mosteiro de Lérins, conhecido pela presença de alguns dos principais Padres da Igreja ocidental: Cesário de Arles, Hilário de Poitiers, Vicente de Lérins. Mas também marcou presença no Piemonte, no Norte da África e na Hispânia. Com isso, as idéias e doutrinas do monaquismo anacoreta passaram ao meio popular.

Um dos frutos quase imediatos de tal propaganda foi a figura impressionante de Martinho de Tours (316-397). Com ele temos a fundação do mais antigo mosteiro da Gália, o de Ligugê (360), anterior ao de Lérins. Por volta de 356, Martinho, um militar de carreira, experimentou sua conversão ao cristianismo, após o famoso acontecimento em Amiens, no qual repartiu a capa com um mendigo. Seu biógrafo informa-nos que naquela noite Jesus lhe apareceu e disse: "Tudo o que fizestes a um destes meus pequeninos irmãos, a mim o fizestes".

Após o batismo, Martinho se tornou discípulo de Hilário de Poitiers e viajou como missionário entre os bárbaros. Viveu por um período isolado nas proximidades de Milão; em seguida na ilha de Galinara, perto de Albenga; por fim nos arredores de Poitiers, em Ligugê, passando a viver ali como eremita por dez anos.[94] Diante da vacância do bispado de Tours, a vontade popular era que Martinho ocupasse a cadeira episcopal, o que aconteceu, contra a sua vontade e sob intensa discussão, em 371.[95]

---

[94] MORESCHINI & NORELLI, *História da literatura cristã antiga grega e latina*, cit., II,1, p. 434.

[95] Cf. GONZÁLEZ explica que "alguns bispos presentes no processo de eleição, todavia, opunham-se a isto, dizendo que Martim era indivíduo sujo, esfarrapado e de cabelos desgrenhados, que diminuiria o prestígio do cargo de bispo. No meio da discussão chegou a hora de ler as Escrituras, e o leitor não apareceu em nenhum lugar. Então um dos presentes tomou o livro, abriu-o ao acaso e começou a ler: 'Da boca de pequeninos e crianças de peito suscitaste força, por causa dos teus adversários, para fazeres emudecer o inimigo e o vingador' (Sl 8,2). A multidão presente recebeu essa leitura como uma palavra do alto. Martim, o sujo e descabelado que os bispos desprezavam, era o escolhido de Deus para fazer calar os que se opunham aos seus planos — isto é, os bispos. Sem mais espera Martim foi eleito bispo da cidade de Tours" (*A era dos gigantes*, cit., pp. 76-77).

Como bispo, fundou o centro eremítico de Marmoutier, no qual acolheu inúmeros discípulos, unindo em si a figura do bispo e do eremita. De fato, era sobretudo no ermo que o bispo encontrava a relação direta com Deus. Seu ministério episcopal foi caracterizado pelo compromisso missionário com as populações periféricas e mais carentes das zonas rurais. Portanto, a partir dele, o ideal monástico do isolamento eremítico teve que se adaptar a um novo momento e criar um novo *modus vivendi*.

Fato marcante do episcopado de Martinho foi seu envolvimento no difícil caso do espanhol Prisciliano,[96] que acabou sendo julgado e condenado à morte pelas próprias autoridades religiosas. Até onde foi possível, Martinho lutou contra tal decisão, usando de seu prestígio e fama. Mais tarde, julgou que seus dons de cura e exorcismo, que tanto foram utilizados na evangelização dos incrédulos, o haviam abandonado porque não se envolvera mais nesse triste episódio.

4.4 Doutrina espiritual na idade dourada da patrística: modelos teológico-pastoral[97] e místico-querigmático[98]

Não é sem razão que o século IV, para os historiadores da Igreja e do dogma, apresenta-se como o mais importante da história do cristianismo. Nele, contemplamos: (a) o fim das perseguições do império contra a Igreja; (b) o favorecimento estatal da religião cristã, primeiro com Constantino e seus sucessores, depois com Teodósio, que reconheceu, no final do século, o cristianismo como religião oficial do Império Romano; (c) o surgimento e desenvolvimento do fenômeno do monaquismo; (d) o aparecimento das grandes mentes teológicas tanto no Oriente como no Ocidente cristãos.

---

[96] Bispo de Ávila e divulgador de uma ascética rigorista. Foi acusado pelos bispos Itácio e Hidácio de milenarismo, maniqueísmo e heresia gnóstica e finalmente também de imoralidade e magia. Na verdade, vários elementos políticos foram usados no processo. Foi decapitado em 385.

[97] Modelo vinculado aos ministérios e escritos de Gregório Nazianzeno, Ambrósio de Milão, Jerônimo e Leão Magno.

[98] Modelo vinculado aos ministérios e escritos de Gregório de Nissa, João Crisóstomo, e o Pseudo-Dionísio Areopagita.

A Igreja, portanto, experimentará seu paradoxo interno. Por um lado, uma expansão vertiginosa em seus quadros numéricos e patrimoniais, e simultaneamente uma acentuada qualidade na expressão de sua fé, por meio da teologia e suas grandes definições dogmáticas e doutrinárias. Por outro, a experiência interna de um processo inexorável de "paganização", no qual estão evidentes sua opção por novos valores e a perda gradativa da simplicidade evangélica e apostólica em detrimento de uma fenomenologia cúltica e sacra mais complexa e erudita. Esta última se manifestou claramente por meio de uma cultura de polêmica teológica e apologética *ad intra*.

Esse novíssimo *habitat* eclesial, multifacetado e fértil, fornecerá os instrumentos e as possibilidades para o estabelecimento de uma riquíssima doutrina espiritual, seja ela proveniente dos claustros, das polêmicas ou dos grandes concílios ecumênicos. Uma espiritualidade, sem dúvida, vinculada a personalidades concretas, mas reveladora de grandes temas gerais na história da piedade cristã que inspirarão as grandes sínteses de espiritualidade na Idade Média, bem como servirão de paradigmas para os movimentos populares e reformistas.

4.4.1 Gregório Nazianzeno: espiritualidade trinitária

Gregório Nazianzeno[99] (330-390), proveniente de uma família cristã de posses, nasceu em Arianzo, na propriedade rural de seu pai, o bispo Gregório, o Ancião, bem próximo de Nazianzo, na Capadócia. Recebeu uma excelente formação intelectual que incluía retórica, ciências e filosofia.

---

[99] Seus escritos podem ser vistos em: CPG II 3010-3125; PG 35-38; *Sources Chrétiennes* 119, 247, 270, 284, 318, 358; GARZÓN, I. *Gregorio Nacianceno*; homilías sobre la Natividad. Madrid, s.n., 1986 (BPa 2); TRISOGLIO, F. & GARZÓN, I. *Gregorio Nacianceno*; la pasión de Cristo. Madrid, s.n., 1988 (BPa 4). Em português, já dispomos de: *Duas cartas a são Basílio*; *Poema sobre a natureza humana*; *V Discurso Teológico* (trechos); *Discurso sobre o amor aos pobres*, citado por GOMES, *Antologia dos Santos Padres*, cit., pp. 245-263; *O sacrifício sacerdotal*, citado por HAMMAN, *Os Padres da Igreja*, cit., pp. 154-156. Dois estudos sobre Gregório Nazianzeno são básicos: FLEURY, E. *Hellénisme et christianisme*; saint Gregóire de Nazianze et son temps. Paris, s.n., 1930; RUETHER, R. R. *Gregory of Nazianzus*; rhetor and philosopher. Oxford, s.n., 1969.

Estudou em Cesaréia da Capadócia, Cesaréia da Palestina e Atenas. Nesta última cidade, encontrou-se com Basílio, com quem travaria uma amizade por toda a vida.

Terminados os estudos, Gregório Nazianzeno iniciou sua pequena experiência ascética, isolando-se, em 357, na propriedade rural da família em Arianzo. Nesse período, recebeu o batismo. Um ano depois se instalou com Basílio no Ponto e passou a ajudá-lo na confecção da *Philocalia* e das regras monásticas. Permaneceu com Basílio por quase três anos. Tal experiência foi bastante cativante para ele. Certamente poderia ter ficado ali por muito mais tempo, não fosse a solicitação de seu pai para que voltasse para Nazianzo.

Em 362 Gregório Nazianzeno, não obstante resistir à idéia, foi ordenado sacerdote. A ordenação gerou um sentimento de desgosto que o levou a regressar para junto de Basílio em seu retiro, onde escreveu sua *Oratio II* sobre o sacerdócio e sua própria postura. Provavelmente escreveu esse discurso de ocasião com o intuito de explicar ao povo de Nazianzo as razões de sua fuga.[100] Nele, faz um apologia de sua fuga, descrevendo as responsabilidades do ofício sacerdotal. Esse verdadeiro tratado sobre o sacerdócio, que muito influenciará João Crisóstomo em seus *Seis livros sobre o sacerdócio* (cf. *infra* 4.4.6, p. 285) e também Gregório Magno em sua *Regra pastoral*, contém as seguintes palavras:

> É uma maneira de filosofar que nos obriga a assumir a função da direção e governo das almas. Que se nos confie o conduzir a grei quando todavia não aprendemos a apascentar-nos bem a nós mesmos. Precisamente em tempos como este, em que, ao ver a outros sacudidos daqui para acolá e confusos, a pessoa estima mais escapar ausentando-se desse meio e retira-se para não se expor à tenebrosa tormenta suscitada pelo maligno. Em uns tempos em que os membros fazem guerra uns

---

[100] Cf. Trevijano, *Patrología*, cit., p. 199.

com os outros; em que se desvaneceu o amor, se é que restava algo; em que o sacerdócio passou a ser um nome vazio, posto que, como está escrito, "se derramou sobre os chefes o menosprezo".[101]

Pouco tempo depois, porém, Gregório Nazianzeno retornou a Nazianzo e auxiliou seu pai no ministério pastoral, colaborando ativamente na administração da diocese e na cura de almas.

No entanto, por volta de 371, em decorrência de divisões políticas efetuadas pelo imperador Valente na Capadócia, Basílio, na qualidade de metropolita, consagrou Gregório Nazianzeno bispo de Sásima. Este último, porém, foi contra a decisão e nunca chegou a tomar posse de sua sede, senão que permaneceu em Nazianzo.

Após a morte de seu pai, Gregório Nazianzeno se encarregou, sozinho, da administração da diocese. Um ano mais tarde, transferiu-se para Selêucia, na Isáuria, para levar uma vida de retiro e de contemplação, muito provavelmente para não ter que assumir o bispado, como queriam vários bispos vizinhos. Assim, permaneceu retirado mais ou menos uns quatro anos.

Todavia, no ano 379, uma minoria nicena de Constantinopla lhe solicitou que auxiliasse na reorganização de sua Igreja, uma vez que, com a morte de Valente, o partido ariano poderia enfraquecer-se. Dessa forma, aceitou o convite e, na casa de um parente, iniciou a Igreja da Ressurreição. Com seus poderosos sermões atraiu um número considerável de pessoas. Dois anos depois, após a entrada de Teodósio, o novo imperador e senhor do Oriente, na cidade para restaurar a fé nicena, Gregório Nazianzeno foi conduzido solenemente à Igreja dos apóstolos e, no Concílio de Constantinopla (381), foi reconhecido em sua cadeira episcopal na cidade.

No entanto, em poucos dias, diante de forte crítica dos partidos contrários, Gregório Nazianzeno renunciou àquela importante sede episcopal,

---

[101] *Oratio* II,78.

pronunciando um sermão de despedida.[102] Durante os dois anos subseqüentes dedicou-se à sua diocese natal ainda vacante. Passou os últimos anos de sua vida como asceta na solidão de sua propriedade rural em Arianzo, ocupando-se com trabalhos literários.[103] Várias poesias e epístolas pertencem aos seus últimos anos, inclusive sua autobiografia em forma de poema: *De vita sua*.

As melhores obras de Gregório Nazianzeno são, sem dúvida, seus 45 sermões. Deles, destacam-se cinco *Sermões teológicos*, pronunciados em 380, em Constantinopla, defendendo a ortodoxia nicena quanto à Trindade especialmente e cada pessoa separadamente.

Gregório Nazianzeno compreendia que a teologia é a doutrina sobre Deus em si mesmo; seja em sua unidade, seja em sua trindade.[104] Conciliou fé e filosofia em sua afirmação da existência e incompreensibilidade de Deus.[105] Mostrou-se herdeiro da tradição bíblica sapiencial, assentada havia muito pelo platonismo do judaísmo helenístico. Compreendia o Filho dentro da unidade divina que é Trindade:

> Por isso, a unidade divina (*monás*) em movimento à *dyada* deteve-se na Trindade. Isso é para nós o Pai, o Filho e o Espírito Santo. O primeiro engendra e emite; porém fora de paixão, tempo e corporeidade. Quanto aos outros, um é engendrado e o outro proferido. Não sei como se poderia denominar tudo isso fazendo abstração total das coisas visíveis.[106]

Gregório Nazianzeno recorre também à teologia afiançada em seu tempo ao explicar as pessoas divinas como relações trinitárias: "O nome do

---

[102] Cf. *Oratio* XLII,42.
[103] Cf. ALTANER & STUIBER, *Patrologia*, cit., p. 302.
[104] Cf. *Oratio* XXVIII,1.
[105] Cf. idem, ibidem XXVIII,5.
[106] Idem, ibidem XXIX,2.

Pai nem é nome de substância (*ousía*), arquissábios! Nem é nome de ação (*energeía*). É um nome de relação (*skhésys*), que indica como é o Pai com respeito ao Filho e como é o Filho com respeito ao Pai".[107]

Gregório Nazianzeno entende o Espírito Santo como meio entre o Pai e o Filho: "Uma vez que procede do Pai, não é uma criatura. Uma vez que não é engendrado, não é Filho. Uma vez que é o intermediário entre o ingênito e o engendrado, é Deus".[108]

No quinto *Discurso teológico*, Gregório Nazianzeno discute a pessoa do Espírito. Diferentemente de seu amigo Basílio, afirma categoricamente que o Espírito é Deus e que devem ser atribuídos a ele todos os predicados da divindade:

> Se houve um tempo quando o Pai não existiu, então houve um tempo em que o Filho não existiu; se houve um tempo em que o Filho não existiu, então houve um tempo em que o Espírito não existiu; se um existiu desde o princípio, então os três existiram desde o princípio.[109]

De novo, a diferença entre as pessoas divinas é diferença de relação:

> O que é que falta ao Espírito para ser Filho? Porque, se não lhe faltasse nada, seria Filho. Respondemos que não lhe falta nada, porque a Deus não falta nada. A diferença, por assim dizer, é de manifestação ou de relação entre eles. Essa diferença entre eles é o que faz também a de apelação.[110]

---

[107] Idem, ibidem XXIX,16.

[108] Idem, ibidem XXXI,8, citado por Trevijano, *Patrología*, cit., p. 203.

[109] Idem, ibidem XXXI,4, citado por González, *Historia del pensamiento cristiano*, cit., t. 1, p. 299.

[110] Idem, ibidem XXXI,9.

Isso significa que "Pai" não indica essência nem ação, senão relação: a relação de comunhão que existe entre o Pai e o Filho. Essa idéia levou Gregório Nazianzeno a dedicar mais atenção à questão das relações entre a três pessoas divinas, sua grande contribuição ao desenvolvimento do dogma trinitário, sobretudo no Ocidente. Segundo Gregório Nazianzeno, não podem estabelecer-se entre as três pessoas da Trindade outras distinções que as que se referem à origem de cada uma delas. Essas distinções não se referem de modo algum à substância ou à natureza, senão só à origem de cada uma das pessoas: "Posto que nem o Pai deixou de carecer de origem ao engendrar ao Filho, nem o Filho deixou de ser engendrado por sê-lo por quem não o é, nem o Espírito vem a ser Pai ou Filho porque procede, ou porque é Deus".[111]

Além de sua doutrina trinitária, a cristologia de Gregório Nazianzeno apresenta mostras de seu gênio teológico, pois oferece fórmulas que seriam de grande utilidade nas controvérsias cristológicas posteriores.

Citamos, a seguir, parte do sermão 1 sobre a Páscoa:

O SACRIFÍCIO SACERDOTAL

Que devemos oferecer a Deus?

4. Ontem, eu estava crucificado com Cristo; hoje, com ele sou glorificado. Ontem, eu morria com o Cristo; hoje, com ele estou vivo novamente. Ontem, eu estava sepultado com o Cristo; hoje, com ele saio do sepulcro. Levemos, pois, nossas primícias àquele que sofreu e que ressuscitou por nós. Pensais acaso que vou falar aqui de ouro, de prata, de tecidos, de pedrarias raras? Frágeis bens da terra! Só saem do solo para cair quase sempre nas mãos de celerados, escravos daqui da terra e do príncipe do mundo.

---

[111] Idem, ibidem XXXIX,11-12.

Ofereçamos, portanto, nossas próprias pessoas: é este o presente mais precioso aos olhos de Deus e o que dele mais se aproxima. Ofertemos à sua imagem aquilo que mais se assemelha a ela [...].

Demos tudo, ofereçamos tudo àquele que se deu como pagamento e como resgate. Nada lhe poderemos dar de tão grande quanto nós mesmos, se houvermos compreendido estes mistérios e se nos tivermos tornado para ele tudo o que ele se tornou para nós.

[...] Procurai conhecer bem vosso pastor; deixai igualmente que ele vos conheça. Escutai sua voz clara e franca, mesmo quando soa atrás da porta; não obedeçais ao estrangeiro que salta por cima da cerca, qual ladrão e traidor. Não deis ouvidos às vozes desconhecidas, que hão de tentar atrair-vos, sub-repticiamente, para longe da verdade, dispersando-vos pelos montes, pelos desertos, pelos barrancos, e por outros lugares por onde o Senhor não passa, e afastando-vos da verdadeira fé, aquela que proclama que o Pai, o Filho e o Espírito Santo são uma única divindade e um só poder. Esta voz minhas ovelhas sempre escutaram; oxalá possam continuar a escutá-la, em vez de dar atenção à que acumula mentiras e infâmias, e nos faz perder nosso primeiro e verdadeiro pastor.

Pudéramos todos nós, pastores e rebanhos, pastar e levar a pastar bem longe dessas ervas venenosas e fatais, e ser todos um no Cristo Jesus, hoje e nas moradas celestes. A ele, a glória e o poder em todos os séculos. Amém.[112]

É evidente a dependência teológica de Gregório Nazianzeno para com seu grande amigo Basílio Magno. No entanto, é bem verdade que também ele representa um grande avanço na terminologia, nas fórmulas dogmáticas e especialmente no método teológico.

---

[112] Citado por HAMMAN, *Os Padres da Igreja*, cit., pp. 155-156.

4.4.2 Ambrósio de Milão: pastor de almas

Santo Ambrósio de Milão[113] (339-397) nasceu em Tréveris, na Gália, onde seu pai era prefeito do pretório. Alguns anos depois, após a morte de seu pai, foi para Roma, juntamente com sua mãe, onde recebeu sua educação. Aos 31 anos de idade já era governador na cidade de Milão.

Com a sede episcopal vacante e com o empenho de Ambrósio em apaziguar os ânimos exaltados entre nicenos e arianos, o povo não teve dúvida: elegeu-o bispo contra sua vontade (até tentou fugir). Embora fosse somente catecúmeno, em pouco tempo recebeu o batismo e a ordenação. A sagração episcopal aconteceu oito dias após o batismo. Sob a direção do presbítero Simpliciano, adquiriu boa cultura teológica e leu os principais autores gregos, sobretudo Orígenes e são Basílio, cujos escritos eram famosos.[114]

Ambrósio distribuiu sua grande fortuna aos pobres, levando ele próprio estrita vida ascética. Acessível a todos, a todo tempo e sem formalismo, era continuamente importunado pelos que vinham solicitar auxílio.[115] Seu bispado foi caracterizado pelo equilíbrio entre a amabilidade e a firmeza de um verdadeiro pastor. Foi um homem de singular energia e ação, regadas de bondade, firmeza moral e piedade ardente, uma postura ética que lhe valeu a admiração de todos.

---

[113] As obras de santo Ambrósio de Milão podem ser vistas em: CPL 123-165; PL 14-17; *Sources Chrétiennes* 45; AMBRÓSIO DE MILÃO, *Explicação do Símbolo*; *Sobre os sacramentos*; *Sobre os mistérios*; ____, *Sobre a penitência*. Patrística 5. São Paulo, Paulus, 1996 (Trad. do francês *Sources Chrétiennes*). Três escritos em GOMES, *Antologia dos Santos Padres*, cit.; ____. *Comentário ao evangelho de são Lucas* (I,28s); *Sobre os mistérios*; a fé na imortalidade. Um escrito citado por HAMMAN, *Os Padres da Igreja*, cit., *Hino da noite*; GARRIDO, M. *Obras de San Ambrosio*. Madrid, BAC, 1966. v. 1 (BAC 257). Informações sobre a vida de santo Ambrósio em português: GONZÁLEZ, *A era dos gigantes*, cit., pp. 139-146; DONINI, *História do cristianismo*, cit., pp. 243ss; *DP*, pp. 23-26; MORESCHINI & NORELLI, *História da literatura cristã antiga grega e latina*, cit., t. 1, pp. 339-360.

[114] Cf. GOMES, *Antologia dos Santos Padres*, cit., p. 307.

[115] Cf. ALTANER & STUIBER, *Patrologia*, cit., p. 378.

Em uma carta pastoral, ele revela seu conceito do sagrado ministério:

> A honra e a sublimidade dos bispos — irmãos meus — estão além de toda comparação. Se alguém os comparasse com reis resplandecentes e príncipes coroados de diademas, seria muito menos digno do que comparar o baixo metal que é o estanho com o resplandecente ouro. Com efeito, pode ver-se como as cervizes de reis e príncipes se inclinam ante os joelhos dos sacerdotes e como depois de beijar sua mão direita julgam-se fortalecidos por suas orações [...]. Deveis saber, irmãos, que mencionamos tudo isso para mostrar que nada pode ser achado neste mundo mais elevado do que os sacerdotes e mais sublime do que os bispos.[116]

Ambrósio exerceu influência decisiva sobre a situação religiosa e política de seu tempo. Com coragem intrépida e inflexível lutou pelo direito exclusivo da Igreja em face do paganismo e de outras heresias, como também, e não em último lugar, por sua liberdade e independência perante o poder do Estado: "O imperador está na Igreja e não acima da Igreja".[117] Esse posicionamento diante do Estado fica bem claro no incidente envolvendo o imperador Teodósio, que ordenou um massacre em Tessalônica como represália a uma revolta social. Ambrósio exigiu uma penitência de Teodósio, impedindo-o de entrar na igreja.

Apesar de um pastorado excessivamente complexo, em decorrência dos vários partidos religiosos e políticos presentes, Ambrósio encontrou tempo para uma grande e significativa produção literária. Produziu teologia, exegese, moral, ascética, catequese etc. Foi um homem da tradição. No entanto, acima de tudo, foi um pastor de almas.

Em todos os seus escritos pastorais está presente a ação pastoral do bispo, que antes de tudo é pastor; seja na disciplina do clero, exigindo-lhe uma

---

[116] Citado por Bettenson, *Documentos da Igreja cristã*, cit., p. 150.
[117] *Contra Auxêncio 35.*

moral elevada, seja na instrução catequética ao neófito, ou na reintegração dos pecadores arrependidos à comunidade. Em sua obra *De mysteriis* (*Sobre os mistérios*), que é uma catequese habitual aos neófitos explicando-lhes o significado simbólico dos ritos de iniciação, diz, logo no início:

> Abri, portanto, os ouvidos e aspirai o bom odor da vida eterna, espalhado sobre vós pelo dom dos sacramentos. É o que vos havíamos notado, quando dizíamos ao celebrar os mistérios da abertura; "*Effetha*, isto é, abre-te" (Mc 7,34), para que cada um daqueles que viriam à graça soubesse o que lhe seria perguntado e se lembrasse do que deveria responder [...].
>
> Depois disso, foi aberto para ti o Santo dos santos e entraste para o santuário da regeneração. Lembra-te do que te perguntaram e recorda o que respondeste: renunciaste ao diabo e às suas obras, ao mundo e sua luxúria e prazeres. Tua palavra é guardada não no túmulo dos mortos, mas no livro dos vivos.[118]

Em seguida, discorre sobre a importância dos "personagens sacramentais", no que diz respeito à sua função e dignidade:

> Viste lá o levita, viste o sacerdote e viste o sumo sacerdote. Não consideres o seu aspecto exterior, mas a graça do ministério deles. Falaste na presença dos anjos, conforme está escrito: "Os lábios do sacerdote são guardiães da ciência e de sua boca procura-se a lei, porque ele é o anjo do Senhor todo-poderoso" (Ml 2,7). Não há erro, não há o que negar, ele é o anjo que anuncia o hino de Cristo, a vida eterna. Não deves avaliá-lo pela aparência, mas pela função. Considera o que ele te transmitiu, aprecia sua função e reconhece a sua dignidade.[119]

---

[118] Ambrósio de Milão, *Patrística* 1.3 e 2.5, 5, pp. 81-82.
[119] Idem, ibidem, 2.6.

Especificamente sobre o significado do batismo e a sua presença em simbolismo já na antiga aliança, Ambrósio nos oferece interessante análise:

> A água é o elemento em que a carne submerge para lavar todo pecado mortal. Aí fica sepultado todo crime. O madeiro é aquele no qual foi pregado o Senhor Jesus, quando sofreu por nós. A pomba é o aspecto no qual desceu o Espírito Santo, como aprendeste no Novo Testamento, aquele que te inspira a paz da alma e a tranqüilidade do espírito. O corvo é a imagem do pecado que sai e não volta, contanto que se conserve em ti a observância e o exemplo do justo.
>
> Há ainda um terceiro testemunho, conforme o ensinamento do Apóstolo: "Nossos pais ficaram todos sob a nuvem, todos eles atravessaram o mar e todos eles foram batizados em Moisés, na nuvem e no mar" (10,1-2). Depois, o próprio Moisés diz no cântico: "Enviaste o teu Espírito, e o mar os engoliu" (Ex 15,10). Percebes que já se encontra prefigurado o santo batismo nesta passagem dos hebreus, onde o egípcio perece e o hebreu escapa. O que mais aprendemos todo dia neste sacramento, senão que a culpa é engolida e o erro abolido, enquanto a piedade e a inocência atravessam intactas?
>
> Ouves que nossos pais ficaram sob a nuvem e sob uma boa nuvem, que resfria o incêndio das paixões carnais. Sob uma boa nuvem: ela protege aqueles que o Espírito Santo visitou. Depois, ele veio sobre a virgem Maria e o poder do altíssimo a cobriu com a sua sombra, quando ela gerou a redenção para o gênero humano. Este milagre foi realizado em figura por Moisés. Se o Espírito Santo esteve presente na figura, não estará na realidade, quando a Escritura te diz: "A lei foi dada por Moisés, mas a graça e a verdade vieram por Jesus Cristo"? (Lc 1,35).[120]

Aos neófitos, Ambrósio também instrui acerca da realidade sobrenatural da Igreja, que, segundo sua visão, já estava presente desde a antiga aliança.

---

[120] Idem, ibidem, 3.11,12,13, pp. 83-84.

Na verdade, esse seu escrito, na sua segunda metade (nn. 5-9), é um verdadeiro tratado eclesiológico, com a peculiaridade de abusar do método alegórico, certamente sob a influência do mestre alexandrino maior:

> Portanto, creio que o Senhor Jesus está presente, ao ser invocado nas preces dos sacerdotes; ele que disse: "Onde dois ou três estiverem, aí também eu estou" (Mt 18,20). Com maior razão, onde está a Igreja, onde estão os mistérios, aí ele se digna compartilhar a sua presença [...].

> Cristo, entretanto, vendo a sua Igreja vestida de branco — para a qual, como se encontra no livro do profeta Zacarias, ele próprio havia tomado vestes sórdidas — ou a alma pura e lavada pelo banho da regeneração, diz: "Como és bela, minha amiga, como és bela. Teus olhos são como os da pomba" (Ct 4,2), sob a aparência com a qual o Espírito Santo desceu do céu. Olhos formosos, como dissemos acima, porque ele desceu como pomba.

> E depois continua: "Teus dentes são como um rebanho de cabras Tosquiadas que sobem do banho. Elas todas têm gêmeos, e nenhuma delas é estéril. Teus lábios são como filetes de púrpura" (Ct 4,2-3) [...]. A Igreja é comparada ao rebanho delas, pois tem em si muitas virtudes das almas que, através do rebanho, depõem os pecados supérfluos que oferecem a Cristo a fé mística e a graça moral, que falam sobre a cruz do Senhor Jesus.

> É nelas que a Igreja é formosa. Por isso, o Verbo de Deus lhe diz: "Tu és formosa, minha amiga, e em ti não há nenhum defeito" (Ct 4,7), porque a culpa foi engolida. "Vens do Líbano, minha esposa, vens do Líbano; tu passarás e transitarás desde o início da fé" (Ct 4,8), pois, renunciando ao mundo, ela atravessou o século e chegou a Cristo. E de novo o Deus Verbo diz a ela: "Quão bela e suave te tornaste, o amor está entre os teus prazeres. A tua estatura se tornou semelhante à da palmeira e teus seios são os cachos" (Ct 6,7).

Ao que lhe responde a Igreja: "Quem te daria, meu irmão, sugar os seios de minha mãe? Encontrando-te fora eu te beijaria e ninguém me desprezaria. Eu te tomaria e te introduziria na casa de minha mãe, no quarto daquela que me concebeu. Tu me instruirias" (Ct 8,1-2). Vês como, satisfeita pelo dom das graças, ela deseja penetrar os mistérios escondidos e consagrar a Cristo todos os seus sentimentos?

Também o Senhor Jesus, convidado pelo desejo de tão grande amor, pela beleza de seu fascínio e graça [...], diz à Igreja: "Coloca-me como um selo em teu coração, como um selo em teu braço" (Ct 8,6) [...]. Que o teu amor não seja diminuído por nenhuma perseguição; esse amor que as grandes águas não podem excluir e que os rios não podem inundar.[121]

Segundo Ambrósio, a segurança dessa relação é devida à presença do Espírito Santo, que, conforme falou o apóstolo, é posto como selo. O bispo de Milão aprofunda ainda mais seu conceito eclesiológico, a partir de sua visão sacramental e misteriosa:

Lembra-te, portanto, que recebeste o selo espiritual, "o Espírito de sabedoria e inteligência, o Espírito de conselho e de força, o Espírito de conhecimento e de piedade, o Espírito de temor santo" (Is 11,2-3), e conserva o que recebeste. Deus Pai te marcou com seu selo; o Cristo Senhor te confirmou e infundiu o Espírito em teu coração como penhor, assim como aprendeste pela leitura do Apóstolo [...]. O sacramento que recebeste, portanto, não é dom de homem, mas de Deus, trazido por aquele que abençoou Abraão, o pai da fé, aquele do qual admiras a graça e os atos [...]. Considera o que é superior: o pão dos anjos ou a carne de Cristo, que certamente é o corpo da vida. Aquele maná vinha do céu; este vem de acima do céu. Aquele era celeste; este é do senhor dos céus. Aquele estava sujeito à corrupção se fosse guardado para o dia seguinte; este é estranho a qualquer corrupção: todo aquele que o saborear com respeito não pode experimentar a corrupção.

---

[121] Idem, ibidem, 5.27; 7.37-41, pp. 88-92.

Para eles, correu água do rochedo; para ti, flui o sangue de Cristo. A água os saciou por um momento; para ti, o sangue te lava para sempre. O judeu bebe e tem sede; tu, porém, quando bebes, não poderás mais ter sede. Aquilo acontecia em figura; isto, na realidade [...].

É, portanto, com esses sacramentos que Cristo alimenta a sua Igreja; por eles é fortalecida a substância da alma. E com razão, ao ver seus progressos constantes na graça, ele lhe diz: "Como teus seios são belos, minha irmã, minha esposa! São mais belos do que o vinho" (Ct 4,10-12) [...].

Também a Igreja, vendo tamanha graça, exorta seus filhos, exorta seus próximos a acorrerem aos sacramentos, dizendo: "Comei, meus amigos, bebei e embriagai-vos, meus irmãos" [...]. Cristo está nesse sacramento, porque é o corpo de Cristo. Não é, portanto, um alimento corporal, e sim espiritual. Também o Apóstolo disse de sua imagem: "Nossos pais comeram um alimento espiritual; eles beberam uma bebida espiritual" (1Cor 10,3) [...]. Finalmente, este alimento fortalece o nosso coração e esta bebida alegra o coração do homem, como lembrou o profeta [...].

Portanto, se o Espírito Santo, vindo sobre uma virgem, produziu a concepção e realizou a obra da geração, não deve haver dúvida de que o Espírito Santo, vindo sobre a fonte ou sobre aqueles que se apresentam para o batismo, não realize a verdade da regeneração.[122]

Em toda essa obra, Cristo é apresentado como o "sacramento primordial", o sinal da ação salvífica de Deus.[123] Ambrósio usou com muita liberdade o método tipológico-alegórico a fim de extrair todo o ensinamento por trás das letras sagradas.

Seu escrito *De officiis ministrorum* está dedicado a seu clero. Substitui a moral estóica pela cristã. Propõe um desenvolvimento espiritual cuja fonte é a Bíblia, que ele segue com fervor e liberdade. Nessa obra concorrem três gêneros literários: a *disputatio* filosófica, a *expositio* da fé e a *exhortatio* à santidade.

---

[122] Idem, ibidem, 7.42; 8.46.48;9.55.58.59, pp. 92-99.
[123] Cf. dem, ibidem, p. 17.

◆ 267 ◆

Como pastor, Ambrósio se entregou ao ministério da Palavra. Colocou por escrito a sua pregação, seja nas homilias, seja na catequese. O que verdadeiramente importava para Ambrósio como pastor de almas era a exposição das Escrituras, pois para ele somente elas alimentariam o rebanho.

4.4.3 Jerônimo: paixão pelas Escrituras

Seu nome completo é Sofrônio Eusébio Jerônimo[124] (*Eusebius Hieronymus*, c. 347-420). Embora tanto Próspero de Aquitânia quanto Agostinho situem seu nascimento por volta de 331, seguimos aqui o consenso maior da tradição. Considerado o mais erudito dos pais latinos, nasceu de família cristã abastada em Stridon, na Dalmácia (Iugoslávia), próximo a Panônia (Hungria). Foi educado em Roma, estudando gramática, retórica e filosofia, familiarizando-se com os autores clássicos latinos, especialmente Cícero e Virgílio. Quase no final de seus estudos recebeu o batismo. Nesse período desenvolveu amizade com um grupo de cristãos que incluía Bonoso, Rufino de Aquiléia e Pamáquio.

Juntamente com Bonoso, viajou para Tréveris na Gália. Por alguma razão, os dois amigos decidiram renunciar às ambições seculares. Dirigiram-se a Aquiléia e integraram-se a um grupo de devotos cristãos, em sua maioria clérigos. Entre eles já se encontrava Rufino. Quando o círculo dissolveu-se,

---

[124] Os escritos de são Jerônimo podem ser encontrados em: CPL 580-623; PL 22-30; *Sources Chrétiennes* 242, 259, 323; Ruiz Bueno, D. II BAC 220. Madrid, BAC, 1962. Estudos biográficos e relação e comentários sobre suas obras: Kelly, J. N. D. *Jerome*; his life, writings and controversies. London, s.n., 1975; Cavallera, F. *Saint Jérôme*; sa vie et son oeuvre. Lovain, s.n., 1922; Gribomont, J. Jerónimo. In: Quasten, J. *Patrología*. Madrid, BAC, 1993. v. 3, pp. 257ss (com vasta bibliografia). Obras suas em português: Gomes, *Antologia dos Santos Padres*, cit., *Carta a Dâmaso, papa* e *A Paulino, presbítero*, pp. 324-331; Hamman, *Os Padres da Igreja*, cit., *Homilia sobre a natividade do Senhor*, pp. 221-223; Spanneut, M. *Os Padres da Igreja*. São Paulo, Loyola, 2002. v. 2 (sécs. IV a VIII), pp. 22, 126, 127, 57, 50, 125 (algumas cartas) e pp. 176-193 (um pequeno comentário de Habacuc). Informações biográficas e das obras em português: Moreschini & Norelli, *História da literatura cristã antiga grega e latina*, cit., II,1, pp. 372-398; Manzanares, C. V. Jerônimo. In: *DP*, pp. 129-131; González, *A era dos gigantes*, cit., pp. 155-162; Altaner & Stuiber, *Patrologia*, cit., pp. 394-404; Gribomont, J. Jerônimo. In: *DPAC*, pp. 747-749.

em 373, Jerônimo se uniu a um pequeno grupo liderado por Evágrio de Antioquia e empreendeu uma viagem de peregrinação à Terra Santa. No entanto, por questões de saúde, deteve-se em Antioquia por mais de um ano. Ali, estudou a lógica de Aristóteles e assistiu às aulas de exegese de Apolinário de Laodicéia, antigo amigo de Paulino, aprendendo com profundidade a língua grega, sem, no entanto, uma vinculação maior, uma vez que já pairavam suspeitas quanto à doutrina da encarnação esposada por Apolinário. Em seguida, viveu durante três anos no deserto de Cálcis (Palestina) como eremita (375-378), aprendendo o hebraico com um monge de origem judia.

Em 379, foi ordenado presbítero na cidade de Antioquia pelas mãos do bispo Paulino. Nesse período também escreveu uma novela de propaganda monástica — *Vita Pauli* (Paulo, o Diácono, predecessor de Antão no monaquismo egípcio) — que se tornou bem popular no Ocidente. Pouco depois, foi para Constantinopla, por ocasião do II Concílio Ecumênico (381), com Paulino, a fim de conseguir a aprovação do episcopado deste junto ao imperador Teodósio. Lá teve a oportunidade de ouvir Gregório Nazianzeno, de iniciar seu trabalho de tradução de Orígenes para o latim e de se tornar amigo de Gregório de Nissa.

Posteriormente (382) se dirigiu a Roma para buscar apoio do papa Dâmaso. Na capital, gozava da amizade e proteção do bispo de Roma, que o teve como uma espécie de secretário por conta da alta qualidade de sua escrita, ademais de sua excelente familiaridade com o Oriente, inclusive com a incumbência de revisar os textos latinos da Bíblia. Mas também, graças à sua experiência na espiritualidade monástica e o conhecimento que tinha da obra origenista, esteve envolvido em reuniões bíblicas de piedade cristã de tendências ascéticas com senhoras da aristocracia. Diz-nos Gribomont que as exigências desses grupos bíblicos o obrigaram tanto a melhorar seu hebraico com um rabino que lhe proporcionou livros e aulas, quanto a ensinar a língua sagrada a suas nobres protetoras, às quais a língua grega era já de algum modo familiar.[125]

---

[125] GRIBOMONT, J. Las traducciones. Jerônimo y Rufino. In. *Patrología*, cit., v. 3, p. 252.

Entretanto, como se tornara o mentor espiritual desse movimento de "santidade", propondo um programa de perfeição bem austero a essas importantes senhoras da sociedade romana, não tardaram rumores e murmurações. Em reação, Jerônimo escreveu contra os abusos do clero romano. A gota d'água veio com a morte prematura de Blesila, uma jovem viúva e freqüentadora do grupo. O fato causou grande revolta contra o estilo radical de espiritualidade monástica trazido por Jerônimo e acabou precipitando, junto com a morte do papa Dâmaso (dezembro de 384), sua partida de Roma em 385 rumo a Jerusalém, passando por Chipre e Antioquia.

Pouco depois, reuniram-se com ele no Oriente Paula e Eustóquio, e juntos visitaram os lugares santos. Em seguida dirigiram-se a Alexandria e permaneceram cerca de um mês com Dídimo, o Cego, o famoso exegeta origenista, assistindo suas aulas. Também visitaram os monges de Nítria e posteriormente se encaminharam para Belém, onde se instalaram definitivamente no verão de 386.

Em Belém, às expensas de Paula, Jerônimo construiu três mosteiros de mulheres e outro de homens.[126] Jerônimo presidiu o de monges, com adaptações do modelo pacomiano e com mais ênfase que este no trabalho intelectual. Em 404, ano da morte de Paula, traduziu a *Regula Pachomii* para monges latinos no Egito. Ocasionalmente visitava a biblioteca de Cesaréia, criada por Orígenes e enriquecida por Eusébio (simultaneamente foi organizando sua própria biblioteca), e manteve relações, ao menos nos primeiros anos, próximas e fraternas com Rufino de Aquiléia e com o bispo João de Jerusalém. Em Belém, pregava freqüentemente na basílica, cuidava da supervisão de um albergue para peregrinos e dirigia uma espécie de colégio secundário, ligado ao mosteiro, no qual explicava os clássicos às crianças.

---

[126] Cf. Altaner & Stuiber, *Patrologia*, cit., p. 394; Spanneut, *Os Padres da Igreja*, cit., v. 2, p. 180. F. A. Figueiredo (cf. *Curso de teologia patrística*. Petrópolis, Vozes, 1990. v. 3, p. 101) explica que, na verdade, foram apenas dois mosteiros criados por Jerônimo e suas seguidoras.

Esclarece-nos Gribomont[127] que a instalação em Belém favoreceu uma intensa atividade literária: traduções bíblicas escrupulosas, adaptações de tesouros exegéticos e, como distração, alguma novela hagiográfica monástica (*Vita malchi* e *Vita Hilarionis*). Em seus trabalhos, o Antigo Testamento prevalece sobre o Novo, e o hebraico sobre o grego.

Jerônimo desempenhou uma função de primeira ordem na transmissão dos textos bíblicos e patrísticos para o Ocidente. Não obstante a infinitude de sua obra, Jerônimo é sobretudo o tradutor da Bíblia. Jerônimo foi um verdadeiro biblista, ou seja, fez exegese, comentou e revisou o texto bíblico, além de tê-lo exposto em homilias.

Trabalhou primeiramente com as *Quaestions hebraicae*, ou seja, três instrumentos bíblicos: *Onomasticum*,[128] *Liber locorum*,[129] *Quaestions hebraicae in Genesim*.[130] Antes mesmo da revisão do texto latino da Bíblia (*Vulgata*), empreendeu numerosos e significativos comentários de textos bíblicos de ambos os testamentos, com clara influência da tradição alegórica de Orígenes.

Jerônimo prosseguiu a tarefa iniciada em Roma de revisão da *Vetus Latina*, com nova tradução do saltério (*Psalterium Gallicanum*), que passaria a ser o saltério da *Vulgata* e do *Breviário romano*. Renunciou a completar a revisão do Antigo Testamento, pois já não lhe parecia suficiente apenas corrigir a tradução latina da Bíblia grega, senão que recorrer à *hebraica*

---

[127] Cf. *Patrología*, cit., v. 3, p. 253.

[128] Dicionário etimológico de nomes hebraicos bíblicos que a LXX havia trascrito sem tradução. Diz-nos GRIBOMONT (*Patrología*, cit., v. 3, pp. 266-267.) que o significado etimológico desses nomes misteriosos era um problema de filologia que ensejava uma interpretação espiritual e por isso Jerônimo compilou uma obra de conjunto, dividida segundo os livros da Bíblia e subdividida segundo as letras iniciais do alfabeto grego. Deve-se ressaltar que dicionários de nomes de pessoas e de lugares já circulavam em vários ambientes cristãos. Orígenes, Eusébio de Cesaréia e outros já os tinham produzido.

[129] Vade-mécum de lugares bíblicos que igualmente havia sido iniciado por Eusébio. Jerônimo o completa com seus conhecimentos.

[130] Estudo de passagens difíceis do Gênesis, que deixa clara a sua desconfiança com relação à inspiração do texto da LXX.

veritas.[131] Simultaneamente, decidiu enfrentar a imensa tarefa de tradução da Bíblia hebraica, bem como dos textos em aramaico, tarefa que lhe ocupou cerca de dezesseis anos (390-405). Tendo uma preocupação teológica mais pastoral que especulativa, Jerônimo se interessou bem mais pela exegese e explicação de passos bíblicos, sem uma atenção esmerada às questões dogmáticas; por isso mesmo é que durante bom tempo esteve bastante ligado à tradição alexandrina.

Do interior de sua imensa produção literária, emerge um estilo peculiar de espiritualidade, sempre vinculada aos compromissos radicais do Evangelho. Levou, pois, às últimas conseqüências sua tendência ascética. Na verdade, o ascetismo que Jerônimo recomendava era próprio da vida religiosa, da qual foi sempre um ardente defensor com sua palavra e sobretudo com seu exemplo.[132] Nesse sentido, recomendava aos jovens ascetas: (a) *o amor à solitude a ao retiro*, não hesitando em declarar que neste mundo ele se afogava: "O mundo é para mim uma prisão; a solitude, o paraíso"; (b) *a vida comunitária*, sob a autoridade de um superior; (c) *a oração contínua*, alimentada, sobretudo, pelos salmos; (d) *a austeridade*, nos costumes (vestuário e alimento); (e) *o estudo*, especialmente dos livros sagrados em sua língua original.

Mesmo não tendo produzido uma regra própria, a tradição cuidou de extrair de seus escritos, especialmente dos comentários bíblicos e das biografias de santos anacoretas e cenobitas, uma *Regra* de são Jerônimo. De sua epístola ao monge Rústico,[133] entre outras, podemos destacar as seguintes normas:

a) Nas visitas à família, o monge será bem reservado, já que pode encontrar pessoas estranhas que constituem um perigo para seu coração. Procure imitar a são João Batista, que, apesar de ter parentes santos, vivia no deserto; seus olhos não buscavam mais que a Cristo e se

---

[131] Cf. Trevijano, *Patrología*, cit., p. 244. Tal atitude significou a valorização do original hebraico.

[132] Cf. Marín, A. R. *Los grandes maestros de la vida espiritual*. Madrid, BAC, 2003. p. 72.

[133] Cf. *Epist. 125 ad Rusticum monachum*, citado por Marín, *Los grandes maestros de la vida espiritual*, cit., pp. 73-74.

desdenhavam de olhar qualquer outra coisa. É necessário também fugir da multidão que se congrega nas cidades.

b) O religioso terá sempre em suas mãos e diante de seus olhos um livro. Aprenderá de cor (coração) todo o saltério, o livro por excelência da oração monástica. Orará continuamente e guardará com grande cuidado seus sentidos para que não se introduzam em sua alma pensamentos vãos. Se ama apaixonadamente a ciência das Escrituras, não amará os vícios da carne.

c) O monge deve preservar-se também de sonhos e imaginações capazes de conduzir-lhe às quedas mais lamentáveis. Por isso, trabalhará sem cessar a fim de que o demônio lhe encontre sempre ocupado.

d) Os principiantes na vida monástica devem viver sempre em comunidade. O solitário está exposto a seguir seus caprichos, não tendo superior a quem obedecer. Favorece também a vanglória, fomentando a ilusão de ser o único no mundo que jejua e faz penitência. Na vida cenobítica, pelo contrário, é guiado e instruído pelos superiores e edificado com o exemplo dos irmãos. É preciso, por isso mesmo, respeitar os superiores, amá-los como pais e seguir suas instruções com a maior exatidão.

É, pois, em seu epistolário que se pode notar a profundidade de seu pensamento espiritual. Além de sua contínua exortação à renúncia pelo Reino, mostra que o caminho para Deus está no estudo e na meditação da Palavra. É justamente o contato com a Palavra que revela os segredos de Deus e nos torna capazes de nos dedicarmos à oração e ao jejum que, por sua vez, alimentam a caridade e reprimem as tentações, reforçando o espírito.[134]

Não obstante a sua polêmica personalidade, talvez fruto de sua visão rigorista do compromisso cristão e da ética que este supõe, Jerônimo prestou um inestimável serviço à Igreja, uma vez que conseguiu como poucos integrar o mundo semita do ambiente bíblico, com todas as implicações espirituais e históricas de uma grande tradição ao frescor da nova

---

[134] Cf. ZERAFA, J. Jerônimo (santo). In: *DM*, p. 582.

alternativa cultural que supunha a cultura greco-latina. Sob influência do grande pensador cristão alexandrino, propôs um monaquismo culto que valorizasse o aspecto intelectual.

Por sua obra de tradutor e de exegeta, trouxe para a Igreja latina os tesouros da Igreja grega e um texto latino da Escritura enriquecido de toda a tradição oriental, lançando uma ponte entre os dois mundos cristãos.[135] E, muito embora possamos reprovar-lhe a aspereza do temperamento na relação com adversários e amigos, o valor de sua obra para a posteridade jamais será esquecido.

4.4.4 Hilário de Poitiers: ortodoxia e vida

Hilário de Poitiers[136] (c. 315-368) é justamente considerado uma das figuras principais do século IV para a Igreja ocidental, figurando ao lado de Ambrósio, Agostinho e outros. Do pouco que sabemos de sua vida, é certo que nasceu em uma família pagã de posses, tendo recebido uma sólida formação intelectual. Por conta de sua preocupação filosófica com o sentido da vida, aproximou-se das Escrituras, sendo levado à fé e recebido o batismo em 345.

Em 350, já o encontramos como bispo de Poitiers, sua cidade natal, eleito pelo clero e povo, mesmo sendo casado. Como bispo, liderou, em 355, uma resistência dos bispos gauleses contra Saturnino de Arles, metropolita da Gália, de tendências arianas. Por esse motivo o imperador Constâncio

---

[135] Cf. Spanneut, *Os Padres da Igreja*, cit., v. 2, p. 195.

[136] As obras de Hilário de Poitiers podem ser vistas em PL 9-10; CPL 427-472; PLS 1, 241-286; CSEL 65 (1965); *Sources Chrétiennes* 19bis (Myst. 254-258). Dos muitos estudos acerca de seu pensamento, vale destacar: Smulders, P. *La doctrine trinitaire de s. Hilarie de Poitiers.* Roma, s.n., 1944; Doignon, J. *Hilaire de Poitiers avant l'exil.* Paris, s.n., 1971; Ladaria, L. F. *El Espíritu Santo en San Hilario de Poitiers.* Madrid, BAC, 1977; Granado, C. El don del Espíritu de Jesús en San Hilario de Poitiers. In: *El Espíritu Santo en la teología patrística.* Salamanca, Sígueme, 1987; Simonetti, M. Hilario de Poitiers y la crisis arriana en Occidente. In: Di Berardino, A. (dir.). *Patrología.* 1993. v. 3, pp. 38-71, com abundante bibliografia. Em português, podemos encontrar alguns de seus textos em: Gomes, *Antologia dos Santos Padres,* cit., extrato do livro VIII do tratado: "Sobre a Santíssima Trindade", pp. 213-219; Hamman, *Os Padres da Igreja,* cit., "Profissão de Fé", conclusão do tratado "Sobre a Santíssima Trindade", pp. 127-128. Pertinentes comentários biográficos e de suas diversas obras podem ser vistos em: Altaner & Stuiber, *Patrologia,* cit., pp. 362-366; Moreschini & Norelli, *História da literatura cristã antiga grega e latina,* cit., II,1, pp. 322-331; Simonetti, M. Hilário de Poitiers. In: *DPAC,* pp. 675-676.

desterrou-o para a Ásia Menor, onde passou os anos de 356-359 escrevendo sua principal obra teológica, *De Trinitate*.[137] O exílio lhe proporcionou também um contato direto com a teologia oriental, já que a região da Frígia, para onde foi, era um importante reduto de grandes teólogos gregos, com os quais teve contato. Na verdade, o exílio permitiu ao bispo uma grande liberdade de movimento durante a qual recolheu documentação. Visitava as Igrejas, interrogava os bispos, estabelecia comparações.[138] Esse período foi decisivo para a formação teológica de Hilário, uma vez que aderiu à visão de uma espiritualidade mais platônica em detrimento de sua primeira instrução vinculada a um cristianismo mais jurídico, no estilo de Tertuliano ou Cipriano, por exemplo. Assim, o contato com esse ambiente lhe possibilitou enxergar mais claramente os detalhes da controvérsia ariana, preparando-o para sua volta em 360.

Hilário foi aclamado triunfalmente, e foi a alma de um concílio celebrado em Paris no ano 361, no qual conseguiu que prevalecesse uma linha moderada na ordem doutrinal e disciplinar. Adotou uma postura dogmática compatível e resolveu condenar apenas os líderes do arianismo ocidental, mostrando indulgência e compreensão para com os não poucos bispos que em Rímini e em outros lugares haviam sido forçados a aderir à heresia.[139] Desse modo, permitiu que a região da Gália, eliminados os radicalismos arianos e antiarianos, pudesse receber com tranqüilidade o símbolo niceno. Por sua participação no progresso da fé ortodoxa, Hilário foi inclusive apelidado de o "Atanásio do Ocidente".

Hilário também impulsionou a celebração de vários sínodos em todo o país, ao mesmo tempo que fomentou a introdução do monaquismo na França, estimulando a ninguém menos que Martinho de Tours, fundador do famoso e mais antigo mosteiro da Gália, o de Ligugé (360). Os últimos anos de sua vida foram dedicados especialmente ao cuidado espiritual de seus fiéis em Poitiers.

---

[137] Cf. ALTANER & STUIBER, *Patrologia*, cit., p. 362.

[138] Cf. HAMMAN, *Os Padres da Igreja*, cit., p. 123.

[139] Cf. SIMONETTI, Hilario de Poitiers y la crisis arriana en Occidente, cit., pp. 43-44.

Por esses acontecimentos de sua vida, pode-se entender por que sua produção literária esteve quase sempre vinculada à controvérsia ariana. Nesse sentido, um dos traços mais claros de seu pensamento é a "firmeza de sua fé". É o ponto central que volta sempre com insistência no tratado sobre a Trindade em todas suas demais obras.

A fé adquire, em seus escritos, uma importância excepcional. Hilário aplicava, sem dúvida alguma, todos os recursos da razão para compreendê-la melhor, porém confiava muito pouco nas luzes da filosofia: "A fé firme despreza as sutilezas e questões vãs da filosofia".[140] Esse distanciamento consciente da filosofia justifica-se pelo fato de que para Hilário a teologia nunca é curiosidade do espírito, mas aproximação ao Deus vivo.[141] Por isso mesmo, a fé que recomenda é uma fé simples: "A fé está na simplicidade [...]. Não é com questões difíceis que Deus nos chama à vida bem-aventurada".[142] Ele deseja uma fé profunda que comprometa a todo o homem pela piedade. Tal é a fé que conduz à inteligência e ao conhecimento. Assim, a ciência e a virtude devem unir-se na piedade para conduzir ao conhecimento de Deus, que, por sua parte, sempre será um conhecimento relativo: "O que com piedade busca o infinito não o alcançará totalmente, porém avançará em seu caminho para ele".[143] Esse sentido do mistério diante do infinito era muito agudo em Hilário; tanto que ele sempre o recordava na polêmica com os arianos.

Quando Hilário trata da Trindade, toma como ponto de partida o texto do mandato missionário (cf. Mt 28,19-20), que resume a fé batismal.[144]

---

[140] *De Trinitate* I,13, citado por MARÍN, *Los grandes maestros de la vida espiritual*, cit., p. 137.

[141] Cf. HAMMAN, *Os Padres da Igreja*, cit., p. 124. Hamman faz uma belíssima síntese da teologia de Hilário: "Sua qualidade espiritual transparece por vezes quando a exposição termina em oração e revela o homem de Deus [...]. O contato com o pensamento oriental fez com que este ocidental compreendesse melhor que Deus não era objeto mas sujeito da teologia. Essa corrente de ar, recebida da Capadócia e de Alexandria, não é o menor de seus méritos. Agostinho talvez o tenha eclipsado demais; porém, Agostinho veio depois de Hilário e inspirou-se neste" (idem, ibidem, p. 126).

[142] *De Trinitate* I,10,70, citado por MARÍN, *Los grandes maestros de la vida espiritual*, cit.

[143] Idem, ibidem, I,2,10.

[144] Cf. idem, ibidem, II,1,38,1-7; II,41,1-5.

Para ele, bastaria ir da simplicidade da fé às palavras do Evangelho que proclamam Deus como Pai, Filho e Espírito Santo. A essa fé simples deveria seguir um profundo e religioso silêncio contemplativo de adoração ao Pai, e juntamente com ele, ao Filho a partir da abundância no Espírito Santo.[145] Essa deveria ser, segundo Hilário, a atitude do crente. No entanto, por causa da perversão, tornou-se necessário explicar a fé, falar do Deus inefável.

Com o tratado acerca da Trindade, Hilário retoma o legado da tradição teológica ocidental formada por Tertuliano e Novaciano. Mas, com um trabalho intelectual de primeira ordem, atualiza-a, confrontando-a com as últimas aquisições da teologia grega.[146] Não obstante os limites em razão da complexidade do tema — por exemplo o de o Espírito aparecer não como *persona* divina mas sim como dom, mesmo depois que Tertuliano tivesse já assentado tal conceito —, a síntese trinitária de Hilário se impôs no Ocidente como uma empresa nunca antes intentada nem sequer no Oriente. Por essa razão, os polemistas antiarianos de língua latina, contemporâneos ou posteriores, recorrerão, amiúde, à obra de Hilário como a um texto fundamental e completo.[147]

Depois da Trindade, foi Cristo o ponto central da doutrina de Hilário. Defendeu com entusiasmo e fervor sua divindade contra a heresia ariana. Para ele, a base fundamental da Igreja é a fé na divindade de Cristo.[148]

---

[145] "Os erros dos hereges e blasfemos nos forçam a fazer o que não está permitido, a subir por caminhos escarpados, a falar de coisas inefáveis e a atrever-nos ao que não nos foi concedido. E quando nos deveria bastar cumprir por meio da fé somente o que nos está ordenado, a saber, adorar ao Pai, venerar com ele ao Filho, abundar no Espírito Santo, vemo-nos obrigados a alargar a pobreza de nossa linguagem àquelas coisas que são inenarráveis e, por equivocação alheia, estamos constrangidos ao desacerto naquilo que deveria ser guardado na piedade de nossas mentes e que agora se expõe ao perigo da linguagem humana" (*De Trinitate* II,5,41,3-6).

[146] Cf. MORESCHINI & NORELLI, *História da literatura cristã antiga grega e latina*, cit., II,1, p. 328.

[147] Cf. SIMONETTI, M. Hilario de Poitiers y la crisis arriana en Occidente, cit., p. 71.

[148] Cf. *A Trindade* 6,37.

Prova-a especulativamente pela geração eterna.[149] No decurso dos tempos, o Filho de Deus tomou a natureza humana; seu corpo, contudo, não era terrestre mas celeste,[150] e isso porque o Senhor, ele próprio, formou seu corpo no seio da Virgem, sem concurso de homem.[151] Hilário entende que a encarnação não significou a perda do caráter "espiritual" do Filho de Deus. Encarnado, o Filho de Deus continuou sendo um só *spiritus* com o Pai. Pela encarnação é homem. Jesus, sendo homem, é ao mesmo tempo *spiritus*, quer dizer, Deus.[152]

Hilário meditou, compreendeu e proclamou com força os divinos atributos de Cristo, os quais enchiam a alma de doçura e de paz. Daí provinha aquele amor ardente, apaixonado, com que falava sempre do Verbo encarnado. Estava providencialmente preparado para defender sua divindade e assegurar o triunfo contra as heresias que a negavam.

Com a certeza inabalável da divindade de Cristo, Hilário apresenta as "provas" de tal divindade: (a) o nascimento de Jesus pelo Espírito, (b) o batismo, (c) os milagres e (d) a ressurreição.

Em sua divindade, Jesus outorga o Espírito em Pentecostes, inaugurando um novo tempo da atuação do Espírito no mundo. É o mesmo Espírito de antigamente, só que agora atua de modo distinto. Se antes iluminava e inspirava apenas a uns poucos, a um número determinado de pessoas, agora se converte em "dom" (*donum, munus*) e é "dado" aos apóstolos e a todos os crentes.[153] Segundo Hilário, para obter o Espírito, é necessário ter fé e orar, achegando-se a Jesus, que é seu doador. Por meio da fé aproximamo-nos de Jesus e recebemos o dom:

---

[149] Cf. idem, ibidem 7,14s.

[150] Cf. idem, ibidem 10,18.

[151] Cf. ALTANER & STUIBER, *Patrologia*, cit., p. 366.

[152] Cf. *De Trinitate* IX,3,373,7-9, citado por GRANADO, El don del Espíritu de Jesús en San Hilario de Poitiers, cit., p. 196.

[153] *De Trinitate* II,32,68,11-15, citado por GRANADO, El don del Espíritu de Jesús en San Hilario de Poitiers, cit., p. 204.

O dom, que reside em Cristo, sendo um único dom está todo ele ao alcance de todos. E o que não está ausente de nenhuma parte comunica-se à medida que cada um queira tomá-lo, e reside em nós à medida que cada um queira desfrutá-lo. Esse dom está conosco até a consumação dos tempos, é o consolo de nossa espera, é pela atividade dos carismas a recompensa da futura esperança, luz de nossa inteligência, esplendor de nossa alma. Em conseqüência há que se desejar o Espírito Santo e retê-lo depois com a fiel observância dos preceitos.[154]

4.4.5 *Gregório de Nissa: filosofia e especulação mística*

Irmão mais jovem de Basílio Magno e o último dos grandes pais capadócios, Gregório de Nissa[155] (c. 331-395) é considerado, por muitos especialistas (Daniélou, Quasten, von Balthasar, Leloup, Jaeger etc.), um dos principais pensadores da história da Igreja. Pela originalidade e qua-

---

[154] Idem, ibidem II,35,71,15–72,23, citado por Granado, El don del Espíritu de Jesús en San Hilario de Poitiers, cit., p. 205.

[155] Seus escritos podem ser encontrados em CPG II 3135-3226; PG 44-46; Jaeger, W.; Langerbeck, H.; Dorrie, H.; Mann, F. H. (eds.). *Gregorii Nysseni Opera*. Leiden, s.n., 1960-1992. vv. 1-3, 5-10; *Sources Chrétiennes* 119, 178, 1bis; San Gregorio de Nisa. *Comentario al Cantar de los Cantares*. Salamanca, Sígueme, 1993. Entre os estudos sobre sua personalidade e obra, vale destacar: Aubineau, M. Projet de lexique du vocabulaire de Grégorie de Nysse. *REG* 75 (1962), pp. 19-21; Daniélou, J. "Conspiratio" chez Grégoire de Nysse: L'homme devant Dieu. In: *Mélanges H. De Lubac*. Paris, s.n., 1964. v. 1, pp. 295-308; _____. *La chronologie des oeuvres de Grégoire de Nysse*. SP 7, Berlin, s.n., 1966. pp. 159-169; Quasten, J. *Patrología*. Madrid, BAC, 1985. v. 2; Gargano, I. Gregório de Nissa. In: *DM*, pp. 466-469; Gribomont, J. Gregório de Nissa. In: *DPAC*, pp. 646-649; Spanneut, *Os Padres da Igreja*, cit., v. 2, pp. 67-88; Leloup, J.-Y. A "busca" sem fim do verdadeiro filósofo. _____. *Introdução aos verdadeiros filósofos*. Petrópolis, Vozes, 2003. Em português, dispomos dos seguintes textos: Spanneut, *Os Padres da Igreja*, cit., v. 2, carta 2: "A peregrinação a Jerusalém? O Espírito não é incapaz de se colocar até nós"; discurso: "O homem, imagem de Deus, participa de sua liberdade"; contra Eunômio: "A linguagem é tarefa do homem"; homilia: "A luz, a nuvem, as trevas"; contra os usurários: "O usurário visto por Gregório ou por La Bruyère" e "O usurário e seus filhos"; do amor aos pobres: "Este espetáculo atroz muitas vezes me comoveu até as lágrimas"; homilia: "O teu e o meu, estas palavras funestas"; homilia: "O homem que participa da liberdade divina não pode ser escravo"; contra Apolinário: "O Verbo assumiu nele nossa natureza inteira"; homilia: "Cristo ressuscitado restabeleceu todos os seres em seu estado primeiro"; homilia: "Na imagem ele capta o arquétipo" e "Na taberna da embriaguez amorosa"; homilia: "Toda subida convida a subir" (Hamman, *Os Padres da Igreja*, cit., pp. 69-87); homilia: "Para a festa das luzes" (idem, ibidem, pp. 165-167); Gomes, *Antologia dos Santos Padres*, cit.: "A criação do homem"; "Da grande oração catequética"; "Do sermão sobre o natal de Jesus Cristo"; "Da vida de Moisés"; "Da vida de são Gregório Taumaturgo", pp. 264-274.

lidade de sua teologia, exerceu sólida influência primeiro nos ambientes monásticos orientais e posteriormente no Ocidente medieval.

Nascido em Cesaréia, no seio de uma família aristocrática e cristã (talvez por isso mesmo tenha sido destinado ao estado eclesiástico), bem jovem Gregório de Nissa foi nomeado *lector*. No entanto, afastou-se por um tempo de sua carreira eclesiástica,[156] dedicando-se ao ensino secular, particularmente como professor de retórica, e casando-se, em 364, com Teosébia, mulher de vasta cultura.

Mas as reflexões de Basílio e de seu amigo Gregório Nazianzeno, bem como o exemplo de espiritualidade de sua irmã Macrina, o demoveram de seus objetivos "mundanos" e o fizeram abandonar sua cátedra, embora tenha mantido o casamento. Voltou a uma vida mais austera, como desejava sua família,[157] retirando-se para o mosteiro[158] criado em 356 pelo irmão Basílio, no Ponto-Íris.

Ao que tudo indica, permaneceu ali alguns anos até que, no outono de 371, Basílio, seu irmão, o requisitou para a sede episcopal de Nissa, pequeno lugar da Capadócia e dependente de Cesaréia. A nomeação estava certamente vinculada a uma estratégia: o próprio Basílio, que um ano antes havia assumido o bispado de Cesaréia em sucessão a Eusébio, necessitava de pessoas de confiança na região. Segundo Vilanova,[159] o quadro político-eclesiástico também responderia a uma demanda, uma vez que sob a pro-

---

[156] HAMMAN pergunta se "teria sido isso decorrência de hesitação, de vontade de afirmar sua personalidade, da instabilidade de uma natureza angustiada" (*Os Padres da Igreja*, cit., p. 159).

[157] Há consenso em que Gregório não tenha passado por uma formação normal "acadêmica"; antes a teria recebido no próprio ambiente familiar. No entanto, diz-nos Spanneut que "ninguém, entre seus contemporâneos, assimilou como ele Platão, Plotino, Porfírio, Jâmblico, Fílon. Deixa transparecer traços precisos de Aristóteles e dos estóicos. Admira Libânio, o grande mestre pagão de Antioquia. Leu Ireneu, Metódio de Olímpia, Atanásio, Marcelo de Ancira e sobretudo Orígenes" (*Os Padres da Igreja*, cit., p. 67).

[158] Nesse mosteiro, Basílio, em 358, recebe a visita de Gregório Nazianzeno e juntos compõem a *Philocalia*, uma antologia de textos de Orígenes e duas regras que valeram a Basílio o título de legislador do monaquismo grego.

[159] Cf. VILANOVA, E. *Historia de la teología cristiana*. Barcelona, Herder, 1987. v. 1, p. 206.

teção do imperador Valente o arianismo conhecia então um novo momento na Igreja do Oriente, e os bispos fiéis ao consubstancialismo niceno, como Basílio, se encontravam em dificuldades. Amargando uma deposição em 376 e uma volta à sede episcopal em 378, Gregório de Nissa, ao que parece, somente se estabilizou como bispo após a morte de Basílio (379), o que repercutiria na qualidade de seu pensamento teológico e místico, revelando finalmente toda a sua formação intelectual, até então represada.

De fato, observando o conjunto de seus escritos, pode-se perceber uma notável e ampla cultura, em alguns aspectos fazendo lembrar o grande Orígenes. Sua obra pode ser dividida em:

a) Tratados dogmáticos: nesse particular, sobressaem os quatro livros intitulados *Contra Eunômio* e também a *Oratio catechetica magna*, destinada ao clero, sobre os dogmas cristãos centrais.

b) Tratados exegéticos e homiléticos: como, por exemplo, *Explicatio apologetica in Hexaemeron*, obra em que faz interpretação literal do relato da criação; ou *De vita Moysis*, em que, por meio das sucessivas etapas da vida de Moisés, ilustra os graus da ascensão mística da alma até Deus; ou também as quinze homilias sobre o Cântico dos Cânticos, em que concebe a Deus como esposo da alma humana (esposa).[160]

c) Tratados ascéticos: destacam-se aqui *Vita Macrinae*, uma biografia de sua irmã em que a apresenta como modelo de perfeição cristã; e *De Instituto Christiano*,[161] obra escrita quase no final de sua vida e que tinha o objetivo de servir de mentora espiritual aos monges.

d) Epístolas: um total de trinta foram preservadas; algumas tratam de questões teológicas: a número 5 defendeu de forma breve a doutrina

---

[160] Cf. ALTANER & STUIBER, *Patrologia*, cit., p. 308. Igualmente sobre a divisão temática de sua obra, vale a pena consultar QUASTEN, *Patrología*, cit., v. 3, pp. 286-315; GRIBOMONT, J. Gregório de Nissa. In: *DPAC*, pp. 647-648.

[161] Obra que felizmente nos foi oferecida de maneira completa a partir dos esforços de W. JEAGER (*Opera ascetica*. s.l., s.n., 1963); há também uma versão inglesa feita por V. W. CALLAHAN (*Saint Gregory of Nyssa*; ascetical works. Washington, s.n., 1967 [FC 58]).

da Trindade; a número 2 suscitou grande controvérsia, pois questionou a forma das peregrinações à Terra Santa.

e) Discursos e sermões: exibem uma grande variedade de temas — litúrgicos, panegíricos sobre mártires e santos, fúnebres, morais, dogmáticos — que, segundo Quasten, foram postos cronologicamente por Daniélou; dessa ampla e variada obra, eleva-se um teólogo de imensa qualidade, particularmente em seu aspecto místico, que aqui nos interessa sobremaneira.

Por conseguinte, cabe ressaltar que, como místico, Gregório de Nissa teve a preocupação contínua de conduzir seus discípulos até o clímax da união com Deus, ou seja, do espírito humano até a contemplação imediata de Deus, antecipando a plena beatitude. Devedor dos platônicos (Fílon, Plotino, Orígenes), aceita a idéia de que o homem possui uma "intuição natural de Deus". Insiste em que a semelhança da alma com Deus é *conditio sine qua non* para nosso conhecimento da natureza de Deus:[162] "O semelhante é conhecido por seu semelhante". Tal princípio, popular entre os pré-socráticos e que foi bem recebido nos tempos de Platão, adquiriu proeminência no misticismo platônico. O autor cristão, por sua vez, repetirá a fórmula platônica: "O olho goza dos raios da luz em virtude da luz que ele próprio tem por natureza". Para ele, portanto, a doutrina da *imago Dei* é fundamental, tanto para intuir a Deus, quanto para ascender até Ele.

Em sua vertente mais filosófica, Gregório de Nissa pode ser considerado como o mais especulativo dos Pais gregos do século IV. Dedica-se preferentemente a demonstrar de que maneira os dados da razão e aqueles que a fé proporciona-nos, longe de cair em contradição, harmonizam-se maravilhosamente. Não é demais dizer que, em filosofia, Gregório de Nissa é neoplatônico, assim como Orígenes é seu mestre preferido em teologia. Mesmo assim discordou deste último em alguns pontos, pois soube evitar os mais graves erros origenista.[163] Soube harmonizar, pois, a forte tradição exegética origenista com as especulações neoplatônicas, sazonadas pela ortodoxia nicena.

---

[162] Cf. idem, ibidem, p. 327.

[163] Cf. MARÍN, *Los grandes maestros de la vida espiritual*, cit., p. 138.

Gregório de Nissa é o elo que une os alexandrinos, através de Plotino, com Dionísio Areopagita, com Máximo Confessor e com o misticismo bizantino.[164] Lamentavelmente, importantes pensadores medievais voltaram-se apenas para a *theologia mystica* do Areopagita, esquecendo-se dos tratados de Gregório de Nissa. Não obstante, é inequívoca a presença deste último em todos aqueles que refletiram sobre o Cântico dos Cânticos, como Guilherme de Saint-Tierry, Bernardo de Claraval e Luís de León.

A teologia de Gregório de Nissa desenvolveu-se grandemente por ocasião da polêmica com Eunômio.[165] Os especialistas estão de acordo em assinalar que toda a sua doutrina teológica e espiritual fundamenta-se em sua afirmação da infinitude divina. A intuição primeira de Gregório de Nissa não é que Deus seja incompreensível e inacessível, senão que é ilimitado.[166] Nesse sentido, utiliza conceitos platônicos para poder expressar-se teologicamente de forma cristã. Um claro exemplo é o termo *skopos* ("fim") que se deve alcançar com a vida. Para ele, o *skopos* é o conhecimento do próprio Deus; e o conhecimento é a gnose, cuja fonte, seguindo o pensamento alexandrino, é a Palavra de Deus,[167] a qual se identifica plenamente com o Logos encarnado em Jesus de Nazaré, e é portanto o fundamento de toda ascensão humana até Deus.

Assim, em sua obra *De instituto christiano*, Gregório de Nissa estabelece o *itinerarium in Deum*, apontando o objeto e o método da contemplação mística. Ainda que insista no caráter ascético e na "purificação" apropriada para

---

[164] Cf. QUASTEN, *Patrología*, cit., v. 3, p. 325.

[165] Eunômio de Cízico, natural da Capadócia e talvez o principal representante do neo-arianismo, insistia, em sua *Apologia*, que o Filho não era da mesma natureza que o Pai. A refutação veio por parte de Basílio Magno, ao que Eunômio respondeu com uma *Apologia* da *Apologia*, esta, sim, refutada por Gregório de Nissa. Eunômio acabou sendo desterrado por Teodósio em 383.

[166] Cf. VILANOVA, *Historia de la teología cristiana*, cit., v. 1, p. 212. Buscando assimilar Gregório, esse autor entende que "nossa ignorância sobre Deus se explica porque, sendo Deus infinito e a criatura finita, vemo-nos impossibilitados de conceber sua essência: esse caráter ilimitado da natureza divina é o primeiro; sua incompreensibilidade é uma dedução" (idem, ibidem).

[167] Cf. idem, ibidem, p. 215.

que se possa realizar o *reditus* àquele único estado inicial capaz de permitir o conhecimento experimental de Deus.[168]

Em clara referência ao Espírito Santo, Gregório de Nissa afirma que ele atua no interior do homem a partir do batismo e leva a cabo, não por causa dos esforços ascéticos, a realização daquela virtude que convém à nossa natureza e faz-nos fortes diante dos assaltos do inimigo. Assim, pois, não se pode esquecer que o esforço humano do asceta sempre é visto como um esforço na fé, dependente portanto da força do Espírito.[169] Em Gregório de Nissa, o esforço ascético jamais precederá a ação graciosa de Deus; antes dependerá dela para o seu progresso espiritual.

Podemos falar em duas marcas essenciais na doutrina de Gregório de Nissa. Uma é o progresso perpétuo como lei da vida espiritual; outra é a habitação do Logos e com ele da Trindade inteira na alma do justo. A mística gregoriana é do Logos. A experiência mística é uma consciência dessa presença.

Na sua primeira homilia ao Cântico dos Cânticos, Gregório de Nissa expõe seu propósito: "Proponho-me a tratar da contemplação mística dos Cantares. O que escrevo aqui é um adorno da alma previamente despojada de tudo o que é material, preparação espiritual para a união com Deus".[170] Em seguida, ainda na primeira homilia, descreve as núpcias da alma:

> Purificado o coração de formas rotineiras e das aparências da vida, o Cântico dos Cânticos nos encaminha misticamente pela senda do divino. Procede-se com linguagem nupcial, que se deve entender como diálogo de amor entre Deus e a alma. Nos Provérbios, por filho se entende o esposo, e por sabedoria a esposa. Casta, virgem, desposada com Deus e com ele unida em um só espírito pela harmonia com aquele em quem nada há de transitório. Plena inteligência para nós por ter-se encarnado.

---

[168] Cf. Gargano, Gregório de Nissa, cit., p. 467.

[169] Cf. Vilanova, *Historia de la teología cristiana*, cit., v. 1, p. 216.

[170] San Gregorio de Nisa, *Comentario al Cantar de los Cantares*, cit., p. 16.

Ele é a sabedoria que falava e amava de todo o coração, com todas as forças. Se me entendes, apaixona-te. Acrescento esta palavra: enamora-te [...]. Entremos, pois, no Santo dos Santos, que é o Cântico dos Cânticos. Pela oração sublime dessas canções tenhamos acesso aos mais profundos mistérios [...]. A esposa deseja aproximar a alma à fonte da vida espiritual. Fonte é a boca do esposo, de onde brotam palavras de vida eterna. Sua palavra sacia a boca sedenta [...]. É necessário dar à boca a água que tiramos da fonte a que se refere o Senhor dizendo: "Se alguém tem sede, venha a mim e beba". Por isso a alma quer atrair até seus lábios aquela boca-manancial de vida e exclama: "Que me beije com o beijo de sua boca!".

4.4.6 João Crisóstomo:[171] proclamação profética e sacerdócio

João Crisóstomo (c. 344-407) é, sem dúvida, o principal representante da prestigiosa escola de Antioquia, que tanto contribuiu para que a ortodoxia se firmasse na Igreja antiga. Nascido em Antioquia, era de

---

[171] Seus escritos são encontrados em várias coleções: Du Duc, F. Paris, s.n., 1609-1633. 12 vv.; Savile, H. Eton, s.n., 1612. 8 vv. (texto grego); De Montfaucon, B. Paris, s.n., 1718-1738. 13 vv.; PG 47-64; Bareille, J. *Oeuvres complètes*. Bar-le-Duc, s.n., 1865-1873. 19 vv.; *Sources Chrétiennes* 28bis, 50, 138, 277, 300, 346, 348, 362, 366, 396; Torres, R. R. *Obras completas de San Juan Crisóstomo*. México, s.n., 1965-1966. 3 vv.; Bueno, D. R. *Obras de San Juan Crisóstomo*. Madrid, BAC, 1955 (v. 141), 1956 (v. 146), 1958 (v. 169). Vários estudos sobre sua vida e obra: Puech, A. *S. J. Chrysostome et les moeurs de son temps*. Paris, s.n., 1891; Meyer, L. *S. J. Chrysostome maître de perfection chrétienne*. Paris, s.n., 1933; Gonzaga, M. *John Chrysostom and his time*. London, s.n., 1960; Baur, C. *Saint Jean Chrysostome et ses oeuvres dans l'historie littéraire*. Lovain, s.n., 1907; Vanderberghe, B. H. *Saint Jean Chrysostome et la Parole de Dieu*. Paris, s.n., 1961; Figueiredo, *Curso de teologia patrística*, cit., v. 3, pp. 83-94. Em português, dispomos dos seguintes textos: São João Crisóstomo, *O sacerdócio*. Petrópolis, Vozes, 1979; Gomes, *Antologia dos Santos Padres*, cit., pp. 270-329, sermão: "Contra os espetáculos"; extrato do tratado sobre *O sacerdócio*; trechos da homilia XV de Mateus: "As Bem-aventuranças"; "Comentário ao evangelho de são Mateus"; "Homilia sobre a 1ª Epístola aos Coríntios"; sermão: "Aos neófitos". In: Hamman, *Os Padres da Igreja*, cit., 199-200; Spanneut, *Os Padres da Igreja*, cit., v. 2, homilia: "João diante do exílio": "Cristo está comigo. Que haverei eu de temer?"; homilia 34, sobre a epístola aos Hebreus: "A sinergia divina"; sobre Isaías: "Os limites da alegoria"; sobre o sacerdote: "A alma do sacerdote"; homilia 4, sobre Uzias: "A galeria bíblica das pessoas casadas"; homilia 34, sobre a 1ª Epístola aos Coríntios: "A inutilidade dos ricos"; homilia 12, sobre a 1ª Epístola a Timóteo: "O teu e o meu, estas palavras glaciais"; homilia 88, sobre Mateus: "Sou eu"; homilia 15, sobre a 1ª Epístola a Timóteo: "Uma só multidão conosco, um só corpo de Cristo"; homilia 83, sobre Mateus: "A comunidade da natureza"; homilia 15 e 27, sobre a Epístola aos Romanos e a 2ª Epístola de João: "O Cristo errante"; homilia 50, sobre Mateus: "O pobre perante a Igreja" (Hamman, *Os Padres da Igreja*, cit., pp. 107-125).

família cristã e teve sua primeira educação com a própria mãe. Posteriormente, recebeu boa formação filosófica. Estudou retórica com o famoso mestre Libânio. Ademais, logo após seu batismo, provavelmente em 370, recebeu uma excelente formação em exegese bíblica no *Asketérion* de Diodoro de Tarso.[172] Permaneceu ainda em casa, por alguns poucos anos, porém cultivando uma vida ascética de mortificações que intercalava com seus estudos exegéticos. Em seguida, passou quatro anos sob a orientação de um velho eremita sírio nas imediações de Antioquia. Finalmente, retirou-se para as montanhas para uma experiência anacorética de leitura, memorização das Escrituras e radical ascetismo que duraria dois anos e traria sérias seqüelas para a sua saúde física.

De volta à cidade de Antioquia, foi ordenado diácono em 381 por Melécio e sacerdote em 386 por Flaviano. Seus dons naturais, domínio dos recursos retóricos, penetração exegética e riqueza de conteúdo teológico e espiritual fizeram dele um famoso pregador. Diz-nos Malingrey que por doze anos o presbítero da Igreja de Antioquia fascinou as multidões com o esplendor de sua eloqüência: daí o cognome de "Boca de ouro" que lhe será dado no correr do século V.[173]

Quando, em 397, morreu o patriarca de Constantinopla, Nectário, João Crisóstomo foi, contra a vontade, designado pelo imperador Arcádio sucessor do falecido, assumindo o patriarcado em 398. Como bispo da capital, viveu austeramente, dedicando suas rendas a asilos e hospitais. Como pastor daquela grande comunidade urbana, tentou reformar os cos-

---

[172] Um dos principais mestres da escola de Antioquia e iniciador da exegese de caráter mais histórico-literal, que caracterizara o modelo teológico antioqueno. Reagiu de maneira competente ao excessivo alegorismo alexandrino, muito embora aceitasse que determinados episódios do Antigo Testamento fossem antecipações tipológicas dos eventos relacionados com Cristo na Nova Aliança. Teve como aluno, além de João Crisóstomo, Teodoro de Mopsuéstia. Ademais, foi um árduo defensor da fé nicena, participando com destaque do Concílio de Constantinopla em 381. Não obstante, foi considerado precursor de Nestório e, ademais, acusado no sínodo de Calcedônia em 403.

[173] Cf. Malingrey, A.-M. João Crisóstomo. In: *DPAC*, p. 761.

tumes dos cristãos para que fossem mais condizentes com sua fé. Tal atitude gerou fortes reações contrárias de vários bispos, em particular de Teófilo de Alexandria e da imperatriz Eudóxia.[174] Por conta de intrigas palacianas, João Crisóstomo foi deposto em 403. No ano seguinte o imperador assinou sua ordem de exílio, primeiro para Cúcuso, na Armênia, onde ficou por três anos; depois para Pythius, na costa oriental do mar Negro. Antes de partir de Constantinopla, João Crisóstomo apelou para Inocêncio de Roma e para os bispos de Milão e Aquiléia. O papa Inocêncio se negou a aceitar a deposição e pediu que se instaurasse uma investigação e um sínodo composto de bispos ocidentais e orientais. Ao ser rejeitada essa proposição, o papa e todo o Ocidente romperam a comunhão com Constantinopla, Alexandria e Antioquia.[175] João Crisóstomo acabou falecendo na viagem para seu segundo exílio, na região de Comana, no Ponto, em setembro de 407.

João Crisóstomo rivaliza com Orígenes quanto à fecundidade e profusão de sua obra literária. Certamente não possuía a vastidão intelectual e enciclopédica do mestre alexandrino, mas é com certeza, por conta de seu ministério pastoral, o maior pregador e orador sacro produzido pela Igreja antiga. Ademais, por sua obra estar quase que integralmente preservada, sua herança literária é, pelo menos no Oriente, inigualável.

O período após o batismo, passado em Antioquia e nos seus entornos (370-397), foi o tempo de sua ampla produção homilética. João Crisóstomo teve um interesse especial pela pregação e exposição bíblico-exegética, pois o neo-arianismo de Eunômio (cf. *supra* nota 165) ainda estava bem atuante. Perfilou-se ao lado de uma ampla corrente da antiguidade tardia

---

[174] Cf. Trevijano, *Patrología*, cit., p. 221.

[175] Cf. Quasten, *Patrología*, cit., v. 3, p. 475. Para maiores detalhes do ministério de João Crisóstomo em Antioquia e do episcopado em Constantinopla, bem como de seu exílio, pode-se recorrer, por exemplo, em português a: González, *A era dos gigantes*, cit., pp. 147-154 (João Crisóstomo); Spanneut, *Os Padres da Igreja*, cit., v. 2, pp. 105-114 (João Crisóstomo); Figueiredo, *Curso de teologia patrística*, cit., v. 3, pp. 83-94 (são João Crisóstomo); Leloup, João Crisóstomo, a contemplação e a liturgia como "verdadeira filosofia". In: ____, *Introdução aos verdadeiros filósofos*, cit., pp. 108-122.

(platonismo, judaísmo helenista, gnosticismo, apologistas) que sublinhava a transcendência de Deus. O apofatismo joanino, porém, mais que teológico ou místico (cf. *infra* 4.4.7, p. 292), é de caráter litúrgico.

Ao lado de Gregório de Nissa, João Crisóstomo foi responsável, mediante o encontro entre o vocabulário bíblico e o vocabulário neoplatônico da teologia negativa (final do século IV), pela língua litúrgica que dá ao rito oriental seu caráter de adoração.[176] Suas homilias, que duravam até duas horas, não fatigavam seus ouvintes gregos por causa de sua excepcional exposição e seu vigoroso efeito oratório. Eram magistralmente vivazes pelo emprego de imagens e semelhanças, pelo nexo com situações concretas da época e digressões interessantes.[177] Elas constituem o material mais importante no conjunto de sua obra literária. São na verdade "homilias exegéticas" cujo objetivo era recuperar o sentido histórico dos textos, dentro da boa tradição antioquena. "Nenhum Padre da Igreja explicou o texto sagrado de maneira tão profunda e tão prática ao mesmo tempo."[178] Um bom exemplo disso é o texto que oferecemos a seguir:

> [Cristo] não se limitou à morte e à cruz, mas se dignou ser pobre, errante, sem moradia, nu, encerrado numa prisão, doente para atrair-te para ele pelo menos por isto [...]. Não estou pedindo nada de precioso, e sim pão, uma pousada e uma palavra de consolo [...]. Deixa-te como-ver pelo menos diante de minha natureza; vendo-me nu, lembra-te da nudez que sofri por ti na cruz [...]. Embora me sejas devedor de incontáveis benefícios, eu ainda te corôo como que por uma complacência, e, por este pouco, te concedo o Reino [...]. Certo, eu poderia te coroar mesmo sem isso, mas quero ser teu devedor para que tenhas a coroa garantida. Tendo, pois, o poder de alimentar-me a mim mesmo, vou e peço-te, fico à porta e estendo a mão. Quero ser nutrido por ti, de tal

---

[176] Cf. Trevijano, *Patrología*, cit., p. 217.

[177] Cf. Altaner & Stuiber, *Patrologia*, cit., p. 326.

[178] Idem, ibidem, p. 327.

forma te amo. Quero ser convidado à tua mesa, como se estivesse em casa de um amigo, e para isso te ofereço como espetáculo o universo.[179]

Entre 386 e 388, João Crisóstomo produziu 76 homilias sobre o livro do Gênesis, 58 sobre os Salmos e 6 sobre Isaías 6. Do Novo Testamento, cabe mencionar as homilias dos evangelhos: 90 sobre Mateus, 7 sobre Lucas 16,19-31 e 88 sobre João; sobre Atos dos Apóstolos, um total de 55. Guardava um carinho todo especial pelo apóstolo Paulo, sobre quem pronunciou 7 homilias; sobre a epístola aos Romanos produziu 32 homilias, que constituem, como disse Quasten, o comentário patrístico mais importante a essa epístola e a obra mais perfeita de João Crisóstomo.[180] Quanto à epístola aos Coríntios, escreveu 44 sobre a primeira e 33 sobre a segunda (3 sermões sobre 1Cor 7,1 e mais 3 sobre 2Cor 4,13). Também redigiu diversas homilias sobre a epístola aos Gálatas, aos Efésios, aos Filipenses, aos Colossenses, aos Tessalonicenses, a Timóteo, a Tito, a Filemon e aos Hebreus.

João Crisóstomo também proferiu homilias de caráter mais dogmático e polêmico: sobre a *Natureza incompreensível de Deus*, sobre a *Consubstancialidade do Filho com o Pai* (contra os anomeus),[181] sobre *Catequeses batismais*, *Contra os judeus* (na verdade, contra as práticas judaicas no cristianismo), sobre *Discursos morais*, *Sermões para as festas litúrgicas*, *Panegíricos* e *Discursos circunstanciais*.

Escreveu relevantes tratados, todos de caráter bem pastoral: *Sobre a vida monástica*, *Sobre a virgindade e a viuvez*, *Acerca da educação dos filhos*, *Sobre o sofrimento*, *Contra pagãos e judeus*. O mais importante de todos foi o *De sacerdotio* (*perì hierosúnes*); escrita em seis livros, seu tema central é a sublimidade e responsabilidade do presbiterato e portanto, ainda mais, do múnus episcopal:[182]

---

[179] *Homilia* 15,6: *O Cristo errante*, sobre a *Epístola aos Romanos* (PG 60,547-548), citado por Spanneut, *Os Padres da Igreja*, cit., v. 2, p. 124, que aqui citamos em parte.

[180] Cf. Quasten, *Patrología*, cit., v. 3, p. 491.

[181] Neoarianos, seguidores de Eunômio de Cízico (cf. *supra* nota 165).

[182] Cf. Altaner & Stuiber, *Patrologia*, cit., p. 329.

LIVRO IV,3

Ou, por acaso, não sabes que este corpo [Místico de Cristo] está exposto a maior número de doenças e perigos do que a nossa carne mortal; que ele mais fácil e rapidamente se corrompe e mais lentamente sara? Para o nosso corpo carnal os médicos já inventaram remédios, confeccionaram diversos instrumentos e preparam alimentos salutares para os doentes. Muitas vezes até basta mudança de ar para recuperar a saúde. Acontece até que só um sono profundo dispensa maiores cuidados do médico. Aqui [na cura das almas], porém, não se pode empregar nada disso; aqui, fora o bom exemplo, existe um único meio e um único caminho, isto é: o aconselhamento pela palavra.

Este é o instrumento adequado, é o alimento certo, o ar salutar; é a palavra que representa remédio, fogo e ferro. É dela que se deve fazer uso quando se tornar necessário cortar e queimar. E onde a palavra nada conseguir, todas as outras coisas também não têm valor. Com a palavra levantamos a alma caída, tranqüilizamos a irritada. Pela palavra removemos eventuais excrescências da alma, acrescentamos o que falta, providenciando, desta maneira, tudo o que possa ser proveitoso para o seu bem-estar [...]. Encontrando alguém com vida perfeita, o exemplo dele poderá conseguir despertar o zelo e a vontade de imitá-lo; se, porém, encontrarmos alguma alma adoentada por falsas doutrinas de fé, tornar-se-á necessário o emprego intensivo da palavra, não só para a segurança da própria fé, mas também para a defesa da mesma contra os ataques inimigos de fora.[183]

Há consenso em indicar que, embora não tenhamos em João Crisóstomo uma obra que defina sua teoria ou proposta de espiritualidade, ela pode ser percebida em seu ensinamento como um todo. Como disse Malingrey, ele soube indicar com precisão o lugar da vida contemplativa na Igreja.[184]

---

[183] São João Crisóstomo, *O sacerdócio*. Petrópolis, Vozes, 1979. pp. 92-93.
[184] Cf. *DPAC*, p. 762.

Dessa forma, entendendo que o fim último da vida do cristão é a comunhão com Deus mediante Cristo, João Crisóstomo, em suas *Catequeses batismais* V,30-33, afirma que a pessoa torna-se semelhante a Cristo através de uma vida santa, dos exercícios ascéticos e dos dons do Espírito.[185] Essa comunhão com Deus é, para ele, atualizada por meio da eucaristia, que é ao mesmo tempo ação de graças, sacrifício e perpetuação da presença real de Deus entre os homens:[186] "Aquele que os anjos somente com tremor vêem e não ousam olhar sem temor, pelo brilho que dele se irradia, nós o tomamos como alimento, nós o recebemos, tornamo-nos um só corpo e uma só carne com o Cristo".[187] Diz ele que "não é o homem quem faz com que as oferendas cheguem a ser o corpo e o sangue de Cristo, senão o próprio Cristo, crucificado por nós. O sacerdote assiste preenchendo a figura de Cristo, pronunciando aquelas palavras; porém a virtude e a graça são de Deus".[188]

Para João Crisóstomo a participação no sacramento não exclui a necessidade de compunção e penitência, mas antes evidencia a realidade da verdadeira conversão. Ademais, entende que a oração é o principal meio de comunicação com Deus, e ela deveria ser o estado normal do cristão. Quem reza chega a ser instruído diretamente por Deus, "porque Deus mesmo é quem esclarecerá o teu espírito, sem intermediário".[189]

Segundo Paládio, João Crisóstomo, que costumava concluir suas homilias com uma oração, emitiu como último suspiro de sua vida um louvor emblemático: "Glória a Deus em todas as coisas".

---

[185] Cf. Ruiz, A. João Crisóstomo. In: *DM*, p. 286.

[186] Cf. *DPAC*, p. 763.

[187] *Homilia 82 sobre Mateus 5,* citado por Malingrey. In *DPAC*, p. 763.

[188] *Homilia I,6 sobre Mateus,* citado por Quasten, *Patrología*, cit., v. 2, p. 536.

[189] *Sobre a incompreensibilidade de Deus 3: SC* 28bis, 212, citado por Ruiz, João Crisóstomo, cit.

4.4.7 Pseudo-Dionísio Areopagita:[190] teologia mística e apofatismo

Com o nome de Dionísio Areopagita[191] foram divulgados no Ocidente, a partir do século VI, alguns escritos teológicos e espirituais que acabariam tendo enorme influência na Idade Média cristã ocidental. O *Corpus dionysiacum* está formado por dez cartas e quatro tratados: *Os nomes divinos, Teologia mística, Hierarquia celestial* e *Hierarquia eclesiástica*.[192] O conteúdo

---

[190] O *corpus dionysiacum* pode ser conferido nas seguintes coleções: MPG 3; CPG 6600-6635; DE GANDILLAC, D. M. (ed.). *Oeuvres complètes du pseudo-Denys l'Areopagite*. Paris, s.n., 1943; SCAZZOZO, P. *Dionigi Areopagita*; tutte le opere. Milano, s.n., 1981; *Sources Chrétiennes 58, La Hiérarchie céleste*. Paris, s.n., 1970; SOLER, J. (introd., trad. e not.). *Los nombres divinos y otros escritos*. Barcelona, s.n., 1980. Dentre os estudos acerca de seu pensamento, cabe destacar: ROQUES, R. Contemplation III. In: *Dsp*, v. 2, cc. 1885-1911; MEYENDORFF, J. Notes sur l'influence dionysienne en Orient. *Studia Patristica* 2 (1957), pp. 522-547; PACHO, E. Versiones castellanas del Pseudo Dionisio Areopagita. *Revista Española de Teología* 30 (1970), pp. 245-264; VANNESTRE, J. *Le mystère de Dieu*; essai sur la structure rationelle de la doctrine mystique du Pseudo Denys l'Aréopagite. Lovain, s.n., 1959; VOLKER, W. *Kontemplation und Ekstase bei Pseudo-Dionysius Areopagita*. Wiesbaden, s.n., 1958. Em português, depois de uma longa espera, dispomos de todas as suas obras: PSEUDO-DIONÍSIO AREOPAGITA, *Obra completa*. São Paulo, Paulus, 2004. Dispomos ainda de extratos de suas obras: SPANNEUT, *Os Padres da Igreja*, cit., v. 2: "Jesus Cristo super-homem", *Carta* 4; "O conhecimento pelo desconhecimento", *Teologia mística* I, *Carta* 1, *Nomes divinos* VII; "Um místico inserido na Igreja", *Hierarquia celeste* III; "A prece solene de uma alma mística", *Teologia mística* I,1, pp. 293-299; LELOUP (cf. "Dionísio Teólogo e o *Corpus Areopagiticum*". In: ____, *Introdução aos verdadeiros filósofos*, cit., pp. 53-63) cita vários textos das *Cartas*, dos *Nomes divinos* e da *Teologia mística*.

[191] O autor de tais escritos se apresenta como sendo aquele do Areópago (cf. At 17,34), convertido pelo apóstolo Paulo. No entanto, as evidências internas do *corpus* dionisíaco, as influências patrísticas e sobretudo o neoplatonismo que revela e o fato de não ter sido jamais citado nem mencionado durante os primeiros cinco séculos induzem-nos a datá-lo de bem mais tardiamente (inícios do século VI), impossibilitando por isso mesmo que seja o mesmo Dionísio do século I.

[192] *De divinis nominibus* (13 caps.) trata dos nomes de Deus que se encontram na Sagrada Escritura, com os quais explica a essência e as propriedades divinas; *De mystica theologia* (5 caps.) trata da união mística da alma com Deus, a qual se efetua no estado de total passividade. A alma entra em união diretamente com Deus em visão extática; *De caelesti hierarchia* (15 caps.) fala do reino dos espíritos celestes, da sua natureza e propriedade, e da distribuição em três tríades de três coros cada uma; *De ecclesiastica hierarchia* (7 caps.) trata da Igreja como reprodução do mundo celestial. Também nela há três tríades: três sacramentos (o batismo, a eucaristia e a confirmação), três classes sacerdotais (os bispos, os presbíteros e os diáconos), três outras classes subordinadas às anteriores (monges, fiéis e imperfeitos) (cf. ALTANER & STUIBER, *Patrologia*, cit., p. 497).

teológico desse *corpus*, a partir das traduções latinas de Hilduíno e Scotus Erígena (século IX), exercerá grande influência doutrinal e espiritual durante a Idade Média e a Moderna.

Dionísio Areopagita apresentou uma visão cristã do universo com a ajuda do neoplatonismo de Plotino e de Proclo.[193] A primeira menção que temos desses escritos data de 532-533 e foi feita pelo partido monofisista. O grupo o utilizou tentando provar sua ortodoxia no sínodo de Constantinopla, que se ocupou com a controvérsia cristológica. Assim, se por um lado foi citado por Severo de Antioquia, por outro foi celebrado pelo partido calcedonense, na pessoa de Leôncio de Bizâncio em sua defesa da encarnação do Verbo.

Seja quem for esse cristão neoplatônico, era portador de uma linguagem semelhante à de grandes autores da escola alexandrina e antioquena, como Clemente, Orígenes, Evágrio Pôntico, Basílio, Gregório Nazianzeno e Gregório de Nissa. Ao mesmo tempo, utilizou uma terminologia nova para expressar o inefável, o absoluto do Deus incognoscível.[194] Sua nova maneira de expressão cativaria os místicos cristãos de todos os tempos, tornando-o mestre de importantes autores medievais (Tomás de Aquino, Mestre Eckhart, João da Cruz) e pai de quase toda a mística cristã. Especialmente a ele se deve a estruturação, em três fases, do caminho de ascensão a Deus: "purificação", "iluminação" e "unificação".

Dionísio Areopagita encontra nas Escrituras dois princípios pelos quais os autores sagrados comunicam sua sabedoria, que nos permite conhecer a Deus:

a) a maneira indizível e oculta que depende essencialmente do símbolo, que supõe uma iniciação;

b) a maneira evidente e mais facilmente cognoscível, que se articula pela filosofia e tem lugar pelo caminho da demonstração.

---

[193] Cf. VILANOVA, *Historia de la teología cristiana*, cit., v. 1, p. 250.
[194] Cf. PABLO MAROTO, D. *Historia de la espiritualidad cristiana*. Madrid, EDE, 1990. p. 93.

Desse modo, a revelação que Deus fez de si mesmo nas Escrituras com nomes que revelam sua essência (Bem, Beleza, Amor, Luz, Verdade, Poder etc.) não encerra a perfeição de Deus, mas é mera aproximação, pois Deus transcende o ser e os seres. O homem tenta aproximar-se de Deus mediante o conhecimento das coisas criadas, dos símbolos, das palavras, das idéias.[195] Dentro disso, o conhecimento pode manifestar-se de modo afirmativo (conhecimento "catafático" de Deus) ou de modo negativo (conhecimento "apofático" de Deus).

Dionísio Areopagita considera o "método negativo" — que consiste em despojar gradualmente a divindade de qualquer atributo ou conceito, a começar pelos menores até os mais sublimes — como o mais apto,[196] mas julga ambos válidos.[197] De acordo com o Pseudo-Dionísio Areopagita, as duas "vias" não se contradizem: enquanto a teologia negativa considera a divindade em sua absoluta transcendência (*moné*) e reforça sua diferença dos outros seres, a teologia positiva considera-a como causa de todos os seres, quer dizer, como princípio de onde todos os seres emanam em virtude da *proodos* e em quem se encontram contidos potencialmente.[198] Portanto, esta segunda possibilidade postula que qualquer afirmação das perfeições de Deus é incorreta, pois está fundada no conhecimento condicionado das criaturas, ainda que atribuamos a Deus tais perfeições em grau eminente, abstraindo-as das imperfeições criadas. Deus é, em todo caso, o transcendente. Na verdade, nem sequer a terminologia negativa serve para expressar o que Deus é. Nem positivamente, nem negativamente podemos conhecer e expressar a essência de Deus, pois Ele está acima do positivo e do negativo. No entanto, como ficou claro, o menos imperfeito é o conhecimento apofático de Deus, por via negativa, por ignorância:

---

[195] Cf. idem, ibidem, p. 94.

[196] Cf. LILLA, S. Dionísio Areopagita. In: *DM*, p. 327.

[197] Os dois são usados ao mesmo tempo em *De div. nom*. I, 593C-D; I, 6,596A-B, e considerados legítimos em *Myst. Theol*. I, 2,1000B.

[198] Cf. idem. Dionísio Areopagita. In: *DPAC*, p. 412.

Não é sem razão que falamos de Deus e que o celebramos a partir de todos os seres [...]. Mas a maneira de conhecer a Deus que é a mais digna dele é a de conhecê-lo à maneira de desconhecimento, numa união que ultrapassa toda inteligência, quando a inteligência, desprendida de antemão de todos os seres, sai em seguida de si mesma, une-se aos raios mais luminosos que a própria luz e, graças a esses raios, resplende na insondável profundeza da Sabedoria.[199]

A proposta apofática do conhecimento de Deus vincula-se à experiência mística. No entanto, não se confundem, pois a teologia negativa continua sendo dialética. Apesar disso, na teologia mística subsiste uma *theoria* e uma gnose extraídas daquele neoplatonismo sistematizado por Plotino[200] e representado por Proclo (c. 410-485).[201]

De tal filosofia serviu-se Dionísio Areopagita para aprofundar-se no cristianismo. Ela lhe proporcionou uma singular penetração. Mas supõe-se que Dionísio Areopagita possuía uma fé bem firme para manter-se, como o fez, dentro dos limites da ortodoxia. Assim, adotou o método geral do neoplatonismo, porém corrigindo-o nas ocasiões próprias. Conservou os termos, mas deu-lhes significados distintos a fim de evitar confusão entre as duas doutrinas. A análise de seu sistema místico revela a depuração que realizou na doutrina de seus mestres gregos.

---

[199] *Nomes divinos* VII,3, citado por SPANNEUT, *Os Padres da Igreja*, cit., v. 2, p. 296.

[200] A idéia fundamental do sistema plotiniano é a de um "emanentismo progressivo universal". O Uno produz a inteligência (*nous*) e esta a Alma do mundo (logos), da qual, por meio de graus descendentes, provêm todos os seres criados até chegar à matéria, que é um puro nada, o primeiro mal e limite da potência criadora do Ser. Mas o neoplatonismo é uma filosofia com fortes acentos religiosos. Ensina o retorno místico da alma até o Uno em três etapas: purificação; iluminação e unificação.

[201] É considerado o último grande filósofo grego clássico. Foi aluno de Plutarco em Atenas. Neoplatônico sistemático, seus *Elementos de teologia, Teologia platônica* e vários comentários influenciaram os filósofos cristãos posteriores, tais como o Pseudo-Dionísio Areopagita e Scotus Erígena (cf. BLACKBURN, S. Proclo. In: *Dicionário Oxford de filosofia*. Rio de Janeiro, Jorge Zahar, 1997. p. 320).

◆ 295 ◆

Na mística de Dionísio Areopagita, encontra-se de fato o traço fundamental da doutrina plotiniana: o "intelectualismo". Há uma insistência sobre o papel da inteligência, mas com as devidas correções:

a) a oração propriamente dita é a base da contemplação dionisiana;

b) o fim para onde o fiel se encaminha, Deus, ainda que habite em uma luz inacessível, é uma realidade bem concreta, a que nos unimos pelo amor;

c) a virtude pela qual tendemos a Deus não é um simples despojamento da matéria, senão um esforço do homem para "fazer-se melhor" imitando a bondade de Deus.

Toda a obra dionisiana está orientada para a contemplação. De fato, a teologia ou doutrina presente na obra *Os nomes divinos* está destinada a pôr de manifesto os atributos divinos. Por sua insistência na transcendência de Deus e na unidade de seu ser, Dionísio Areopagita conduz o leitor a uma pura idéia de Deus (teologia) e encaminha-o a esse conhecimento mais simples e mais puro: a contemplação ou teologia mística propriamente dita. A doutrina simbólica presente nas duas obras sobre *Hierarquias* tende ao mesmo fim: as três operações que constituem sua alma têm por principal ponto de apoio um alto conhecimento de Deus: a "purificação" o prepara, a "iluminação" o comunica e a "santificação" o faz expandir inteiramente na alma.[202] Dividir a vida espiritual em três vias (purificativa, iluminativa e unitiva) reflete sua tendência às divisões tripartites e tem seu paradigma nas hierarquias celestes que são "purificadas, iluminadas e aperfeiçoadas".[203] Assim, Dionísio Areopagita parte de um princípio eclesiológico: na hierarquia eclesiástica existem três ordens: diáconos, sacerdotes, bispos, que têm três funções: purificar, iluminar e aperfeiçoar ou santificar. Também admite uma tríade de sujeitos passivos sobre os quais se exercem essas funções:

---

[202] Cf. MARÍN, *Los grandes maestros de la vida espiritual*, cit., pp. 142-143.

[203] *De cael. hier.* 7,3.

os diáconos purificam os penitentes-catecúmenos mediante a catequese pré-batismal e a penitência; os sacerdotes iluminam o povo fiel mediante o batismo; os bispos aperfeiçoam (unem com a divindade) os monges com a confirmação e a eucaristia.[204]

Finalmente, cabe aqui registrar que Dionísio Areopagita parte de uma suposição básica: a presença de Deus no coração. Esse princípio estabelece a regulação de qualquer modelo de metodologia teológica, unificando-o. A unificação é realizada pela própria unidade do objeto, uma vez que a teologia refere-se sempre a Deus, ou seja, a suas manifestações ou atributos revelados nas Escrituras. Concluiremos com um texto lapidar de Dionísio Areopagita que resume seu pensamento:

> Abandona os sentidos e as operações intelectuais, todo o sensível e o inteligível, tudo o que não é e o que é, e na medida do possível, pela via da negação, estende-te para a união com aquele que está por cima de toda substância e de todo conhecimento. Com a absoluta saída de ti mesmo e de todas as coisas, tendo deixado tudo e desvinculado de tudo, serás levado ao raio sobrenatural da escuridão divina [...]. É no silêncio, com efeito, que se aprendem os segredos destas Trevas [...]; [é nele] que brilha com a luz mais luminosa no seio da mais negra obscuridade e que, embora permaneça ela própria perfeitamente intangível e perfeitamente invisível, enche de esplendores mais belos que a beleza das inteligências que sabem fechar os olhos.[205]

4.5 Síntese da espiritualidade na segunda patrística

A segunda patrística refere-se ao desenvolvimento e maturidade de uma teologia com nítidos traços de espiritualidade. Uma espiritualidade, sem

---

[204] Cf. Pablo Maroto, *Historia de la espiritualidad cristiana*, cit., p. 96.

[205] *Theol. myst.* I,1, citado por Spanneut, *Os Padres da Igreja*, cit., v. 2, p. 299; cf. Pablo Maroto, *Historia de la espiritualidad cristiana*, cit., p. 95.

dúvida, vinculada a personalidades concretas e ministérios que, pela sua importância e relevância, se universalizaram. É a época por excelência dos Pais da Igreja. Se o Oriente contribuiu com as suas quatro "colunas" principais (Atanásio, Basílio Magno, João Crisóstomo e Gregório Nazianzeno), o Ocidente não ficou para trás e produziu igualmente seus quatro grandes (Ambrósio, Jerônimo, Agostinho e Gregório Magno).

Contudo, devemos entender que a realidade eclesiástica nos séculos IV e V é por demais multifacetária. No alvorecer do século, a Igreja testemunharia a última — e a pior de todas, a "grande" — perseguição imperial às suas fileiras. Porém, ato contínuo, viu surgir o primeiro imperador cristão da história, que a partir de sua administração privilegiou, sobremaneira, a Igreja. Ademais, Constantino ensejou e viabilizou a realização do primeiro concílio ecumênico. De repente, a Igreja pôde vislumbrar o tamanho de sua realidade histórica — *ecclesia visibilis* —, tomando consciência de sua identidade divina e presença no mundo. Para muitos (por exemplo Eusébio de Cesaréia), tanto Constantino quanto o Concílio de Nicéia eram sinais inequívocos da chegada do Reino de Deus.

Pouco a pouco um clima de ufanismo invadiu a Igreja, entrando por seus pórticos, iluminando as catacumbas de seu passado tão próximo. Foi, de fato, uma guinada radical que acabaria tendo repercussões drásticas na sua trajetória e mudaria para sempre seu perfil. Símbolo maior de espiritualidade vigente até uma década atrás, o martírio perdeu seu sentido de ser, foi atropelado pelos novos tempos; não mais uma Igreja peregrina, despossuída e sofredora à semelhança de seu Senhor, mas uma estrutura poderosa, formadora de cultura, gradativamente se assenhorando do mundo, "dando as cartas". Uma Igreja documentada e rica, por isso mesmo legitimada, mantenedora de um *status quo*, escolhido por ela, dona do seu próprio destino.

Diante disso, as próprias bases da Igreja reagiram. Percebe-se primeiro uma tendência radical de rejeição daquilo que foi instaurado a partir do século IV, podendo-se constatar a presença de um modelo monástico-anacoreta; a fuga ao deserto em busca do evangelho perdido, a nostalgia exacerbada de um isolamento redentor que restituiria um outro tipo de martírio, não mais aquele por outrem imposto, mas um auto-infligido. Quase que concomitantemente, uma atitude mais equilibrada revelou-se: a tendência monástico-cenobita, que, olhando para as fontes bíblicas, idealizou a comunidade apostólica primitiva e, a partir disso, sonhou com a existência de pequenas famílias vivendo sob a obediência de um superior e de uma regra, encontrando a razão da existência na sabedoria do claustro.

Outrossim, a vida na cidade continuou com suas demandas e desafios. As Igrejas locais, como dissemos, adquiriram visibilidade. Concílios, sínodos, liturgias, homilias, festas, celebrações, cartas, discussões, diplomacia e todas aquelas atitudes e posturas normais de uma vida neste mundo. E aqui, então, temos a outra face da mesma Igreja. A luta por uma ortodoxia e ortopraxia revelou uma tendência teológico-pastoral que produziu as mais belas peças literárias de teologia na história do cristianismo. A busca pelo texto mais fiel, a precisão do vocabulário técnico para definir bem o mistério divino, o zelo pastoral em proteger o rebanho dos desvios ainda tão próximos, enfim, a tentativa de fusão de *theoria* e *práxis*, de teologia e ética (moral).

Deve-se notar também que muitas dessas personalidades, agora na cidade, inclusive como *episcopoi*, eram provenientes de um ambiente monástico. Requisitados no calor da circunstância, aceitaram o encargo, sem, porém, perder o elã da vida contemplativa alimentada unicamente pela Palavra de Deus e que se revelou na tendência místico-querigmática que preservava, por um lado, a liberdade da reflexão filosófica especulativa e mistagógica, e, por outro, a mística da palavra como profecia da parte de Deus.

TERCEIRA PARTE

A GRANDE SÍNTESE DA ESPIRITUALIDADE CRISTÃ ANTIGA: SANTO AGOSTINHO DE HIPONA

Tu me tocaste, e agora estou ardendo no desejo de tua paz.

Santo Agostinho, Confissões X

Aperfeiçoa em mim o que começaste em mim, sem mim.

Santo Agostinho, In Joan 40,10

Minha alma é morada muito estreita para te receber: Será alargada por ti, Senhor. Está em ruínas: restaura-a!

Santo Agostinho, Confissões I

CAPÍTULO 5

O *locus* privilegiado
do diálogo cultural na formação
da espiritualidade agostiniana

BIBLIOGRAFIA BÁSICA: Regra de santo Agostinho (carta 211). In. *Regras dos monges.* São Paulo, Paulus, 1993; ALFARIC, P. *L'évolution intellectuel de Saint Agustin.* s.l., s.n., 1918; ALTANER, B. & STUIBER, A. *Patrologia.* São Paulo, Paulus, 1972. pp. 412-433; BARDY, G. *Saint Agustin*; l'homme et l'oeuvre. s.l., s.n., 1954; BOEHNER, P. & GILSON, E. *História da filosofia cristã.* Petrópolis, Vozes, 1991. pp. 139-157; BOYER, Ch. *Christianisme et neo-platonisme dans la formation de Saint Agustin.* s.l., s.n., 1953; BROWN, P. *Santo Agostinho*; uma biografia. Rio de Janeiro, Record, 2005; GROSSI, V. Santo Agostinho. In: *DM*, pp. 22-28; MARKUS, R. Agostinho: uma defesa da mediocridade cristã. In *O fim do cristianismo antigo.* São Paulo, Paulus, 1997; MIGNE, J. P. PL 32-46; MORESCHINI, C. & NORELLI, E. *História da literatura cristã antiga grega e latina.* São Paulo, Loyola, 2000. t. II,2 (Do Concílio de Nicéia ao início da Idade Média), pp. 13-67;

Possídio. *Vida de santo Agostinho*. São Paulo, Paulus, 1997; Rubio, P. *Toma e lê!* Síntese agostiniana. São Paulo, Loyola, 1995; Santo Agostinho. *A cidade de Deus*. Petrópolis, Vozes, 1991 (v. 1) e 1990 (v. 2); Santo Agostinho. *A doutrina cristã*. São Paulo, Paulus, 2002; Santo Agostinho. *Confissões*. São Paulo, Paulinas, 1984; Simons, E. Agustinismo. In: *SM*, v. 1, pp. 70-81; Trapè, A. Agostinho de Hipona. In: *DPAC*, pp. 54-59; Trapè, A. San Agustín. In: Di Berardino, A. (dir.). *Patrología*. Madrid, BAC, 1993. v. 3 (La edad de oro de la literatura patrística latina), pp. 405-481; Trevijano, R. *Patrología*. Madrid, BAC, 1994. pp. 248-259.

5.1 A vida:[1] uma síntese

5.1.1 Da filosofia ao cristianismo

Aurélio Agostinho nasceu no ano 354 em Tagaste (Numídia-África — atualmente Souk-Aras, na Argélia) e morreu em 28 de agosto de 430 em Hipona, cidade africana de seu episcopado. Seus estudos iniciais deram-se em sua cidade natal; depois em Madaura (368-369), onde estudou os clássicos latinos; e Cartago (371), onde se dedicou às artes liberais (gramática, retórica, dialética, geometria, música, matemática e astronomia). Nesta última cidade viveu em concubinato até 384, com Melânia, e teve um filho, Adeodato (372-389).

---

[1] As obras de Agostinho fundamentais para nos inteirarmos de sua biografia são: 1) *Diálogos de Cassicíaco* (386-387), com um total de quatro obras compostas logo após sua conversão (386), consideradas suas "primeiras confissões", que nos permitem ter as primeiras notícias de sua vida e conhecer algo de sua evolução espiritual antes de sua experiência cristã. 2) *Confissões* (397-401), obra que mescla autobiografia, filosofia, teologia, mística e poesia; composta de treze capítulos divididos em duas partes; a primeira (I-IX) narra os acontecimentos até sua conversão e a morte de sua mãe, Mônica (387); a segunda (X-XIII), escrita mais tardiamente, conta sua situação na época em que a produz. 3) *Retratações* (426-427), que expõe filosoficamente e inclusive revisa aspectos de sua obra até 427 e o ambiente em que foi produzida, bem como seus motivos interiores. Além dessas três, vale lembrar a importantíssima obra de um contemporâneo seu: Possídio de Calama, *Vita Augustini*, escrita entre 431 e 439 [ed. bras.: *Vida de santo Agostinho*. São Paulo, Paulus, 1997].

Em 373, Agostinho leu como tarefa escolar o *Hortensius* de Cícero, que certamente o influenciou de modo decisivo no caminho da filosofia. Quase concomitantemente, com 20 anos, deixou-se levar pela doutrina dos maniqueus, que acabou seguindo por nove anos na qualidade de *auditor* ("ouvinte"). Possivelmente encontrou ali uma atitude racional que no momento buscava e igualmente um tipo de cristianismo expurgado das "corrupções" do Antigo Testamento, bem como a explicação ao problema do mal, juntamente com uma visão materialista da vida. Em seguida optou pelo ceticismo da "nova academia", sem dúvida levado pelas inúmeras leituras platônicas que empreendia nesse momento.

Segundo A. Trapè, santo Agostinho "ensinou gramática em Tagaste (374) e retórica em Cartago (375-383), Roma (384) e Milão (outono de 384-verão de 386), onde trabalhou oficialmente como professor".[2] De fato, graças a uma recomendação do prefeito de Roma, Símaco, mudou-se para Milão, como mestre de retórica (384). Ali se encontrou em melhor posição social e acompanhado de sua mãe, mas triste e infeliz interiormente, ligado ainda à sensualidade e desorientado em sua busca de segurança religiosa.[3] "Apesar de sua colocação e da companhia da mãe e de outros parentes próximos, Agostinho sentia-se sacudido por inquietações interiores, cativo de suas paixões carnais e acabrunhado de dúvidas".[4]

Em Milão teve a oportunidade de conhecer uma literatura de alta qualidade (os grandes mestres platônicos Plotino e Porfírio). É certo que o afastamento do maniqueísmo deve-se a isso, bem como à aproximação do cristianismo. Ouvindo os sermões de santo Ambrósio, com sua interpretação

---

[2] TRAPÈ, A. San Agustín. In: DI BERARDINO, A. (dir.). *Patrología*. Madrid, BAC, 1993. v. 3 (La edad de oro de la literatura patrística latina), p. 410. Possídio, amigo e biógrafo de Agostinho, é por demais sintético acerca de sua formação inicial e de suas primeiras experiências como professor, passando imediatamente à descrição de sua conversão a partir do contato inicial com o bispo Ambrósio de Milão, bem como à recepção do batismo pelas mãos deste. De qualquer maneira, confirma essa primeira vivência em um ambiente intelectualizado.

[3] Cf. TREVIJANO, R. *Patrología*. Madrid, BAC, 1994. p. 250.

[4] ALTANER & STUIBER, *Patrologia*, cit., p. 413.

alegórica de textos do Antigo Testamento, descobriu o método para superar a crítica maniquéia. Assim, experimentou que a espiritualidade de Deus e da alma e o livre-arbítrio conciliavam com a doutrina da Igreja. Por isso, acabou rompendo com o maniqueísmo.

Ambrósio, ao desfazer objeções e dificuldades anteriores com respeito à doutrina cristã, havia-lhe aproximado do cristianismo até o ponto de Agostinho tornar-se catecúmeno. No entanto, por esse tempo Agostinho estava mais interessado em fazer carreira e contrair um matrimônio adequado.[5]

Sob a influência direta da pregação de Ambrósio, bispo de Milão; da história da conversão do filósofo platônico Mário Victorino, narrada a ele por Simpliciano; do testemunho de vida de Antônio Abade (santo Antão), contada por Ponticiano; da experiência do *Tolle, lege*;[6] Agostinho se converteu ao cristianismo aos 32 anos de idade, nos primeiros dias do mês de agosto de 386. Como ele mesmo diz: "Mal terminara a leitura dessa frase (cf. Rm 13,13ss), dissiparam-se em mim todas as trevas da dúvida, como se penetrasse no meu coração uma luz de certeza".[7] No final de outubro, retirou-se para Cassicíaco a fim de preparar-se para o batismo; o que de fato aconteceria em abril do ano seguinte (387). Assim, após a catequese, foi batizado pelo próprio Ambrósio, em Milão, juntamente com seu filho Adeodato e o amigo Alípio. Agostinho registra o momento: "Fomos batizados e desapareceu qualquer preocupação quanto à vida passada".[8]

Tanto a conversão quanto o batismo causarão marcas indeléveis em sua vida intelectual e espiritual:

---

[5] Cf. Trevijano, *Patrología*, cit.

[6] A crise definitiva ocorreu naquela tarde, no jardim de sua casa, em que o *Tolle, lege* ("toma e lê!") de uma criança da vizinhança lhe sugeriu abrir a epístola aos Romanos, da qual leu providencialmente Rm 13,13s.

[7] *Confissões* VIII,12.29 (pp. 214-215).

[8] Idem, ibidem IX,6.14 (p. 230).

Tarde te amei, ó beleza tão antiga e tão nova! Tarde demais eu te amei! Eis que habitavas dentro de mim e eu te procurava do lado de fora! Eu, disforme, lançava-me sobre as belas formas das tuas criaturas. Estavas comigo, mas eu não estava contigo. Retinham-me longe de ti as tuas criaturas, que não existiriam se em ti não existissem. Tu me chamaste, e teu grito rompeu a minha surdez. Fulguraste e brilhaste e tua luz afugentou a minha cegueira. Espargiste tua fragrância e, respirando-a, suspirei por ti. Tu me tocaste, e agora estou ardendo no desejo de tua paz.[9]

Em agosto de 387, Agostinho decidiu, juntamente com sua mãe, seu filho e seu amigo Alípio, voltar à África. Deixou Milão e, passando por Óstia, sua mãe, repentinamente, ficou enferma e acabou morrendo. Temos, nas *Confissões*, o belo e emocionante registro de um tipo de experiência mística acontecido entre Agostinho e Mônica, sua mãe, na véspera da morte dela:

> Falávamos a sós, muito suavemente, esquecendo o passado e avançando para o futuro [...]. Abriam-se os lábios do coração à corrente impetuosa da tua fonte, fonte de vida que está em ti [...]. Elevando-nos com o mais ardente amor ao próprio Bem, percorremos gradualmente todas as coisas corporais até o próprio céu [...]. E subíamos ainda mais ao interior de nós mesmos, meditando, celebrando e admirando as tuas obras. E chegando assim ao íntimo de nossas almas. Indo além, atingimos a região da inesgotável abundância, onde nutres eternamente Israel. Enquanto assim falávamos, ávidos de alcançar a Sabedoria, chegamos apenas a tocá-la num supremo ímpeto do nosso coração, e, suspirando, renunciamos a essas primícias do espírito, para voltarmos ao som vazio de nossos lábios, onde a palavra nasce e morre [...]; se essa contemplação se prolongasse e todas as outras visões desaparecessem, e somente esta nos arrebatasse, nos absorvesse e nos mergulhasse no gozo interior, de tal modo que a vida eterna fosse como aquele mo-

---

[9] Idem, ibidem X,27.38 (p. 277).

mento de intuição pelo qual suspirávamos [...]. No entanto, Senhor, tu sabes como nesse dia, durante esse colóquio, o mundo, com todos os seus prazeres, perdia para nós todo o valor.[10]

5.1.2 O ministério pastoral: presbítero e bispo de Hipona

Sua fama de erudição e piedade era tal que, em uma visita a Hipona (*Hippo Regius*) em 391, à procura de um lugar para iniciar suas atividades monásticas, o bispo local, Valério, e o povo praticamente o intimaram ao sacerdócio. Após sua ordenação, Agostinho solicitou alguns meses de retiro para estudar a Escritura; depois se instalou com seu grupo de amigos em uma casa vizinha à igreja.[11] Ali produziu a mais antiga regra monástica do Ocidente, a *Regula ad servos Dei*.[12] No final de 395 Valério o consagrou bispo auxiliar, e com sua morte, pouco depois, Agostinho lhe sucedeu na sede de Hipona, cargo esse que ocuparia durante toda a sua vida.

Até o final da vida Agostinho viveu o drama de um homem que não quis renunciar à sua vocação monástica nem recusar os deveres de seu cargo episcopal. Agostinho se viu obrigado a criar, de modo empírico, a organização prática da vida de monge-sacerdote e logo monge-bispo, para acabar como bispo-monge. Mas, apesar da atividade administrativa e judicial e das obras de beneficência, sua tarefa principal continuava sendo o ministério da Palavra. Além do mais, era solicitado para pregar por toda a África Proconsular e Numídia. Teve que intervir em conferências de debate público com os porta-vozes do cisma ou da heresia e seus partidários.[13] Por conta de sua nomeação episcopal, precisou deixar sua atividade monástica à frente de seus monges-leigos para viver na casa episcopal, que prontamente se transformaria em uma espécie de monastério.

---

[10] Idem, ibidem IX,10,23-25 (pp. 237-239).

[11] Cf. Trevijano, *Patrología*, cit., p. 253.

[12] Essa pequena *Regra* está registrada, em sua totalidade, na carta 211. Restam dúvidas se seus primeiros destinatários foram "religiosas" ou se foram os "servos de Deus" da primeira comunidade de Hipona, conforme registra Possídio (5,11).

[13] Cf. Trevijano, *Patrología*, cit.

Sua atividade como bispo-pastor foi intensa. Agostinho tinha uma responsabilidade direta pela diocese a que estava vinculado; porém bem cedo seu trabalho ultrapassaria as fronteiras locais e estaria presente em toda a África cristã. Envolveu-se diretamente na defesa da fé contra os movimentos cismáticos e heréticos tão presentes no século IV.

Agostinho se destacou sobremaneira no ministério da Palavra. Pregava regularmente, pelo menos quatro vezes por semana. Dessa atividade temos hoje o que foi preservado em termos de sermões (cerca de 500). Outras atividades de destaque foram: a *audientia episcopi*, em que atendia e julgava as causas, o que lhe ocupava às vezes toda a jornada; o cuidado dos pobres e órfãos; a formação do clero, com o qual se mostrou paternal por um lado e severo por outro; a organização de monastérios masculinos e femininos; a visita aos enfermos; a intervenção em favor dos fiéis perante a autoridade civil (*apud saeculi potestates*); e as funções administrativas de cuidado dos bens eclesiásticos.[14]

Entretanto, a tarefa mais extenuante no sentido de um desgaste físico e psicológico foi o envolvimento direto de Agostinho nas controvérsias da Igreja, atendendo ao pedido de amigos ou participando, na qualidade de bispo, como representante oficial nos vários concílios provinciais africanos, inclusive respondendo a inúmeras cartas sobre várias questões doutrinárias e de direito canônico ou simplesmente a cartas pessoais. Vale lembrar que foi o principal destaque na conferência de 411[15] sobre o cisma donatista. Posteriormente, Agostinho se tornou o principal defensor da fé cristã contra o movimento pelagiano. Ao longo de sua vida cristã, lutou sem descanso contra maniqueus, donatistas, pelagianos, arianos e pagãos, e a partir dessas controvérsias é que produziu boa parte de seus escritos.

Agostinho morreu em Hipona no ano 430, aos 76 anos de idade, no momento crítico da invasão vândala à cidade.

---

[14] Cf. Trapè, San Agustín, cit., p. 414.

[15] Concílio de Cartago em junho de 411 com a presença de 286 bispos católicos e 279 donatistas, em que o donatismo foi oficialmente reprovado.

5.2 A obra:[16] uma seleção

Citaremos aqui apenas as obras que possuem ligação direta com a espiritualidade de santo Agostinho, ignorando, assim, os escritos apologéticos, dogmáticos, exegéticos e polêmicos.

5.2.1 Escritos autobiográficos

Duas obras são claramente autobiográficas: *Confissões* e *Retratações*. As *Confissões*[17] foram escritas entre 397-401. Na primeira parte (livros I-X), Agostinho narra sua vida até a experiência de conversão (386), salientando sua busca pela Verdade, porém, falando de si mesmo, de sua alma e espírito, isto é, de sua psique, com toda a franqueza. Mais tarde escreve a segunda parte (livros XI-XIII), em que destaca a alegria e o louvor por ter encontrado a Verdade nas Escrituras. Partindo da narrativa bíblica da criação, faz considerações profundas sobre Deus e o mundo, o tempo e a eternidade.[18] *As Confissões* são confissões de pecado, de fé e de louvor:[19]

> Confessar o que fiz de mal significa o desgosto que tenho de mim mesmo. Mas, quando confesso o bem que fiz, nada posso atribuir a mim próprio, pois tu, Senhor, abençoas o justo; no entanto, foste tu que o tornaste justo, de ímpio que era. Assim, esta confissão diante de ti é, ao mesmo tempo, silenciosa e não silenciosa. Cala-se a voz, grita o coração. Tudo que digo aos homens tu já ouviste de mim; e de mim nada ouves que tu mesmo não tenhas dito antes.

---

[16] Da obra de santo Agostinho, foram conservados um total de 118 tratados, 218 cartas e mais ou menos 500 sermões. Todo esse material pode ser consultado em: MIGNE, J. P. PL 32-47. Em castelhano temos: *Obras de San Agustin* (Madrid, BAC, 1946ss. 22 vv.). Em português, temos vários de seus tratados editados pela Paulus Editora, que traduz, com o nome de *Patrística*, a coleção francesa *Sources Chrétiennes*.

[17] Em português, vale a pena conferir as reveladoras e equilibradas explicações sobre o sentido e significado das *Confissões* que nos oferecem: MORESCHINI, C. & NORELLI, E. *História da literatura cristã antiga grega e latina*. São Paulo, Loyola, 2000. t. 2, pp. 34-40.

[18] Cf. ALTANER & STUIBER, *Patrologia*, cit., p. 417.

[19] Cf. *Confissões* X,2.2 (p. 250).

As *Confissões* de Agostinho mesclam com maestria dois elementos: o relato de conversão e a biografia, talvez defendendo seu episcopado em Hipona. Quando falarmos da espiritualidade agostiniana, propriamente dita, voltaremos com freqüência às *Confissões*.

Nas *Retratações*, em dois livros, Agostinho passa em revista boa parte de sua obra literária. Embora inacabada, é fundamental para entendermos as intenções, motivações e ambiente em que foram produzidos seus diversos escritos. Constituem um minucioso exame de consciência do ancião escritor sobre sua atividade literária e a última de suas confissões.[20] Ademais, as *Retratações* oferecem ao pesquisador interessantes chaves hermenêuticas para a leitura dos demais escritos agostinianos.

Segundo Possídio, a intenção de Agostinho nas *Retratações* era revisar sua obra para que estivesse inteiramente concorde com a doutrina da Igreja:

> Pouco antes da morte, reviu os livros que ditara e publicara, seja os da primeira fase de sua vida como leigo, seja os que ditara quando sacerdote ou bispo (*Retr. Prol.*). Censurou e corrigiu tudo o que, ditado ou escrito, neles se encontrou que diferisse da regra da Igreja quando tinha menor conhecimento e menor senso dos usos da Igreja. Para tal escreveu volumes, cujo título é o seguinte: "Revisão dos livros".[21]

5.2.2 Escritos filosóficos

DIÁLOGOS DE CASSICÍACO (386-387):[22] *De academicis* — escreve contra o ceticismo tão comum na classe intelectual e que minava filosoficamente a esperança de encontrar a verdade suprema. *De beata vita* — tenta mostrar que o verdadeiro conhecimento de Deus é a fonte da verdadeira felicidade. *De ordine* — elabora um pequeno tratado de teodicéia e pergunta sobre a

---

[20] Cf. Trapè, San Agustín, cit., p. 409.

[21] Possídio. *Vida de santo Agostinho*. São Paulo, Paulus, 1997. 28.1, p. 73.

[22] Cf. nota inicial desse capítulo.

origem do mal e a questão da Providência. *Soliloquiorum*[23] — expõe, em diálogo com sua *ratio*, as condições para a busca de Deus.

ANTES DO BATISMO EM MILÃO (387): *De immortalitate animae* — obra inacabada, composta com o objetivo de completar os *Soliloquiorum*, sobre a imortalidade da alma. *Disciplinarum libri* — comentário no estilo enciclopédico sobre as disciplinas do *trivium* e *quadrivium* (sete artes liberais) e a comunhão que se pode ter por meio delas com Deus; conseguiu terminar apenas *De musica* e *De grammatica*.

EM ROMA (387-388): *De quantitate animae*[24] — trata da contemplação de Deus em forma gradativa como qualidade espiritual da alma que de per si é imortal. *De libero arbitrio*[25] — volta a discutir a questão do mal e temas correlatos, como lei moral, existência de Deus, liberdade e presciência divina; poderia também ser classificada nos escritos dogmáticos.

EM TAGASTE (388-391): *De magistro*[26] — pequena obra escrita em 389; na verdade é um diálogo didático, com seu filho Adeodato, de importância especial para a pedagogia e a psicologia. *De vera religione* — obra redigida por volta do ano 390, apresentando aos maniqueus o cristianismo como a verdadeira religião; é uma excelente obra de introdução à filosofia agostiniana.

EM HIPONA (395-430): *De civitate Dei*[27] — redigida entre 413 e 426, tem como principal motivação o cerco e a tomada de Roma por Alarico em 410 e as conseqüências sociais, políticas, econômicas, culturais e espirituais desse desastre; considerada umas das jóias da literatura ocidental antiga, é

---

[23] Cf. SANTO AGOSTINHO. *Solilóquios*. São Paulo, Paulus, 1993. Boa edição desta obra clássica da espiritualidade agostiniana, enriquecida com uma precisa introdução e três adendos: *De immortalitate animae*; *De quantitate animae* e *Soliloquiorum animae ad Deum*.

[24] Um rápido comentário sobre essa obra encontra-se no segundo adendo da obra *Solilóquios*, cit. Voltaremos a ela (*De quantitate animae*) no capítulo VI, quando falarmos acerca dos degraus espirituais da vida cristã.

[25] Cf. SANTO AGOSTINHO. *O livre-arbítrio*. São Paulo, Paulus, 1995. Bela tradução da coleção francesa *Sources Chrétiennes*, com uma oportuna introdução.

[26] Cf. SANTO AGOSTINHO. *Mestre*. São Paulo, Landy, 2000.

[27] Cf. SANTO AGOSTINHO. *A cidade de Deus*. Petópolis, Vozes, 1991 (v. 1) e 1990 (v. 2).

composta de 22 livros; os 10 primeiros são nitidamente apologéticos, no sentido de defender o cristianismo da acusação que lhe pesava como culpado da ruína de Roma; na segunda parte, Agostinho desenvolve sua teoria acerca do sentido da história, uma teologia da história *(cf. infra* 6.5, p. 374).

5.2.3 Escritos morais e pastorais

De mendacio e *Contra mendacium* (395 e 420) — obras que demonstram o quão ilícita é a mentira em sua natureza e malícia. *De agone Christiano* — manual composto nos inícios de seu episcopado (396-397) e que versa sobre a vida cristã instruindo o povo simples acerca dos preceitos morais encontrados em Jesus Cristo, o Filho de Deus; adverte sobre o pecado e o demônio; contém ainda uma explicação sobre o símbolo apostólico. *De catechizandis rudibus*[28] — manual de instruções catequéticas teóricas e práticas escrito por volta do ano 400 a pedido de um diácono de Cartago; destina-se aos adultos que se preparam para o batismo; concentra-se na ação amorosa de Deus em Cristo. *De bono coniugali* e *De sancta viginitate*[29] (401) — escritos produzidos no calor da controvérsia com o monge italiano Joviniano; na primeira obra, corrige o radicalismo de Jerônimo e apresenta as virtudes do matrimônio; na segunda, exalta a virgindade sem depreciar o matrimônio. *De continentia* (412?) — sermão dedicado aos temas da virgindade e matrimônio, apresentando as virtudes daquela. *De bono viduitatis* (414) — carta acerca da viuvez, endereçada à viúva Juliana, sobre as vantagens de tal estado. *De patientia* (415) — sermão sobre a virtude e o dom divino da paciência. *De coniugiis adulterinis* (420) — escrito que demonstra a indissolubilidade do matrimônio mesmo em caso de adultério.[30]

---

[28] SANTO AGOSTINHO. *A instrução dos catecúmenos.* Petrópolis, Vozes, 1984. Além do texto, a presente edição conta com prefácio e introdução que esclarecem detalhes da obra. Além disso, conta também com uma rica bibliografia, um precioso glossário de termos e índices.

[29] SANTO AGOSTINHO. *A virgindade consagrada.* São Paulo, Paulus, 1990. Além do texto, traz uma pequena e objetiva introdução e cinco adendos, entre eles a extensa carta 130 de Jerônimo a Demétria: *Sobre a conservação da virgindade.*

[30] Colocará essa posição em suspenso nas *Retratações* (cf. II,57).

5.2.4 Escritos monásticos

Regula ad servos Dei[31] — é considerada a Regra ocidental mais antiga, contendo apenas doze seções; crê-se que foi escrita para as religiosas mencionadas na *Epístola 211* e teria sido motivada pela necessidade de concórdia diante do desejo de parte da congregação monástica de mudar a superiora; Possídio informa que esse pequeno escrito foi endereçado aos monges da comunidade de Hipona; os aspectos principais da *Regra* serão apresentados na seção 5.4 (*infra*, p. 325).

De opere Monachorum (401) — Agostinho incita a que os monges de Cartago, além de orar, trabalhem manualmente; de alguma maneira, inaugura para o Ocidente o princípio do *ora et labora*, que Bento de Núrsia desenvolverá sobremaneira.

5.2.5 Escritos em forma de tratados

COMENTÁRIOS A SÃO JOÃO: *Tractatus in evangelium Ioannis* (413?) — um total de 124 discursos (homilias), pregados ou ditados e que se dividem em dois grupos: 1-54 e 55-124; não obstante possuir um tom pessoal, é extraordinariamente rico de doutrina teológica, filosófica e espiritual.[32] *Tractatus in epistolam Ioannis* (413?) — um conjunto de dez sermões a respeito do amor, pregados no período da Páscoa.

COMENTÁRIOS AOS SALMOS: *Enarrationes in Psalmos*[33](392-416) — considerada uma das principais obras de espiritualidade da antiguidade cristã, é o único comentário completo de todo o saltério proveniente da patrística; são, na verdade, homilias que abusam do sentido alegórico; a interpretação é teológico-espiritual, com base na doutrina do *Christus totus*: nos salmos ressoa a voz de Cristo, da Igreja e de cada um dos fiéis; há um destaque

---

[31] Cf. Regra de santo Agostinho. In: *Regra dos monges*. São Paulo, Paulinas, 1993. Essa regra está posta na carta 211, conforme nota anterior neste capítulo.

[32] Cf. TRAPÈ, San Agustín, cit., p. 472.

[33] Cf. SANTO AGOSTINHO. *Comentário aos Salmos*. São Paulo, Paulus, 1996. 3 v.

para os temas do corpo místico, das duas cidades e da ascensão da alma até a divindade.[34]

5.2.6 Escritos em forma de homilias[35]

Os sermões de santo Agostinho são fruto de quarenta anos de um ministério pastoral em que pregou de forma ininterrupta. Temos hoje cerca de 500 sermões considerados como autênticos, embora ainda existam dúvidas a respeito da autoria de alguns deles. Agostinho é, com sobras, o autor mais citado na *Liturgia das Horas* — *ofício das leituras* (39 sermões do bispo de Hipona, sem contar outras formas de comentários, discursos, homilias etc.).

Os temas abordados por Agostinho são bem variados, conforme a diversidade temática da Bíblia, os receptores de sua mensagem e as circunstâncias de pregação. Tais sermões serviram de base para as grandes obras polêmicas, exegéticas e dogmáticas que Agostinho escreveu por conta das várias controvérsias em que se envolveu.

Embora, como ex-professor de retórica, priorize o conteúdo em si, Agostinho se serve desse modelo literário para veicular bem sua mensagem. O ritmo da frase, particularmente sensível, serve ao mesmo objetivo. Um dos méritos da homilética agostiniana é justamente ter alcançado um admirável equilíbrio entre a simplicidade e a elaboração retórica.[36] Seus sermões são modelo de eloqüência popular e expressam, ao mesmo tempo, clareza, simplicidade e profundidade; exemplo disso é o sermão "O Senhor se compadeceu de nós".[37]

---

[34] Cf. Trapè, San Agustín, cit., p. 474.

[35] O *corpus* de sermões de Agostinho foi compilado e editado pelos Monges da Ordem de São Mauro (irmãos mauristas), contendo um total de 363. Posteriormente, G. Morin e C. Lambot, por volta de 1930, acrescentaram outros 138 sermões de Agostinho considerados como autênticos.

[36] Cf. Moreschini & Norelli, *História da literatura cristã antiga grega e latina*, cit., t. II, 2, p. 45.

[37] *Serm.* XXIIIA,1-4, citado por *Liturgia das horas — ofício das leituras*. 4. ed. São Paulo, Paulinas, 1987. pp. 962-963.

315

Felizes de nós, se o que ouvimos e cantamos pusermos em prática. A audição é nossa semeadura; os atos, frutos da semente [...]. Antes de haver graça não existia vida virtuosa que Deus pudesse amar [...]. Não éramos bons. Mas ele se compadeceu de nós e enviou seu Filho para morrer não pelos bons, mas pelos maus, não pelos justos, mas pelos ímpios [...]. Recebemos então esta graça. Vivamo-la de modo digno para não fazermos injúria a tão grande favor [...]. Sigamos os caminhos que ele próprio indicou, muito em especial a trilha da humildade, esta via que ele mesmo quis ser [...]. O excelso humilhou-se, humilhado foi morto [...]. Deu-nos então a via da humildade. Se nos agarrarmos a ela, confessaremos o Senhor e com toda a razão cantaremos: "Nós te confessaremos, Senhor, confessaremos e invocaremos teu nome".

A virtude da humildade estará presente nele por toda a vida, especialmente na função episcopal. No sermão "Para vós, sou bispo; convosco, sou cristão",[38] sublinhará exatamente isso:

Desde que este encargo de apertadas contas a dar me foi posto sobre os ombros, sempre me inquieta a preocupação com esta dignidade [...]. Aterroriza-me o que sou para vós; consola-me o que sou convosco [...]. Pois para vós sou bispo; convosco, sou cristão. Aquele é nome do múnus recebido; este, da graça; aquele, do perigo; este, da salvação [...]. Se, portanto, mais me alegra ter sido remido convosco do que ser vosso prelado, então, como o Senhor ordenou, serei ainda mais vosso servo, para não me mostrar ingrato ao preço pelo qual mereci ser conservo vosso [...]. Recebei de fora o que planta e o que rega; por dentro, aquele que dá o incremento. Ajudai-nos não só rezando, mas obedecendo; para que nos maravilhe não tanto estar à vossa testa, quanto vos ser útil.

---

[38] *Serm.* CCCXL,1, citado por *Liturgia das horas*, cit., pp. 1.558-1.559.

5.3 Itinerário intelectual e espiritual

Prescindindo momentaneamente das questões teológicas propriamente ditas e da poderosa presença religiosa de sua mãe, Mônica, convém-nos agora tratar da influência filosófica no pensamento de Agostinho. Nesta tarefa está o reconhecimento de que na elaboração teológico-doutrinária agostiniana fizeram-se presentes de forma imprescindível determinados pressupostos filosóficos, verdadeiro *a priori* intelectual na construção de seu grande sistema, um dos principais na história das idéias ocidentais. Portanto, cabe-nos considerar tais pressupostos.

O momento inicial desse processo é, sem dúvida, a leitura do *Hortensius* de Cícero (106-43 a.C.),[39] em Cartago, aos 19 anos, conforme já mencionado. Essa leitura, que direcionou Agostinho à filosofia, à busca da sabedoria,[40] está registrada de maneira eloqüente nas *Confissões*:

> Seguindo o programa normal do curso, chegou-me às mãos o livro de um tal Cícero, cuja linguagem — mas não o coração — é quase unanimemente admirada. O livro é uma exortação à filosofia e chama-se *Hortênsio*. Devo dizer que ele mudou os meus sentimentos e o modo de me dirigir a ti; ele transformou as minhas aspirações e desejos [...]. Eu passei a aspirar com todas as forças à imortalidade que vem da sabedoria. Começava a levantar-me para voltar a ti [...]; o que me apaixonava era o seu conteúdo, e não a maneira de dizer. Como eu ardia, ó meu Deus, em desejos de voar para ti, abandonando as coisas terrenas! No entanto, eu ainda não sabia o que pretendias fazer de mim! Em ti reside a sabedoria. Ora, o amor da sabedoria, pelo qual eu me apaixonava com esses estudos, tem o nome grego de filosofia.[41]

---

[39] Na sua filosofia ética sobressai o estoicismo. No entanto, por estar envolvido no contexto da "nova academia", rejeita o dogmatismo estóico e mantém o ceticismo, porém, com abertura aos outros sistemas, pendendo, pois, para um ecletismo em que "se busca o bem e o 'verdadeiro' onde quer que ele se encontre" (HIRSCHBERGER, J. *História da filosofia na antiguidade*. São Paulo, Herder, 1965. p. 298).

[40] Cf. STEAD, C. *A filosofia na antiguidade cristã*. São Paulo, Paulus, 1999. p. 203.

[41] *Confissões* III,4.7-8 (pp. 63-64).

Não obstante, Agostinho, já convertido, lamentava a ausência de Cristo em textos como esse:

> Havia uma circunstância que me mortificava: a ausência de Cristo no livro [...]. Qualquer escrito que se apresentasse a mim sem esse nome, por mais literário, burilado e verdadeiro que fosse, não conseguiria conquistar-me totalmente.[42]

Na ânsia de encontrar o significado maior da existência, Agostinho se voltou para a Bíblia, porém decepcionou-se com o rústico da linguagem; tornara-se, ainda jovem, um leitor exigente e crítico. O estilo bíblico, tão diverso do refinamento da prosa ciceroniana, e o modo antropológico com que a Bíblia parecia falar de Deus velaram sua compreensão, constituindo então bloqueio insuperável.[43] Durante esse período, em Cartago, a crítica filosófica maniquéia das Escrituras era quem atraia sua atenção. Porém, reagiu a ela[44] e voltou-se para uma atitude mais cética.[45]

Transferindo-se para Milão (384), importante centro intelectual e econômico, Agostinho teve contato direto com um ambiente filosófico efervescente e pujante que, juntamente com outros elementos, redirecionaria sua visão intelectual e lhe apaziguaria a alma. A cidade proporcionou-lhe um encontro tanto com seu ideal filosófico quanto com seu ideal religioso.

Segundo Courcelle,[46] em Milão a fé cristã era pregada em um contexto filosófico neoplatônico. De modo gradual, Agostinho se reaproximou, por

---

[42] *Confissões* III,4.8.

[43] Cf. REALE, G. & ANTISERI, D. *História da filosofia*; patrística e escolástica. São Paulo, Paulus, 2003. pp. 82-83.

[44] Segundo Hamann, "Agostinho despreende-se pouco a pouco dessa mitologia desgrenhada, cuja falta de rigor doutrinal e cujo relaxamento moral ele começa a perceber" (*Os Padres da Igreja*. São Paulo, Paulinas, 1980, p. 228).

[45] A decepção com o maniqueísmo joga Agostinho no ceticismo filosófico: "Viera-me de fato a idéia de que os mais esclarecidos entre os filósofos eram os chamados Acadêmicos, quando afirmavam ser preciso duvidar de tudo, e que o homem nada pode compreender da verdade" (*Confissões* V,10.19 [p. 122]).

[46] Citado por FIGUEIREDO, F. A. *Curso de teologia patrística*. Petrópolis, Vozes, 1990. v. 3, p. 137.

caminhos diversos, da religião de sua infância. Assim, a própria filosofia platônica que o tornara cético em relação ao maniqueísmo o reencaminharia do ceticismo ao cristianismo. Essa mediação platônica em seu conhecimento da verdade está registrada na seguinte passagem:

> Tu me proporcionaste, através de um homem inflado de orgulho imenso, alguns livros dos platônicos, traduzidos do grego para o latim [...]. Instigado por esses escritos a retornar a mim mesmo, entrei no íntimo do meu coração sob tua guia, e o consegui, porque tu te fizeste meu auxílio.[47]

Na verdade, Agostinho desfrutava um ótimo conhecimento da história da filosofia. Como professor teve, além do acesso às obras de Cícero, contato com vários escritos filosóficos de Varrão, Apuleio, Sêneca, Celso, bem como Plotino e Porfírio.

Agostinho teve uma predileção pelo neoplatonismo. Porém nem sempre se leva em conta até que ponto ele "corrigiu" e superou as doutrinas neoplatônicas. De qualquer maneira, pelo menos por dois motivos preferia essa corrente filosófica: por ela ser mais "próxima a nós", isto é, à doutrina cristã,[48] e por ela ter dado vida a "um ensino comum da verdadeira filosofia", afirmando, entre outras coisas, que Aristóteles e Platão — os dois cumes[49] — estavam tão de acordo, que só aos menos perspicazes podia parecer que estavam em desacordo.[50]

Em Agostinho vemos um "encontro" e uma colaboração entre *fides et ratio* ("fé e razão"). A partir desse encontro e dessa colaboração, o autor passou a estar, por assim dizer, autorizado a aprofundar suas reflexões acerca de Deus e do homem, fazendo "surgir" a filosofia cristã. De certo, Agostinho

---

[47] *Confissões* VII,10.16 (p. 175).
[48] Cf. *De civ. Dei* 8,5; 11,5; *De v. rel.* 4,7.
[49] Cf. *De civ. Dei* 8,4.12.
[50] Cf. Trapè, San Agustín, cit., p. 484.

◆ 319 ◆

não demorou a notar que não era ali que teria de procurar o cristianismo. Mas verificou, com surpresa, os numerosos pontos de contacto entre as duas doutrinas e, em particular, a importância capital que ambas atribuíam à doutrina do Logos. Encontrou nesses livros sobretudo uma metafísica do espírito altamente desenvolvida.[51]

Todavia, muito embora num primeiro momento Agostinho tenha encontrado no neoplatonismo inúmeras coincidências com o cristianismo, sempre nutriu a consciência de delatar os "grandes erros"[52] dessa filosofia, como a existência de divindades menores, a necessidade e eternidade da criação, a preexistência e o pecado das almas, a teoria cíclica da história, a metempsicose e a concepção da união não natural, e portanto violenta, da alma e do corpo (na verdade considerou uma insensatez excluir o corpo da natureza humana e um delírio a aceitação da doutrina da reencarnação).[53]

Em primeiro lugar, do platonismo, Agostinho recebeu a noção de uma luz incorporal, invisível e puramente espiritual:[54]

> Entrei e, com os olhos da alma, acima destes meus olhos e acima de minha própria inteligência, vi uma luz imutável. Não era essa luz vulgar e evidente a todos com os olhos da carne [...]. Era como se brilhasse muito mais clara e tudo abrangesse com sua grandeza. Não era uma luz como esta, mas totalmente diferente das luzes desta terra.[55]

Agostinho descortinou, pela primeira vez, a espiritualidade de Deus. Este só se dá a conhecer àquele que se aparta dos sentidos e das imagens sensí-

---

[51] Cf. BOEHNER, P. & GILSON, E. *História da filosofia cristã*. Petrópolis, Vozes, 1991. p. 146.

[52] *Retratações* I,3.2.

[53] Cf. *Serm.* CCXLI,6.

[54] Cf. BOEHNER & GILSON, *História da filosofia cristã*, cit. Sigo esses dois autores medievalistas na identificação dos cinco elementos platônicos presentes na filosofia cristã elaborada por Agostinho, conforme as páginas 146 e 147 da referida obra, porém fazendo a citação correspondente das *Confissões* na edição utilizada aqui.

[55] *Confissões* VII,10.16 (p. 175).

veis. Do mundo exterior devemos recolher-nos ao mundo interior, isto é, ao santuário do nosso próprio espírito, a fim de empreender, a partir dali, a nossa ascensão até Deus. Pois Deus é a luz que está acima do espírito e que só pode ser alcançada se transcendermos o que há de mais elevado em nós.[56] Com o *background* do neoplatonismo é que Agostinho afirmará com força a doutrina da criação, a criação do homem à imagem de Deus, a noção de Deus como Ser subsistente e a possibilidade de conhecer a Deus por meio das criaturas.

Em segundo lugar, e da mesma forma, Agostinho deve ao platonismo a doutrina da diversidade radical entre o Ser absoluto — o único verdadeiramente digno do nome de ser — e o ser por participação. Com isso passou a perceber o eco dessa doutrina também na Sagrada Escritura:

> E tu me gritaste de longe: "Na verdade, eu sou aquele que sou". E ouvi como se ouve no coração, e já não tive motivo para duvidar. Mais facilmente duvidaria de estar vivo do que da existência da verdade, a qual se apreende através das coisas criadas.[57]

Em terceiro lugar, Agostinho deve aos platônicos a persuasão de que todas as coisas que existem são boas. Poder-se-ia alegar, com efeito, que as coisas não são boas, pois se corrompem. Mas quem assim pensa não repara que as coisas não se poderiam corromper se não fossem boas. De fato, a corrupção pressupõe certo grau de bondade:

> Portanto, todas as coisas, pelo fato de existirem, são boas. E aquele mal, cuja origem eu procurava, não é uma substância. Porque, se o fosse, seria um bem [...]. Desse modo, vi e me pareceu evidente que criaste boas todas as coisas, e que nada existe que não tenha sido criado por ti.[58]

---

[56] Cf. Boehner & Gilson, *História da filosofia cristã*, cit., p. 146.

[57] *Confissões* VII,10.16 (p. 176).

[58] Idem, ibidem VII,12.18 (p. 177).

Em quarto lugar, entende que o mal não é senão a privação de um bem, e que o mal como tal não existe. Tudo que existe é bom. Logo, o que não é bom — isto é, o mal — não existe. O mal se apresenta na mesma medida em que as coisas sofrem alguma privação no seu ser, ou, em outras palavras, enquanto se corrompem. De sorte que o mal não é nada de positivo, mas uma privação ou destituição. "E porque não as criaste todas iguais, cada uma em particular existe porque é boa, e tomadas em conjunto são muito boas. De fato, o nosso Deus criou todas as coisas muito boas."[59]

Em quinto lugar, por todas essas razões, o mal não pode originar-se de Deus. Sendo o mal um não-ser, é impossível que alguém lhe haja dado o ser. Deus é o criador de todas as coisas, e tudo o que ele criou é bom. Ainda que não criasse todas as coisas iguais, todas são boas, mesmo enquanto desiguais. A própria desigualdade é um bem, pois só ela torna possível a grandiosa harmonia do universo. "Em ti o mal não existe de forma alguma; e não só em ti, mas em quaisquer criaturas tomadas em sua universalidade. Porque, fora da tua criação, nada existe que possa invadir ou corromper a ordem por ti estabelecida."[60]

Portanto, a filosofia preferencial utilizada por Agostinho foi o neoplatonismo, que, aliás, para ele, está justificado no livro do Êxodo.[61] Ali se observa que o povo hebreu se apossou das riquezas egípcias (cf. Ex 3,22), dando-lhe melhor utilidade (cf. 12,2.35.36). Segundo o bispo de Hipona, assim devia fazer o pensador cristão: subtrair os autores antigos, para integrar na sabedoria cristã as verdades de que a filosofia pagã era possuidora; era verdadeiramente despojar os egípcios para enriquecer os hebreus. Assim fez o próprio Agostinho. O que importava era cristianizar tudo isso. Ora, esse acabou sendo um dos ideais mais importantes da Idade Média.[62]

---

[59] Idem, ibidem VII,12.18 (p. 177).

[60] Idem, ibidem VII,12.19 (p. 177).

[61] *A doutrina cristã*. São Paulo, Paulus, 2002. II,41.60-61, pp. 144-145.

[62] JEAUNEAU, É. *A filosofia medieval*. Lisboa, Ed. 70, 1986. p. 13.

Agostinho adotou a filosofia neoplatônica, sobretudo a de Plotino.[63] Utilizou-a com certa liberdade, identificando os objetos da filosofia e da fé. Com base nisso, desenvolveu sua própria visão segundo o tema do *nisi credideritis, non intelligetis*, de Isaías 7,9 (se não crerdes não compreendereis); ou a forma mais completa, que ressalta a coexistência relacional entre fé e razão: *"crede ut intellegas e intellege ut credas"*.[64] A primeira parte baseia-se na dificuldade e multiplicidade dos problemas a resolver para dar à vida uma orientação certa e sábia; a segunda, no fato de que ninguém crê se "antes não tiver considerado que deve crer";[65] com efeito é a razão que mostra "em que se deve crer".[66]

Assegurada a colaboração entre razão e fé, Agostinho aprofundou os grandes temas do pensamento humano, reduzindo-os a dois: Deus e o homem.[67] Criou, assim, a filosofia cristã.[68] Uma filosofia de corte claramente platônico, filtrada das contradições[69] com o cristianismo, portanto, um platonismo cristianizado.

Resta-nos citar, para concluir esse tema, um outro escrito em que Agostinho foi extremamente claro com respeito à contribuição filosófica para seu encaminhamento no cristianismo:

---

[63] A influência de Plotino na formação do pensamento cristão da Idade Média, por meio, especialmente de Agostinho, é bem evidente e por isso não pode ser ignorada. Tal presença pode ser verificada, por exemplo, em Scotus Erígena, no Pseudo-Dionísio Areopagita, nos místicos renanos e também no ambiente renascentista (Marsílio Ficino, Giordano Bruno, Dante Alighieri, platônicos de Cambridge). Ademais, o influxo plotiniano pode ser notado também nos românticos ingleses e alemães.

[64] *Serm.* XLIII,9.

[65] *De praed.* 2,5.

[66] *De v. rel.* 24,45.

[67] Cf. *Solil.* I,2,7.

[68] Cf. TRAPÈ, A. Agostinho de Hipona. In: *DPAC*, p. 57.

[69] Segundo TRAPÈ, Agostinho de Hipona, cit.: "Agostinho afirma a *creatio ex nihilo*. Contra a idéia de "reminiscência", afirma a "iluminação", que torna possíveis a certeza e o valor universal das idéias, a beatitude que, por natureza (ou é eterna ou não é beatitude), exclui a ciclicidade dos platônicos" [aspas minhas].

Naquele tempo em que os erros dos falsos filósofos proliferavam, os platônicos não possuíam uma autoridade divina capaz de impor a fé. Por isso decidiram ocultar sua doutrina, obrigando os demais a buscá-la. Isso era melhor que expô-la obrigando os outros a ridicularizá-la. Quando o nome de Cristo começou a se tornar popular, perante o assombro e o estupor dos reinos terrestres, começaram a se aproximar também os platônicos, dispostos a expor e manifestar a autêntica doutrina de Platão. Então floresceu em Roma a escola de Plotino, que teve nela como discípulos muitos argutos e hábeis homens. Porém, alguns deles se deixaram corromper pela curiosidade das artes mágicas, enquanto outros advertiram que o Senhor Jesus Cristo personificava a própria verdade e sabedoria imutáveis que eles estavam buscando. Desse modo ficaram apoiados o clímax da autoridade e o clímax da razão neste único nome salvador e em sua única Igreja, para refazer e reformar o gênero humano.[70]

Assim, o estudo do platonismo ajudou Agostinho em sua caminhada rumo ao cristianismo. A filosofia platônica, do mesmo modo que o cristianismo, convocava seus adeptos à vida ascética. Seus exercícios dialéticos eram aquecidos por uma reverência para com os escritos do mestre, não muito diferente da reverência cristã para com a Escritura. É inteiramente provável que Agostinho não tenha visto contradição em continuar seu estudo do platonismo como uma subestrutura intelectual para sua fé e obediência cristã.[71] Como acontecera com Justino Mártir e vários outros, a filosofia serviu, para Agostinho, como *praeparatio evangelica*.

---

[70] *Ep.* 118,V,33, recolhida em parte por Miguel Angel Tábet, *El neoplatonismo de San Agustín* de http://www.arvo.net/. Essa epístola foi escrita para Dióscoro, por volta do ano 410, portanto já com uma maturidade intelectual e teológica em que reconhece a importância da filosofia neoplatônica.

[71] Cf. STEAD, *A filosofia na antiguidade cristã*, cit., p. 206.

5.4 A *Regra* agostiniana

A *Regra* de santo Agostinho parte do princípio da virtude do celibato e da vida comunitária:

> Nas graças abundantes que Deus derramou sobre vós, fazendo-vos não somente renunciar ao casamento, mas inspirando-vos ainda o desejo de viver comunitariamente, a fim de serem, todas juntas, uma só alma e um só coração em Deus.[72]

Diante do problema iminente de cisão da comunidade por conta da não-aceitação de uma determinada liderança, Agostinho exorta as irmãs nos seguintes termos:

> Rogo a Deus e vos conjuro a mudar para melhor este levedo que poderia estragar toda a massa, como estava prestes a acontecer. Se, pois, tiverdes retornado a pensar com mais sensatez, orai para não cairdes em tentação, para afastar de vós disputas, ciúmes, animosidades, discórdias, calúnias, o espírito de crítica e de revolta, e surdas denúncias. Não plantamos e regamos em vós o jardim do Senhor para colher espinhos [...]. Aquelas vossas irmãs, sejam quais forem, que semeiam a discórdia entre vós e não se corrigem assumirão as conseqüências, caso assim continuem.[73]

Após essa admoestação inicial, Agostinho toca no real problema daquela comunidade monástica exortando:

> Perseverai em vossa santa vocação e não mais pensareis em mudar vossa santa superiora, pois, por seu zelo assíduo, vós crescestes em número e

---

[72] Regra de Santo Agostinho (carta 211) In: *Regra dos Monges*. São Paulo, Paulinas, 1993. p. 38.
[73] Idem, ibidem 3, p. 38.

idade, durante todos estes anos, em vosso mosteiro. Não vos esqueçais de que ela foi vossa mãe, trazendo-vos não em seu seio, mas em seu coração.[74]

Com isso e a partir dessas primeiras palavras, Agostinho sente-se preparado para, efetivamente, estabelecer aquelas regras essenciais para a comunidade:

COMUNHÃO

Antes de tudo, como estais reunidas sob o mesmo teto, permanecei aí, em perfeita união. Exista em vós uma só alma e um só coração [...]. Não tenhais nada como próprio, mas seja tudo comum entre vós [...]. Aquelas dentre vós que quando entraram no mosteiro possuíam bens no mundo, consintam, generosamente, a que se tornem bens de todos. Aquelas que nada possuíam não procurem obter na comunidade o que não puderam ter fora dela.[75]

SIMPLICIDADE

Não se envaideçam [...]. Não procurem os bens da terra, com receio de que os mosteiros sejam somente úteis aos ricos e não aos pobres [...]; aquelas que no mundo tinham nível mais alto não desprezem aquelas que, de pobres que eram, tornaram-se, por santa união, suas irmãs. Não se gloriem da dignidade e da riqueza de seus parentes, e sim do convívio de suas companheiras pobres [...]. Que serve distribuir seus bens aos pobres e tornar-se ela mesma pobre, se a alma infeliz tornar-se ela mesma pobre, se a alma infeliz tornar-se mais soberba no desprezo do que na posse das riquezas? Vivei todas na paz e na concórdia, e reverenciais mutuamente entre vós a Deus, de quem sois os templos.[76]

---

[74] Idem, ibidem 4, p. 39.
[75] Idem, ibidem 5, p. 40.
[76] Idem, ibidem 5, pp. 40-41.

ORAÇÃO

Dedicai-vos à oração nas horas e tempos marcados. Ninguém mude, seja pelo que for, o destino do oratório, cujo nome já indica ser lugar de oração, a fim de que, se por acaso algumas irmãs tiverem tempo e quiserem, entre as horas marcadas, ali ir rezar, não sejam perturbadas pelas que ali quereriam fazer outra coisa. Quando vos servirdes de salmos e cânticos em vossas orações, que vosso coração perceba o que os lábios pronunciam; não canteis senão o que é para ser cantado, e contentai-vos em dizer o resto em voz baixa.[77]

MORTIFICAÇÃO DA CARNE

Dominai vossa carne com jejum e abstinência no beber e no comer, desde que a saúde o permita. Quando alguma dentre vós não puder jejuar, não tome alimento algum fora de hora, a não ser em caso de doença. Quando estiverdes à mesa, até que dela vos levanteis, ouvi silenciosamente, sem contestação, o que, conforme o costume, vos será lido, a fim de que não somente vossa boca tome alimentos, mas que também vossos ouvidos recebam a Palavra de Deus [...].[78] Portanto, não vejam essas nada de reprovável nas concessões feitas às outras, não por distinção, e sim por tolerância [...]. Mas quando a saúde lhes devolver o antigo vigor, voltem a seus piedosos costumes, que convêm tanto mais às servas de Deus quanto menos precisam.[79]

---

[77] Idem, ibidem 7, p. 41.
[78] Idem, ibidem 8, p. 41.
[79] Idem, ibidem 9, p. 42.

♦ 327 ♦

MODÉSTIA NO VESTIR E NO AGIR

Que vosso modo de vestir nada tenha de diferente; não procureis agradar através das vestes, mas pelos vossos costumes. Vossos véus não sejam transparentes e não deixem nada ver de vosso penteado [...]. No vosso caminhar, em vossas atitudes, em vossas vestes, em todos os vossos movimentos, nada possa despertar a paixão de alguém, mas tudo em vós respire decoro, conforme a santidade de vosso estado [...]. Os maus desejos não nascem apenas pelo tato, mas também pelos olhares e impulsos do coração. Não julgueis castos os vossos corações, se vossos olhos não o são. O olho impuro revela coração também impuro [...].[80] Se notardes em alguma de vossas companheiras esta leviandade da qual falei, aconselhai-a imediatamente, a fim de que o mal nascente não progrida.[81]

A BOA CONVIVÊNCIA

Evitai todas as contestações ou cortai-as prontamente, receosas de que a cólera, degenerando em ódio, faça de argueiro trave, e torne a alma homicida [...]. Quando uma irmã ofender outra por injúria, maledicência ou falsa acusação, ela deve, o mais depressa possível, reparar o que fez, e a que foi ofendida deve perdoá-la sem a menor hesitação. Se a injúria foi recíproca, o perdão terá de sê-lo também, para não prejudicar vossas orações, que devem ser tanto mais perfeitas quanto mais freqüentes [...]. Quando, porém, a necessidade da disciplina vos obriga a dizer palavras ásperas e severas às súditas, a fim de repreendê-las, se sentirdes que ultrapassastes os limites, não vos é exigido pedir-lhe perdão, pelo perigo de, humilhando-vos muito, junto àquelas que vos devem ser submissas, não virdes a perder a autoridade que vos é necessária para dirigi-las.[82]

---

[80] Idem, ibidem 10, p. 43.
[81] Idem, ibidem 11, p. 44.
[82] Idem, ibidem 14, p. 47.

OBEDIÊNCIA

Deve-se à superiora, como à mãe, obediência e respeito. Ofendê-la seria ofender a Deus. Mais consideração devemos ainda ao padre encarregado da direção espiritual de todas vós. Cabe à superiora fazer observar todas essas regras e punir qualquer negligência ou infração cometida contra elas [...]. Se, pela ordem que ocupa, ela está acima de vós aos olhos do mundo, coloque-se pela humildade abaixo de vós, com receio de desagradar a Deus. Que vos dê a todas o exemplo de boas obras, repreenda e corrija os espíritos impacientes; reerga os ânimos abatidos, suporte as pessoas fracas e seja paciente para com todas (1Ts 5,14). Curve-se de boa vontade diante da *Regra* e só a imponha às outras com moderação; procure, antes, tornar-se amada do que temida, embora ambos os modos lhe sejam necessários.[83]

CRONOLOGIA AGOSTINIANA[84]

331 Nasce Mônica, mãe de Agostinho.

354 Nasce Agostinho em Tagaste (Numídia-África — atualmente Souk-Aras, na Argélia), dos pais Patrício e Mônica.

361 Agostinho faz seus primeiros estudos, em sua cidade natal, sob a orientação de um *litterator* ("mestre-escola").

365 É enviado, aos 11 anos, a Madaura, cidade vizinha, para cursar educação geral, em especial gramática.

370 É obrigado a retornar, por questões financeiras, a Tagaste; morre Patrício, seu pai.

371 Vai, com a ajuda de Romaniano, a Cartago para continuar seus estudos; apaixona-se por Melânia (?) e passa a viver com ela.

---

[83] Idem, ibidem 15, p. 49.

[84] Além de diversas fontes, dependo, para esta cronologia, essencialmente de: Tonna-Barthet, A. Cronologia da vida e das obras de santo agostinho. In: _____, *Síntese da espiritualidade agostiniana*. São Paulo, Paulus, 1995. Aqui me limito a citar tão-somente as principais obras de acordo com nosso tema. Deve-se salientar ainda que em diversas datas há pequenas variações nos muitos autores que escrevem sobre a vida de santo Agostinho.

372	Nasce seu filho Adeodato.
373	Lê, ainda em Cartago, com 19 anos, a obra *Hortensius* de Cícero, que o impressiona bastante, dando início a seu itinerário intelectual; é influenciado pela doutrina maniqueísta.
374	Retorna à casa materna em Tagaste; maniqueísta, não é aceito em casa, indo morar por algum tempo com Romaniano; ali passa a ensinar gramática.
375	Transfere-se, após a morte de um amigo e novamente contando com a amizade de Romaniano, para Cartago, iniciando ali uma escola de retórica; permanece nessa cidade até 383.
380	Escreve seu primeiro livro: *De pulchro et apto* (obra perdida).
383	Chega em Roma, com o intuito de ensinar retórica. Permanece nesta cidade por cerca de um ano apenas.
384	Transfere-se para Milão (outono) no desejo de conseguir uma carreira docente mais estável, por meio de uma indicação do prefeito Símaco; encontra-se com o bispo Ambrósio.
385	Recebe em Milão visita de sua mãe; afasta-se, por conselho dela, de sua concubina (Melânia); inicia novo caso amoroso.
386	Trava contato com escritos neoplatônicos e volta a ler as Escrituras, especialmente as epístolas paulinas; o sacerdote Simpliciano lhe conta sobre a conversão do filósofo Mário Vitorino; em julho inteira-se da vida de santo Antônio Abade (Antão); nesse mesmo período experimenta uma crise de choro num jardim, onde ouve a expressão *Tolle, lege!* ("Toma e lê!"); em agosto converte-se ao cristianismo e, como resultado imediato, afasta-se da segunda amante, não deseja mais contrair núpcias (outra vontade da mãe) e, finalmente, abdica de sua profissão de professor de retórica; em outubro retira-se para Cassicíaco, próximo de Milão, a fim de preparar-se para o batismo; durante esse retiro escreve suas primeiras obras filosóficas (diálogos): *Contra acadêmicos*, *De beata vita* e *De ordine*.
387	Em janeiro começa a escrever os *Soliloquia*; em março volta a Milão, escreve *De imortalitate animae* e começa o *De musica*; inscreve-se entre os catecúmenos e inicia a catequese com Ambrósio; na Páscoa (24/25 de abril, um sábado), é batizado na catedral de Milão; em maio empreende, com sua mãe, Adeodato, Alípio e Evódio, viagem de volta à África com o propósito de estabelecer uma pequena comunidade e servir a Deus; entrementes, já em junho, à espera do

navio no porto de Óstia (Roma), Mônica adoece e morre; por isso, Agostinho resolve permanecer em Roma por uns nove meses; nesse breve período romano, escreve: *De quantitate animae, De moribus Ecclesiae catholicae et de moribus manichaeorum, De Genesi contra manichaeos* e *De libero arbitrio* (1º livro).

388   Provavelmente em agosto, regressa à África; primeiramente a Cartago, por alguns dias, e logo após a Tagaste, onde vende a propriedade da família e reparte o produto entre os pobres; nesse mesmo ano funda o primeiro cenóbio agostiniano com características ascéticas.

389   Escreve *De magistro*; morre prematuramente seu filho Adeodato.

390   Escreve *De vera religione* e começa *De diversis quaestionibus*.

391   Escreve *De utilitate credendi ad Honoratum*; nesse mesmo ano, dirige-se a Hipona (Hippo Regius) com o objetivo de fundar seu segundo mosteiro; no entanto, é surpreendido pela ordenação sacerdotal, a qual aceita relutantemente; não abandona a idéia do mosteiro e permanece como sacerdote e monge, dedicando-se sobremaneira ao estudo da teologia e a um profícuo ministério de pregação; escreve *De duabus animabus contra manichaeos*.

393   Escreve *De fide et símbolo, De genesis ad litteram liber imperfectus, Psalmus abecedarius contra partem Donati, Epistola XXVIII ad Hieronymum* e *De sermone Domini in monte*.

395/396   É consagrado, por Valério, bispo coadjutor em Hipona.

397   Com a morte de Valério, Agostinho assume o episcopado de Hipona; escreve *De diversis quaestionibus ad Simplicianum*; no final desse ano começa a redigir as *Confissões*; inicia também *De doctrina christiana*, que só termina em 427, provendo um método de interpretação das Escrituras; participa ainda do Concílio de Cartago.

398-429   Suas últimas três décadas são muito intensas; toma parte na Conferência de Cartago, da qual participam bispos católicos e donatistas (411); escreve dezenas de obras, entre elas: *De Trinitate* (399-419), *De spiritu et littera ad Marcellinum* (413), *De civitate Dei* (iniciada em 413 e terminada em 426), *De natura et gratia* (415), *Enarrationes in Psalmos* (415), *De gratia Christi et de peccato originali* (418), *De gratia et libero arbitrio, De corruptione et gratia* e *Retractationes* (426-427); envolve-se em inúmeras controvérsias contra o arianismo, o maniqueísmo, o donatismo e o pelagianismo, que o obrigam a participar de vários concílios e sínodos; escreve dezenas de epístolas dando a conhecer seu pensamento teológico e diversas cartas pessoais, como, por exemplo, para Jerônimo; produz uma variedade enorme de sermões e homilias que igualmente nos ajudam a conhecer seus posicionamentos.

430 Vândalos e alanos cercam a cidade de Hipona por vários meses; a morte de Agostinho dá-se no terceiro mês de cerco, em 28 de agosto, faltando-lhe pouco mais de dois meses para completar 76 anos.[85]

---

[85] Atualmente, seus restos mortais estão sepultados na basílica de San Pietro in Ciel d'Oro, em Pávia (Itália).

CAPÍTULO 6

O *locus* revelador da teologia cristã na maturidade da espiritualidade agostiniana

BIBLIOGRAFIA BÁSICA: Regra de santo Agostinho (carta 211). In: *Regras dos monges*. São Paulo, Paulinas, 1993; ALTANER, B. & STUIBER, A. *Patrologia*. São Paulo, Paulus, 1972. pp. 412-433; BOEHNER, P. & GILSON, E. *História da filosofia cristã*. Petrópolis, Vozes, 1991. pp. 139-208; BOFF, C. *Teoria do método teológico (versão didática)*. Petrópolis, Vozes, 1998; CONGAR, Y. *Revelação e experiência no Espírito*. São Paulo, Paulinas, 2005; EVANS, G. R. *Agostinho sobre o mal*. São Paulo, Paulus, 1995; FIGUEIREDO, F. A. *Curso de teologia patrística*. Petrópolis, Vozes, 1990. v. 3; GOFFI, T. & SECONDIN, B. (orgs.). *Curso de espiritualidade*; experiência, sistemática, projeções. São Paulo, Paulinas, 1993; GROSSI, V. Santo Agostinho. In: *DM*, pp. 22-28; HALL, C. A. *Lendo as Escrituras com os Pais da Igreja*. Viçosa, Ultimato, 2000; LAFONT, G. *História teológica da Igreja Católica*; itinerário e formas da teologia. São Paulo, Paulinas, 2000; PABLO MAROTO,

◆ 333 ◆

D. *Historia de la espiritualidad cristiana*. Madrid, EDE, 1990. pp. 89-93; POSSÍDIO. *Vida de santo Agostinho*. São Paulo, Paulus, 1997; RUBIO, P. *Toma e lê!* Síntese agostiniana. São Paulo, Loyola, 1995; SANTO AGOSTINHO. *A cidade de Deus*. Petrópolis, Vozes, 1991 (v. 1) e 1990 (v. 2); SANTO AGOSTINHO. *A doutrina cristã*. São Paulo, Paulus, 2002; SANTO AGOSTINHO. *A graça*. São Paulo, Paulus, 1998 (v. 1) e 1999 (v. 2); SANTO AGOSTINHO. *A instrução aos catecúmenos*. Petrópolis, Vozes, 1984; SANTO AGOSTINHO. *A Trindade*. São Paulo, Paulus, 1995; SANTO AGOSTINHO. *A virgindade consagrada*. São Paulo, Paulus, 1990; SANTO AGOSTINHO. *Os bens do matrimônio – a santa virgindade consagrada – Os bens da viuvez: Cartas a Proba e a Juliana*. São Paulo, Paulus, 1995; SANTO AGOSTINHO. *Comentário aos Salmos*. São Paulo, Paulus, 1997. 9/1, 9/2, 9/3; SANTO AGOSTINHO. *Confissões*. São Paulo, Paulinas, 1984; SANTO AGOSTINHO. *Mestre*. São Paulo, Landy, 2000; SANTO AGOSTINHO. *O livre-arbítrio*. São Paulo, Paulus, 1995; SANTO AGOSTINHO. *Sobre o sermão do Senhor na montanha*. Anápolis, Santo Tomás, 2003; SANTO AGOSTINHO. *Solilóquios*. São Paulo, Paulus, 1993; TONNA-BARTHET, A. *Síntese da espiritualidade agostiniana*. São Paulo, Paulus, 1995; TRAPÈ, A. Agostinho de Hipona. In: *DPAC*, pp. 54-59; TRAPÈ, A. San Agustín. In: DI BERARDINO, A. (dir.). *Patrología*. Madrid, BAC, 1993. v. 3 (La edad de oro de la literatura patrística latina), pp. 405-481; TREVIJANO, R. *Patrología*. Madrid, BAC, 1994. pp. 248-259; VILANOVA, E. *Historia de la teología cristiana*. Barcelona, Herder, 1987. v. 1, pp. 220-249.

6.1 Principais doutrinas teológico-espirituais

O pensamento teológico de Agostinho presente nos seus *Tractatus* foi sendo construído no contexto de grandes polêmicas doutrinais com os seguidores do arianismo, maniqueísmo, donatismo e pelagianismo. Fora isso, seus posicionamentos teológicos foram complementados em sermões, discursos e homilias, comentários bíblicos, cartas etc. Essa construção teológica supõe uma ascensão progressiva. De fato, o próprio Agostinho reconhece esse desenvolvimento para melhor em sua elaboração doutrinária. A maior prova disso é seu livro *Retractationes*. Nele, já no final da vida, passa em revista toda a sua obra. C. Boff, comentando sobre a humildade teológica, captou magistralmente esse detalhe:

> Esse homem, dos maiores gênios da Igreja e da humanidade, não se envergonhou, no fim da vida (427/8), de rever criticamente seus 232 livros. São as *Retractationes* (Revisões). Declara no Prólogo que deseja corrigir coisas que "não deveria ter dito", para que assim também o leitor possa ver "como, escrevendo, tenha feito progresso".[1]

C. Boff é ainda mais preciso acerca desta característica do bispo de Hipona: "Alhures igualmente, convida o leitor a segui-lo somente na parte de verdade, assinalando com toda a honestidade: 'Nem eu segui sempre a mim mesmo!'. E ainda: 'Eu sou dos que escrevem progredindo e progridem escrevendo'".[2] A perspectiva histórica, portanto, é essencial para compreender seu pensamento expresso em seus inúmeros escritos.

Não é demais lembrar que, por trás de toda a espiritualidade e de todo o pensamento teológico-doutrinário agostiniano, está presente, como *conditio praeviens*, a insubstituível Palavra de Deus — as Sagradas Escrituras. Por conta dessa premissa inamovível, Agostinho afirma de maneira categórica a unidade dos dois Testamentos, mostrando que o Deus justo do Antigo é o mesmo do Novo, e o Deus misericordioso do Novo encontra-se também no Antigo.[3] Entretanto, entendendo que as Escrituras devem ser veiculadas pela pregação e reconhecendo que a própria linguagem humana é limitada, ressalta que há uma palavra interior que é perfeita, mas que não pode ser expressa:[4]

---

[1] Cf. Boff, C. *Teoria do método teológico (versão didática)*. Petrópolis, Vozes, 1998. p. 109.

[2] Idem, ibidem, p. 110. As duas obras citadas de Agostinho são: *De dono perseverantiae*, 21,55 e Carta 143, do ano 412, segundo C. Boff nas notas 65 e 66.

[3] Cf. Figueiredo, F. A. *Curso de teologia patrística*. Petrópolis, Vozes, 1990. v. 3, p. 146.

[4] Cf. idem, ibidem, p. 153.

A palavra que ressoa no ouvido é o sacramento da palavra que resplandece na intimidade, à qual podemos verdadeiramente nos referir com o nome de *verbum*. A palavra que a boca pronuncia é a voz da palavra interior e se lhe dá o nome de *verbum*, porque vem de dentro daquele que a exterioriza. Dessa forma, nosso *verbum* interior se faz, de algum modo, voz corpórea capaz de ser registrada pelos sentidos humanos.[5]

Dentro do nosso objetivo — acentuar a espiritualidade cristã de santo Agostinho —, cabe destacar, pois, algumas expressões doutrinárias que compõem diretamente seu legado teológico-espiritual, e que serviram de base para forjar o que se denominou "espiritualidade agostiniana".

6.1.1 Doutrina da iluminação

Pode-se dizer que o conceito de "iluminação" constitui o ponto de partida de todo o pensamento de Agostinho. Tal conceito está diretamente relacionado com a sua conversão em Milão, a qual, por sua vez, está ligada a uma experiência fugidia da luz, porém incontestável e profunda.[6] Ela se traduz no encontro com a Verdade, que é, de per si, a "luz": "Nossa iluminação é uma participação do Verbo, quer dizer, da vida que é luz dos homens".[7] Em Cristo (o Verbo, a luz), tem início uma relação pessoal com Deus. Em Agostinho, o ápice dessa relação é a própria encarnação. Contudo, seus benefícios e frutos são colhidos na existência particular de cada pessoa que de Cristo se aproxima.

O primeiro capítulo do evangelho de João serviu de inspiração para Agostinho desenvolver sua doutrina. Nele pode-se notar que o Verbo era "a verdadeira luz, que, vinda ao mundo, ilumina a todo homem". Por conta desse fato é que o homem pode ter acesso às idéias eternas e imutáveis. Nessa

---

[5] *De Trinitate* XV,11.20, citado por Rubio, P. *Toma e lê!* Síntese agostiniana. São Paulo, Loyola, 1995. p. 322.

[6] Cf. Lafont, G. *História teológica da Igreja Católica*. São Paulo, Paulinas, 2000. p. 62.

[7] Santo Agostinho. *A Trindade*. São Paulo, Paulus, 1995.

◆ 336 ◆

luz o homem pensa e conhece o mundo. E, claro, essas possibilidades humanas não procedem dele mesmo, senão que estão radicadas em Deus, seu fundamento. Como a luz e a vida, a verdade é não uma possessão estável do homem, mas sim um evento que se produz no encontro do homem com Deus.[8] Embora seja uma experiência que escapa ao controle humano,[9] ela antecipa anagogicamente a revelação final do conhecimento pleno de Deus.

No intervalo que nos separa da bem-aventurança celeste, nada é mais importante que procurar conhecer aquele cuja manifestação ainda é parcial.[10] O sujeito místico está consciente também de que sua união (*unio mystica*) não o liberta da incompletude e de sua finitude ontológica, muito embora esta esteja oculta sob a experiência fenomênica em si. Portanto, não obstante o caráter arrebatador do arroubamento de si ou do êxtase vertiginoso, na mística cristã a Trindade santa continua sendo inacessível.

Por conta dessa iluminação nos "porões sombrios" da existência, o homem vê-se como uma pessoa, um "eu" em relação com Deus, que é o grande "Tu". Percebendo-se aceito, o ser humano deseja mais; anela agora ascender e conhecer esse Deus *tremendum et fascinosum* (R. Otto). Assim, Agostinho, como toda a tradição cristã oriental e grande parte também da ocidental, deseja a união com Deus, aquela *unio mystica* que procede das páginas do Antigo Testamento — *Mihi adhaerere Deo bonum est* ("Quanto a mim, bom é estar junto a Deus") (Sl 72,28) — e do Novo Testamento — *Inventam autem una pretiosa margarita abiit et vendidit omnia quae habuit et emit eam* ("E tendo achado uma pérola de grande valor, vendeu tudo o que possuía, e a comprou") (Mt 13,46).

---

[8] Cf. SIMONS, E. Agustinismo. In: *SM*, v. 1, p. 71.

[9] Tem consciência de estar em contato imediato com o "Sagrado/Numinoso/*Tremendum*", mas entende tal estado não como um *donum* permanente, nem tampouco como um *oficium* carismático, mas como algo efêmero e por isso mesmo furtivo. Portanto, o "objeto" experimentado guarda sua prerrogativa de abscondicidade e sua condição de alteridade.

[10] Cf. LAFONT, *História teológica da Igreja Católica*, cit. Explica-se: a manifestação é parcial pela parcialidade do receptáculo. Nada mais agostiniano que isso!

Pela iluminação e conseqüente santificação da inteligência humana, o homem pode pensar em Deus tendo como referência a mediação de Cristo. Assim, a iluminação é concebida por Agostinho como modelo para o conhecimento; se conhecemos Deus, é porque ele se dá a conhecer por meio das iluminações. Igualmente, para que haja conhecimento, é necessário o concurso de Deus. Portanto, o tema da iluminação fala da dependência da inteligência com relação àquele que ilumina. Tal dependência, porém, tem algo de positivo: valoriza a possibilidade de "ver a Deus" e, por conseguinte, ressalta os recursos da inteligência quando tenta pensar e dizer Deus ou mesmo quando permanece infinitamente distante de seu objeto.[11] Isso significa que Deus, sendo a causa do ser, é também luz do conhecer. O homem aprende por meio do mestre interior: "Falamos realmente de coisas que contemplamos presentes nessa luz interior da Verdade, de que é iluminado e goza aquele que se denomina homem interior".[12] Para Agostinho, Cristo, a Verdade, é o "sol da alma": "Mas cremos que a verdade não pode ser entendida a não ser que receba a irradiação de outro sol que lhe é próprio".[13] Esse sol, portanto, faz resplandecer na alma o que pode ser inteligível ao homem: "Deus-luz-inteligível, em quem, de quem e por quem brilham todas as coisas que resplandecem".[14]

A. Trapè nos esclarece que o texto agostiniano clássico acerca da doutrina da "iluminação" é o seguinte:

> A natureza da alma intelectiva foi criada de sorte que, vinculada segundo uma ordem natural, por disposição do Criador, às coisas inteligíveis, as contemple em uma luz incorpórea especial, como o olho carnal, ao resplendor desta luz corporal, percebe as coisas que estão ao seu redor, pois foi criado para essa luz, e ela se adapta por criação.[15]

---

[11] Cf. idem, ibidem, p. 63.
[12] SANTO AGOSTINHO. *Mestre*. São Paulo, Landy, 2000. XII, p. 102.
[13] SANTO AGOSTINHO. *Solilóquios*. São Paulo, Paulus, 1993. I,8,15, p. 44.
[14] Idem, ibidem I,1, 3, p. 26.
[15] TRAPÈ, A. San Agustín. In: DI BERARDINO, A. (dir.). *Patrología*. Madrid, BAC, 1993. v. 3 (La edad de oro de la literatura patrística latina), p. 502.

Dessa forma, embora influenciada pelo neoplatonismo, a doutrina da iluminação agostiniana supera a teoria platônica da reminiscência, além de excluir a idéia do conhecimento imediato e pleno de Deus — conhecemos a Deus *per speculum*, quer dizer, por meio da imagem. Para Agostinho, a iluminação[16] de Deus é a base de todas as nossas certezas e juízos.

6.1.2 Doutrina trinitária[17]

A idéia de transcendência no pensamento de Agostinho ocupa um lugar privilegiado. Ela conduz tanto à reflexão filosófica quanto à própria noção de revelação. A idéia foi, *mutatis mutandis*, absorvida do neoplatonismo[18] plotiniano, que considerava Deus uma realidade espiritual. É certo, entretanto, que a intuição neoplatônica enriquece-se sobremaneira com as reflexões teológicas cristãs acerca da Trindade e a própria idéia de uma harmonia perfeita na interioridade trinitária, e também com o *status* dialógico entre a transcendência e a história humana, diálogo esse registrado nas Escrituras cristãs e que se abre para um imanentismo crescente, desembocando na encarnação do Logos.

---

16 Uma boa síntese sobre a doutrina da "iluminação" pode ser encontrada em: BOEHNER, P. & GILSON, E. *História da filosofia cristã*. Petrópolis, Vozes, 1991. pp. 163-164.

17 Pela importância do tema, recomendo, para ulteriores pesquisas, as seguintes obras em português: FORTE, B. *A Trindade como história*. São Paulo, Paulus, 1987; MOLTMANN, J. *Trindade e Reino de Deus*. Petrópolis, Vozes, 2000; BOFF, L. *A santíssima Trindade é a melhor comunidade*. Petrópolis, Vozes, 1994; KLOPPENBURG, B. Trindade; o amor em Deus. Petrópolis, Vozes, 1999. Este último dedica todo um capítulo à contribuição de santo Agostinho. Aliás, sobre a contribuição agostiniana à doutrina trinitária, convém conferir os competentes e embasados resumos de KELLY, J. N. D. *Doutrinas centrais da fé cristã*; origem e desenvolvimento. São Paulo, Vida Nova, 1994. pp. 205-210; CONGAR, Y. *Revelação e experiência do Espírito*. São Paulo, Paulinas, 2005. pp. 108-114.

18 Além do que já falamos no capítulo anterior, cabe ressaltar que diferentemente da metafísica aristotélica, que entendia que a essência de tudo pertence *a priori* e inerentemente ao mundo, o neoplatonismo pressentia a existência de uma realidade absoluta fora do *kosmos* e criadora e mantenedora dele. Sobre esta corrente filosófica, ver especialmente: STEAD, *A filosofia na antiguidade cristã*. São Paulo, Paulus, 1999; BRUN, J. *O neoplatonismo*. Lisboa, Edições 70, 1991, particularmente suas conclusões e sua relação com o cristianismo quanto a semelhanças e diferenças.

Já é antiga a discussão sobre se a teologia trinitária agostiniana endureceu ou mesmo sacrificou os aspectos relacionais e econômicos da Trindade.[19] Tal abordagem é fruto de uma recepção superficial e preconcebida que considera a teologia oriental, particularmente a capadócia, como mais profunda e mais dada à autocomunicação do que a latino-agostiniana. Deve-se notar que, após estabelecer a unidade da Trindade divina, Agostinho esmera-se em salientar a relação harmônica das pessoas divinas. Com isso, o bispo de Hipona acabou motivando o surgimento de vários movimentos místicos e de grandes autores, como Ricardo de São Víctor e suas penetrantes intuições sobre a economia trinitária. Nesse caso preciso, o amor, como essência mesma do Deus Trino, é o elemento que faz com que a vida interior divina, em sua unidade e "distinção entre pessoas", seja aberta em um ato dinâmico e eterno de inclusão, que na verdade enriquece a teologia da salvação e cria um modelo para a própria comunidade eclesial terrena.

Com isso, podemos afirmar sem exageros que a formulação teológica da doutrina da Trindade em Agostinho, não obstante o empréstimo conceitual e terminológico da filosofia grega, dá-se dentro de um processo interno do cristianismo, inclusive com a noção de Deus como *persona* e do amor como sendo a essência de Deus.

Acima de tudo, deve-se afirmar a unidade[20] de Deus. A unidade da Trindade é, desse modo, estabelecida de maneira ostensiva em primeiro plano, excluindo rigorosamente todo tipo de subordinacionismo.[21] A primeira afirmação de Agostinho acerca disso foi no contexto da polêmica contra os maniqueus: "Ser não é outra coisa que ser uno".[22]

---

[19] Sobre esse tema, ver em português: SHELDRAKE, P. *Espiritualidade e teologia*; vida cristã e fé trinitária. São Paulo, Paulinas, 2005, que faz um pertinente balanço da discussão.

[20] Em PLOTINO, *Enéada* VI,7-9 e III,8, a idéia do Uno está aí bem desenvolvida.

[21] Cf. KELLY, *Doutrinas centrais da fé cristã*, cit., p. 205.

[22] *De moribus maniqueorum* 6,8, citado por VILANOVA, E. *Historia de la teología cristiana*. Barcelona, Herder, 1987. v. 1, p. 233.

Simultaneamente, deve-se afirmar que Deus é três pessoas em um. Porém, ser uno não significa ser solitário. A solidão aqui é impensável.[23] Diferentemente dos orientais, que tentavam entender a Trindade a partir do Pai como origem, Agostinho parte da natureza divina, da essência de Deus. Explica a geração do Filho e a origem do Espírito Santo no Pai e no Filho por analogia com os fenômenos da vida espiritual. Ele atribui às três pessoas divinas, de igual maneira, a possibilidade da automanifestação de Deus para fora.[24] A comunhão das pessoas divinas afirma sua transcendência, uma vez que sem esta última Deus dependeria do mundo, em virtude do absurdo de sua solidão.

Partindo das decisões de fé dos concílios do século IV — Nicéia (325) e Constantinopla (381), inclusive da fórmula final expressa no credo niceno-constantinopolitano, que, por conta da crise ariana, havia definido o conteúdo do mistério de um Deus em três pessoas —, é que Agostinho redige *De Trinitate*. Segundo ele, para o cristão, por melhor teólogo que seja, o mistério deve continuar sendo mistério. Agostinho não cessa de dizer que nem nossas palavras nem nossos conceitos podem dar conta do caráter infinito de Deus: *Si comprehendis, non est Deus* ("Se compreendes, não é Deus"), disse, por exemplo, no *Serm.* CXVII.

Logo no início do *De Trinitate* expõe o núcleo da doutrina:

> O Pai, o Filho e o Espírito Santo perfazem uma unidade divina pela inseparável igualdade de uma única e mesma substância. Não são, portanto, três deuses, mas um só Deus, embora o Pai tenha gerado o Filho, e, assim, o Filho não é o que é o Pai. O Filho foi gerado pelo Pai, e, assim, o Pai não é o que o Filho é. E o Espírito Santo não é o Pai nem o Filho, mas somente o Espírito do Pai e do Filho, igual ao Pai e ao Filho e pertencente à unidade da Trindade.[25]

---

[23] Cf. VILANOVA, *Historia de la teología cristiana*, cit.

[24] Cf. SIMONS, Agustinismo, cit., p. 74.

[25] SANTO AGOSTINHO, *A Trindade*, cit., 1,7.

A partir desse núcleo, Agostinho teologiza acerca das relações internas das pessoas da Trindade e, assim, inaugura um novo capítulo na história da doutrina. Para ele, o relacionamento mútuo e harmônico é a tônica no interior da Trindade. Aceita a designação já tradicional de que os três são pessoas, especialmente porque elimina a possibilidade de cair no modalismo. Porém reconhece a imprecisão do termo.[26]

O papel da razão humana é buscar compreender o quanto puder o mistério divino, apesar de tudo, e das limitações humanas, por meio do exercício normal de suas faculdades, a fim de aproximar-se o mais possível. Se Deus se revelou como Trindade nas teofanias do Antigo Testamento e no Novo Testamento, devem existir na alma humana traços dessa estrutura divina, analogias graças às quais podemos considerar algo desse mistério de Deus. Em toda a criação, Agostinho acha um ritmo ternário: medida, número e peso; unidade, forma e ordem; ser, forma e subsistência; física, lógica e ética; natural, racional e moral; por todas as partes, a sutileza da análise agostiniana descobre imagens trinitárias que o maravilham: espírito, conhecimento e amor; memória, inteligência e vontade; memória de Deus, inteligência e amor.[27]

Agostinho afirma que tudo isso é apenas imagem, aproximação, maneira de falar, e que tudo quanto podemos conceber mais próximo de Deus nunca o alcançará. Em um caminho místico, passa com toda a naturalidade do conhecimento por analogia à teologia apofática (negativa), muito apreciada pelos pais gregos contemporâneos seus. No entanto, por débil que seja o espírito humano, viciado pelo pecado, a alma humana, "sempre racional e inteligente, [...] porque foi feita à imagem de Deus, pode, com a ajuda da razão e da inteligência, compreender e ver a Deus".[28]

---

[26] Cf. idem, ibidem 5,10.

[27] Cf. VILANOVA, *Historia de la teología cristiana*, cit., v. 1, p. 234.

[28] SANTO AGOSTINHO, *A Trindade*, cit., 14,4.

Não obstante seu pessimismo antropológico em sempre afirmar o homem pecador, Agostinho reconhece ser o homem *capax Dei*. A natureza humana, não obstante estar obnubilada pela mancha do pecado, está ordenada, pelo reflexo embaçado da *imago Dei*, a perceber e receber a natureza soberana de Deus.

6.1.3 Doutrina cristológica

Agostinho depende do que já havia sido estabelecido acerca de Cristo pela tradição, particularmente por Inácio de Antioquia, Ireneu de Lião, Hipólito de Roma e Tertuliano. Não desconhecia as particularidades da escola de Alexandria e as profundas reflexões dos Padres capadócios e antioquenos, nem tampouco o calor das disputas ante e pós-nicenas. Vinculava-se estreitamente às decisões niceno-atanasianas. A partir dessas informações, elaborou sua doutrina de Cristo e "antecipou a doutrina de Éfeso (431) e de Calcedônia (451)".[29] Já nas vésperas de sua conversão compreendeu bem a encarnação do Verbo:

> E aquela carne se tinha unido ao Verbo pela alma e pela inteligência humana. Tudo isso é sabido por quem conhece a imutabilidade do teu Verbo, imutabilidade que eu já conhecia tanto quanto possível, e da qual não duvidava de maneira nenhuma.[30]

Agostinho afirmou com vigor a existência de duas naturezas (*substantiae*) perfeitas em Cristo. Jesus Cristo é Deus e homem, e, no entanto, nele só existe uma pessoa, a segunda pessoa divina, a do Logos. Com essa convicção elaborará preciosas fórmulas para expressar tanto a unidade da pessoa quanto a dualidade das naturezas. Trapè[31] as resume bem:

---

[29] Cf. SIMONS, Agustinismo, cit., p. 73.

[30] *Confissões* VII,19.25 (p. 182).

[31] *Serm.* CLXXXVI,1.1; *Serm.* XIII,3; *Ench* 10,35; *Serm.* CCXCIII,7, citado por TRAPÉ, *Patrologia* III, cit., p. 514.

Aquele que é Deus é também homem, e Aquele que é homem é também Deus; não pela confusão das naturezas, senão pela unidade da pessoa; [...] não duas pessoas, Deus e o homem, porém uma só pessoa. Mas não faltam em outros escritos: *idemque ipse utrumque ex utroque unus Christus*: a mesma idêntica pessoa é um e outro, um só Cristo (Deus e homem). Mas sem confusão: Deus é sempre Deus; o homem se une a Deus e é uma só pessoa; não um semideus, Deus por parte de Deus e homem por parte de homem; senão totalmente Deus e totalmente homem: *totus Deus totus homo.*

Agostinho se preocupa igualmente em explicar como acontece essa união misteriosa. Utiliza como analogia a união da alma e do corpo no homem: "Pois assim como na unidade da pessoa a alma que se une ao corpo é homem, assim também, na unidade da pessoa, Deus se une ao homem e é Cristo"[32]. Ser plenamente humano não significa, no entanto, que Jesus fosse um Filho adotivo, como nas teorias adocionistas antigas e medievais; pelo contrário, era Filho por natureza.

Em Agostinho, Cristo é antes de tudo a Sabedoria que vem ao nosso encontro. E vem para criar a relação com a Trindade, uma relação que implica "purificar nosso espírito para que possa contemplar essa luz e a ela aderir quando contemplada".[33] Contudo, essa purificação só é possível no contexto da encarnação da Sabedoria que, "ao se aproximar de nós [...], sem mudar a natureza [...], Ela própria é o médico e ao mesmo tempo o remédio. Posto que o homem caiu por orgulho, recorreu à humildade para o curar".[34] Exatamente por ter-se encarnado, o Verbo torna-se aquele que orientará nossa vida espiritual: "Visto que o próprio Senhor, à medida que se dignou ser nosso caminho, não quis que nos detivéssemos nele, mas que passássemos além".[35]

---

[32] *Ep.* 137,3.11, citado por Trapè, San Agustín, cit.

[33] *A doutrina cristã*, São Paulo, Paulus, 2002. I,9 (p. 50).

[34] Idem, ibidem I,12.13 (pp. 52-53).

[35] Idem, ibidem I,34.38 (p. 74).

6.1.4 Doutrina eclesiológica

O conceito agostiniano de Igreja foi forjado no calor das polêmicas contra os maniqueus e donatistas. Foram, portanto, necessidades pastorais de sua experiência como sacerdote (presbítero) e posteriormente como bispo. Ademais, refletia também seus posicionamentos acerca da graça de Deus, conforme observa Congar.[36] Contra a proposta donatista de uma Igreja de "puros e santos", Agostinho mostra que a Igreja, ainda que seja santa em si mesma e tenha como missão conduzir os homens à santidade, inclui, até o fim do mundo, um grande número de pecadores.[37]

Assim, Agostinho lutará até o final pela unidade da Igreja contra o cisma donatista originário da última grande perseguição, ou seja, contra o espírito sectário e intolerante dos que se consideravam mais puros que os demais. Para ele, nunca poderia haver razão justa para alguém se separar da Igreja e fundar uma Igreja particular. Pensamentos e sentimentos terrenos, paixões e falta de caridade são, nos hereges, os motivos de sua maneira de agir.[38]

Em seu *Comentário aos Salmos*,[39] Agostinho reafirma a importância da comunhão na Igreja:

> Deus abençoa os que vivem a unidade. Recebem sua bênção porque unanimemente o louvam. Se vivem em discórdia, não louvam o Senhor. E, portanto, tampouco o Senhor os abençoa. Seus lábios desfiam louvores, mas seus corações o maldizem.[40]

---

[36] Cf. *L'Eglise de saint Augustin à l'époque moderne*, citado por VILANOVA, *Historia de la teología cristiana*, cit., v. 1, p. 239.

[37] Cf. idem, ibidem.

[38] Cf. *Contra ep. Parmeniani* 2,11.25, por volta do ano 400, e *Serm.* IV,30.33, citado por ALTANER & STUIBER, *Patrologia*, cit., p. 440.

[39] *Sl.* 132,13, citado por RUBIO, *Toma e lê!*, cit., p. 214.

[40] *Serm.* LXXXVIII,18.

Agir contra a unidade da Igreja é, na verdade, agir contra o amor: "Quem abandona a unidade faz-se desertor da caridade. E se deserta da caridade, mesmo que possua tudo o mais, se reduz a nada".[41] E ainda, a propósito do Sl 130, comenta: "Caminha mais seguro quem desfruta a saúde da unidade que a quem apetece o mal da desunião".[42] Por isso mesmo, dedica uma obra inteira à unidade da Igreja — *De unitate Ecclesiae* —, na qual advoga teologicamente a catolicidade da verdadeira Igreja, que, em sua visibilidade, está composta de santos e pecadores.

Do ponto de vista eclesiológico, Agostinho sustenta dialeticamente duas proposições: (a) *ecclesia visibilis — communio sacramentorum*, que em seu fenômeno histórico firma-se sobre o fundamento apostólico e manifesta-se pela hierarquia e pelos sacramentos, constituindo a comunidade dos fiéis; (b) *ecclesia invisibilis — communio praedestinatorum* como conjunto dos predestinados e comunidade dos justos em sua peregrinação sobre a terra desde Abel até o fim dos tempos.

Dessa forma, deve-se fazer não apenas a distinção mas também a harmonia entre os dois conceitos. Agostinho nos ensina em seu *Comentário aos Salmos*[43] que

> aquele que possui ocultamente uma excelsa morada tem igualmente na terra seu tabernáculo. Seu tabernáculo terrestre é sua Igreja, que ainda peregrina. Mas é na Igreja que há de ser procurado, porque no tabernáculo se encontra o caminho que leva à casa.[44]

Portanto, a experiência empírica da Igreja em sua *communio sacramentorum* deve ser entendida não apenas como uma cerimônia exterior de oferenda mas sim como a comunhão íntima com o coração de Cristo.

---

[41] *Serm.* LXXXVIII,21.

[42] Idem, ibidem.

[43] Santo Agostinho, Comentário aos Salmos (Enarrationes in psalmos). *Sl.* 41,9. São Paulo, Paulus, 1997. p. 699.

[44] Idem, ibidem.

Ou seja, deve ser "uma conversão à verdadeira realidade, que é por sua vez conversão e passagem do que é exterior à interioridade, do que é sensível ao que é espiritual, dos signos à verdade".[45]

A recuperação espiritual e interior do *sacramentum* remete a eclesiologia a buscar em Cristo sua fonte. Para Agostinho, "a *res* de todos os *sacramenta* é Cristo". Tal consideração da Igreja pode ser claramente notada em seu *Tractatus* 124 sobre o *Evangelho de João*:

> Pois a Pedra era Cristo; sobre este fundamento também o próprio Pedro é edificado. Ninguém poderá colocar nenhum outro fundamento, a não ser aquele já colocado, Cristo Jesus. Portanto, a Igreja, que se funda em Cristo, dele recebe em Pedro as chaves do Reino dos Céus.[46]

Igualmente, em seu *Serm.* CCCXXXVI Agostinho afirma a simultaneidade dos aspectos temporais e espirituais da Igreja:

> A casa de Deus somos nós mesmos. Se somos nós mesmos a casa de Deus, neste tempo presente, vamos construindo, para que, no fim dos tempos, sejamos dedicados. O edifício, ou melhor, a edificação, exige trabalho; a dedicação se reveste de exultação [...]. De fato, ao crerem, são como madeiras e pedras cortadas das matas e dos montes: quando catequizados, batizados, formados, são lavradas, aparelhadas, aplainadas pelas mãos dos artífices e operários. Contudo não constroem a casa do Senhor, enquanto não se entrosam pela caridade [...]; quando em qualquer construção vês pedras e madeiras formarem um todo bem ajustado, ali entras seguro, não temes desmoronamento [...]. Aquilo que aqui vemos feito materialmente nas paredes se faça espiritualmente no íntimo. Temos por construtora a graça de Deus: reproduza-se, em vossos corpos, o que tão bem acabado em pedra e madeira.[47]

---

[45] Idem, ibidem, p. 240.

[46] Cf. *Liturgia das horas — ofício das leituras.* São Paulo, Paulinas, 1987. p. 1.382.

[47] Cf. idem, ibidem, pp. 1.683-1.684.

6.2 Agostinho: o Doutor da Graça[48]

Buscar compreender o posicionamento de Agostinho sobre a *gratia* exige, ademais de persistência acadêmica e humildade intelectual, um conhecimento de seu entorno vital, o que excede nosso objetivo aqui. Inclusive, pelo fato de que tanto no tema da espiritualidade quanto no da teologia propriamente dita, Agostinho se afirma como um clímax, uma síntese, uma espécie de vale que recebe todo o caudal cultural dos primeiros séculos cristãos. Como disse de forma lapidar De Boni a propósito do *De beata vita*: "Se em Sêneca, de certa forma, compila-se o pensamento estóico do mundo greco-romano, em Agostinho resume-se o pensamento cristão dos primeiros séculos".[49]

No tema específico que ora nos interessa é indispensável pelo menos um conhecimento razoável das teses pelagianas.[50] Em linhas gerais o pelagianismo, até por uma questão de justiça histórica, deve ser visto a partir da polêmica com o maniqueísmo, na qual salientou a bondade de

---

[48] Não procederemos aqui, por ser outro nosso objetivo, a uma extensa e exaustiva exegese das dezenas de textos agostinianos acerca da graça em sua multiforme apresentação. Em português, pode-se consultar uma interessante síntese sobre a graça em Agostinho: EVANS, G. R. *Agostinho sobre o mal*. São Paulo, Paulus, 1995. pp. 189-195. Em dado momento, a autora explica que a concepção agostiniana da "enorme generosidade do Criador em ajudar a vontade danificada do homem a funcionar adequadamente destruiu paulatinamente toda idéia de que o homem possa contribuir para a sua própria salvação por esforço humano próprio; se o homem pudesse merecer a graça de Deus, diminuiria a graça; só se ela for inteiramente desmerecida será verdadeiramente dom livre". Ademais, inúmeros textos agostinianos selecionados sobre este tema podem ser vistos em: FERREIRA, F. *Agostinho de A a Z*. São Paulo, Vida, 2006, pp. 104-114; RUBIO, *Toma e lê!*, cit., pp. 206-210.

[49] DE BONI, L. A. *De Abelardo a Lutero*; estudos sobre filosofia prática na Idade Média. Porto Alegre, Edipucrs, 2003, p. 58.

[50] O nome está relacionado com Pelágio, sacerdote irlandês, talvez monge, do século IV, que após o saque de Roma em 410 se refugiou na África e posteriormente em Jerusalém. Em 415 foi acusado de heresia por dois bispos da Gália que o ligavam ao herege Celéstio. Mesmo tendo sido absolvido, seus escritos chegaram até Agostinho, que juntamente com outros bispos africanos exigiu sua condenação. A querela teve um fim oficial primeiro no Concílio Provincial de Cartago em 418, que condenou várias de suas idéias, e posteriormente no Concílio Ecumênico de Éfeso em 431, que pronunciou anátemas contra as proposições pelagianas.

toda a criação, quer dizer, o bem extrinsecamente presente na natureza. Assim, no pelagianismo o homem, na qualidade de parte da criação, é visto como criado à imagem e semelhança de Deus. Deus, que para não ferir sua própria natureza não pode ser autor do mal, criou o homem com liberdade. Com base nessa liberdade é que o homem poderá fazer o bem ou o mal. A graça seria então o auxílio para que ele faça o bem.

Pelágio vê a graça precisamente na ação livre do homem — o dom que Deus dá ao homem gratuitamente é a possibilidade de escolher —, o "livre-arbítrio". Celéstio radicalizou, juntamente com outros discípulos, nesse ponto, entendendo que o livre-arbítrio só pode existir no homem sem nenhuma ajuda exterior de Deus. Sendo um sacerdote preocupado com a questão moral, não poderia aceitar idéias pessimistas desmoralizantes sobre o que se podia esperar da natureza humana. A pressuposição de que o homem não podia deixar de pecar parecia-lhe um insulto a seu Criador.[51] Por isso se escandalizou com a oração de santo Agostinho: "Concede-me o que me ordenas, e ordena o que quiseres" — *da quod iubes et iube quod vis*.[52] Seriam os homens meros objetos nas mãos de Deus?

Essa vocação ou possibilidade inata do homem para fazer o bem, na visão de Pelágio, chocou-se com a posição agostiniana,[53] uma vez que reduzia a graça tão-somente à liberdade e tornava a salvação uma obra obtida pelo homem com base em seus próprios e únicos esforços.[54] A pedra de toque

---

[51] Cf. KELLY, *Doutrinas centrais da fé cristã*, cit., p. 270.

[52] *Confissões* X,29,40.

[53] Com efeito, Agostinho, em sua obra de *Gestis Pelagii* do ano 417, identifica o essencial da doutrina atribuída a Pelágio e seu discípulo Celéstio. Entre outras afirmações de Pelágio, Agostinho sublinha: 1) Adão foi criado mortal e teria morrido com pecado ou sem pecado; 2) o pecado de Adão prejudicou somente a ele, e não à estirpe humana; 3) a lei conduz ao reino tão bem quanto o Evangelho; 4) houve homens sem pecado antes da vinda de Cristo; 5) as crianças recém-nascidas estão nas mesmas condições de Adão antes da queda; 6) não é através da queda ou da morte de Adão que morre toda a raça humana, nem é através da ressurreição de Cristo que ela ressurgirá (cf. BETTENSON, H. *Documentos da Igreja cristã*. São Paulo, Aste, 1967. pp. 88-89).

[54] MANZANARES, C. V. Pelágio. In: *DP*, p. 177.

de seu pensamento teológico é a doutrina do livre-arbítrio. Para Pelágio, ao criar o homem, Deus lhe deu autonomia para obedecer à vontade divina por sua própria escolha, quer dizer, permitiu-lhe escolher livremente o bem.

A partir da polêmica com Pelágio, a teologia da graça no Ocidente passou a vincular-se ao pensamento de santo Agostinho. Com ele, começou a girar em torno desse conceito um *corpus* importante acerca do homem e de sua relação com Deus. Esse *corpus* dará lugar aos vários tratados sobre a *gratia* na teologia posterior. Um indicativo disso é que a palavra "graça" passou a figurar no título de algumas obras do bispo de Hipona.[55] O conceito de graça, por conta da pugna pelagiana, tornou-se sinônimo de *auxilium*, ou seja, uma ajuda para fazer o bem ou mesmo a libertação do pecado. Por isso a graça passou a estar ligada à atividade religiosa do homem, obrigando Agostinho a insistir na relação entre graça e liberdade.[56]

Mais além dessa controvérsia, podemos ver no teólogo africano uma amplitude bem maior sobre o tema,[57] inclusive perceber nele fortes influências da patrística grega. São diversos e numerosos os ensinos agostinianos acerca da graça da encarnação do Verbo; da união de todos os homens em Cristo; do *Christus totus*, que fundamenta tanto sua antropologia quanto sua eclesiologia. Desse último aspecto vale a pena ressaltar que, a partir de Agostinho: (a) o homem não pode salvar-se por si só, senão que tem absoluta necessidade de ser salvo por Deus; (b) essa salvação é graça que libera a liberdade e suscita no ser humano a atração e opção pelo bem; (c) tudo

---

[55] Cf. LADARIA, L. F. *Teología del pecado original y de la gracia*. Madrid, BAC, 1997. p. 157.

[56] Cf. idem, ibidem, p. 158.

[57] Desde os primeiros escritos, mesmo antes do batismo, e logo após, Agostinho já reconhecera a primazia da graça: "Deus, que não és o autor do mal, mas que permites que ele suceda a fim de prevenir mal maior; [...] Deus, que somente aos corações puros quiseste dar o conhecimento da Verdade; [...] Pai do nosso despertar e da luz que nos ilumina, Pai das promessas pelas quais somos advertidos a retornar a ti" (*Solilóquios*, cit., pp. 24-25). Igualmente, nas *Confissões* (397-400), em vários pontos da obra, percebe-se uma desenvolvida doutrina da graça. Sobretudo em sua obra, em dois volumes, escrita a Simpliciano, bispo de Milão e sucessor de Ambrósio, *De diversis quaestionibus ad Simplicianum* (395-397), em que Agostinho afirma a centralidade da graça de Deus no processo salvífico de seu povo, a propósito de 1Cor 4,7; Rm 9,10-29 etc.

isso remonta à iniciativa divina e é a Deus que compete o primado irrestrito na obra de salvação; (d) a liberdade e a graça não podem conceber-se antinomicamente.[58]

Após Agostinho, inicia-se um processo de distanciamento entre Ocidente e Oriente. Esse processo, iniciado na antropologia agostiniana, caminhou até o aristotelismo e o nominalismo escolásticos. De qualquer maneira, o pensador cristão ocidental, em sua *psiqué*, nutrido de filosofia e teologia agostinianas, está colocado na seguinte tensão fundamental: teme que a ênfase na primazia de Deus em outorgar ao homem a graça anule a dignidade humana, e entende que a liberdade do homem ameace a soberania divina, ou como disse P. Schoonenberg: "Deus ou o homem". Na sua *In epistolam ad Romanos*, porém, Agostinho equilibra muito bem os temas:

> A liberdade foi perfeita no primeiro homem. Nossa liberdade, ao contrário, não é a de não pecar, mas a de não querer pecar. É a graça que nos faz, além de agir bem, poder agir bem. Não por nossas forças, mas com o auxílio do Libertador.[59]

Dentro da controvérsia pelagiana, tem lugar privilegiado a segunda obra de Agostinho a respeito — *De spiritu et littera* —, de 412. Nela, além de explicar as relações entre lei e graça, fala também sobre a liberdade cristã.[60] Segundo Trapè, é uma obra-chave para o entendimento da doutrina agostiniana da graça.[61] Por isso mesmo, vale aqui uma sua citação mais longa:

> Nós, pelo contrário, asseveramos que a vontade humana é de tal modo ajudada por Deus para praticar a justiça, que, além de o homem ser criado com o dom da liberdade e apesar da doutrina que o orienta sobre

---

[58] Cf. Ruiz de la Peña, J. R. *El don de Dios*; antropología teológica especial. Santander, Sal Terrae, 1991. p. 281.

[59] 13,18, citado por Rubio, P. *Toma e lê!* Síntese agostiniana. São Paulo, Loyola, 1995. p. 208.

[60] Cf. Trapè, A. Agostinho de Hipona. In: *DPAC*, pp. 54-59.

[61] Cf. Trapè, San Agustín, cit., p. 461.

o modo de viver, recebe o Espírito Santo, que infunde em sua alma a complacência e o amor do Bem incomunicável, que é Deus [...], com o penhor da graça recebido gratuitamente, anseia aderir ao Criador e anela vivamente aproximar-se da participação daquela luz verdadeira [...]. Porém, para que venha a amá-lo, o amor de Deus se difunde em nosso coração não pelo livre-arbítrio que radica em nós, mas pelo Espírito Santo que nos foi dado (Rm 5,5).[62]

Em suas *Retratações*,[63] santo Agostinho, mencionando seu revelador escrito *De gratia et libero arbitrio*,[64] que foi dirigido aos monges de Adrumeto,[65] busca esclarecer os mal-entendidos acerca de sua doutrina da graça e da predestinação. Ademais, além desse breve tratado, Agostinho envia ainda duas cartas[66] ao mesmo mosteiro (*Cartas* 194 e 195). Na segunda delas, entre outras coisas, ele diz: "Não deveis defender a liberdade a ponto de atribuir-lhe as boas obras sem a graça de Deus; e não deveis defender a graça de Deus a ponto de preferir as más obras, como se tivésseis a garantia da graça".[67] Já na anterior havia dito que, "se não existe a

---

[62] Santo Agostinho, *A Graça*. São Paulo, Paulus, 1999. v. 1, pp. 20-21. Também citado por H. Bettenson, *Documentos da Igreja cristã*, cit., pp. 89-90.

[63] Obra fundamental para conhecer os demais escritos de santo Agostinho, bem como as motivações e intenções dos mesmos. Foi iniciada em 412, porém só terminada em 427. Nela, Agostinho realizou uma significativa avaliação de toda a sua obra. Esse escrito muito nos ajuda a entender as últimas posições doutrinais do bispo de Hipona.

[64] O título em português é "A graça e a liberdade", em *A Graça* (II).

[65] Mosteiro no norte da África que juntamente com o de Lérins (sul da França) pendeu ao semipelagianismo, considerando o *initium fidei* e a *gratia perseverantiae* como obras humanas e não da graça, reagindo assim ao movimento predestinacionista que entendia a graça não como fruto do amor de Deus, como pensava Agostinho, mas como obra da onipotência divina, anulando a liberdade do homem diante da predestinação. O segundo Concílio de Orange em 529 condenou ambas as posições fortalecendo a doutrina agostiniana expurgada de seus excessos.

[66] Escritas em 426-427 e enviadas juntamente com o *De gratia et libero arbitrio* e o *De correptione et gratia*. Este último e as *Cartas* estão igualmente incluídas na obra em português.

[67] *Carta* 195,8. Quase o mesmo ele diz em outro escrito: "Não devemos insistir tanto na graça de Deus que desvalorizemos a liberdade. Tampouco devemos insistir na liberdade a ponto de desvalorizar a graça de Deus". *De pecatorum meritis et remissione* ("Dos méritos e remissão dos pecados"), citado por Rubio, *Toma e lê!*, cit., p. 207.

graça de Deus, como há de salvar o mundo? E se não existe a liberdade, como há de julgar o mundo?".[68]

A luta de santo Agostinho, aqui, é contra a renovação das idéias pelagianas,[69] contra aqueles que afirmam que a "graça de Deus nos é outorgada em vista dos merecimentos de nossas obras ou de nossas orações ou de nossa fé [...], que Deus nos dá sua graça conforme nossos merecimentos".[70]

A partir dessas considerações iniciais, santo Agostinho efetivamente discorre sobre a graça divina e o desafio antropológico. Reconhece de início a existência da liberdade humana confirmada pelas Escrituras: "Deus revelou-nos pelas suas santas Escrituras que o homem possui o dom da liberdade",[71] quer dizer, a livre vontade para cumprir os mandamentos divinos, evitando, por isso mesmo, a possibilidade de se desculpar, conforme Jo 15,22; Rm 1,18-20; Tg 1,13-15; Eclo 15,11-18, textos por ele citados e que o levam a concluir: "Está bem clara a alusão ao livre-arbítrio da vontade humana".[72] E retoricamente pergunta: "Por que o Senhor, em tantas passagens, determina a observância e o cumprimento de todos os seus mandamentos? Por que haveria de determinar, se não existisse o livre-arbítrio?".[73] Igualmente faz longa citação textual de outras passagens das Escrituras que dão a entender a realidade da "vontade própria humana": Sl 31,9; 35,4; Pr 1,8.29; 3,5.11.27.29; 5,2; 10,28; Mt 6,19; Lc 2,14; Rm 12,21; 1Cor 7,36-37; 9,17; 15,34; 2Cor 8,11; 1Tm 4,14; 2Tm 3,12; Fm 14; Tg 2,1; 4,11; 1Jo 2,15 etc. Comenta ao final que "onde está escrito: 'Não queiras isto ou não queiras aquilo', e onde, para fazer ou não fazer algo, os divinos

---

[68] *Carta* 194,2.

[69] Idéias ligadas às dúvidas sobre as doutrinas da gratuidade da graça, da predestinação e da perseverança dos santos e que por sua vez darão início ao movimento chamado, na história do pensamento cristão, de semipelagianismo.

[70] *Carta* 194,4.

[71] *De gratia et libero arbitrio* II,2.

[72] Idem, ibidem II,3.

[73] Idem, ibidem II,4.

◆ 353 ◆

conselhos exigem a ação da vontade, percebe-se com clareza a exigência do livre-arbítrio".[74]

Em seguida, discorre sobre a responsabilidade humana diante dos mandamentos e, com base em Lc 12,48, diz que "o pecado do que sabe é mais grave do que o do que desconhece";[75] embora não haja desculpa para o segundo. Aliás, em sua *De diversis quaestionibus ad Simplicianum, libri II* (1,2,7), ele ensina que

> Deus não faz injustiças. Quer perdoe a dívida, quer exija seu pagamento, nem aquele a quem se lhe exigiu pode queixar-se de injustiça, nem o favorecido com o perdão pode gloriar-se de seus méritos. Um paga o que deve, o outro só tem o que lhe foi dado.

Entretanto, Agostinho se encaminha para o outro lado da questão. Teme que a profusão de textos escriturísticos faça com que, "em defesa do livre-arbítrio, sejam entendidos de tal modo que não se deixe lugar à ajuda e à graça de Deus, como necessárias para uma vida piedosa e um bom comportamento dignos de recompensa eterna".[76] Por isso mesmo, passa em revista "os testemunhos divinos sobre a graça de Deus, sem a qual não podemos praticar nenhum bem".[77] Assim, a propósito de 1Tm 5,22 e 1Cor 7,37, conclui que "essa palavra, que não é compreendida por todos, seja compreendida por alguns, e significa tanto o dom de Deus como a liberdade".[78] Igualmente, no tema da castidade conjugal, a partir das premissas paulinas, Agostinho reconhece os dois lados: a origem divina e o compromisso humano. "Portanto, a vitória obtida sobre o pecado é também

---

[74] Idem, ibidem II,4.
[75] Idem, ibidem III,5.
[76] Idem, ibidem IV,6.
[77] Idem, ibidem IV,7.
[78] Idem, ibidem IV,7.

dom de Deus, o qual, nesse combate, vem em auxílio da liberdade."[79] Dessa maneira, terá muito sentido a admoestação do Senhor: "Vigiai e ora", pois, segundo Agostinho, "para não sucumbir à tentação, não basta o livre-arbítrio da vontade humana, se o Senhor não favorecer a vitória ao que ora".[80]

"Portanto, o homem é ajudado pela graça a fim de que, não sem motivo, à sua vontade se imponham preceitos."[81] Já em 396-397, em seu escrito pastoral *De agone christiano* (12,13), afirmara que "A graça de Deus nos faz não somente conhecer o que devemos fazer mas também realizar o que conhecemos; não somente crer no que devemos amar mas também amar o que cremos".

Em outro momento, após responder às demandas pelagianas sobre interpretação de textos sagrados e acerca da graça na perseverança, Agostinho desenvolve algumas idéias acerca da justificação pela graça com base nos escritos paulinos: "É vosso dever pelo livre-arbítrio não fazer o mal, mas praticar o bem".[82] Os textos de Rm 3,20 e 4,15 suscitam-lhe uma pergunta fundamental: "O que quis significar por novidade de espírito senão a graça?".[83] E responde com Rm 7,7-13 e Gl 2,16. Em outra obra,[84] coerente com seu equilíbrio entre graça divina e liberdade humana, Agostinho esclarece que "a justificação é um dom de Deus. Mas não nos é concedida sem nossa colaboração. Nossa é a vontade; sua é a graça. A justiça de Deus existe sem nós, mas não nos é aplicada sem nós".

Em resumo, podemos dizer que a partir de seu episcopado, Agostinho, especialmente em polêmica com o pelagianismo, agregou elementos novos ao tema. Não estabeleceu mais uma ligação entre predestinação e

---

[79] Idem, ibidem IV,8.

[80] Idem, ibidem IV,9.

[81] Idem, ibidem IV,9.

[82] Idem, ibidem X,22.

[83] Idem, ibidem X,22.

[84] *Serm.* CLXIX,11,13, citado por RUBIO, *Toma e lê!*, cit., p. 206.

presciência, e não considerou mais a fé como uma obra humana, senão que salientou a primazia da graça sobre todos os méritos. Fazendo assim, Agostinho teve que afirmar uma vontade salvífica de Deus limitada com base na doutrina do pecado original.[85] Retomou a doutrina paulina da eleição presente na carta aos Romanos e afirmou com veemência por um lado os "vasos de misericórdia" e por outro os "vasos de ira". Os primeiros, objetos da bondade divina, são retirados "ativamente" da *massa damnata* por pura misericórdia, sem merecimento humano algum. Os segundos são deixados "passivamente" na *massa perditionis*, segundo Agostinho, sem que se cometa com eles injustiça, uma vez que simplesmente foram deixados em sua própria condição.

6.3 O amor e as etapas (degraus) espirituais da vida cristã

Por estar a vida cristã fundada no amor e este estar constituído de graus, a vida cristã também tem etapas. Acerca do amor, Agostinho[86] distinguia quatro graus: (1) incipiente, (2) proficiente, (3) grande e (4) perfeito. Falar de amor a alguém é falar de quem conhecemos. A alma teria que ter previamente uma imagem do objeto a ser amado. Assim, Deus é uma presença inefável na alma humana. Como Agostinho mesmo diz, "Deus é mais íntimo de nós do que nós mesmos"; "Deus rege a alma sem nenhum intermediário"; "Deus vive ocultamente na alma"; "Deus é a vida da alma".[87] Isso significa que o "amor a Deus" é precedido do "amor de Deus".

---

[85] Uma poderosa e iluminadora, a meu ver, revisão crítica à teologia predestinacionista de Agostinho e dos reformadores será desenvolvida por Karl Barth. Algo de sua posição a respeito pode ser vista em português: A eleição de Deus em graça. In: BARTH, K. *Dádiva e louvor*; artigos selecionados. São Leopoldo, Sinodal, 1986. pp. 237-255. De resto, como se pode notar pela história do pensamento cristão, a teologia agostiniana da graça esteve longe de unanimidade na teologia católica.

[86] *De natura et gratia* 70,84, citado por Cf. PABLO MAROTO, *Historia de la espiritualidad cristiana*, cit., p. 92.

[87] Citado por BOEHNER & GILSON, *História da filosofia cristã*, cit., p. 167.

Por exemplo, comentando o Sl 149, ele diz: "Sou eu que cresço por ti, não és tu que cresces por mim. No entanto a tal ponto me amaste, previamente, antes que te pudesse amar, que vieste ao mundo para morrer por mim. Tu, que nos fizeste, dignaste aparecer entre nós". Ou ainda:

> Ama a Deus, pois ele mesmo, tomando-te a dianteira, amou-te. Manifestou sua dileção para contigo porque, quando eras ainda pecador, morreu por ti, ele, justo, pelo injusto. Ao assumir a carne, assumiu, por assim dizer, tua feiúra, isto é, tua mortalidade, para acomodar-se a ti e harmonizar-se contigo e excitar-te a amar, interiormente, a beleza [...]; volta o olhar para Deus, que te tornou belo. Sê interiormente belo para que Deus te ame.[88]

Contudo, o amor a Deus deve ter uma qualidade primordial: ser um amor desinteressado de outras coisas e só focalizado em Deus mesmo. Novamente comentando o saltério, ele ensina: "Ama a Deus: e deves amá-lo de maneira tal que, se possível, te esqueças de ti mesmo"; "Quão numerosos são os que procuram a Deus, somente para que dele recebam benefícios na ordem temporal!"; "Quão poucos os que buscam Jesus por causa de Jesus!";[89] "Amar a Deus gratuitamente é não desejar de Deus mais que Deus mesmo".[90]

O amor deve experimentar, pois, um desenvolvimento. Tal gradação só é possível pela purificação, pela necessidade implícita da ascese proposta pelo apóstolo Paulo, a partir de textos lapidares como Gl 5,17: "Pois a carne tem aspirações contrárias ao espírito, e o espírito contrárias à carne. Eles se opõem reciprocamente, de sorte que não fazeis o que quereis", ou Rm 7,18-19: "Eu sei que o bem não mora em mim, isto é, na minha carne. Pois

---

[88] *IX in Ep. in Jo.* 9, citado por Tonna-Barthet, *Síntese da espiritualidade agostiniana*, cit., p. 176.

[89] *XXV in Jo.* 10, citado por Tonna-Barthet, *Síntese da espiritualidade agostiniana*, cit., p. 177.

[90] *Coment. aos Sal.* 55,17; 85,11; 127,9.

o querer o bem está ao meu alcance, não porém o praticá-lo. Com efeito, não faço o bem que eu quero, mas pratico o mal que não quero". Tendo a Escritura como base, Agostinho esclarece:

> Chamo caridade ao movimento da alma cujo fim é a fruição de Deus por ele próprio, e a fruição de si próprio e do próximo por amor de Deus. Chamo, ao contrário, concupiscência ao movimento da alma cujo fim é fruir de si próprio, do próximo e de qualquer objeto sensível, sem referência a Deus [...]. Quanto mais for destruído o reino da concupiscência, tanto mais aumentará o da caridade.[91]

Com esse pano de fundo é que Agostinho fará um verdadeiro escrutínio de sua consciência na busca do encontro com Deus:

> Ensina-me, pois, ó Pai, a procurar-te; liberta-me do erro. Faze que na minha busca nada que não seja tu apresente-se em meu caminho. Pois, visto ser verdade que a ninguém mais desejo senão a ti, faze, eu te suplico, ó Pai, que eu possa encontrar-te. Mas se ainda subsiste em mim algum desejo vão, despoja-me dele. Purifica-me, tu mesmo, e torna-me capaz de te ver. Quanto à conservação deste meu corpo mortal, como não sei que utilidade possa ter para mim ou para os que eu amo, eu a ti confio.[92]

O auto-exame esquadrinhando a alma e as realidades mais íntimas e submersas da natureza humana reconhece a limitação da existência atual em comparação com o porvir:

> Não estando ainda repleto de ti, sou um peso para mim mesmo. Minhas alegrias, que deveriam ser choradas, contrastam em mim com as tristezas que deveriam causar-me júbilo, e ignoro de que lado está

---

[91] *A doutrina cristã* III,10,16 (p. 166).
[92] *Solilóquios* I,1,6 (p. 32).

a vitória [...]. Na adversidade desejo a prosperidade, e na prosperidade temo a adversidade [...]. Execráveis as prosperidades do mundo, duas vezes execráveis, seja pelo temor da adversidade, seja pela corrupção da alegria! [...]. Vês como treme o meu coração em meio a todas essas provações e perigos? Sinto que é mais fácil ter as feridas curadas por ti do que eu deixar de me infligir novas feridas.[93]

Para resumir a purificação de "si mesmo" em Agostinho e a sua luta por um interior curado pela graça divina, recordemos aquele que é um dos seus mais belos textos homiléticos: *Tota igitur opera nostra, fratres, in hac vita est, sanare oculum cordis, unde videatur Deus* ("Irmãos, toda a nossa atividade nesta vida consiste em curar o olho do coração para poder ver a Deus").[94] Somente com o interior limpo é que se pode comungar efetivamente com Deus, desviando dos imperativos do ritualismo exterior, muito embora nessa religiosidade do íntimo como templo e "santíssimo lugar" também caiba a expressão litúrgica da grande *parádosis* (tradição) da Igreja.

Além dessa realidade primária, Agostinho estabeleceu, pela primeira vez, na construção de sua espiritualidade, uma relação direta entre as bem-aventuranças, os dons do Espírito Santo e as petições do pai-nosso. Estabelecendo tal relação, Agostinho corrige o divórcio entre ascética e mística, que vez por outra se insinua na tradição cristã, quer dizer, aquela idéia de separação entre moral e espiritualidade.

É exatamente em seu *De sermone in Domini monte*,[95] do ano 393, que Agostinho elaborará seu itinerário de vida espiritual e que tem como fundamento a primeira das bem-aventuranças: humildade de espírito. Nele a ascensão da alma passa também por sete graus, mas se refere não mais à atividade da alma segundo o esquema neoplatônico ou segundo o das sete idades do homem exterior, e sim às bem-aventuranças evangélicas e aos

---

[93] *Confissões* X,28,39 (p. 278) e X,39,64 (p. 297).

[94] *Serm.* LXXXVIII,5, citado por http://www.augustinus.it/latino/discorsi/index2.htm.

[95] *Sobre o sermão do Senhor na montanha*. Anápolis, Santo Tomás, 2003.

dons do Espírito Santo.[96] Aqui Agostinho inicia seu programa, revelando o contraste entre humildade e orgulho, entre aquele que se submete "à autoridade divina sob a inspiração do temor, que é o começo da sabedoria, assim como o orgulho é o começo de todo o pecado".[97] Isso se encaminhará até o ápice, que é a bem-aventurança da paz, fruto da posse da sabedoria; antes, porém, como ele mesmo diz:

> É preciso converter-nos pelo *temor* de Deus para conhecer-lhe a vontade, para saber o que ele nos ordena buscar ou rejeitar [...]. Em seguida, é preciso tornar-nos mansos pela *piedade*, para não contradizermos a Escritura divina [...]; pensar e crer que é muito melhor e mais verdadeiro o que está escrito ali, ainda que oculto, do que o que possamos saber por nós próprios [...]. Depois desses dois graus do temor de Deus e da piedade, chega-se ao terceiro, o grau da *ciência* [...]. Porque é nesse grau que se há de exercitar todo estudioso das divinas Escrituras, com intenção de não encontrar nelas outra coisa mais do que o dever de amar a Deus por Deus, e ao próximo por amor de Deus.[98]

A ciência das Escrituras leva o homem submisso e suplicante a experimentar o consolo e assim o faz entrar no quarto grau,

> na *fortaleza*, pela qual se têm fome e sede de justiça. Graças a essa força, ele afasta-se de toda alegria mortífera das coisas temporais e, apartando-se delas, dirige-se ao amor dos bens eternos, isto é, da imutável Unidade que é a Trindade, idêntica a ela própria.[99]

Somente após isso, segundo Agostinho, é que o homem poderá subir ao quinto grau, o *conselho*,

---

[96] Cf. GROSSI, V. Santo Agostinho. In: *DM*, p. 24.

[97] PINCKAERS, S. Apresentação. In: *Sobre o sermão do Senhor na montanha*, cit., p. 27.

[98] *A doutrina cristã* II,7,9-10 (pp. 92-93) [itálicos meus].

[99] Idem, ibidem II,10 (p. 93) [itálico meu].

fundamentado sobre a misericórdia, onde purifica sua alma tumultuada e como desassossegada pelo clamor da consciência das imundícies contraídas, devido ao apetite das coisas inferiores. Ele se exercita especialmente no amor ao próximo e se aperfeiçoa nele.[100]

O amor ao próximo é o passo para o amor aos inimigos, que, como se diz, abre a porta para o sexto grau. Aí,

> *purifica* os olhos com os quais Deus pode ser visto — o quanto é possível — pelos que morrem para este mundo [...]. Quem chegou a este grau purifica de tal modo os olhos de seu coração que não pode preferir, e sequer comparar, a Verdade suprema a nada.[101]

Com o coração purificado e apegado à verdade, é que se pode elevar-se "até à *sabedoria*, que é o sétimo e último grau onde gozará delícias, tranqüilo e em paz".[102] Como fruto do dom da sabedoria, atinge-se a contemplação, que é a *unio mystica* por excelência, quer dizer, uma união por conhecimento e afeto. A experiência contemplativa pode concluir com um momento de êxtase, como o acontecido com o próprio Agostinho, em companhia de sua mãe, no porto de Óstia, conforme narrado por ele nas *Confissões* (*supra* 5.1.1, p. 304):

> Sete são, portanto, as bem-aventuranças que aperfeiçoam a vida; a oitava glorifica e mostra o já perfeito, e, como se começasse de novo, desde a primeira, manifesta que é justamente por aqueles degraus que se alcança a perfeição.[103]

---

[100] Idem, ibidem II,11 (p. 94).

[101] Idem, ibidem II,11 (p. 94) [itálico meu].

[102] Idem, ibidem II,11 (p. 94) [itálico meu].

[103] *Sobre o sermão do Senhor na montanha* I,III,10 (p. 56). No ponto seguinte, acerca da oração, deter-nos-emos mais sobre o tema.

A conexão entre as bem-aventuranças e os dons do Espírito Santo implica que o cristão não consegue manter-se na trilha das bem-aventuranças sem o auxílio do Espírito Santo. Assim, Agostinho, inspirado no pensamento do apóstolo Paulo, desenvolve a mesma idéia de que a vida do cristão é, na verdade, conduzida pelo Espírito, que o pneumatiza para poder cumprir tanto seu testemunho quanto sua vocação ministerial. Para ele,

> parece que a operação septiforme do Espírito Santo, da qual fala [Isaías XI,2-3], corresponde a estes degraus e sentenças, mas em ordem diversa, pois ali a enumeração começa pelos mais excelentes, enquanto aqui começa pelos inferiores.[104]

Por isso, para Agostinho, o desafio da vida cristã é que ela se define pelas bem-aventuranças e pela ação pessoal do Espírito Santo, reeditando a ênfase paulina, a partir de Rm 13,11-14, texto áureo de sua conversão.

Faço a seguir uma síntese livre do tema citando Servais Pinckaers:[105]

> Santo Agostinho percebeu bem que o estabelecimento da correspondência requeria uma reordenação da série de dons, que começa, em Isaías, pela sabedoria, a mais elevada, e termina pelo temor de Deus, que responde à pobreza e à humildade [...]. Cada vez há variantes, pois o pensamento de Agostinho é demasiado vivo e não pode simplesmente se repetir.
>
> À pobreza e à humildade corresponderá, pois, o dom do temor, que torna o coração contrito e humilhado. Ele também nos dá consciência da nossa condição mortal, e faz-nos entender o apelo da cruz. À mansidão diante da Escritura se junta a piedade filial que nos leva a conformar-nos à vontade de Deus, revelada na sua Palavra [...]. A bem-aventurança dos que choram é paralela ao dom da ciência, que nos mani-

---

[104] Idem, ibidem I,IV,11 (p. 56).
[105] PINCKAERS, Apresentação, cit., pp. 34-37.

festa a nossa condição de pecadores diante de Deus, e que nos mostra, assim, que convém amar a Deus por Si mesmo e ao próximo por Deus [...]. O dom da força sustenta o esforço dos que têm fome e sede de justiça. O mundo é crucificado por eles, e eles pelo mundo. A sua caridade fá-los voltar-se para os bens eternos, para a Santíssima Trindade.

A vinculação do dom do conselho à bem-aventurança dos misericordiosos é inesperada; ela revela-se judiciosa. O melhor conselho que o Senhor nos dá para sermos socorridos por Ele nas nossas fraquezas é sermos nós mesmos misericordiosos e perdoarmos aos irmãos. Este conselho repousa na correspondência tipicamente evangélica entre o amor do próximo e o amor de Deus que encontramos no pedido do pai-nosso sobre o perdão.

O dom da inteligência convém aos que têm o coração limpo, porque o seu olhar clarificado pode ver a sabedoria misteriosa de Deus [...]. O termo desta marcha progressiva é alcançado pelo dom da sabedoria, que corresponde à bem-aventurança dos pacíficos [...]. A sétima bem-aventurança e o dom da sabedoria reúnem todas as aspirações do coração de santo Agostinho e todas as promessas divinas que respondem a elas.

A oitava bem-aventurança retoma as outras e as confirma. Ela manifesta o homem perfeito, que santo Agostinho relaciona com a festa de Pentecostes graças a uma interpretação alegórica da cifra de cinqüenta dias. Tal é o remate da obra empreendida e levada a termo pelo Espírito Santo. Através de toda esta construção, plena de sopro e de sensibilidade espiritual, desenvolve-se a intuição principal, à maneira de um tema musical: a idéia da ação contínua do Espírito Santo de um extremo ao outro da história do cristão no caminho das bem-aventuranças.

Da mesma forma, Agostinho detecta uma conexão íntima entre a teologia moral ou pneumatológica dos carismas com a prece pessoal e litúrgica em que se desdobra o pai-nosso: "A mim parece também que o número sete deste conjunto de pedidos está em concordância com aquele número sete que deu origem a todo este sermão. Sim, porque, se o *temor* de Deus é o que beatifica os pobres em espírito, porque deles é o Reino dos Céus, peçamos que seja santificado entre os homens o nome mesmo de Deus, com temor puro e permanente".[106]

Existe, pois, uma integração da prece no processo de vivência espiritual, em que o teólogo não pode adquirir um sentido experimentado e justo daquilo de que fala sem a luz da graça e, pois, da prece, ou seja, se ele não tem o benefício dos dons da sabedoria, da inteligência, da ciência e do conselho.

6.4 Oração e contemplação

Agostinho, em toda a sua produção literária, jamais escreveu um tratado inteiramente voltado para a oração. Todavia, a oração é, sem dúvida, a particularidade mais eloqüente e a nota mais característica da espiritualidade agostiniana, porquanto todos os seus aspectos foram exaustivamente explorados e cada uma de suas fibras foi devidamente exposta, produzindo, ao final, uma verdadeira teologia da oração.

Basicamente, sua concepção de oração, não uma visão teórica mas sim fruto de seu ministério pastoral e de seu envolvimento com a vida cotidiana da Igreja, pode ser conferida em dois escritos: *Comentário aos Salmos* e *Carta a Proba* (*Ep.* 130).[107] Dessa forma, nosso objetivo é expor de maneira abrangente o tema da oração a partir dessas obras.

6.4.1 Aspectos internos

Em Agostinho, a oração só pode brotar do desejo de um coração arrependido e convertido. É assim que entende o Sl 38,8 de Davi: "dou gemidos por efeito do desassossego do meu coração", ou numa tradução mais

---

[106] *Sobre o sermão do Senhor na montanha* II,XI,38 (p. 138).

[107] Felizmente já dispomos dessas obras em português, conforme indicação bibliográfica no início deste capítulo. Ademais, partes dessas obras podem ser consultadas na *Liturgia das horas — ofício das leituras.* São Paulo, Paulinas, 1987. Na verdade, um total de 79 textos agostinianos são encontrados ali, uma grandiosa riqueza!

forte: "Os gemidos de meu coração arrancam-me gritos". Por isso mesmo é que "Teu desejo é tua prece", diz Agostinho em seu *Comentário*:

> Se o desejo é contínuo, também a prece é contínua. Não foi em vão que o Apóstolo disse: "Orai sem cessar". Teremos sempre os joelhos em terra, o corpo prostrado, as mãos levantadas, para que ele nos diga: "Orai sem cessar?". Se é a isso que chamamos orar, julgo que não podemos fazê-lo sem cessar.[108]

Eliminando essa primeira objeção, já enfrentada por são Paulo, Agostinho concentra-se naquela postura constante de oração que tem na interioridade sua origem:

> Há outra oração, ininterrupta e interior: é o desejo. O que quer que faças, se desejas aquele sábado eterno, não cesses de orar. Se não queres cessar de orar, não cesses de desejar [...]; a chama da caridade é o clamor do coração. Se tua caridade permanece sempre, tu clamas sempre; se clamas sempre, desejas sempre; se desejas, tu te recordas do repouso eterno. Diante de vós está todo o meu desejo. Se o desejo está diante de Deus, o gemido não estará?[109]

O gemido ou grito do orante não está posto para informar a Deus de suas condições, como se Ele não o soubesse. Agostinho sai ao encalço desse aparente problema:

> Rogamos àquele que conhece, conforme suas mesmas palavras, aquilo que nos é necessário, antes mesmo de lhe pedirmos [...]. Temos de entender que o intuito de nosso Senhor e Deus não é ser informado sobre nossa vontade, que não pode ignorar; mas despertar pelas orações

---

[108] *Comentário aos Salmos*, citado por *Liturgia das horas*, cit., p. 61.

[109] Idem, ibidem.

nosso desejo, o que nos tornará capazes de conter aquilo que se prepara para nos dar o que é imensamente grande.[110]

Não devemos esquecer, especialmente na oração, quando a criatura dirige-se a Deus com seu desejo ou com seu gemido, que nada acontece sem a intervenção divina. Lembremo-nos sempre: Agostinho é o Doutor da Graça e de sua primazia e, por conseguinte, a oração, em seu caráter sobrenatural, é graça: é o meio para obter a graça e, por sua vez, ela é efeito da graça. Essa dimensão da oração como um *donum* está em relação direta com a presença de Cristo na alma. Daí a necessidade de orar em seu nome. Cristo está presente naqueles que oram, o que lhes garante a eficácia da oração; acerca disso, Agostinho é preciso e inconteste ao comentar o Sl 85:

> Deus não podia fazer maior dádiva aos homens do que dar-lhes como cabeça o seu Verbo, pelo qual fez todas as coisas, e uni-los a ele como membros, para que fosse Filho de Deus e filho do homem, um só Deus com o Pai, um só homem com os homens. E assim, quando nos dirigimos a Deus pela oração, não separemos de nós o Filho; quando o corpo do Filho orar não separe de si sua cabeça, e seja o único salvador de seu corpo nosso Senhor Jesus Cristo, Filho de Deus, que ora por nós, ora em nós e a quem nós oramos. Ele ora por nós como nosso sacerdote; ora em nós como nossa cabeça; e nós oramos a ele como nosso Deus [...]. Nossa oração se dirige, pois, a ele, por ele e nele; nós a dizemos como ele a diz conosco.[111]

Tanto a ênfase na oração, como sendo graça divina, quanto a presença mediadora de Cristo em tal prática conduzem Agostinho a reiterar uma das máximas paulinas de que "não sabemos orar como convém". Entretanto, o bispo de Hipona relativiza o tamanho dessa ignorância, uma vez que se tem

---

[110] *Carta a Proba*, citado por *Liturgia das horas*, cit., pp. 1.119-1.120.
[111] *Comentário aos Salmos*, citado por *Liturgia das horas*, cit., pp. 281-282.

já como imperativo a oração dominical, transmitida pelo próprio Senhor e que o apóstolo certamente muito bem conhecia. Assim, Agostinho vincula essa imperícia na prática da oração aos momentos ocasionais de adversidades, diz ele: "Portanto, nas tribulações que tanto podem ser proveitosas quanto prejudiciais, não sabemos o que pedir como convém".[112] A saída que ele nos propõe ao dilema da oração inconveniente é a confiança em Deus acima de tudo. Mesmo quando Ele não nos atende como queremos, não significa que nos tenha abandonado, "antes que, por suportar generosamente os males, podemos esperar maiores bens".[113] Nesse mesmo contexto deve ser entendida a outra máxima de são Paulo: "O poder se aperfeiçoa na fraqueza". Assim, essas coisas foram escritas para que

> não aconteça que alguém se tenha em alta conta, se for atendido quando pede insistentemente algo que lhe seria mais proveitoso não pedir. Ou desanime e desespere da divina misericórdia se não for atendido, quando talvez peça aquilo que lhe será causa de mais fortes aflições ou, corrompido pela prosperidade, venha a perder-se inteiramente. Em todas estas coisas não sabemos orar como convém. Por esse motivo, se nos acontece o contrário do que pedimos, não há que duvidar ser muito melhor suportar com paciência e dando por tudo ação de graças, porque foi a vontade de Deus que se fez e não a nossa.[114]

A oração que expressa a sede espiritual está igualmente motivada e, de fato, condicionada pela qualidade da água da fonte de vida, "enquanto vivemos na esperança e ainda não vemos o que esperamos".[115] A oração se mostra, pois, realidade circunstancial que terá sua trajetória terminada "quando se saciar de bens nosso anseio e nada mais haverá a procurar com

---

[112] *Ep.* 130,14, citado pelo *Ofício das horas*, p. 1.133.

[113] Idem, ibidem.

[114] *Ep.* 130,14,25-26, citado por *Liturgia das horas*, cit., p. 1.133.

[115] *Ep.* 130,14,25-27, citado por *Liturgia das horas*, cit., p. 1.136.

gemidos, mas só aquilo que no gozo abraçaremos".[116] Beber dessa fonte é embriagar-se daquela paz que "excede todo entendimento", por isso mesmo subsistirá aquela ignorância de que falamos antes, uma vez que não se consegue imaginar corretamente como exatamente é. Como confirma Agostinho, "há em nós, por assim dizer, uma douta ignorância, mas douta pelo Espírito de Deus que vem em auxílio de nossa fraqueza".[117]

6.4.2 Aspectos externos

Santo Agostinho insere a oração na vida da Igreja. O risco do arrefecimento no desejo de uma vida sempre em oração, como preconizara o apóstolo, é uma dura realidade a ser enfrentada com estratégias eficazes:

> Concentremos em horas determinadas o espírito para orar; as palavras da oração nos ajudam a manter a atenção naquilo que desejamos, para não acontecer que, tendo começado a arrefecer, não se esfrie completamente e se extinga de todo, se não for solicitada com freqüência.[118]

Não obstante a importância da oração audível em lugar determinado, Agostinho é cauteloso quanto ao risco na demora da oração, pois "uma coisa é a palavra em excesso, outra a constância do afeto".[119] Cita, como exemplo positivo, os monges do Egito:

> Diz-se que os monges do Egito fazem freqüentemente suas orações, mas cada uma delas é bem breve e rapidamente pronunciada para que se mantenha viva e não provoque enfado — por demorar demais — e assim mantenha vigilante e desperte a atenção.[120]

---

[116] Idem, ibidem.

[117] Idem, ibidem.

[118] *Ep.* 130,9,18.10,20, citado por *Liturgia das horas*, cit., p. 1.122.

[119] Idem, ibidem.

[120] *Ep.* 130,10,20. In: *S. Aurelii Augustini OPERA OMNIA - editio latina* PL 33. http://www.augustinus.it/latino/lettere/index2.htm. Tradução livre.

Portanto, não se faz realmente necessária uma quantidade excessiva de palavras. Porém, uma vez que haja ainda o ardente desejo interior, deve-se suplicar muito. Quer dizer, "falar demais ao orar é empregar palavras supérfluas em coisa necessária. Porém, rogar muito é, com freqüente e piedoso clamor do coração, bater à porta daquele a quem imploramos".[121] Assim, a súplica deve ser mais choro e gemido do que discurso.

Primordial para Agostinho em uma vida de oração no contexto da Igreja é a prática da oração dominical. Ele reconhece que tudo em termos de oração já está contemplado na oração que o Senhor nos ensinou:

> Se percorreres todas as palavras das santas preces, em meu parecer, nada encontrarás que não esteja contido na oração dominical. Por isso cada qual, ao orar, é livre de dizer estas ou aquelas palavras, mas não pode sentir-se livre de dizer coisa diferente.[122]

O bispo de Hipona está interessado não apenas no modo como orar mas também no conteúdo da oração. E, nesse caso, as virtudes teologais estão pressupostas: "Portanto a fé, a esperança e a caridade levam a Deus o orante, aquele que crê, que espera, que deseja e que presta atenção ao que pede ao Senhor na oração dominical".[123] Um claro exemplo de que tudo já está presente nela é o último pedido: "Livra-nos do mal", que é para Agostinho um clamor que pode ser evocado em toda e qualquer adversidade: "Por ele pode gemer, nele derramar lágrimas, daí começar, nele demorar-se, nele terminar a oração".[124]

Juntamente com a oração, Agostinho entende que a alma deve ascender por degraus na sua aproximação a Deus. Aos degraus de elevação ele se

---

[121] *Ep.* 130, citado por *Liturgia das horas*, cit., p. 1.123.

[122] *Ep.* 130,12,22–3,24, citado por *Liturgia das horas*, cit., p. 1.130.

[123] Idem, ibidem.

[124] Idem, ibidem.

referiu em várias ocasiões e escritos. A primeira vez foi no *De quantitate animae* (387), no qual distinguiu sete degraus. Desses, pelo teor místico, interessam-nos diretamente o *quarto* e *quinto* degraus que dizem respeito à alma: a *virtude*, que está relacionada com o esforço da purificação, especialmente o exercício da temperança e da justiça; e a *serenidade*, que é a constância e placidez de alma que faz descansar em Deus, uma espécie de saúde interior.

Os dois outros, *sexto* e *sétimo* degraus — o *ingressus* —, referem-se a Deus: a *entrada na luz*, que é quando os olhos se levantam e se detêm meditando no objeto da visão; e a *morada na luz (contemplação)*, que é a permanência prolongada na contemplação da verdade.[125]

Convém citá-lo nesse ponto crucial em que descreve o caminho trilhado pela alma para o encontro com Deus:

> Ah! Sobre esse assunto, nós dois poderíamos indagar de um homem que foi ao mesmo tempo instruído, eloqüente, verdadeiramente sábio, perfeito enfim. Ele nos mostraria por meio do discurso e do raciocínio o poder da alma sobre o corpo, o poder dela sobre ela mesma, o poder dela junto a Deus, de quem ela se aproxima quando está pura e em quem ela encontra a bondade suprema e absoluta.[126]

Após ter iniciado o processo de purificação, a alma deve entregar-se serenamente para poder completar a tarefa purificativa. Somente com a ajuda de Deus é que ela alcançará esse objetivo:

> A alma, no entanto, é tão grande que ela pode fazer isso, mas com a ajuda do Deus verdadeiro e soberano, de tal justiça que sustenta e guia o universo e que a tudo trouxe a existência — uma existência tal que

---

[125] *De quantitate animae* 33,73-76, citado por Trapè, *San Agustín*. In. *Patrologia* III, cit., p. 547.

[126] Oeuvres Complètes de Saint Agustin — De La Grandeur de L'Ame, XXXIII,70 — *Les Sept Degrés de la Puissance de L'Ame* em : http://www.abbaye-saint-benoit.ch/saints/augustin/grandeurame/index.htm. Tradução de Raquel Botelho. Essa importante obra pode ser encontrada em português: *Sobre a potencialidade da alma*. Petrópolis, Vozes, 2005.

não poderia ser melhor. É então a essa justiça que ela se entrega, com piedade e confiança, para ser ajudada e aperfeiçoada na tão difícil tarefa de sua purificação.[127]

Findado o labor da purificação, a alma se regozija por sua condição e almeja mais que tudo se encontrar com o "objeto" de seu desejo:

> A alma, após esse trabalho, ou seja, após ser liberta e purificada de toda mácula e de toda sujeira, alegra-se consigo mesma e não mais teme por si nem se atormenta em relação a si. Esse é então o quinto degrau [...]. A alma nesse estágio compreende bem como é grande, cheia de uma imensa e inacreditável confiança; ela corre em direção a Deus, ou seja, em direção à contemplação da própria verdade, em direção a essa grande, sublime e misteriosa recompensa pela qual ela tanto lutou.[128]

Acerca da *contemplatio*[129] como momento culminante da vida espiritual, Agostinho falou com profusão de detalhes e legou-nos grandes ensinamentos. Boa parte de suas exposições a respeito depende inicialmente de uma consideração em paralelo entre as posturas ativa e contemplativa. Isso ficará claro a partir da bela reflexão que faz sobre o evangelho de Lucas, tomando as figuras de Marta e Maria[130] e reconhecendo a forte tensão entre as duas posturas. Segundo Trapè,[131] ele resolve tal tensão através: a) do primado da vida contemplativa (oração, estudo, apostolado intelectual); b) da aceitação

---

[127] Idem, ibidem XXXIII,73 (tradução de Raquel Botelho).

[128] Idem, ibidem XXXIII,74 (tradução de Raquel Botelho).

[129] Sobre a contemplação cristã em geral nos seus aspectos principais, considero imprescindíveis os verbetes de: BERNARD, Ch. A. Contemplação. In: *DE*, pp. 184-193; e BORIELLO, L. Contemplação. In: *DM*, pp. 261-266. Acerca da contemplação em santo Agostinho, são suficientes para uma boa visão: GARDEIL, A. *La structure de l'ame et l'expérience mystique*. Paris, s.n., 1927; CAYRÉ, F. *La contemplation augustinienne*. Paris, s.n., 1954; BUTTLER, C. *Western mysticism*. London, s.n., 1951; COURCELLE, P. *La première experience augustinienne de l'extase*. AugMag I, pp. 53-57.

[130] *Serm*. CIII em: http://www.augustinus.it/index2.htm. Igualmente, tomará também as figuras de Lia e Raquel, esposa de Jacó (*C. Faust*.), e de Pedro e João (*In Io*. 124), como exemplos dessas duas vias espirituais.

[131] Em *San Agustín*, cit., p. 549.

◆ 371 ◆

da vida ativa quando a necessidade da Igreja exigir; c) da conservação, no meio da ação, do gosto pela contemplação (dilectio veritatis). Não obstante dar preferência à contemplação, Agostinho busca uma unidade essencial que supere a simples oposição entre vida ativa e vida contemplativa.

Sua obra De civitate Dei (413-426) salientará magnificamente a relação tensional entre a tendência para a vida ativa e a tendência para a vida contemplativa:

> Ninguém deve, com efeito, entregar-se de tal maneira ao ócio, que se esqueça de ser útil ao próximo, nem de tal maneira à ação, que se esqueça da contemplação de Deus. No ócio, deve-se amar não a inação mas sim a busca e o encontro da verdade, a fim de cada qual progredir em tal conhecimento e não invejar ninguém [...]. Por isso, o amor à verdade busca o ócio santo, e a necessidade do amor aceita devotar-se às obras de justiça.[132]

Em um outro escrito, definirá explicitamente as virtudes da ação e da contemplação, deixando evidente o patrimônio e alcance de cada uma:

> Duas são as virtudes propostas ao homem. Uma é de ação, a outra de contemplação. Pela ação, entra-se no caminho; pela contemplação, chega-se à meta. Com o auxílio da primeira, o homem trabalha com afã para purificar o coração e prepará-lo para ver a Deus; com o auxílio da segunda, o homem se purifica e vê a Deus. A ação se ocupa da doutrina da vida futura. Uma trabalha, a outra descansa. Uma age sobre os pecados para purificá-los; a outra se move no âmbito da purificação [...]. Uma é obscura e nebulosa; a outra, clara e transparente. Uma tem raízes no trabalho; a outra, na fé.[133]

---

[132] Liv. XIX,19 (pp. 410-411).

[133] De cons. Evang. 1,5,8, citado por RUBIO, P. Toma e lê! Síntese agostiniana. São Paulo, Loyola, 1995. p. 301.

Parece ser que, como Paulo, Agostinho possuía um sentimento de urgência, uma paixão incontida pelas coisas de Deus e que se revelava na valorização radical do tempo:

> Cada minuto é precioso para mim [...]. O tempo que encontro livre para restaurar o corpo e a alma não quero gastá-lo em outras ocupações [...]; dele necessito para meditar em vossa lei e nela reconhecer meu saber e minha ignorância.[134]

Agostinho buscará igualmente descrever a natureza e os frutos da contemplação. Nesse sentido, a experiência contemplativa é como que uma recompensa dada por Deus à alma purificada nos exercícios ascéticos. Constitui-se num ato de alcançar, tocar e saborear em um relance momentâneo a realidade divina e estar, com todas as faculdades da alma, concentrado na própria essência da divindade, ainda que seja uma concessão "como que por espelho" ou o desfrute do fulgor da glória de Deus e não "face a face". Realmente não se trata de uma experiência imediata de Deus. Mas aqueles instantes fugazes são preciosismos para a vida do espírito e para o apostolado; são dons especiais da graça canalizados pela fé; são um verdadeiro chamado do céu: "Foi conduzido à casa de Deus, seguindo certa suavidade, e um deleite interior e oculto, como se da casa de Deus viesse um som suave de algum órgão".[135]

A própria experiência de Agostinho em companhia de sua mãe em Óstia[136] é uma prova desse caráter efêmero do êxtase e do colóquio arrebatador com Deus. Quando este último passa, não se faz nenhuma tentativa para controlá-lo. Em sua explicação do *sexto degrau* de ascensão, Agostinho nos fala da visão que tem a alma de Deus, da Verdade e que antecede o encontro propriamente dito: "Mas esse impulso, esse desejo de compreender o que é verdadeiro e absoluto é a visão suprema da alma; não há nada de mais

---

[134] *Confissões* XI,12.

[135] *Com. aos Salmos*, 9/1, p. 700.

[136] *Confissões* IX,10,23-26 (*supra* p. 308, nota 10).

◆ 373 ◆

perfeito, melhor, mais correto, além disso".[137] A visão que a alma purifica-da recebe de Deus a leva à admiração contemplativa; é como se fora uma casa na qual se deseja permanecer; este é o *sétimo degrau*, a contemplação propriamente dita:

> Mas é na visão e na contemplação da verdade que consiste o poder da alma; ou melhor, não é um degrau, é uma morada para onde nos tra-zem os outros degraus. Como expressar que esta morada é a alegria da alma, o deleite pelo supremo e verdadeiro bem, o reflexo de serenidade e eternidade?[138]

Aqui se tem uma antecipação do que virá, um relance da glória, um oásis no nosso deserto.

6.5 Síntese da espiritualidade agostiniana: teologia da história

Entre os anos 413 e 426, santo Agostinho escreveu, pode-se dizer, a sua *opus magna*: *De civitate Dei*. Juntamente com as *Confissões*, essa obra faz dele o teólogo e pensador mais influente de toda a Igreja antiga. *Cidade de Deus* é composta de 22 livros com uma amplitude e riqueza difíceis de serem igualadas na antiguidade cristã. Ela nasce em uma circunstância histórica precisa: o saque e a conquista de Roma por Alarico, rei dos visigodos, em agosto de 410.[139] A façanha militar em si revelou-se efêmera, uma vez que, por falta de condições físicas mínimas, as hordas visigodas tiveram que se retirar para o sul e seu líder acabou morrendo naquele mesmo ano.

---

[137] *De quant. animae* XXXIII,75.

[138] Idem, ibidem XXXIII,76.

[139] Uma crítica sutil pode ser vista em: DONINI, A. *História do cristianismo*. Lisboa, Edições 70, 1988. pp. 252-254. Em dado momento, Donini diz: "Agostinho, que seguira de longe o de-senrolar da tragédia e que vira aproar às costas da sua África numerosas famílias de fugitivos desalojados, decidiu aproveitar-se do clima de desconfiança, para tentar resolver as posições e transformar assim o cristianismo de acusado em acusador".

No entanto, aquele fato ganhou contornos transcendentes. O inimaginável havia ocorrido, Roma, a eterna, a conquistadora, sucumbiu! Enfim, a "queda de Roma abalou o império".[140] Em meio às seqüelas psicológicas, o fato ensejou toda uma série de críticas ao cristianismo como tendo sido responsável pela catástrofe.

A obra de Agostinho, portanto, insere-se num contexto de defesa do cristianismo perante a intelectualidade pagã. *Cidade de Deus* é de fato o fruto do esforço apologético em dar uma visão bem mais aprofundada dos fatos. Com efeito, Agostinho construiu a mais preciosa apologia do cristianismo antigo, exposta historicamente, e apresentou o primeiro grandioso esboço de uma teologia da história.[141] Também aqui se poderia elaborar uma interessante crítica à visão e concepção da história que nos oferece o bispo de Hipona, particularmente se considerarmos que em sua visão dualista sobrevive ainda um resíduo maniqueísta e que sua metafísica acabou sendo a inspiração ideológica de toda sorte de classismo medieval. Sem entrar nessa discussão, é razoável afirmar que *Cidade de Deus* constitui-se numa poderosa síntese doutrinal que comporta em si não apenas a história da humanidade e os sistemas de crenças cristãs, mas principalmente todo o drama da luta secular entre a cidade de Deus e a cidade terrena.

Nos livros I-X, Agostinho torna evidente a falácia do culto aos deuses, que não asseguram a felicidade terrena nem tampouco a bem-aventurança na vida eterna. A história das duas cidades será descrita e interpretada na segunda parte da obra (livros XI-XXII). É, na verdade, a história de dois estados contrários, cuja origem remonta à luta espiritual entre os seres angélicos obedientes, que deram origem ao estado de Deus, e aqueles que caíram, os quais deram origem ao estado do demônio. O pecado de Adão faz trazer para a cena humana uma divisão anterior já existente. Assim,

---

[140] LEÃO, E. C. Introdução. In: *Cidade de Deus*. Petrópolis, Vozes, 1991. v. 1, p. 17.

[141] Cf. ALTANER & STUIBER, *Patrologia*, cit., p. 422; GILBERT, P. *Introducción a la teología medieval*. Pamplona, Verbo Divino, 1993. pp. 66-69.

nos livros XV-XVIII, Agostinho descreve a luta dos dois estados na terra, a partir da história de Caim e Abel, prolongando-se pelos períodos subseqüentes da história da humanidade,[142] até chegar no momento apoteótico da cidade de Deus e na derrocada final da cidade terrena.

O eixo central do pensamento agostiniano é o antagonismo fundamental entre uma fé cristã que aspira à beatitude de uma pátria celestial e o velho ideal da cidade antiga, o único lugar de civilização e de bem. Para um cristão, a razão de viver não pode ser unicamente o desenvolvimento dos valores humanos a serviço de um ideal político, por melhor que seja; o bem público não justifica uma exclusividade assim. O bem e o mal estão inextricavelmente misturados no mundo, e a existência humana é uma realidade que transcende toda história puramente humana.[143] Dessa forma, Agostinho, por um lado, supõe uma distinção entre história sagrada e história secular, sendo que esta se articula dentro de uma estrutura plena de significados graças às coordenadas da história sagrada.

A cidade terrena busca, pois, sua maioridade marcando o ritmo de seu processo de paganização em busca de justiça, ordem e paz. Nesse afã, o Estado romano considerou sua lei e sua paz como absolutos que podiam transcender toda a história humana. Esse orgulho o fez cair, pois, ao querer regulamentar tudo e dominar tudo, rejeitou a Deus. Assim o Estado se torna idolátrico. Ao erigir-se em bem supremo, abarca toda a atividade dos homens e ocupa o lugar de Deus. Com essa justaposição Agostinho rejeita, por um lado, o extremismo de Eusébio de Cesaréia (que aplicava categorias messiânicas aos imperadores cristãos) e, por outro, a tradição de Hipólito (que via o império como o anticristo).

No livro XIV de *Cidade de Deus* encontra-se a fórmula-chave da teologia da história agostiniana:

---

[142] Cf. Boehnner & Gilson, *História da filosofia cristã*, cit., p. 202.
[143] Cf. Vilanova, *Historia de la teología cristiana*, cit., v. 1, p. 242.

> Dois amores fundaram, pois, duas cidades, a saber: o amor-próprio, levado ao desprezo de Deus, a terrena; o amor a Deus, levado ao desprezo de si próprio, a celestial. Gloria-se a primeira em si mesma, e a segunda em Deus; porque aquela busca a glória dos homens, e tem esta por máxima glória a Deus.[144]

Então, a cidade terrena, a exemplo de Roma, é todo Estado que vive dentro do ideal puramente humano, portanto neste *saeculum*, em que Deus está excluído como hipótese necessária de sua finalidade existencial. Ao contrário, a cidade de Deus é a cidade dos homens que vivem segundo a lei de Deus e desenvolvem, nesta perspectiva, todos os valores psicológicos, sociais e culturais. Em outras palavras: com o material humano, Deus prepara sua cidade eterna. Com isso, a distinção das duas cidades fica na dimensão das vontades humanas. Não pode haver separação externa discernível antes do fim. Os membros de uma e outra cidade distinguem-se segundo os objetos em que buscam sua satisfação final. A cidade celeste está constituída pelos que colocam o valor supremo somente em Deus e subordinam todos os outros amores. Em sua realidade escatológica as duas cidades são mutuamente exclusivas; enquanto em sua realidade temporal são indistintas.

A visão cristã de Agostinho o faz considerar que toda a história está dentro de um grande projeto divino linear e ascendente, com princípio, meio e fim, e o construtor desse grande plano é que lhe dá sentido de transcendência. A característica mais evidente do projeto divino é exatamente a salvação que inclui criação, queda, redenção e glorificação. A execução passa pelo envolvimento direto e pessoal de Deus nessa história. Mas isso só foi possível pela encarnação do Verbo: o Deus-Filho feito carne e que ocupa o centro dessa história. Com efeito, toda a antiga aliança está orientada como ambientação preparatória para a vinda encarnada de Deus na pessoa do Filho.

---

[144] *Cidade de Deus* XIV,28 (p. 169).

◆ 377 ◆

CONSIDERAÇÕES FINAIS

Após essa apresentação dos modelos de espiritualidade na história do cristianismo, desde sua matriz sagrada e *fundamento* nas Escrituras do Antigo e Novo Testamento, passando pelo momento pós-apostólico da *primeira patrística* nos séculos II e III, instante que testemunhou, em meio às drásticas vicissitudes, o nascimento e a *formação* de uma teologia espiritual com a agravante das lutas internas contra a *dissidência doméstica* por que passou a Igreja cristã e, finalmente, atingindo a plena maturidade e *desenvolvimento* dessa mesma teologia espiritual marcante da idade dourada na *segunda patrística* nos séculos IV e V; podemos constatar, pelo que adentramos em tais escaninhos, que nos defrontamos com um oceano desconhecido de profundidades abissais; um patrimônio inabarcável e bem maior que as próprias tradições que o compõem, e que revolve sempre as entranhas da Igreja e desvela o seu mistério mais interior: *o sonho afetivo de santidade.* Sim, aqueles desejos piedosos (*pia desideria*) que, juntamente com o entendimento da fé (*intellectus fidei*), encontraram em Agostinho um digno e humilde representante como teria que ser em se tratando de uma tradição espiritual dessa magnitude.

Sentimo-nos realizados. Por isso mesmo, diante de tão admirável objeto de estudo, compraz-nos saber que pelo menos algumas pistas foram postas e, assim, poderão orientar o viajante disposto a se aventurar nessas plagas infindas, para alguns, nesses "mares nunca dantes navegados". Apenas isso já nos enche de contentamento; saber que muitos outros estudiosos e pesquisadores poderão seguir empreendendo tal investigação e abrir, particularmente em meio ao protestantismo, novas linhas de pesquisa acerca da espiritualidade cristã anterior à Reforma Protestante.

Certamente nossa abordagem não esgota o assunto; porém busca recuperar a identidade cristã presente em tantas personalidades e movimentos da história do cristianismo, alimentando e atualizando a espiritualidade do presente com a memória histórica de um passado rico e desconcertante.

ÍNDICE DE NOMES

A

Aarão 45
Abba (Deus-Pai) 62, 84
Ácaba (golfo) 32, 44, 45
Adão 152, 155, 349, 375
Adeodato 304, 306, 312, 330, 331
Adriano 120, 121, 185
Adrumeto 352
África 156, 160, 161, 174, 214, 252, 304,
   307, 308, 309, 329, 330, 331, 348,
   352, 374
Agostinho 10, 72, 97, 168, 170, 173, 245,
   268, 274, 298, 304, 305, 306, 308,
   309, 311
Alarico 312, 374
Albenga 252
Alberigo, G. 217
Albright, W. W. 38
Alexandre 215, 216
Alfaric, P. 303
Alípio 306, 307, 330
Alt, A. 37, 38, 39, 43
Altaner, B. 103, 132, 142, 145, 151, 160,
   161, 163, 165, 178, 182, 186, 191,
   240, 243, 246, 257, 261, 268, 270,
   274, 275, 278, 281, 288, 289, 292,
   303, 305, 310, 333, 345, 375
Amaral, E. M. do 16

Amat, A. L. 221
Ambrósio 10, 186, 205, 253, 261, 262,
   263, 264, 266, 267, 268, 274, 298,
   305, 306, 330, 350
Amiens 252
Amós 50, 51, 55, 58
Anastácio 184
Antioquia 132, 134, 142, 184, 208, 212,
   214, 269, 270, 280, 285, 286, 287
Antiseri, D. 318
Antônio Abade (Antão) 223, 229, 234,
   235, 236, 237, 251, 269, 306, 330
Apolinário 122, 269, 279
Apuleio 319
Áquila 185
Aquiléia 241, 268, 270, 287
Arabá 45
Arcádio 286
Aretas de Cesaréia 118
Arianzo 254, 255, 257
Ário 214, 215, 219
Aristides 120, 121
Ásia Menor 115, 120, 132, 134, 142, 145,
   160, 216, 275
Assíria 51
Asurmendi, J. 25, 50
Atanásio 105, 216, 217, 219, 220, 224,
   234, 235, 236, 251, 275, 280, 298
Atenágoras 122, 175

Atenas 121, 122, 125, 175, 246, 255, 295
Athos (monte) 232

Audet, J. P. 103, 105, 113
Augusto 120
Aumann, J. 103, 116, 175, 188, 205
Auxêncio 262

B

Balancin, E. 104, 105, 107, 110, 111, 117
Barbosa, R. 11, 181
Bardy, G. 174, 188, 303
Bareille, J. 285
Baron, S. W. 38
Barra, G. 197
Barret, C. K. 61, 66
Barth, K. 356
Bartsch, H. W. 134
Basílio 205, 238, 240, 246, 247, 248, 249,
        250, 254, 255, 256, 258, 260, 261,
        279, 280, 283, 293, 298
Bauer, W. 134, 142
Beauchamp, P. 50, 54, 58
Becquet, G. 47
Beda, o Venerável 194
Bedjan, P. 197
Belém 212, 243, 270, 271
Benoit, A. 103
Bento de Núrsia 314
Bentzen, A. 52
Benz, E. 25, 29
Berger, K. 67
Bernard, Ch. A. 23, 205, 371
Bernardo de Claraval 283
Berseba 44, 45
Bertrand, F. 188
Betesda 92
Bettenson, H. 103, 105, 172, 205, 210,
        211, 215, 219, 262, 349, 352

Bitínia 216, 218
Bizâncio 210, 213
Blackburn, S. 295
Blank, J. 64, 67, 69, 94
Blesila 270
Boehner, P. 303, 320, 321, 333, 339, 356
Boff, C. 333, 335
Boff, L. 78, 339
Bonoso 268
Bósforo 213
Botelho, R. 370, 371
Bouyer, L. 188, 221, 226
Boyer, Ch. 303
Braga, E. 16
Brémond, J. 221
Bright, J. 25, 38
Brown, P. 303
Brown, R. E. 61
Brueggemann, W. 25
Brun, J. 339
Brunner, F. D.q 61
Bueno, D. R. 197, 268, 285
Bultmann, R. 61, 71, 72, 74, 77, 89

C

Cades Barnéia 44
Calcedônia 217, 232, 343
Cálcis 269
Callahan, V. W. 281
Calle, F. de L. 61
Camara, H. 221
Camelot, Th. 188
Caná 91
Canaã 27, 31, 36, 38, 43, 44, 46, 47, 48
Capadócia 175, 199, 246, 248, 254, 256,
        276, 280, 283
Caridade (mártir) 199
Caritão 199
Carreto, C. 221

Cartago 160, 167, 173, 174, 208, 304, 305, 309, 313, 314, 317, 318, 329, 330, 331, 348
Carvalhosa, M. P. 16
Cassicíaco 304, 306, 311, 330
Castilho, J. M. 95
Catarina de Sena 96
Cavalcante, R. 10
Cecílio 167
Celéstio 348, 349
Célia 241
Celso 182, 186, 319
César 165, 199
Cesário de Arles 252
Chadwick, O. 221, 244
Cícero 268, 305, 317, 319, 330
Cipriano de Cartago 167, 168, 170, 171, 172, 174, 202, 275
Cirilo 244
Cítia 243
Clemente de Alexandria 174, 175, 176, 178, 179, 182, 187, 293
Clemente de Roma 104, 201
Codratos 121
Colcim 234
Colombas, G. M. 221
Colossos 136
Coma 234
Comana 287
Congar, Y. 333, 339, 345
Constâncio Cloro 208
Constantino 103, 210, 211, 212, 213, 214, 216, 217, 218, 219, 220, 223, 253, 298
Constantinopla 105, 184, 212, 213, 217, 232, 240, 241, 243, 246, 256, 257, 269, 286, 287, 293, 341
Contreras, E. 246
Cordero, M. G. 38, 45, 53

Cornélio 170, 207
Courcelle, P. 318, 371
Crescêncio 125
Crisópolis 210
Crouzel, H. 188
Cúcuso 287
Cullmann, O. 61, 92

D

Dalmácia 268
Dâmaso 268, 269, 270
Dante Alighieri 323
Davi 49, 51, 135, 364
De Boni 348
Débora 34, 50
Décio 167, 184, 207, 209, 222
de Fiores, S. 221, 228, 230
de Gandillac, D. M. 292
Deissmann, A. 80
Demétrio 182, 183
de Montfaucon, B. 285
Dendera 237
de Vaux, R. 38, 52
Deville, R. 76
Dhorme, E. 38
Diânios 246
Dídimo, o Cego 270
Dilthey, W. 21
Diocleciano 208, 209, 214, 223
Diodoro de Tarso 286
Diogneto 122
Dióscoro 324
Dodd, C. H. 61, 71, 72, 92
Domiciano 89
Donato 169, 214
Donini, A. 103, 125, 160, 205, 207, 213, 214, 216, 220, 225, 237, 261, 374
Dunn, J. D. G. 61, 63, 64, 65, 67, 68, 80, 87

E

Ebenézer 48
Edom 34, 45
Egito 30, 31, 32, 36, 37, 39, 40, 42, 44,
    192, 209, 216, 220, 221, 222, 223,
    224, 227, 234, 236, 241, 243, 244,
    247, 270, 368
Eichrodt, W. 25, 26, 37
Elias 51, 56, 94, 228
Élio Adriano 121
Emiliano 207
Encômio de Basílio 246
Epifânio de Salamina 184
Esmirna 115, 132, 133, 145
Espanha 167
Estêvão 173
Eudóxia 287
Eunômio 249, 279, 281, 283, 287, 289
Eusébio de Cesaréia 105, 118, 120, 121,
    133, 145, 146, 157, 170, 175, 182,
    206, 207, 209, 213, 216, 217, 218,
    220, 222, 225, 271, 298, 376
Eustáquio de Antioquia 216
Eustáquio de Sebaste 247, 249
Evágrio 221, 240, 241, 242, 269, 293
Evans, G. R. 333, 348
Evdokimov, P. 116
Evelpisto 199
Evódio 330

F

Fabiano 167, 207
Farã 35, 44
Felipe 117, 207
Fenícia 209
Ferreira, F. 348
Festorazzi, F. 25, 27, 28, 31, 48, 49, 50, 51,
    52, 56, 57

Festugière, A.-J. 237
Figueiredo 103, 110, 125, 136, 137, 142,
    145, 153, 160, 174, 182, 190, 206,
    270, 285, 287, 318, 333, 335
Filadélfia 132, 133
Fílon de Alexandria 280, 282
Filoteus Bryênnios 105
Flaviano 286
Fleury, E. 254
Florindo 146
Fohrer, G. 25, 29, 30
França 243, 275, 352
Frangiotti, R. 160, 215
Frígia 160, 209, 275

G

Gad 50
Gadamer, H.-G. 21
Galério 208, 209, 210
Galieno 207
Galiléia 45
Galinara 252
Galo 207
Gargano, I. 279, 284
Garrido, M. 261
Garzón, I. 254
Gerstenberger, E. 25, 43, 44
Gibin, M. 157, 158
Giblet, J. 36
Gilson, E. 303, 320, 321, 333, 339, 356, 376
Giordano Bruno 323
Goffi, T. 25, 27, 55, 61, 71, 79, 81, 85, 86,
    89, 90, 96, 103, 116, 175, 205, 232,
    333
Gomer 58
Gomes, C. F. 104, 105, 122, 132, 145, 160,
    161, 167, 172, 174, 178, 181, 182,
    189, 206, 243, 244, 246, 250, 254,
    261, 268, 274, 279, 285

González, J. 104, 113, 114, 115, 135, 136, 145, 153, 155, 160, 166, 171, 174, 182, 184, 206, 210, 215, 221, 234, 237,246,249,252,258,261,268,287

Goodspeed, E. J. 61

Graf, K. 37

Grech, P. 62, 71, 73, 75, 76, 77, 81, 82, 84, 85, 87, 88, 90

Gregório, o Ancião 254

Gregório de Nissa 96, 104, 194, 206, 246, 253, 269, 279, 280, 281, 282, 283, 284, 288, 293

Gregório Magno 194, 255, 298

Gregório Nazianzeno 151, 240, 246, 247, 253, 254, 255, 256, 257, 258, 259, 260, 269, 280, 293, 298

Grelot, P. 36, 60, 76

Gressmann, H. 37

Gribomont, J. 268, 269, 271, 279, 281

Grubb, K. 16

Guasp Delgado, J. 174

Guilet, J. 46

Guilherme de Saint-Tierry 283

Gunkel, H. 37

Guthrie, D. 67

Guy, J.-C. 243

H

Habacuc 56, 268

Hägglund, B. 104, 119, 127

Hahn, C. J. 16

Hall, C. A. 182, 187, 333

Hamman, A. 104, 122, 125, 144, 145, 160, 167, 174, 182, 206, 236, 246, 249, 250, 254, 260, 261, 268, 274, 275, 276, 279, 280, 285

Hananias 54

Hannay, J. O. 221

Hanson, R. P. C. 104

Harnack, A. V. 72, 105, 113, 119, 142, 221

Hasel, G. F. 26

Haught, J. F. 26, 30, 39

Heine, R. 187

Hempel, J. 37

Héraclas 184, 199

Heráclides 186

Hermas 115

Hérmias 122

Herrmann, S. 26

Hidácio 253

Hierax 199

Hilário de Poitiers 252, 274, 275, 276, 277, 278

Hilduíno 293

Hinson, E. G. 104

Hipólito de Roma 106, 126, 157, 158, 343

Hirsch, E. 88

Hirschberger, J. 317

Hispânia 252

Hoornaert, E. 104

Hor (monte) 45

Houston, J. 62

Hugo de São Víctor 194

I

Iahweh 27, 31, 32, 33, 34, 35, 36, 37, 38, 39, 40, 42, 43, 44, 46, 47, 48, 50, 52, 53, 54, 57, 58, 59, 60, 62, 227

Íbora 240

Icônio da Frígia 199

Inácio de Antioquia 98, 115, 116, 132, 133, 134, 135, 136, 137, 138, 140, 141, 143, 144, 155, 202, 343

Inglaterra 15, 72

Inocêncio I 243

Ireneu de Lião 10, 126, 145, 146, 147, 148, 149, 150, 151, 152, 153, 154, 155, 156, 157, 280, 343

◆ 385 ◆

Isaac 29, 31, 47
Isabel da Santíssima Trindade (beata) 98
Isaías 31, 50, 53, 55, 56, 57, 74, 94, 285, 289, 323, 362
Isáuria 256
Israel 25, 27, 28, 30, 31, 32, 33, 34, 35, 36, 38, 39, 41, 43, 44, 45, 46, 47, 48, 49, 50, 51, 52, 53, 54, 56, 57, 58, 59, 60, 62, 65, 73, 192, 227, 307
Itácio 253
Itália 167, 175, 332

J

Jacó 29, 31, 45, 47, 48, 371
Jacob, E. 26
Jaeger, W. 279, 280
Jâmblico 280
Jeremias, J. 52, 53, 54, 55, 56, 58, 62, 71, 72, 74, 77, 78
Jerônimo 157, 167, 170, 184, 185, 224, 234, 237, 238, 253, 268, 269, 270, 271, 272, 273, 298, 313, 332
Jerusalém 41, 43, 48, 50, 52, 53, 57, 68, 77, 188, 190, 212, 229, 240, 241, 243, 270, 279, 348
Jesus 11, 61, 62, 63, 64, 65, 66, 67, 68, 69, 70, 71, 72, 73, 74, 75, 77, 79, 80, 81, 83, 85, 86, 87, 88, 89, 90, 91, 92, 93, 94, 95, 96, 97, 98, 99, 109, 110, 117, 124, 125, 128, 129, 130, 132, 135, 136, 137, 138, 139, 140, 141, 142, 143, 147, 148, 151, 155, 169, 173, 176, 177, 178, 181, 187, 189, 197, 198, 200, 201, 219, 225, 228, 232, 247, 250, 252, 260, 264, 265, 266, 278, 279, 283, 292, 313, 324, 343, 344, 347, 357, 366
João 63, 67, 80, 88, 89, 90, 91, 92, 96, 98, 104, 115, 144, 145, 146, 194, 206,

221, 226, 232, 243, 244, 245, 253, 255, 270, 272, 285, 286, 287, 288, 289, 290, 291, 293, 298, 314, 336, 347, 371
João (irmão de Pacômio) 239
João Apóstolo 145, 146, 194
João Batista 63, 68, 91, 272
João Cassiano 221, 243, 244, 245
João Clímaco 232
João Crisóstomo 98, 104, 206, 226, 243, 253, 255, 285, 286, 287, 288, 289, 290, 291, 298
João da Cruz 194, 293
João de Jerusalém 270
José 31, 47, 64
Josias 52
Josué 42
Joviniano 313
Judá 45, 48, 51, 53
Juliana 313, 334
Juliano Apóstata 213
Júnio Rústico 125
Justino Mártir 122, 124, 125, 126, 127, 129, 130, 131, 145, 174, 197, 198, 199, 200, 324

K

Käsemann, E. 62
Kelly, J. N. D. 104, 129, 131, 139, 150, 153, 154, 206, 215, 268, 339, 340, 349
Kierkegaard, S. 13, 14
Knowles, D. 221
Köhler, L. 26
Kraft, H. 104
Kümmel, W. G. 62, 72

L

Lactâncio 170, 210, 211, 213
Ladd, G. E. 62, 71, 72, 83, 84

Lambot, C. 315

Lang, B. 49

Larrañaga, I. 41

Latourelle, R. 26, 28, 29, 33, 35, 36, 43, 49, 50, 52, 57

Leão, E. C. 253, 375

Leão Magno 253

Leclercq, H. 221

Leloup, J.-Y. 101, 206, 279, 280, 287, 292

Léon-Dufour, X. 40, 42, 86

Leonard, É. G. 16

Leonardi, C. 243

Leôncio de Bizâncio 293

Leônidas 182

Lérins (mosteiro) 252, 352

Lião 126, 145, 148, 150, 151, 152, 153, 154, 155, 156, 157, 343

Libânio 280, 286

Liberiano 200

Líbia 214, 216

Licínio 210, 211, 217, 223

Ligugê (mosteiro) 252

Lipovetsky, G. 9

Lohse, E. 62, 89, 218, 219

Lucas (evangelista) 64, 65, 67, 69, 71, 205, 261, 289, 371

Lutero, M. 98, 348

M

Macário, o Alexandrino 241

Macário, o Egípcio 241

Macpela (gruta) 47

Macriano 207

Macrina 246, 280

Madaura 304, 329

Maggioni, B. 90, 92, 93

Malingrey, A.-M. 286, 290

Mambré 29

Mamom 75

Manson, T. W. 62, 71

Manzanares, C. V. 145, 168, 174, 182, 184, 234, 237, 246, 268, 349

Marcelo de Ancira 219, 280

Marco Aurélio Antonino 197

Maria (irmã de Marta) 371

Maria (irmã de Pacômio) 239

Maria (mãe de Jesus) 64, 135, 264

Marín, A. R. 104, 206, 272, 276, 283, 296

Markus, R. 303

Mar Morto 32, 35, 45

Marmoutier (centro eremítico) 252

Marrou, H. 103, 118, 120, 134, 145, 154, 160, 161, 168, 174, 182, 205, 207, 209, 212, 215, 218, 223, 234, 237, 238, 245, 246

Marselha 243

Marsílio Ficino 323

Martim 198, 252

Martin, T. H. 50, 53, 55, 104, 107, 112, 197

Martin-Achard, R. 50, 53, 55

Martinho de Tours 251, 252, 276

Mar Vermelho 35, 193, 234

Mateus (evangelista) 64, 71, 190, 285, 289, 291

Maxêncio 210, 213, 223

Maximiano 208

Maximila 160

Maximino Daza 209, 210

Máximo Confessor 283

Melânia (concubina de Agostinho) 304, 329

Melécio 286

Melitão de Sardes 120

Menoud, Ph.-H. 63, 66, 68, 69

Mesopotâmia 247

Mestre Eckhart 293

Metódio de Olímpia 280

Metzger, M. 26, 28, 32, 33, 48, 51

◆ 387 ◆

Meyer, L. 285

Migne, J. P. 303, 310

Milão 205, 210, 211, 252, 253, 261, 263, 266, 287, 305, 306, 307, 312, 318, 330, 336, 350

Milcíades 122

Mílvio 213

Miquéias 50

Moab 45

Moisés 32, 34, 36, 44, 45, 46, 48, 49, 50, 127, 228, 243, 244, 264, 279, 281

Molager, J. 169

Moltmann, J. 39, 85, 86, 339

Mondoni, D. 176, 177, 188

Mônica (santa) 304, 307, 317, 329, 331

Montano 160

Moreschini, C. 104, 206, 219, 224, 237, 238, 240, 243, 246, 252, 261, 268, 274, 277, 303, 310, 315

Morin, G. 315

Murray, J. 26

N

Naplusa (Nablus) 122

Natã 50, 56

Nazianzo 254, 255, 256

Nectário 240, 286

Nero 89

Nestório 244, 286

Nicéia 213, 217, 218, 220, 249, 298, 341

Nicomédia 209, 210, 212, 213, 216, 218, 219, 220

Nilo 234, 237, 238

Nítria 234, 241, 270

Noé 171, 172

Norelli, E. 104, 206, 219, 224, 237, 238, 240, 243, 246, 252, 261, 268, 274, 277, 303, 310, 315

Noth, M. 30, 32, 35, 37, 38, 48

Novaciano 170, 277

Numídia 304, 308, 329

O

Orígenes 10, 96, 164, 170, 174, 182, 183, 184, 185, 186, 187, 188, 189, 190, 192, 193, 194, 195, 196, 197, 241, 242, 247, 261, 269, 270, 271, 280, 281, 282, 287, 293

Oronte 247

Oséias 50, 51, 56, 58, 228

Ósio de Córdoba 216

Osterhaven, M. E. 26

Óstia 307, 331, 361, 373

Otto, R. 337

Otto, S. 161

P

Pablo Maroto, D. de 26, 62, 95, 97, 104, 126, 190, 193, 194, 203, 206, 222, 225, 227, 228, 230, 231, 232, 233, 293, 297, 333, 356

Pacho, E. 292

Packer, J. I. 26, 62

Pacômio 221, 237, 238, 239

Paládio 238, 240, 241, 291

Palemão 239

Palestina 45, 48, 105, 117, 175, 183, 208, 216, 247, 255, 269

Pamáquio 268

Pânfilo 185

Pannenberg, W. 30

Panônia 268

Panteno 175

Pápias de Hierápolis 115

Patrício 329

Paulo (apóstolo) 41, 79, 80, 81, 83, 85, 86, 87, 88, 94, 96, 97, 98, 99, 113, 136, 138, 140, 144, 152, 154, 156, 187, 190, 192, 224, 234, 237, 244, 269, 289, 292, 357, 362, 365, 367, 373

Paulo, o Diácono 269
Pávia 332
Pedro 69, 77, 133, 136, 156, 157, 166, 170,
    188, 194, 347
Pelágio 170, 245, 348, 349, 350
Peña, I. 221, 351
Perlitt, L. 35
Perrone, L. 217
Petschenig, M. 243
Pichery, E. 243
Piemonte 252
Platão 124, 126, 127, 280, 282, 319, 324
Plotino 126, 174, 280, 282, 283, 293, 295,
    305, 319, 323, 324, 340
Plutarco 295
Policarpo 115, 132, 133, 136, 145, 146
Pôncio Pilatos 129, 135
Ponto 240, 247, 248, 255, 280, 287
Porfírio 280, 305, 319
Possídio 304, 305, 308, 311, 314, 334
Prestige, J. L. 104, 206
Priscila 160
Prisciliano 253
Procksch, O. 26
Proclo 293, 295
Pseudo-Dionísio Areopagita 242, 253, 283,
    292, 293, 294, 295, 296, 297, 323
Puech, A. 285
Pythius 287

Q

Quadrato 121
Quasten, J. 104, 105, 106, 108, 109, 118,
    119, 120, 121, 122, 125, 131, 134,
    138, 140, 141, 142, 145, 147, 151,
    152, 154, 155, 160, 162, 163, 164,
    165, 167, 168, 171, 178, 180, 185,
    186, 188, 189, 190, 191, 192, 193,
    194, 195, 196, 197, 206, 214, 222,

224, 237, 239, 241, 246, 247, 249,
    268, 279, 280, 281, 282, 283, 287,
    289, 291
Qumrã 43

R

Ramlot, M. L. 46
Ramsey, M. 62, 69, 83, 87, 88, 93
Ramson, J. J. 16
Reale, G. 318
Rendtorff, R. 26, 27
Ricardo de São Víctor 194, 340
Richardson, A. 62, 70, 71, 80
Rímini 275
Robinson, H. W. 26
Roma 106, 115, 117, 122, 124, 125, 126,
    127, 129, 130, 131, 132, 133, 134,
    156, 157, 159, 160, 161, 167, 170,
    171, 173, 184, 197, 198, 207, 208,
    212, 213, 243, 261, 268, 269, 270,
    271, 274, 287, 305, 312, 324, 330,
    331, 348, 374, 375, 377
Romaniano 329, 330
Romênia 243
Roques, R. 292
Roux, H. 71, 74
Rubio, P. 304, 334, 336, 345, 348, 351,
    353, 355, 372
Ruether, R. R. 254
Rufino da Aquiléia 105
Ruiz, B. 197, 268, 291, 351
Rústico 197, 198, 199, 200, 272

S

Sabélio 157, 215
Salvador, F. R. 79
Samuel 49
Santidrián, P. 159
Sardenha 157

Sásima 256
Satanás 153, 154, 155, 159
Saturnino de Arles 275
Saul 49, 51
Savile, H. 285
Scazzozo, P. 292
Scete 234, 243
Schlier, H. 134
Schmaus, M. 69
Schmidt, W. H. 26, 31, 32, 46
Schoonenberg, P. 60, 351
Schwartz, E. 88
Schweitzer, A. 62, 66, 72, 80
Scotus Erígena 293, 295, 323
Secondin, B. 25, 27, 62, 71, 77, 85, 103,
    116, 175, 205, 232, 333
Sefat-Horma 44
Seir 32, 34, 35
Selêucia 256
Sêneca 319, 348
Servais Pinckaers 362
Sétimo Severo 175, 182, 185
Seubert, S. 50
Severo de Antioquia 293
Siepierski, P. 104
Símaco 185, 305, 330
Simeão, o Novo Teólogo 232
Simpliciano 261, 306, 330, 350
Sinai 32, 33, 34, 35, 36, 37, 55, 58
Síria 105, 115, 132, 133, 134, 142, 174,
    175, 222, 247
Sócrates (historiador) 126, 215, 217, 240,
    241
Soler, J. 292
Souk-Aras 304, 329
Sozômeno 240
Spanneut, M. 206, 268, 270, 274, 279,
    280, 285, 287, 289, 292, 295, 297
Spidlík, T. 232

Stanley Jones 70
Stead, C. 317, 324, 339
Steinmann, J. 221
Storniolo, I. 104, 105, 107, 110, 111, 117
Stridon 268
Stuiber, A. 103, 132, 142, 145, 151, 160,
    161, 163, 165, 178, 182, 186, 191,
    240, 243, 246, 257, 261, 268, 270,
    274, 275, 278, 281, 288, 289, 292,
    303, 305, 310, 333, 345, 375
Sudbrack, J. 62, 71, 81
Sulpício Severo 251

T

Tabennesi (mosteiro) 237
Taciano, o Sírio 122, 125
Tagaste 304, 305, 312, 329, 330, 331
Tarsiano 126
Tebaida 209, 237
Tebas 234, 237
Teodoreto 217
Teodoro de Mopsuéstia 286
Teodósio 185, 213, 214, 223, 253, 256,
    262, 269, 283
Teófilo de Alexandria 241, 287
Teófilo de Antioquia 122, 126, 145
Teosébia 280
Tertuliano 10, 160, 161, 162, 163, 164,
    165, 166, 167, 168, 172, 174, 275,
    277, 343
Tessalônica 262
Thomas, C. 40, 42, 43, 44
Thompson, J. 35
Tiago 194
Tibiletti, C. 243
Timeotino 198
Tomás de Aquino 293
Tomás de Kempis 94, 96
Torres, R. R. 285

Trajano 121, 132, 133
Trales 133
Transjordânia 45
Trapè, A. 304, 305, 309, 311, 314, 315, 319, 323, 334, 338, 343, 344, 351, 371
Tréveris 261, 268
Trevijano, R. 104, 113, 114, 119, 120, 121, 123, 126, 130, 136, 137, 138, 139, 143, 149, 169, 177, 206, 235, 241, 245, 246, 248, 255, 258, 272, 287, 288, 304, 305, 306, 308, 334
Trisoglio, F. 254
Trôade 132, 133

U

Urias 56

V

Valente 256, 281
Valentim 146
Valeriano 173, 207
Valério 308, 331
Vannestre, J. 292
Varrão 319
Vicente de Lérins 252
Vielhauer. P. 104, 105, 107, 134, 141, 143
Vilanova, E. 37, 104, 145, 147, 148, 156, 206, 281, 283, 284, 293, 334, 340, 341, 342, 345, 376
Viller, M. 188
Virgílio 184, 268
Volker, W. 292
von Balthasar, H. U. 188, 280
von Rad, G. 26, 31, 37, 38, 43, 44, 50, 52
Vos, G. 26, 62

W

Wacker, M.-T. 71, 74
Waddell, M. 221
Wadi el-áraba 32
Weingarten, H. 221
Weiser, A. 38
Weiss, J. 72
Wellhausen, J. 37, 88
Westermann, C. 26, 30, 31, 50, 55, 58
Whitney, D. S. 62
Wiedenhofer, S. 26, 33
Wright, W. E. 26

Z

Zacarias 265
Zaqueu 75
Zenger, E. 26, 34, 35
Zerafa, J. 273

SUMÁRIO

Apresentação (Ricardo Barbosa) 9

Prefácio (Antonio Gouvêa Mendonça) 13

Abreviações 19

Introdução 21

Primeira parte
A Escritura como fundamento
e paradigma do "caminho espiritual"

1. O *locus* primordial: Antigo Testamento 25

   1.1 Um Deus que se revela: o Deus dos pais
      e da libertação 25

   1.2 A aliança no Sinai: identidade de povo e consciência
      de eleição 32

   1.3 O deserto e a terra: peregrinação da fé
      e concretização da promessa 39

1.4 Estabilidade monárquica e desafio profético:
denúncia e anúncio 48

1.5 Síntese da espiritualidade do Antigo Testamento:
pecado e lei 59

2. O *locus* fundamental: Novo Testamento 61

2.1 Aproximação ao tema: Jesus e o Espírito;
o Espírito e a Igreja... 62

2.2 A espiritualidade dos sinóticos: a presença do Reino 71

2.3 A espiritualidade paulina: mística de Cristo 79

2.4 A espiritualidade joanina: mística da amizade amorosa
a Jesus no Espírito... 88

2.5 Síntese da espiritualidade do Novo Testamento:
imitação e seguimento de Cristo.. 94

Segunda parte
A literatura patrística como referência e modelo da espiritualidade cristã

3. O *locus* pós-apostólico (séculos II e III) e a formação
da teologia espiritual dos Pais da Igreja 103

3.1 *Didaqué*: modelos pastoral-catequético e
tradicional-carismático da práxis evangélica comunitária 105

3.2 Gênese da teologia cristã: modelos apologético-testemunhal
e teológico-institucional... 118

3.2.1 Panorama ambiental... 118

3.2.2 Justino Mártir: diálogo com a filosofia........................... 122

3.2.3 Inácio de Antioquia: mística de Cristo
e unidade da Igreja.. 132

3.2.4 Ireneu de Lião: tradição eclesiástica............................... 145

3.3 A teologia romano-africana: modelos episcopal-eclesiológico
e ortodoxo-exegético... 156

3.3.1 Hipólito de Roma: tradição apostólica........................... 157

3.3.2 Tertuliano: polêmica anti-herética e carismatismo.......... 160

3.3.3 Cipriano de Cartago: unidade eclesiástica...................... 167

3.3.4 Clemente de Alexandria: verdadeira gnose 174

3.3.5 Orígenes de Alexandria: exegese bíblica
e experiência mística.. 182

3.4 São Justino e companheiros: *Acta martyrum*..................... 197

3.5 Síntese da espiritualidade na primeira patrística..................... 201

4. O *locus* niceno e pós-niceno (séculos. IV e V) e o desenvolvimento da teologia espiritual dos Pais da Igreja..................... 205

4.1 Panorama ambiental 206

4.2 O Concílio de Nicéia: personagens e doutrina..................... 217

4.3 O deserto e a cidade: modelos monástico-anacoreta
e monástico-cenobítico 221

4.3.1 Origens do monaquismo primitivo..................................222

4.3.2 Características fundamentais da espiritualidade
do monaquismo primitivo 225

4.3.3 Personalidades e modelos do monaquismo primitivo.......234

4.4 Doutrina espiritual na idade dourada da patrística:
modelos teológico-pastoral e místico-querigmático 253

4.4.1 Gregório Nazianzeno: espiritualidade trinitária..............254

4.4.2 Ambrósio de Milão: pastor de almas...........................261

4.4.3 Jerônimo: paixão pelas Escrituras...............................268

4.4.4 Hilário de Poitiers: ortodoxia e vida............................274

4.4.5 Gregório de Nissa: filosofia e especulação mística...........279

4.4.6 João Crisóstomo: proclamação profética e sacerdócio.......285

4.4.7 Pseudo-Dionísio Areopagita: teologia mística
e apofatismo 292

4.5 Síntese da espiritualidade na segunda patrística 297

Terceira parte
A grande síntese da espiritualidade cristã antiga:
santo Agostinho de Hipona

5. O *locus* privilegiado do diálogo cultural na formação
da espiritualidade agostiniana..303

5.1 A vida: uma síntese..304

5.1.1 Da filosofia ao cristianismo 304

5.1.2 O ministério pastoral: presbítero e bispo de Hipona........308

5.2 A obra: uma seleção 310

   5.2.1 Escritos autobiográficos 310

   5.2.2 Escritos filosóficos 311

   5.2.3 Escritos morais e pastorais 313

   5.2.4 Escritos monásticos 314

   5.2.5 Escritos em forma de tratados 314

   5.2.6 Escritos em forma de homilias 315

5.3 Itinerário intelectual e espiritual 317

5.4 A *Regra* agostiniana 325

6. O *locus* revelador da teologia cristã na maturidade
da espiritualidade agostiniana 333

6.1 Principais doutrinas teológico-espirituais 334

   6.1.1 Doutrina da iluminação 336

   6.1.2 Doutrina trinitária 339

   6.1.3 Doutrina cristológica 343

   6.1.4 Doutrina eclesiológica 345

6.2 Agostinho: o Doutor da Graça 348

6.3 O amor e as etapas (degraus) espirituais da vida cristã 356

6.4 Oração e contemplação 364

   6.4.1 Aspectos internos 364

   6.4.2 Aspectos externos 368

6.5 Síntese da espiritualidade agostiniana: teologia da história 374

Considerações finais 379

Índice de nomes... 381

Impresso na gráfica da
Pia Sociedade Filhas de São Paulo
Via Raposo Tavares, km 19,145
05577-300 - São Paulo, SP - Brasil - 2007